SYRIE

TERRE DE CIVILISATIONS

Données de catalogage avant publication (Canada)

Fortin, Michel

   Syrie, terre de civilisations
   Publié en collaboration avec: Musée de la civilisation de Québec.
   1. Syrie – Antiquités – Expositions.   2. Syrie – Histoire – Expositions.
3. Syrie – Civilisation – Expositions.   I. Musée de la civilisation (Québec).
II. Titre.

DS94.5.F67   1999   939'.43'0074714471   C99-940935-2

L'Éditeur bénéficie du soutien de la Société de développement des entreprises culturelles du Québec pour son programme d'édition.

Nous remercions le Conseil des Arts du Canada de l'aide accordée à notre programme de publication.

Nous reconnaissons l'aide financière du gouvernement du Canada par l'entremise du Programme d'aide au développement de l'industrie de l'édition (PADIÉ) pour nos activités d'édition.

© 1999, Les Éditions de l'Homme,
une division du groupe Sogides

© 1999, Musée de la civilisation de Québec

Dépôt légal: 4e trimestre 1999
Bibliothèque nationale du Québec

ISBN 2-7619-1491-0

Ce livre a été produit grâce au système d'imagerie au laser des Éditions de l'Homme, lequel comprend:

Un digitaliseur Scitex Smart TM 720 et
Les produits Kodak;
Le processeur d'images RIP 50 PL2 combiné avec la nouvelle technologie Lino Dot® et Lino Pipeline® de Linotype-Hell®.
Imprimé au Canada
02/2000

DISTRIBUTEURS EXCLUSIFS:

• Pour le Canada et
les États-Unis:
MESSAGERIES ADP*
955, rue Amherst,
Montréal, Québec
H2L 3K4
Tél.: (514) 523-1182
Télécopieur: (514) 939-0406
* Filiale de Sogides ltée

• Pour la France et
les autres pays:
INTER FORUM
Immeuble Paryseine, 3, Allée de la Seine
94854 Ivry Cedex
Tél.: 01 49 59 11 89/91
Télécopieur: 01 49 59 11 96
Commandes: Tél.: 02 38 32 71 00
              Télécopieur: 02 38 32 71 28

• Pour la Suisse:
DIFFUSION: HAVAS SERVICES SUISSE
Case postale 69 - 1701 Fribourg - Suisse
Tél.: (41-26) 460-80-60
Télécopieur: (41-26) 460-80-68
Internet: www.havas.ch
Email: office@havas.ch
DISTRIBUTION: OLF SA
Z.I. 3, Corminbœuf
Case postale 1061
CH-1701 FRIBOURG
Commandes: Tél.: (41-26) 467-53-33
              Télécopieur: (41-26) 467-54-66

• Pour la Belgique et le Luxembourg:
PRESSES DE BELGIQUE S.A.
Boulevard de l'Europe 117
B-1301 Wavre
Tél.: (010) 42-03-20
Télécopieur: (010) 41-20-24

Pour en savoir davantage sur nos publications,
visitez notre site: **www.edhomme.com**
Autres sites à visiter: www.edjour.com • www.edtypo.com • www.edvlb.com
www.edhexagone.com • www.edutilis.com

SYRIE
TERRE DE CIVILISATIONS

MICHEL FORTIN

MUSÉE DE LA
CIVILISATION
Québec

LES ÉDITIONS DE
L'HOMME

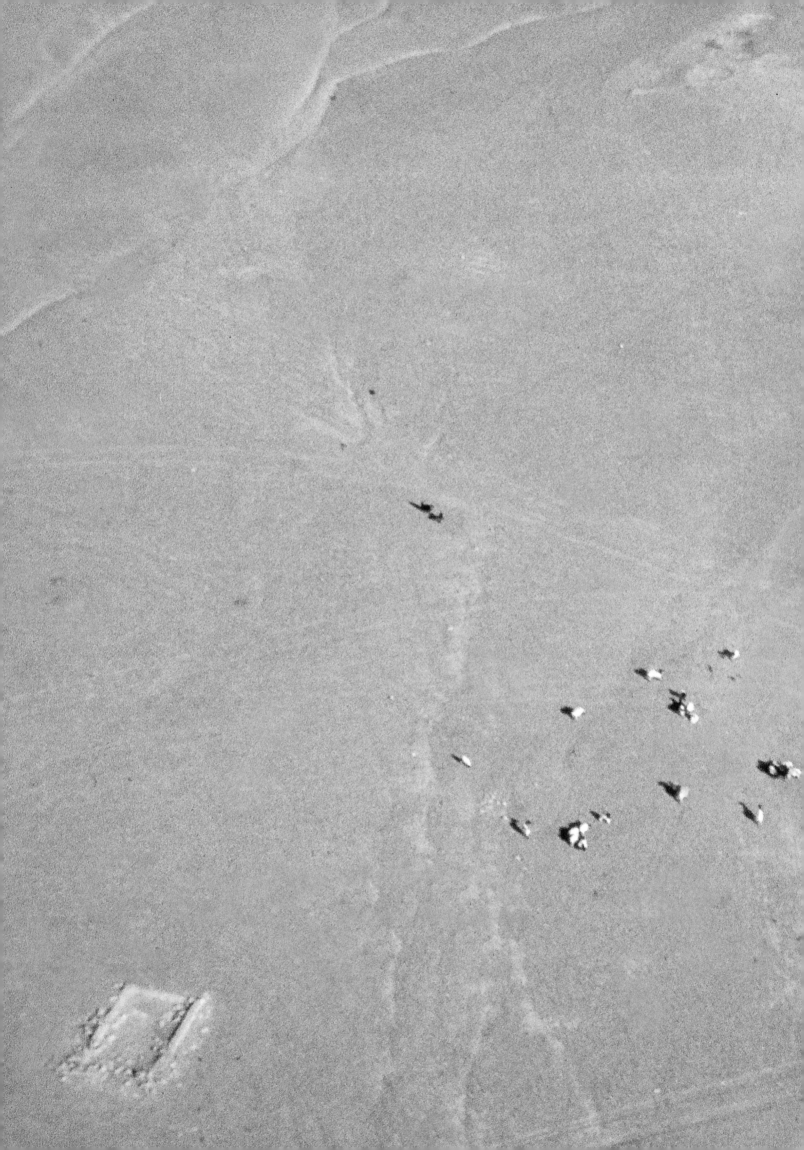

Syrie, terre de civilisations

Cette exposition est placée sous le haut patronage de

M. Hafez al-Assad
PRÉSIDENT DE LA RÉPUBLIQUE ARABE SYRIENNE

M. Jean Chrétien   **M. Lucien Bouchard**
PREMIER MINISTRE DU CANADA   PREMIER MINISTRE DU QUÉBEC

L'exposition et sa tournée sont une réalisation du

Musée de la civilisation de Québec

en collaboration avec

Le ministère de la Culture, Direction générale des antiquités
et des musées de la République arabe syrienne

Comité d'honneur

M. Farouk El Sharaa
MINISTRE DES AFFAIRES ÉTRANGÈRES,
RÉPUBLIQUE ARABE SYRIENNE

Mme Louise Beaudoin
MINISTRE DES RELATIONS INTERNATIONALES, QUÉBEC

Dr Najah Al-Attar
MINISTRE DE LA CULTURE, RÉPUBLIQUE ARABE SYRIENNE

Mme Agnès Maltais
MINISTRE DE LA CULTURE ET DES COMMUNICATIONS, QUÉBEC

S.E. M. Walid Moualem
AMBASSADEUR DE LA RÉPUBLIQUE ARABE SYRIENNE AUX ÉTATS-UNIS

Mme Shirley McClellan
MINISTRE DU DÉVELOPPEMENT COMMUNAUTAIRE, ALBERTA

S.E. M. Ahmad Arnous
AMBASSADEUR DE LA RÉPUBLIQUE ARABE SYRIENNE AU CANADA

Dr David Streiff
DIRECTEUR DE L'OFFICE FÉDÉRAL DE LA CULTURE,
DÉPARTEMENT FÉDÉRAL DE L'INTÉRIEUR À BERNE

S.E. Dr Mikhail Wehbe
AMBASSADEUR DE LA MISSION DE LA RÉPUBLIQUE ARABE SYRIENNE
AUPRÈS DE L'ORGANISATION DES NATIONS UNIES

M. le Conseiller d'État Stefan Cornaz
CHEF DU DÉPARTEMENT DE L'INSTRUCTION PUBLIQUE, BÂLE

M. Fares M. Attar
CONSUL GÉNÉRAL HONORAIRE DE LA RÉPUBLIQUE ARABE SYRIENNE À MONTRÉAL

S.E. Mme Alexandra Bugailiskis
AMBASSADEUR DU CANADA EN RÉPUBLIQUE ARABE SYRIENNE

M. Taher Al-Hussami
REPRÉSENTANT PERMANENT DE LA RÉPUBLIQUE ARABE SYRIENNE
POUR LES ORGANISATIONS INTERNATIONALES À GENÈVE

S.E. M. Ryan Crocker
AMBASSADEUR DES ÉTATS-UNIS D'AMÉRIQUE EN RÉPUBLIQUE ARABE SYRIENNE

S.E. M. Christian Faessler
AMBASSADEUR DE LA SUISSE EN RÉPUBLIQUE ARABE SYRIENNE

Prof. Dr François Tavenas
RECTEUR DE L'UNIVERSITÉ LAVAL, QUÉBEC

Prof. Dr Ulrich Gäbler
RECTEUR DE L'UNIVERSITÉ DE BÂLE

Le Bâtonnier Henri Grondin
PRÉSIDENT DU CONSEIL D'ADMINISTRATION DU MUSÉE DE LA CIVILISATION, QUÉBEC

Dr Barbara L. Begelsbacher
PRÉSIDENTE DE LA COMMISSION, ANTIKENMUSEUM BASEL UND SAMMLUNG LUDWIG

Comité d'organisation

Prof. Dr Sultan Muhesen
DIRECTEUR GÉNÉRAL DES ANTIQUITÉS ET DES MUSÉES, RÉPUBLIQUE ARABE SYRIENNE

Dr Khassan al Laham
DIRECTEUR, BIBLIOTHÈQUE NATIONALE HAFEZ AL-ASSAD, RÉPUBLIQUE ARABE SYRIENNE

Comité de direction

M. Roland Arpin
DIRECTEUR GÉNÉRAL, MUSÉE DE LA CIVILISATION, QUÉBEC

M. André Juneau
DIRECTEUR, DIRECTION DES EXPOSITIONS ET DE L'ACTION INTERNATIONALE,
MUSÉE DE LA CIVILISATION, QUÉBEC

Prof. Dr Peter Blome
DIRECTEUR, ANTIKENMUSEUM BASEL UND SAMMLUNG LUDWIG, SUISSE

M. François Tremblay
DIRECTEUR, SERVICE DES EXPOSITIONS INTERNATIONALES,
MUSÉE DE LA CIVILISATION, QUÉBEC

Dr Philip H.R. Stepney
DIRECTEUR, PROVINCIAL MUSEUM OF ALBERTA, CANADA

M. Muhamed Kadour
DIRECTEUR DES AFFAIRES DES MUSÉES, RÉPUBLIQUE ARABE SYRIENNE

Mme Jill Freeman
DIRECTRICE, ROSICRUCIAN EGYPTIAN MUSEUM & PLANETARIUM, ÉTATS-UNIS

M. Bashir Zouhdi
CONSERVATEUR EN CHEF MUSÉE NATIONAL DE DAMAS, RÉPUBLIQUE ARABE SYRIENNE

Dr Craig Morris
PREMIER VICE-PRÉSIDENT
ET DOYEN DES SCIENCES, AMERICAN MUSEUM OF NATURAL HISTORY, ÉTATS-UNIS

M. Whalid Khayyata
DIRECTEUR DES ANTIQUITÉS ET DES MUSÉES DE LA RÉGION D'ALEP,
RÉPUBLIQUE ARABE SYRIENNE

Mme Susan E. Neugent
PRÉSIDENTE ET DIRECTRICE-GÉNÉRALE-EXÉCUTIVE,
FERNBANK MUSEUM OF NATIONAL HISTORY, U.S.A

Prof. Dr Rolf A. Stucky
PROFESSEUR TITULAIRE D'ARCHÉOLOGIE CLASSIQUE À L'UNIVERSITÉ DE BÂLE, SUISSE

Prof. Dr Jean-Marie Le Tensorer
PROFESSEUR TITULAIRE DE PRÉHISTOIRE À L'UNIVERSITÉ DE BÂLE, SUISSE

M. David Harvey
VICE-PRÉSIDENT, EXPOSITIONS, AMERICAN MUSEUM OF NATURAL HISTORY, ÉTATS-UNIS

Commissariat

M. François Tremblay
DIRECTEUR, SERVICE DES EXPOSITIONS INTERNATIONALES,
MUSÉE DE LA CIVILISATION, QUÉBEC

Prof. Dr Michel Fortin
CONSEILLER SCIENTIFIQUE, UNIVERSITÉ LAVAL, QUÉBEC

Collaborateurs à l'exposition

Dr Yossra al-Koujok
CONSERVATRICE DE LA SECTION PRÉHISTOIRE, MUSÉE NATIONAL DE DAMAS

M. Jamal Haidar
DIRECTEUR DU DÉPARTEMENT DES ANTIQUITÉS ET DU MUSÉE DE LATTAQUIÉ

Mme Muyasser Fattal-Yabroudi
CONSERVATRICE DES ANTIQUITÉS ORIENTALES, MUSÉE NATIONAL DE DAMAS

M. Farid Jabour
DIRECTEUR DU DÉPARTEMENT DES ANTIQUITÉS DE HOMS

Dr Jaoudat Shaa'dé
CONSERVATEUR DES ANTIQUITÉS CLASSIQUES, MUSÉE NATIONAL DE DAMAS

Mme Nidaa Dandashi
CONSERVATRICE DU MUSÉE DE HOMS

Mme Mouna al-Mou'azen
CONSERVATRICE DES ANTIQUITÉS ISLAMIQUES, MUSÉE NATIONAL DE DAMAS

M. Abdellazar Zarzouq
DIRECTEUR DU DÉPARTEMENT DES ANTIQUITÉS ET DU MUSÉE DE HAMA

Dr Antoine Souleiman
CONSERVATEUR DE LA SECTION PRÉHISTOIRE, MUSÉE NATIONAL D'ALEP

M. Kamel Chehade
CONSERVATEUR DU MUSÉE DE AL'MAARAT

M. Naser Sharaf
CONSERVATEUR DES ANTIQUITÉS ORIENTALES, MUSÉE NATIONAL D'ALEP

M. Abdoh Asfari
DIRECTEUR DU DÉPARTEMENT DES ANTIQUITÉS ET DU MUSÉE DE IDLIB

M. Radwan Sharaf
CONSERVATEUR DES ANTIQUITÉS CLASSIQUES, MUSÉE NATIONAL D'ALEP

M. Murhaf Al-Khalaf
DIRECTEUR DU DÉPARTEMENT DES ANTIQUITÉS ET DU MUSÉE DE RAQQA

Mme Fddwa Oubeid
CONSERVATRICE DES ANTIQUITÉS ISLAMIQUES, MUSÉE NATIONAL D'ALEP

M. Assad Mahmoud
DIRECTEUR DU DÉPARTEMENT DES ANTIQUITÉS ET DU MUSÉE DE DEIR-EZ-ZOR

M. Rachid Issa
DIRECTEUR DU DÉPARTEMENT DES ANTIQUITÉS DE TARTOUS

M. Khaled al-Assad
DIRECTEUR DU DÉPARTEMENT DES ANTIQUITÉS ET DES MUSÉES DE PALMYRE

M. Ramez Hawash
CONSERVATEUR DU MUSÉE DE TARTOUS

M. Hassan Hatoum
DIRECTEUR DU DÉPARTEMENT DES ANTIQUITÉS ET DU MUSÉE DE SWEIDA

Collaborateurs à la tournée

Mme Rabab Al Shaar
CONSERVATRICE, DÉPARTEMENT DES ANTIQUITÉS ORIENTALES,
MUSÉE NATIONAL DE DAMAS

Mme Maria Yakimov
REGISTRAIRE, AMERICAN MUSEUM OF NATURAL HISTORY,
NEW YORK

M. Samer Abdel Ghafour
CONSERVATREUR, DÉPARTEMENT DES ANTIQUITÉS ORIENTALES,
MUSÉE NATIONAL D'ALEP

Dr Charles S. Spencer
CONSERVATEUR, DÉPARTEMENT D'ANTHROPOLOGIE,
AMERICAN MUSEUM OF NATURAL HISTORY, NEW YORK

Dr Ella van der Meijden Zanoni
CONSERVATRICE, ANTIKENMUSEUM BASEL UND SAMMLUNG LUDWIG, BÂLE

Mme Shirley Howarth
PRÉSIDENTE, HUMANITIES EXCHANGE, MIAMI

M Andrea Bignasca
VICE-DIRECTRICE, ANTIKENMUSEUM BASEL UND SAMMLUNG LUDWIG, BÂLE

M. Christian Denis
CONSERVATEUR, MUSÉE DE LA CIVILISATION, QUÉBEC

Mme Anita Kern
DIRECTRICE DES PROGRAMMES EXTERNES, FERNBANK MUSEUM OF NATURAL HISTORY, ATLANTA

Mme Marie Beaudoin
DESIGNER, MUSÉE DE LA CIVILISATION, QUÉBEC

M. Maxwell Miller
ARCHÉOLOGUE, FERNBANK MUSEUM OF NATURAL HISTORY, ATLANTA

Mme Monique Lippé
CHARGÉE DE PROJET, MUSÉE DE LA CIVILISATION, QUÉBEC

Catalogue

TEXTE PRINCIPAL

Prof. Dr Michel Fortin
UNIVERSITÉ LAVAL, QUÉBEC

COORDINATION

M. François Tremblay
MUSÉE DE LA CIVILISATION, QUÉBEC

PHOTOS

M. Jacques Lessard, Musée de la civilisation, Québec

Dr Georg Gerster, Zurich, Suisse

M. Mohamad Al-Roumi, Damas, République arabe syrienne

M. Alain Saint-Hilaire, Montréal, Québec

COLLABORATRICES À L'ÉDITION

Mmes Nicole Blain, Rachel Fontaine,
Martine Lavoie, Odette Lord et Linda Nantel,
Les Éditions de l'Homme, Montréal, Québec

Mme Pauline Hamel, Musée de la civilisation, Québec

CONCEPTION GRAPHIQUE

Mme Josée Amyotte

INFOGRAPHIE

Mme Johanne Lemay

COLLABORATEURS AU TEXTE

Prof. Dr Sultan Muhesen

M. Khaled al-Assad

Prof. Dr Giorgio Buccellati

Dr Klaus Freyberger

M. Hassan Hatoum

M. Whalid Khayyata

Prof. Dr Kay Kohlmeyer

Prof. Dr Jean-Marie Le Tensorer

M. Assad Mahmoud

Prof. Dr Jean-Claude Margueron

Prof. Dr Paolo Matthiae

Prof. Dr Miguel Molist

Mme Mouna al-Mou'Azen

Prof. Dr David Oates

Prof. Dr Joan Oates

Dr Danielle Stordeur

Dr Georges Tate

M. Abdellazar Zarzouq

M. Bashir Zouhdi

Nous tenons à remercier les personnes suivantes qui nous ont aidés à diverses étapes de la préparation de l'exposition et du catalogue :

M. Michel Côté et Mme Hélène Bernier qui ont occupé respectivement les postes de directeur de la Direction des expositions et des relations internationales et directrice du Service des expositions internationales tout au long de la période de préparation du projet.

Nous tenons aussi à remercier M. Marc Simard et M. Raymond Montpetit qui furent des collaborateurs de la première heure dans la préparation du texte de ce catalogue.

Patricia Anderson, Dominique Beyer, Pierre-Marie Blanc, Pierre Bordreuil, Monique Cardinal, Annie Caubet, Jean-Marie Dentzer, Michael Fuller, Massoud Hussein, Marie Le Mière, Michael C.A MacDonald, Robert Mason, Andrew Moore, Eva Strommenger et Dietrich Sürenhagen.

Symboles et abréviations utilisés

~ = Avant Jésus-Christ. Par exemple le ~XVe siècle est le XVe siècle avant notre ère.

[125] = Le numéro entre crochets réfère au numéro de la pièce du catalogue.

Les abréviations de la section Catalogue se trouvent à la fin de cet ouvrage, sous la rubrique «Abréviations utilisées dans le catalogue».

Tournée

ANTIKENMUSEUM BASEL UND SAMMLUNG LUDWIG, BÂLE, SUISSE

présentation du 3 novembre 1999 au 31 mars 2000

MUSÉE DE LA CIVILISATION, QUÉBEC, CANADA

présentation du 30 mai 2000 au 7 janvier 2001

THE PROVINCIAL MUSEUM OF ALBERTA, EDMONTON, ALBERTA, CANADA

présentation du 10 février au 13 mai 2001

ROSICRUCIAN EGYPTIAN MUSEUM & PLANETARIUM, SAN JOSE, CALIFORNIE, ÉTATS-UNIS

présentation du 13 juin au 2 septembre 2001

THE AMERICAN MUSEUM OF NATURAL HISTORY, NEW YORK, ÉTATS-UNIS

présentation du 10 octobre 2001 au 6 janvier 2002

FERNBANK MUSEUM OF NATURAL HISTORY, ÉTATS-UNIS

présentation du 15 février au 20 mai 2002

Elle l'était et le sera toujours!

Le soleil dans sa splendeur et l'étoile de toute sa hauteur communiquent à notre monde quelque chose de plus que la lumière et la chaleur. Le mouvement des astres, dans l'espace infini, est une incarnation de l'éternité, dès l'aube des temps. Cette éternité qui tisse pour nous la vie est un don des cieux que nous recevons, les mains tendues vers les cieux, en signe de prière ; car nous, fils de cette terre, savons comment honorer ce don et savons, également, comment le dépasser vers ce qui est plus noble, grâce au secret enfoui en nous, le secret de l'homme, ce souverain tout-puissant qui redoute la nature, laquelle lui rend la même crainte pour cette simple raison : l'homme dans la vanité de son humanité et l'éminence de son pouvoir est issu d'une semence qui va en engendrer une autre dans le cours du temps, plus généreuse, plus noble et plus belle, émise par la succession des générations. Au-delà du temps, elle constituera un autre temps, pour l'immortalité, grâce à l'œuvre que les mains de l'homme vont transmettre ; je parle de ces réalisations par lesquelles la création s'élève sans limites et sans mesure, au point que rien dans la nature ne l'égale.

Lorsqu'il est question de vestiges, on évoque spontanément la Syrie. Tout alors s'éclaircit, tout devient lumineux comme le cristal, tout devient éblouissant comme l'éclair, tout devient éclatant comme le soleil, tout devient chaleureux comme la flamme sacrée dont se couvrent les anges dans les endroits ombragés du paradis quand ils se promènent allègrement dans les jardins de ce paradis éternel dont nous avons tous eu la promesse, et c'est en son nom que les souhaits les plus chers épousent l'étendue de l'horizon lointain. Tout ce qui est beau, comme nous le savons, ou comme nous devons le savoir, peut exister ou n'existera jamais.

Le baron von Oppenheim décrit la Syrie comme le paradis des archéologues. Dans la présente exposition itinérante, dont le nom est *Syrie, terre de civilisations*, nous épargnons aux savants, aux chercheurs ainsi qu'à tous les amis concernés, la peine du voyage vers nous : c'est nous qui allons plutôt vers eux, transportant sur notre tapis magique, comme dans *Les mille et une nuits*, nos trésors les plus somptueux, les plus éblouissants, les plus désirés, pour qu'ils puissent découvrir, grâce à ces témoins du passé, les civilisations les plus anciennes de l'histoire. À titre d'exemple de découvertes archéologiques éminentes, le squelette d'un enfant du Neandertal qui remonte à 100 000 ans, mis au jour dans la grotte de Dederiyeh dans la région d'Afrin au nord-est de la Syrie. Ainsi, cette longue succession de civilisations fait de la Syrie, à juste titre, une sorte d'encyclopédie historique, indispensable à tous ceux qui étudient la naissance et le développement des civilisations et qui pourraient, peu ou prou, en être édifiés.

La Syrie a donc eu ce privilège de prendre part à l'édification de la civilisation universelle, ce qui a fait d'elle la seconde patrie de tout homme cultivé aux quatre coins du monde. Sur la côte syrienne, à Ougarit, fut découvert le premier alphabet du monde, il date du ~XIVe siècle, puis des tablettes qui comportent des signes considérés comme étant l'origine de l'écriture. Ces tablettes remontent en effet au ~IXe millénaire. Les temples des civilisations de Mari, Ougarit, Ebla, Palmyre et Bosra font partie des temples les plus anciens historiquement connus. C'est là également que l'on a découvert les plus anciennes sculptures en pierre, argile, ivoire, os et bronze. Parmi ces sculptures très célèbres, celle de la déesse de la source, les statues des rois de Mari et d'Ebla, les dieux Ougarit et sa princesse, les statues des divinités de la mythologie comme Vénus, Mercure, Zeus, Léda, Cupidon, la statue de la déesse de la justice et de la vengeance Némésis, les sculptures palmyréniennes majestueuses à côté des statues des empereurs syriens de l'époque romaine, dont la statue en marbre de l'empereur romain Philippe l'Arabe, découverte dans la ville de Shahba dans le Djebel al-'Arab.

Cela dit, je ne fais qu'effleurer toute une histoire d'une richesse telle que les différents arts qui la concrétisent ne sont que des témoins éloquents d'activités culturelles, architecturales, des créations sous forme de verre, de bijoux, de peintures rupestres et de mosaïques, de dessins et de gravures, des mélodies et des poésies que des tablettes innombrables ont conservées à côté d'illuminations de l'esprit, de stratégies guerrières, de l'économie comme des envolées lyriques... Loin donc d'être exhaustive, l'exposition actuelle *Syrie, terre de civilisations* est forcément symbolique : elle englobe environ 400 pièces d'antiquités choisies parmi les plus importantes découvertes syriennes, anciennes et nouvelles, liées aux empires et royaumes qui se sont développés, ont atteint leur apogée, puis ont disparu tout au long des époques les plus reculées. Elle voudrait donner aux visiteurs dans les pays amis une idée aussi claire que possible de l'histoire et de la civilisation exceptionnelles de la Syrie, dont l'importance est unique sur les plans scientifique et archéologique. Ces découvertes, qui nous font connaître l'histoire de l'humanité, nous concernent tous et, sans doute, plus particulièrement, les archéologues, les historiens, les anthropologues, tous ceux qui étudient la naissance et l'évolution des civilisations.

L'objectif majeur de cette exposition, et de celles qui lui ressemblent, est de favoriser la communication culturelle que nous considérons comme un devoir d'échange « civilisationnel » et éthique, lié à notre conception du patrimoine et de l'héritage dans son universalité. Nous devons donc promouvoir cette communication, car la Syrie, pays aux origines séculaires, croyant à la parole et à l'action, au dialogue entre les civilisations, déploie des efforts considérables dans ce sens et condamne, sciemment, l'idée de choc des civilisations qui, au lieu de mener au progrès, au rapprochement et à la complémentarité, mène à la destruction, à l'éloignement et à la divergence. Chose étrange, on peut vérifier que, de nos jours, les grandes nations connaissent à peine ce qu'elles devraient connaître des petites nations, petites en taille et non en ancienneté historique, en dépit de toutes les grandes réalisations dans le domaine de l'espace, de l'informatique et des moyens de communication. C'est pourquoi la nation arabe, par la place qu'elle occupe dans l'histoire de la civilisation, par ses racines profondes dans le domaine des sciences de la nature et de l'homme, poursuivant sa mission, transmise à l'Europe par la voie de l'Andalousie, tente toujours avec précaution et persévérance, à côté d'autres nations et peuples, de combler cette lacune sur le plan du savoir et d'affirmer la communication entre les civilisations sur une base solide. Tel a été et tel demeurera le souci de cette nation, de maintenir son passé dans le présent. Nos ancêtres arabes se sont voués, depuis l'aube des temps, à établir de tels liens, un tel échange et une telle entente, afin d'enrichir les connaissances par les moyens dont ils disposaient, malgré leur simplicité et leur complexité à la fois. Il suffirait d'évoquer à ce propos les Phéniciens qui ont bâti et fondé la plus prestigieuse des civilisations sur le littoral syrien, en particulier, puis qui ont transporté leur civilisation vers d'autres côtes de la Méditerranée. Il faut également mentionner que la culture arabe, synthèse majeure des sciences et des arts, les a transportés dans une phase ultérieure vers les littoraux d'Afrique et d'Europe, puis vers le Sud de l'Amérique avec une générosité que l'histoire gardera gravée dans sa mémoire.

Cette exposition est un geste précieux que les deux millénaires passés esquissent dans la direction du troisième, à la porte duquel nous frappons, avec l'espoir que nous serons fidèles à notre tâche, durant ce prochain millénaire, pour œuvrer dans l'intérêt de la civilisation et d'une culture créatrice de valeurs humaines, comme « la culture de la paix » entendue au sens le plus sublime et le plus radieux pour des peuples qui succombent sous l'oppression et qui tentent de se défendre, devant l'agression sous ses formes militaire, économique et culturelle, se matérialisant tantôt par l'occupation, tantôt par la colonisation, le blocus et la menace. La culture de la paix ne signifie nullement la soumission et l'acceptation du fait accompli, mais vise à mettre un terme à l'agression et à la spoliation de la terre, des richesses et des libertés, œuvrant pour une paix juste et honorable, et prend vraiment parti pour les droits de l'homme, la logique de la justice et du droit, et non pour la logique de la force quelle qu'elle soit, et pour la fraternité humaine louée en ces termes par le vieux poète syrien Meleagre, fils de l'ancienne ville de Gadara: «Ne croyez pas que je suis un étranger, nous sommes tous fils d'une même patrie, le monde.»

Le temps n'est-il pas venu pour nous tous, d'aspirer à un monde sans barrières entre les peuples, un monde qui élimine les frontières entre les civilisations et les cultures sur des bases d'égalité et de fraternité, plutôt que de rivalité ou d'hégémonie et d'instaurer la culture aux aspects et aux couleurs de l'univers, mais ouverte à tous les hommes ?

Pour conclure ces quelques mots destinés au catalogue de cette exposition, j'ai le plaisir de transmettre aux lecteurs, spectateurs, visiteurs, archéologues, spécialistes, passionnés d'archéologie, ceux qui fouillent sur le terrain, les chercheurs, les musées accueillant cette exposition, ceux qui ont fourni des efforts pour préparer cette exposition importante, les salutations du président de la République arabe syrienne, Hafez al-Assad qui voue aux antiquités, aux fouilles archéologiques, à la restauration et à la conservation, sa plus profonde sollicitude. Je remercie les présidents et responsables des États hôtes pour l'accueil réservé à cette exposition. Je n'oublie pas de louer les efforts des archéologues et des missions archéologiques de toutes nationalités, qui travaillent en Syrie, pour leurs réalisations dans le domaine des fouilles et des découvertes et celui des études et synthèses scientifiques, donnant ainsi l'exemple de la solidarité entre nations, dans leurs plus sublimes formes d'humanité et de splendeur.

Dr Najah Al-Attar
Ministre de la Culture de la République arabe syrienne

Il n'est pas exagéré d'intituler cette exposition *Syrie, terre de civilisations*. Les recherches archéologiques et historiques démontrent que la Syrie est habitée depuis les débuts de l'ère paléolithique, il y a près d'un million d'années. Certaines grandes découvertes archéologiques et anthropologiques nous font remonter à cette période. Il semble également que la Syrie ait servi de décor aux balbutiements de la civilisation humaine. C'est ici que la « révolution néolithique » se produisit, vers le ~IXe millénaire, lorsque les humains se mirent à bâtir des villages, à planter des céréales et à domestiquer des animaux. Cet essor allait se poursuivre sans interruption au cours des millénaires suivants, jusqu'à ce que la Syrie devienne le cœur de la « révolution urbaine », qui fut témoin des bouleversements marqués par l'apparition de villes entourées de puissantes fortifications, dotées de temples, de palais et d'autres bâtiments publics au cours du ~IVe millénaire. Puis, au cours des trois millénaires suivants, la Syrie assista à la naissance successive de cités-États, de royaumes et d'empires : royaumes sumérien, akkadien, amorite, araméen et autres. Les progrès économiques, sociaux et spirituels de ces empires sont désormais bien connus dans maints domaines tels que l'architecture, l'art, la métallurgie, le commerce, la religion, l'administration et, auxquels bien sûr, nous devons l'invention de l'écriture. À la fin du ~Ier millénaire et au début du Ier millénaire de notre ère, la Syrie devint une région importante du monde hellénistique, puis de l'Empire romain et de son successeur, l'Empire byzantin. Au début du VIIIe siècle de notre ère, elle se retrouva au cœur du premier empire arabo-islamique, l'Empire omeyyade. Tout au long du Moyen Âge, la Syrie allait continuer à jouer un rôle crucial, celui de carrefour des civilisations.

Cette exposition met en relief tous ces aspects. Elle suit l'apparition et l'évolution des principales innovations culturelles de l'humanité, mises au jour par les archéologues, dont les récentes découvertes sont d'une valeur exceptionnelle. Cette exposition, présentée en Suisse, au Canada et aux États-Unis, reflète notre intérêt commun et notre volonté sincère de combler le fossé qui nous sépare. Nous espérons qu'elle ouvrira la porte au dialogue et à la collaboration entre nos nations. Les objets reproduits dans ce catalogue démontrent que chacun de nous a des racines en Syrie et que nos croyances y trouvent leurs origines. Par conséquent, nous avons tous une culture et un patrimoine en commun. À l'orée d'un nouveau millénaire, c'est le message que nous souhaitons transmettre au monde entier. Nous sommes très honorés d'avoir pu organiser cette exposition sous les auspices de Son Excellence le président Hafez al-Assad, qui s'intéresse personnellement à la conservation et à la protection du patrimoine. Nous bénéficions également de l'appui continu de notre ministre de la culture, le Dr Najah Al-Attar, qui oriente et suit de près nos activités. L'exposition et le catalogue sont le fruit de la collaboration de nombreux chercheurs et établissements syriens, canadiens, américains et suisses, qui ont travaillé avec une détermination admirable, dans la compréhension et le respect mutuels avec les commissaires de l'exposition. J'aimerais leur adresser nos plus sincères remerciements, ainsi qu'à M. Roland Arpin, directeur général du Musée de la civilisation de Québec, dont l'ouverture d'esprit et l'intuition ont permis à cette exposition itinérante de voir le jour. Je suis convaincu qu'elle sera l'une des manifestations culturelles les plus remarquables de l'aurore du XXIe siècle.

PROF. DR SULTAN MUHESEN
Directeur général des antiquités et des musées de Syrie

La nature humaine fait que chaque génération s'enorgueillit facilement de sa modernité. Cette vanité du présent nous fait souvent oublier la contribution essentielle des centaines de générations qui nous ont précédés. Nous devons aussi reconnaître humblement, malgré les progrès scientifiques et technologiques exceptionnels réalisés depuis quelques décennies, que nous sommes toujours redevables à la pensée orientale antique, dont nous séparent pourtant deux millénaires.

L'exposition proposée par le Musée de la civilisation nous fait voyager par-delà les frontières et les cultures. Elle nous donne l'occasion de contempler un patrimoine commun à tous les êtres humains. Quelle expérience fascinante, pour les Nord-Américains que nous sommes, que de tenter de retrouver dans les contours d'une figurine vieille de 12 000 ans la main de l'artisan, d'imaginer sa vie, ses joies et ses peines, tout en songeant qu'au moment où sa civilisation florissait, l'est de l'Amérique était entièrement recouvert d'un épais manteau de glace.

Nous sommes profondément reconnaissants à la République arabe de Syrie de consacrer autant d'efforts à la conservation de ce patrimoine qui est d'abord le sien, mais qui est aussi, à plus d'un titre, celui de l'humanité entière. Notre gratitude est également très grande envers le Dr Najah Al-Attar, ministre de la Culture de Syrie, qui a appuyé ce projet dès le début et permis sa réalisation dans les meilleures conditions.

AGNÈS MALTAIS
Ministre de la Culture et des Communications du Québec

Tenter d'illustrer la naissance de la civilisation, il fallait bien qu'un jour le Musée de la civilisation relève un tel défi. Ce mot « civilisation », qui précise la vocation de notre musée créé il y a 12 ans à peine, l'être humain a mis environ 12 millénaires à lui donner un sens. Elle fut longue, en effet, la marche de l'humanité vers la civilisation. L'exposition que nous vous proposons permet d'en prendre toute la mesure. À l'aube du nouveau millénaire, il nous a paru nécessaire d'effectuer cette réflexion sur notre passé collectif.

Cette exposition, si besoin est encore de le faire, nous démontre à quel point nous sommes redevables à ce territoire mythique. Les trésors que la Syrie a bien voulu partager avec nous illustrent avec éclat le haut degré de raffinement atteint par les civilisations anciennes. Bien des choses que nous tenons maintenant pour acquises, nous les devons à ces hommes et à ces femmes qui ont de toutes leurs forces et de toute leur intelligence repoussé les frontières de la vie et de la connaissance.

C'est à notre tour de contribuer à la chaîne de la pensée humaine. Au IVe millénaire quand d'autres se pencheront sur notre contribution, pourrons-nous en être fier ? Notre époque sera-t-elle vue comme un moment d'amélioration de la qualité de l'humain ou plutôt comme un moment de régression ? Il n'en tient qu'à nous.

La présente exposition a été pour nous l'occasion de développer des partenariats dont nous sommes très fiers. Je voudrais souligner de façon particulière le rôle du directeur des Antiquités, le Prof. Dr Sultan Muhesen, qui a su à la fois nous guider, nous accompagner et surtout nous faire confiance durant les cinq années que nous avons consacrées à ce projet hors du commun. Je remercie également les musées canadiens, suisses et américains qui se sont joints à nous afin de permettre la réalisation de ce grand projet. La preuve est encore faite que la collaboration mène au succès.

ROLAND ARPIN
Directeur général, Musée de la civilisation, à Québec

INTRODUCTION

Le passage d'un millénaire à un autre, un événement rare, il faut bien le reconnaître, est tout à fait propice à une profonde réflexion sur le chemin parcouru par l'espèce humaine depuis que certains de ses membres ont choisi de vivre en groupes élargis et de se donner un mode de fonctionnement approprié. Comment les premières sociétés humaines sont-elles apparues? Comment se sont-elles organisées? Comment se sont-elles développées?

Remontons aux origines de la civilisation, c'est-à-dire à la mise en place d'un système qui régit encore maintenant nos changements sociaux, nos transformations économiques et nos progrès intellectuels. Voyons de quelles manières, à partir du moment où des groupements humains ont acquis des moyens efficaces pour assurer leur survie, ceux-ci sont passés par différentes étapes qui les ont conduits à se développer. En raison de l'ancienneté de ces phénomènes culturels, observons-les à travers les objets que des sociétés humaines ont laissés sans savoir qu'un jour, bien longtemps après leur disparition, on les utiliserait pour interpréter leurs modes de vie. Ces objets sont donc de véritables témoins d'une histoire révolue de l'Humanité. Mais est-elle vraiment révolue? Ne vivons-nous pas encore dans la prolongation de ces premières expérimentations socioéconomiques du genre humain?

Statue d'un roi de Mari.
Cat. 1

Plus que partout ailleurs dans le monde, le territoire de la Syrie a été, depuis plus de 12 000 ans, le foyer et le carrefour de plusieurs civilisations qui ont joué un rôle déterminant dans l'histoire de l'Humanité. À cause de sa propre richesse culturelle et de ses liens avec des peuples voisins, la Syrie constitue un creuset incomparable de la formation des civilisations anciennes du Proche-Orient, lesquelles, comme on le verra, ont eu des influences marquantes sur le monde occidental. La période couverte par cette exposition s'ouvre par les premières tentatives de sédentarisation dans des villages sur le territoire syrien, les plus anciens du monde. Et elle se termine par l'affrontement avec les chevaliers européens venus en Syrie au moment des croisades. Cet instant symbolique exprime, certes, le brutal contact de l'Orient avec l'Occident, mais aussi le point de départ d'échanges intellectuels avec l'Occident. C'est ce moment qui a été retenu ici pour clore chronologiquement cette présentation.

À l'aube du troisième millénaire, l'instant paraît aussi approprié de jeter un regard rétrospectif sur les 12 précédents millénaires de l'aventure humaine. Cette exposition ne veut pas uniquement fournir des renseignements sur différents aspects d'un processus culturel que nous appelons « civilisation » et sur les grandes civilisations qui se sont succédé sur une portion du territoire du Proche-Orient. Elle veut également, et peut-être même surtout, présenter divers éléments constitutifs du concept de civilisation lui-même. Cette exposition, espérons-nous, contribuera à faire germer dans l'esprit du visiteur une réflexion sur les caractéristiques et les fondements de la civilisation dont il est lui-même l'un des acteurs. Et, pourquoi pas, amener ce visiteur à se tourner vers l'avenir et à se demander de quoi sera faite la civilisation de demain.

Au Proche-Orient ancien, les maisons associées aux premières civilisations sont faites de briques de boue séchées au soleil.

Qu'est-ce qu'une « civilisation » ?

C'est au XVIIIe siècle que le terme « civilisation » est apparu dans les principales langues européennes, mais ce n'est qu'à la fin du XIXe siècle qu'il acquiert un sens qui se rapproche de celui qu'on lui connaît maintenant. Il désigne alors un « tout complexe comprenant à la fois les sciences, les croyances, les arts, la morale, les lois, les coutumes et les autres facultés et habitudes acquises par l'homme dans l'état social ».

Dès le XIXe siècle, plusieurs groupes de spécialistes se prononcèrent sur la question. Parmi ceux-ci, des scientifiques ont essayé de situer les moments et les lieux où sont nées les premières grandes civilisations, de déterminer comment s'applique le concept de civilisation et de préciser les éléments constitutifs de ce concept, à bien des égards, subjectif. Des anthropologues proposèrent alors d'appeler « civilisation » toute société étatique. Ainsi, le type d'organisation sociopolitique devenait le critère déterminant dans la définition d'une civilisation. Les anthropologues définirent donc la civilisation comme un gouvernement central fort dirigé par une élite politique, sans liens de parenté entre ses membres, au sommet d'une hiérarchie sociale comprenant plusieurs classes basées sur la spécialisation du travail et dont l'ordre est assuré par un système juridique — par exemple, des codes de lois. Une telle structure sociale et économique repose sur l'agriculture et l'élevage.

D'autres auteurs, par contre, ont insisté sur le degré de complexité de l'organisation interne d'une civilisation, plutôt que sur son type d'organisation. Les archéologues, quant à eux, ont cherché à identifier dans la culture matérielle les indices qui témoigneraient de l'existence d'une civilisation. Par exemple, la présence d'édifices publics dans des villes suppose des connaissances technologiques particulières qui sont l'apanage de certains membres de la collectivité seulement, dont le rôle est d'accomplir certaines tâches précises à la demande d'une classe supérieure. Les membres de la classe supérieure, responsables de la production économique, doivent redistribuer les surplus alimentaires entre les membres de la collectivité ou échanger ces surplus contre d'autres produits, en se servant de systèmes de gestion dont l'écriture est souvent une composante majeure.

CIVILISATION ET ENVIRONNEMENT, UNE RELATION ÉTROITE

Des théoriciens modernes ont accordé une grande importance à la relation qui s'établit entre une civilisation et l'environnement dans lequel elle se développe. Ainsi, toutes les grandes civilisations sont apparues dans des parties du globe où l'agriculture irriguée a été pratiquée sur une grande échelle. Or, l'accumulation d'eau et sa redistribution équitable, grâce à un réseau de canaux qu'il faut construire, entretenir et défendre, nécessitent l'existence d'un centre de coordination. Ce n'est donc pas tant l'irrigation comme la centralisation des activités liées à l'irrigation qui favorisa le développement d'une structure politique dans la communauté au fur et à mesure que s'accroissaient les avantages économiques de ce système.

On s'entend aussi pour dire que l'irrigation a permis d'accroître la production agricole, ce qui crée des surplus nécessaires au maintien, au sein de la communauté, d'ouvriers spécialisés dont les tâches n'étaient pas liées à la production alimentaire. De plus, les canaux pouvaient également servir au transport et faciliter ainsi les échanges commerciaux.

Pour plusieurs, le développement d'une civilisation passe nécessairement par l'exploitation d'un réseau commercial étendu et complexe, mais cela exige une organisation sociale centrale structurée et puissante. Ce réseau doit

L'agriculture est à l'origine de la civilisation. Scène de récolte à la faucille.

être d'autant plus fort qu'il s'étend généralement sur un vaste territoire qui déborde largement les limites naturelles de la zone écologique où se trouve le foyer de civilisation.

D'une part, ces contraintes territoriales ont amené des anthropologues à imaginer que l'augmentation naturelle et constante du nombre d'habitants dans ces premières sociétés a obligé celles-ci à agrandir leur espace vital en ayant souvent recours à la guerre. Ces opérations militaires, en agrandissant le territoire et en permettant l'appropriation de richesses et l'intégration des populations qui occupaient les régions conquises, ont favorisé la formation d'États de plus en plus grands et puissants dirigés par une classe de chefs militaires.

D'autre part, la majorité des archéologues qui considèrent la pression démographique au sein d'une société comme un facteur de civilisation interprètent plutôt celle-ci comme une source de changements organisationnels internes, l'adaptation se faisant notamment par une nouvelle stratification socioéconomique au sein de la ville. Du reste, le mot civilisation lui-même ne vient-il pas du latin *civitas* qui veut dire « ville, cité ou État » ? Depuis longtemps, les archéologues, qui ont fondé leurs systèmes de classification sur des typologies d'artefacts reflétant le niveau de développement technologique acquis par leurs utilisateurs, ont accordé une grande importance au processus d'urbanisation comme symbole le plus manifeste de la civilisation.

À l'heure actuelle, de plus en plus de spécialistes reconnaissent que l'apparition de la civilisation ne peut plus être attribuée à un seul facteur, mais plutôt à un ensemble d'éléments. Une civilisation se reconnaît donc à la diversité et à la variété des acquis et des institutions d'un groupe humain.

LES PREMIÈRES GRANDES CIVILISATIONS

D'après ce que nous en savons à l'heure actuelle, les premières grandes civilisations sont apparues à différents moments de l'histoire ancienne de l'humanité et en des endroits distincts du globe. Formées de classes socioéconomiques hiérarchisées, elles reposaient sur la création et sur le contrôle de surplus agricoles administrés, au moyen de systèmes de gestion complexes, par une petite classe dirigeante. Une élite politique utilisait cette production excédentaire pour acquérir des biens. Grâce à des échanges commerciaux avec des régions éloignées, elle se procurait, d'une part, des biens de luxe exprimant son statut social et, d'autre part, elle faisait construire et créer, par des membres de la collectivité spécialisés dans ce genre de tâches, une architecture monumentale et des œuvres d'art qui symbolisaient la cohésion sociale. La religion, autre source potentielle d'influences sur les relations sociales, était contrôlée par l'État.

De façon plus spécifique, les chercheurs ont pris l'habitude d'étudier les premières grandes civilisations sous trois aspects principaux: la société, l'économie, et la pensée. C'est le schéma que suit cette exposition.

En ce qui concerne la société, le pouvoir politique est en général exercé soit par un seul membre de la communauté, soit par un groupe restreint de personnes, la classe élitiste. Installés au sommet d'une hiérarchie sociale rigide, des dirigeants exercent le pouvoir à l'aide d'un système bureaucratique chargé de la gestion des affaires de l'État (par exemple, la collecte des taxes, la conservation des archives publiques, la supervision du commerce, la surveillance des projets de construction, le contrôle des productions spécialisées et l'organisation

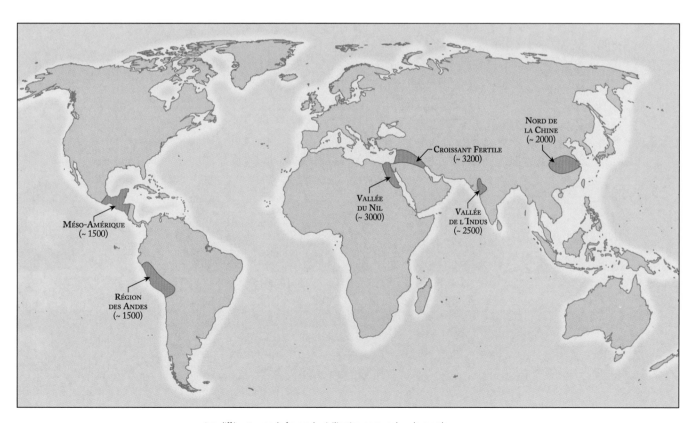

Les différents grands foyers de civilisation connus dans le monde
Les dates indiquent l'époque où une forme d'organisation sociopolitique à caractère étatique est attestée

cat. 259

~9000

Crâne surmodelé en plâtre trouvé
à Jéricho.

cat. 3

~6500

Statuettes modelées en plâtre
trouvées sur le site de Ain Ghazal
en Jordanie.

cat. 264

~6500

Crânes de taureaux surmodelés
appliqués sur les murs
d'une maison de Çatal Hüyük
en Turquie.

cat. 156

~4000

Vase à décor peint mis au jour à Suse
dans le sud de l'Iran.

cat. 110

~3000

Tête de femme en albâtre provenant
de la cité d'Uruk dans le sud
de la Mésopotamie.

cat. 9

~2000

Grand cercle de monolithes de pierre
à Stonehenge en Angleterre.

cat. 276

~1750

Code de lois gravé sur une stèle
en pierre par le grand roi
Hammurabi de Babylone.

cat. 15

~1500

Masque funéraire en or dit
d'Agamemnon provenant d'une tombe
royale de Mycènes en Grèce.

cat. 211

~1350

Buste en pierre peinte de la reine
égyptienne Néfertiti.

cat. 277

~1250

Statue colossale du pharaon Ramsès II
ornant la façade de son temple
aménagé dans une falaise
à Abou Simbel en Égypte.

cat. 62

0

Statue en marbre de l'empereur
romain Auguste.

cat. 332

180

Statue équestre de l'empereur
Marc Aurèle qui se trouve à Rome.

cat. 312

550

Basilique Sainte-Sophie
à Constantinople, en Turquie.

cat. 88

800

Reconstruction d'un drakkar
viking.

1000

Le grand Chac Mool,
divinité Maya qui se
trouve sur le site de
Chichen Itza au Mexique.

cat. 385

1150

Temple Khmer d'Anghor
Vat au Cambodge.

Un terme à connaître
en archéologie orientale: le «tell»

N ARABE, le mot «tell» signifie «colline». En archéologie du Proche-Orient, ce terme sert à désigner ces collines qui parsèment le territoire plat de cette région du monde. Or, ces collines ne sont pas naturelles, mais résultent plutôt de l'accumulation des débris de murs de maisons. Ces maisons étaient construites en briques faites de boue uniquement séchées au soleil. Cette boue, en se désagrégeant lentement sous l'action d'agents d'érosion, provoquait l'effondrement des murs. Après avoir régularisé la surface du sol, on reconstruisait par-dessus ces ruines.

En fouillant un tell, les archéologues doivent essayer de distinguer chacun des bâtiments superposés ainsi que les objets qu'ils contenaient au moment de leur destruction. Chaque construction correspond à un «niveau» qui prend la forme d'une couche de couleur de terre. Ces couches peuvent être observées dans la coupe — stratigraphique, car on appelle ces couches strates — pratiquée par les archéologues dans l'accumulation des terres d'un tell archéologique.

INTRODUCTION
catalogue

1

Statue d'un roi de Mari
Diorite
~2200

Cette statue représente Ishtup-Ilum, un roi de la cité-État de Mari. Elle a été retrouvée à une extrémité de la salle du trône du palais de Mari, là où se dressaient sans doute les statues des rois défunts qui faisaient face au roi vivant dont le trône était à l'autre bout de la salle. Ishtup-Ilum fut probablement un grand roi, car c'est lui qui a construit, à proximité du palais, le temple aux lions qui était voué au Roi du Pays.
Le roi est dans une pause solennelle, sa barbe et ses vêtements portent la marque du raffinement. Le corps puissant et les bras musclés du monarque, de même que le noir de la pierre donnent à cette statue l'assurance tranquille des grands potentats.

TELL HARIRI, ANCIENNE MARI: PALAIS   147 x 44,2 x 40 cm
MUSÉE NATIONAL D'ALEP   M7882   *SMC* 130

ORGANISATION DE LA
société

ORGANISATION DE LA société

Une civilisation se distingue d'abord et avant tout par une organisation sociale ordonnée et complexe dont le fondement réside dans une hiérarchisation de classes sociales. Au sommet de celle-ci se trouve une élite politique, parfois même un seul chef détenteur de tous les pouvoirs politiques.

À l'origine, l'organisation sociale est caractérisée par une vie villageoise fondée sur l'agriculture et l'élevage. Tous les membres de la collectivité, unis par des liens familiaux, jouissent d'un statut égalitaire. L'adoption d'une structure sociale plus organisée, embryon d'un éventuel système politique, fut vraisemblablement dictée par la nécessité d'assurer plus efficacement la survie alimentaire de tous les membres d'un groupe dont le nombre augmente, observe-t-on, à mesure que les techniques agricoles se développent. Les intérêts de la communauté sont gérés par un chef ou une classe dirigeante habituellement associée à une même famille.

Tête hittite
de Ain Dara.
Cat. 56

À partir de cette organisation politico-économique élémentaire, les structures sociales se raffinent. Du village agricole ne regroupant que quelques familles, nous assistons à la naissance de la ville commerçante, beaucoup plus populeuse et dirigée par un chef unique s'appuyant dans l'exercice de son pouvoir sur une classe de fonctionnaires. Certaines villes, comme celles de Mari et d'Ebla, dominent et exploitent le territoire avoisinant pour assurer la survie des citadins occupés à des tâches spécialisées distinctes de la production agricole. Ces villes deviennent dès lors des cités-États. En même temps, ces cités-États acquièrent une prospérité grâce au commerce dont la gestion exige beaucoup d'efforts collectifs.

Page précédente:
Statuette d'un orant
de Mari.
Cat. 286

LES GRANDES PHASES DE L'HISTOIRE DE LA SYRIE

~1 million

PEUPLEMENT

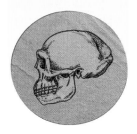

~12 000

VILLAGES

~3000

CITÉS-ÉTATS:
Ebla
Mari
Ougarit

ROYAUMES

~6000

CHEFFERIES

Invasion des Amorites
~2000
Bataille de Qadesh
~1286
Invasion des
«Peuples de la Mer»
~1200

~1000

ARAMÉEN

~1000

HITTITE

~745

ASSYRIEN

EMPIRES

~612

NÉO-BABYLONIEN

~538

PERSE

~333

HELLÉNISTIQUE

Mort d'Alexandre le
Grand ~323

~64

ROMAIN

Règne de Zénobie à
Palmyre : 267-272

395

BYZANTIN

Hégire 622

636

ARABE ISLAMIQUE

Dynastie omeyyade
661
Dynastie abbasside
750
Dynastie ayyûbide
1171
Dynastie mamelouke
1250

Fin des croisades
1291

Plus tard, le territoire syrien ou, plus exactement, des parties seulement du territoire sont intégrées, parfois de force, à des royaumes, habituellement contrôlés par une ethnie dominante : les Amorites, les Assyriens, les Hourrites, les Hittites ou les Araméens. Ces peuples ne sont pas nécessairement étrangers au territoire qu'ils occupent. Leur type de gestion de la société respecte les intérêts locaux. C'est dans ce contexte que les populations « arabes » apparaissent en Syrie.

Par la suite, l'ensemble du territoire de la Syrie se joint à d'immenses organisations politiques regroupant plusieurs régions, les empires. Successivement, les dirigeants hellénistiques, romains, byzantins et islamiques imposent leurs points de vue sur l'économie et la politique qui sont ceux de l'État central, mais savent aussi s'adapter aux réalités régionales.

Grotte de Dederiyeh où fut découvert le squelette d'un homme de Neandertal.

DES VILLAGES VOIENT LE JOUR

Un ancien mode de vie, celui de chasseurs

Il y a environ un million d'années, des représentants de l'espèce humaine probablement venus d'Afrique orientale commencèrent à peupler le territoire de la Syrie. Les archéologues désignent cette période comme étant celle du Paléolithique, c'est-à-dire celle de la « pierre ancienne », car les humains de l'époque utilisaient de la pierre, plus précisément du silex, pour fabriquer leurs outils.

Récentes découvertes relatives au peuplement de la Syrie

LES PREMIÈRES MANIFESTATIONS de la présence humaine en Syrie sont attestées par des outils taillés dans le silex qui ont été retrouvés sur quelques sites tant sur la côte méditerranéenne, dans la vallée du Nahr el-Kébir, que dans la vallée de l'Oronte. Il semble que l'*Homo erectus* ait été le premier homme à fouler le territoire syrien, il y a environ un million d'années. Il venait très probablement du sud et a pu emprunter deux routes: la côte de la Méditerranée ou le rift syro-africain, comme l'indique la distribution des sites de cette période le long de ces deux axes. Vers ~500 000, l'*Homo erectus* occupait toutes les zones géographiques de la Syrie. Malgré la richesse extraordinaire des sites appartenant aux périodes préhistoriques, les restes anthropologiques sont rares, mais ils sont d'une importance majeure.

En 1996, un large fragment de crâne a été trouvé par une mission syro-suisse sur le site de Nadaouiyeh Aïn Askar, dans la région d'el-Kowm au nord de Palmyre. L'examen de cet os pariétal, plus ancien reste humain découvert à ce jour au Proche-Orient, a montré qu'il appartenait à un *Homo erectus* adulte. L'homme de Nadaouiyeh, comme on l'appelle, est le premier représentant de l'espèce humaine positivement identifié en Syrie. On estime qu'il aurait vécu environ 450 000 ans avant notre ère. Cette découverte soulève d'intéressantes questions sur les relations entre l'Afrique et l'Asie à cette époque ainsi que sur le rôle que le Proche-Orient a pu jouer quant à l'expansion de l'espèce humaine vers les continents asiatique et européen.

En 1993, le squelette d'un enfant néandertalien a été retrouvé à 1,5 mètre de profondeur dans la grotte de Dederiyeh fouillée par une mission syro-japonaise. Cette grotte, située à 50 kilomètres au nord d'Alep, était occupée par des humains pendant le Paléolithique moyen (~100 000–~40 000). On a trouvé l'enfant sur le dos, les bras écartés et les jambes fléchies, une pierre plate sous la tête et un éclat de silex sur la poitrine, du côté du cœur. Ces faits constituent les indices que l'on a volontairement enterré ce corps. Le squelette, long de 83 centimètres, est presque complet et toutes ses parties anatomiques sont parfaitement préservées et facilement identifiables. La présence des dents indique qu'il devait avoir deux ans quand il est mort.

L'enfant de Dederiyeh apporte de nouvelles données sur la distribution des hommes de Neandertal au Levant et aide à mieux comprendre les relations chronologiques et phylogénétiques entre les deux espèces anthropologiques, soit le Neandertal et l'*Homo sapiens* archaïque. Il nous aide notamment à faire le point sur les théories relatives aux relations entre ces deux espèces humaines: ou l'homme de Neandertal et l'*Homo sapiens* ont coexisté et ils ne sont que deux variantes de l'espèce *Homo sapiens,* ou ils se sont rencontrés au Proche-Orient, le premier venant d'Europe et le second d'Afrique.

Outre cet enfant, un autre squelette, moins complet celui-là, a été trouvé en 1997 dans une fosse du site de Dederiyeh, à 50 centimètres de profondeur. Les premières indications laissent supposer que cet enfant était âgé, lui aussi, de deux ans, mais qu'il était moins robuste que le premier. L'humérus d'un enfant âgé de 6 mois y a aussi été trouvé, en plus d'une centaine de fragments et de dents venant des fouilles de la grotte. Si l'on compare avec d'autres découvertes faites au Levant, on peut situer l'époque de ces ossements aux environs de ~60 000.

Enfin, en 1996, la mission syro-française — qui fouille le site d'Umm el-Tlel dans la région d'el-Kowm — a trouvé, dans une couche de la période moustérienne (Paléolithique moyen), un fragment du crâne d'un homme de Neandertal. Un autre fragment de crâne a été trouvé en 1997 sur le même site, mais il n'est pas encore identifié.

Si les vestiges (outils en pierre) des premiers peuplements de la Syrie remontent à un million d'années, les premiers restes anthropologiques, de leur côté, sont datés de ~450 000 environ. Ces derniers ont notamment permis de mieux comprendre l'évolution et la distribution des premiers humains dans le monde.

PROF. DR SULTAN MUHESEN
Direction générale des antiquités et des musées de Syrie (Damas)

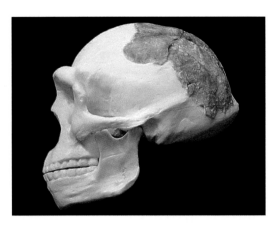

Jusqu'à ~200 000 ans, les humains — des représentants de l'espèce *Homo erectus* («se tenant debout») — qui vivent alors en Syrie occupent des grottes et mènent un mode de vie de prédateurs. Ils chassent les animaux sauvages et cueillent des plantes au gré des fluctuations saisonnières. C'est vers la fin de cette période que l'on maîtrise l'usage du feu. Puis, entre ~200 000 et ~40 000, ils délaissent peu à peu les grottes et abris sous roche pour s'installer en plein air, près de points d'eau; à l'époque, ils appartiennent à l'espère de *Neandertal*. Finalement, de ~40 000 à ~12 000, les humains, alors des *Homo sapiens sapiens* comme nous, vivent toujours de la chasse et de la cueillette des ressources sauvages qui les entourent, mais leurs outils de pierre sont désormais adaptés à l'usage qu'ils en font. Les hommes de cette période occupent des campements saisonniers qui ont laissé bien peu de traces au sol pour les archéologues. En ce qui concerne l'organisation sociale, nous supposons qu'elle était familiale, sans plus.

Cependant, la découverte récente du squelette d'un enfant néandertalien volontairement mis en terre dans une grotte nous porte à croire que, dès cette époque très ancienne, les membres d'un groupe estimaient et respectaient les autres membres de leur groupe. Et les enfants faisaient partie de la société à part entière, car à défaut d'avoir apporté leur contribution à la survie des leurs, ils représentaient une garantie pour l'avenir de leur famille ou de leur clan.

Un nouveau mode de vie révolutionnaire, celui d'agriculteurs

À partir des environs de ~12 000 seulement, il nous est possible d'observer, sur les chantiers de fouilles archéologiques, un changement radical — certains auteurs l'ont même qualifié de «révolutionnaire» — dans le mode de vie des occupants du territoire syrien. En effet, une phase de réchauffement de la planète, qui commence vers ~15 000, entraîne le retrait des glaciers et provoque l'humidification du Proche-Orient, puis un assèchement du climat, vers ~12 000, ce qui le rend comparable à ce qu'il est aujourd'hui. Des groupes de chasseurs-cueilleurs s'installent alors en permanence, c'est-à-dire toute l'année, dans des zones où l'environnement met à leur disposition suffisamment de ressources alimentaires naturelles sans qu'ils aient à se déplacer. Ce sont, en général, des endroits où poussent naturellement des plantes céréalières, entre autres, que les hommes, mais surtout les animaux, consomment. Une relation d'interdépendance plantes-animaux-hommes s'établit donc.

Les humains choisissent alors d'habiter dans des huttes rondes faites de branchages et de peaux d'animaux, dont la grande particularité est qu'elles sont partiellement enfoncées dans le sol. Ainsi naissent, en Syrie mais aussi ailleurs dans le monde, les tout premiers villages permanents qu'il faut qualifier de préagricoles, même si cela peut nous sembler surprenant, car ils sont habités par des chasseurs-cueilleurs, et non par des agriculteurs. Ces chasseurs tirent profit des

ressources naturelles de cette zone du territoire syrien où animaux (gazelles, daims, sangliers et bovidés) et plantes sauvages (blé engrain, renouées et astragales) se trouvent en abondance. Pour moudre et broyer les plantes sauvages cueillies, on innove en utilisant des outils en pierre polie. Les archéologues désignent cette période comme étant celle du Néolithique, soit celle de la « pierre nouvelle », par opposition à la période précédente, celle du Paléolithique (« pierre ancienne »).

L'HABITAT S'ADAPTE
À CE NOUVEAU MODE DE VIE

À un certain moment, les huttes rondes, de 2 à 3 mètres de diamètre, toujours sommairement construites de matériaux périssables comme des branchages et du torchis, cessent d'être enfoncées dans le sol. À proximité de ces cabanes, de petites cavités qui servent de silos destinés à conserver des grains de plantes sauvages, ramassées dans les clairières avoisinantes, sont creusées dans le sol. Un peu plus tard, les murs des habitats circulaires sont faits de pisé, un mélange de boue et de paille, ce qui donne à l'ensemble de la structure

une plus grande solidité. Les maisons elles-mêmes deviennent plus spacieuses et sont même subdivisées en fonction des diverses activités domestiques qui s'y déroulent. En outre, tout à côté, on trouve de petites structures rectangulaires en pierre, d'un mètre sur un mètre, qui font office d'entrepôts, notamment pour des grains de plantes que l'on commence à vouloir conserver pour ensemencer les champs au printemps. Rappelons cependant qu'à cette époque, l'essentiel de l'alimentation est encore fourni par la pêche et la chasse, comme celle du petit gibier, les lièvres, par exemple [105].

Par la suite, les maisons, dont les murs sont toujours en pisé, adoptent un plan rectangulaire qui rend bien compte du caractère planifié de ce type d'installation permanente [5]. Le plan général comprend quelques pièces disposées sur trois rangées dans le sens de la longueur — plan tripartite. Près de la porte se trouve un endroit réservé à la préparation de la nourriture qui comporte des espaces de rangement et des installations pour la cuisson des aliments. Les sols et les parements intérieurs des murs sont revêtus d'une couche de plâtre

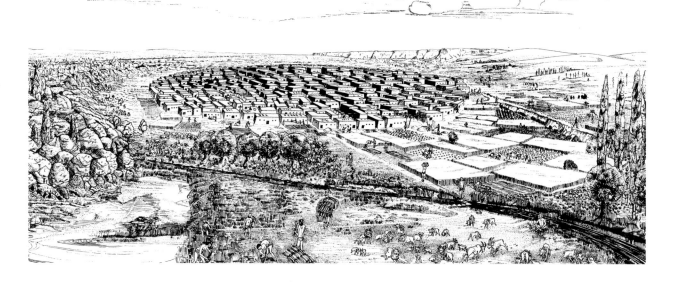

afin de leur assurer une bonne durabilité et d'empêcher l'intrusion de petits rongeurs [114] attirés par la présence des grains qui y sont stockés. Alors que les maisons s'agrandissent, leur nombre augmente dans les villages. Ces derniers sont dorénavant bien organisés, si l'on en juge par l'aménagement d'allées entre les maisons pour permettre la circulation. Certaines de ces allées peuvent même posséder un système pour l'évacuation des eaux résiduelles, comme le montre cette canalisation de plus de 20 mètres récemment mise au jour sur un site, ce qui laisse supposer un sens de la collectivité.

LA VIE VILLAGEOISE PREND FORME

C'est donc au cours du Néolithique que les premiers regroupements de populations dépassant les limites de la famille ou du clan apparaissent en quelques endroits du territoire syrien. Ces villages, où tous les habitants semblent jouir d'un statut égalitaire, puisque aucune habitation n'est plus imposante que les autres, peuvent compter jusqu'à une cinquantaine de maisons, à raison d'une famille par maison (cinq ou six personnes). On pense que chaque village aurait eu à sa tête un chef de famille ou un ancêtre du clan que l'on continue à respecter, même après sa mort, en préservant son crâne et en surmodelant grossièrement ses traits à l'aide de plâtre peint [4]. Avec certains de ces crânes, on a découvert des figurines de forme humaine sans tête sur lesquelles on croit qu'ils étaient posés [3].

Figurine.
Cat. 3

De la maison ronde à l'habitat rectangulaire

J ERF AL-AHMAR EST UN SITE CLÉ pour comprendre le passage historique, au Proche-Orient, des premières constructions rondes à la maison rectangulaire. La mise au jour d'une trentaine de maisons entières fournit tous les éléments pour analyser ce processus au cours duquel les villageois — qui occupaient des maisons circulaires isolées les unes des autres — s'installent dans des maisons au plan rectangulaire. Cela permettra l'émergence d'une structure villageoise mieux intégrée, à l'origine des grandes agglomérations urbaines qui apparaîtront plus tard sur le territoire syrien.

On note une volonté de bâtir sur des aires planes dès la première occupation du site vers ~9000 : les pentes sont aménagées pour recevoir des habitations rondes, légèrement enterrées. L'aménagement de terrasses atteint son apogée avec la construction du septième village qui s'étage sur au moins quatre terrasses. Plusieurs maisons reliées les unes aux autres par les murets de soutènement des terrasses montrent clairement qu'un travail de construction collectif a rassemblé une partie de la communauté villageoise. Le terrassement, sa consolidation par des murets et l'édification de plusieurs maisons semblent bien avoir été faits simultanément, ce qui demande un minimum de centralisation sur le plan des décisions et de l'exécution des tâches.

Une des dernières occupations du site offre une autre image des capacités d'organisation des habitants du lieu. Une dizaine de maisons, disposées en arc de cercle, entourent à la fois une « place » et une construction à fonction communautaire. La « place » n'est en effet que le toit plat d'un grand bâtiment rond, totalement enterré. Dans ce bâtiment communautaire aménagé également pour le stockage, des restes humains ont été découverts: un squelette sans crâne était étendu sur le sol de la pièce centrale et un crâne était logé dans l'angle d'un mur.

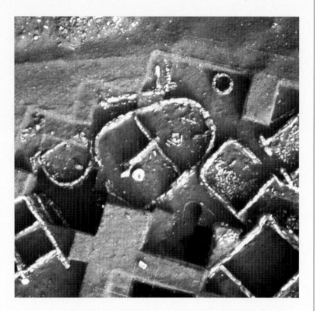

Vue aérienne d'une partie du chantier de Jerf al-Ahmar.

À la fin de l'occupation de Jerf al-Ahmar, le passage de la maison ronde à la maison rectangulaire a atteint son terme. Les acquis techniques, notamment celui de l'appareillage, permettent aux murs de s'articuler selon de vrais angles droits. Cela n'empêche nullement les habitants de continuer à bâtir des maisons aux contours curvilignes ni de combiner, dans une même maison, angles droits et arrondis. Ces différences dans les plans des maisons montrent que la pression sociale n'était pas assez forte pour imposer un modèle unique comme ce sera le cas plus tard. La grande créativité qui s'exprime alors dans le domaine de l'architecture — plan et volume des constructions, nombre et agencement des pièces, ouverture sur des cours ou sur des agrandissements — reflète une diversité qui contraste avec la standardisation des villages du ~VIIIe millénaire.

DR DANIELLE STORDEUR
Centre national de recherche scientifique (Lyon)

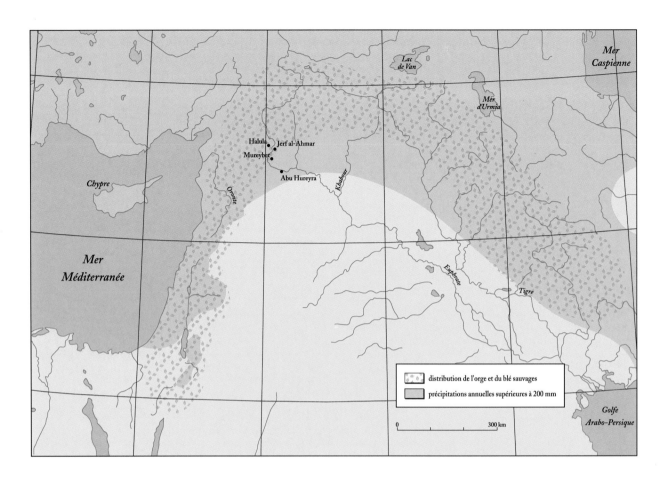

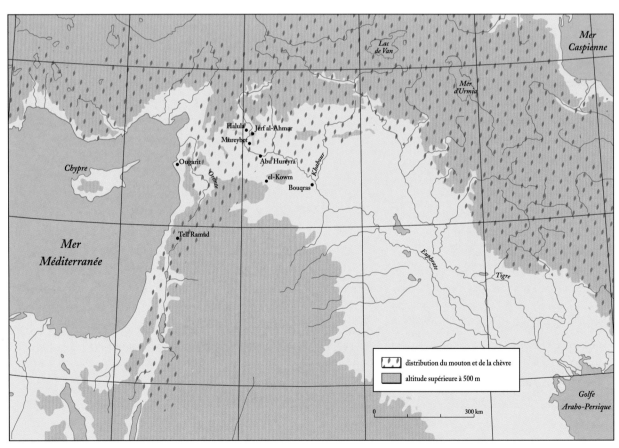

Premiers villages agricoles situés dans la zone du «croissant fertile»

SYRIE, TERRE DE CIVILISATIONS

Le rôle des femmes devait aussi être très important, car dès ~10 000, des représentations féminines en pierre et en terre durcie au feu apparaissent. Par la suite, à partir de ~9500, ces figurines [262] aux attributs féminins très explicites deviennent courantes. Selon les interprétations les plus acceptées, elles auraient symbolisé le principe même de la fécondité à un moment où les sociétés humaines tentent de contrôler la reproduction des animaux et des plantes.

À cette époque, sans qu'il y ait pénurie de ressources naturelles, ces sociétés adoptent de nouvelles stratégies alimentaires fondées sur la production de plantes et d'animaux domestiqués. Mais les femmes ne furent pas seulement appréciées pour leurs fonctions reproductrices. En effet, l'étude de certains ossements trouvés dans une maison de cette période a montré qu'elles participaient activement aux tâches domestiques. Le broyage des grains utilisés dans la préparation du pain et d'autres plats était physiquement si exigeant qu'il entraînait chez elles des déformations osseuses causées par une position de travail qu'elles conservaient trop longtemps. Selon certaines études ethnographiques comparatives, le broyage nécessitait de deux à trois heures de travail quotidien pour la fabrication du pain de la journée pour une maisonnée.

LES CHEFFERIES, MANIFESTATION D'UN NOUVEL ORDRE POLITIQUE

Vers ~6000, dans plusieurs régions de la Syrie, la vie villageoise, axée sur l'agriculture et l'élevage, est devenue chose courante, même si des groupements humains y viendront plus tardivement et que certains continueront leur vie nomade. La céramique de l'époque porte des motifs peints représentant, entre autres, des bucrânes de taureaux [99] et des têtes de chèvres [101]

qui sont aussi sculptées dans de l'os [108]. Les sites de cette période sont riches en figurines féminines en terre cuite [264] , symboles de cette fertilité que le genre humain tente de contrôler avec de plus en plus de succès.

Un peu avant ~5000, les villages de Syrie sont influencés par une culture venue du sud de la Mésopotamie (Irak actuel). Les sociétés agricoles de l'époque, pratiquant déjà l'irrigation et la jachère, se transforment progressivement avec l'instauration d'une nouvelle hiérarchisation sociale, celle des chefferies. Ailleurs, durant cette période, commencent à apparaître, dans des villages, des maisons plus spacieuses que les autres, sièges, croit-on, d'un pouvoir politique naissant. Si aucune de ces maisons n'a encore été découverte sur des sites de cette époque en Syrie, il n'en demeure pas moins que la présence de cette culture y est manifeste, car on a découvert, entre autres, un type de céramique peinte. De plus, sur un site syrien, on a mis au jour un atelier de potier de cette époque. L'existence d'artisans spécialisés dans la fabrication de produits autres qu'agricoles confirme, en quelque sorte, une nouvelle hiérarchisation sociale.

Outre l'édification dans le village de bâtiments plus imposants que les autres, les chefferies mésopotamiennes se caractérisent par l'existence non pas tant d'un chef unique que d'un corps dirigeant qui prend les décisions concernant l'ensemble de la communauté. Ce groupe contrôle la production agricole et entrepose, dans des greniers conçus à cet effet, les surplus afin, entre autres, de les redistribuer, notamment aux artisans spécialisés, ou de les échanger contre des biens de luxe qui affirment publiquement le statut social supérieur des dirigeants.

LES VILLES ET LES ÉTATS,
UN PHÉNOMÈNE
TOUT À FAIT NOUVEAU

DES VILLES S'ORGANISENT

En Mésopotamie méridionale (sud de l'Irak), de grandes agglomérations urbaines, comme celle d'Uruk, se forment graduellement au cours du ~IVe millénaire. Les dirigeants de ces villes, phénomène social tout à fait nouveau, créent en territoire syrien, notamment sur les rives de l'Euphrate, d'autres villes devant servir en quelque sorte de comptoirs commerciaux stratégiquement localisés dans leur réseau d'échanges.

Certaines de ces villes-étapes peuvent couvrir une assez grande surface pour l'époque, soit jusqu'à 10 hectares. Entourées d'un épais mur d'enceinte, elles comptent des dizaines de maisons dont quelques-unes, de plus grandes dimensions que les autres, ont des murs externes ornés de mosaïques faites de cônes en argile cuite [280]. Ces grandes maisons servent de résidences aux dirigeants de la ville ou sont utilisées comme salles de réunion où se prennent les décisions relatives à la défense et à l'activité économique.

Dans de nombreux édifices publics que comptent ces villes, on peut noter la présence d'importants entrepôts où des stocks sont conservés en vue des échanges ou résultant de ces échanges. La quantité de ces stocks, leur poids et leur valeur marchande sont calculés, comptabilisés et enregistrés au moyen d'un système de jetons ou *calculi* [233] ainsi que de tablettes dites numérales [235], dont l'usage est réservé à une classe de gestionnaires spécialisés. Celui qui trône au sommet de cette hiérarchisation sociale est peut-être le personnage représenté sur les sceaux de forme cylindrique [29]. Les archéologues le désignent comme un roi-prêtre vêtu en long. Une dénomination aussi ambiguë pour un

personnage aussi important n'est pas attribuable qu'à la pauvreté de la documentation que l'on trouve à son sujet, mais également au fait que nous connaissons encore mal sa fonction sociopolitique. Cette ambiguïté persiste aussi dans l'interprétation de quelques édifices monumentaux aux murs richement décorés. S'agit-il de la maison d'un chef ou d'un temple? Il faudra attendre le millénaire suivant pour obtenir un début d'explication à cette question.

LES CITÉS-ÉTATS APPARAISSENT : MARI ET EBLA

Au cours du ~IIIe millénaire, de grandes cités-États sont mises en place en différents endroits du territoire syrien. Dans la ville de Mari, c'est probablement un palais — donc le siège du pouvoir civil—, que les archéologues ont identifié comme le plus ancien édifice public. On y trouve une salle du trône pourvue de deux rangées de trois gros piliers et, dans son périmètre, une structure décrite comme un sanctuaire. L'« Enceinte sacrée » consiste en un grand espace central rectangulaire entouré d'une série de petites pièces allongées, le tout ceint d'un couloir. La divinité, dont nous ignorons l'identité, prend place dans la salle au sud de l'espace central où se trouve un autel. Cette disposition architecturale nous aide à mieux définir la nature du pouvoir royal et son origine à cette époque : si ces deux formes de pouvoirs, civil et religieux, n'étaient pas entre les mains du même personnage, elles cohabitaient au sein d'un même édifice symbolisant le pouvoir.

Autre particularité architecturale significative du palais de Mari en regard du nouvel ordre social : l'une des grandes cours du bâtiment abrite l'atelier d'un graveur de nacre dont plusieurs œuvres, des panneaux destinés à être incrustés, nous sont parve-

Le tell actuel de la prestigieuse cité-État de Mari.

nues — scènes de guerre [37], scènes d'offrande au roi et scènes de sacrifices de bélier [303]. La présence au sein du palais d'un tel atelier d'artisanat montre clairement la relation privilégiée qui existe entre le pouvoir politique et la pratique de tâches spécialisées, notamment celles qui ont trait à l'expression artistique de symboles de l'autorité en place, surtout si ces objets sont fabriqués avec des matériaux importés de régions lointaines, comme la nacre à Mari.

Une éloquente preuve de ces relations avec de lointains voisins nous est fournie par la présence dans les ruines de ce palais d'une jarre contenant une cinquantaine d'objets précieux. Parmi ceux-ci, se trouvaient : une longue perle en lapis-lazuli [12] portant le nom de Mesannepada, roi de la Ire dynastie d'Ur — d'où l'appellation de

« Trésor d'Ur » attribuée à cette trouvaille ; un pendentif représentant un aigle à tête de lion [13] — ou une chauve-souris, selon une récente réinterprétation — en lapis-lazuli, or, cuivre et bitume ; des épingles à chas en or et en argent [8] ; des colliers de perles en lapis-lazuli et cornaline [10 et 11] ; des matériaux exotiques provenant d'Afghanistan et une série de sceaux de forme cylindrique importés du sud mésopotamien. Ces riches éléments de culture matérielle reflètent aussi la puissance et le prestige de l'autorité politique en place. Ces objets étaient soit de riches cadeaux d'autres royaumes, soit un précieux butin de guerre.

La multitude de chefs-d'œuvre exhumés des ruines du palais de Mari témoignent de la grande prospérité de cette ville résultant du contrôle qu'elle exerce, de la

51

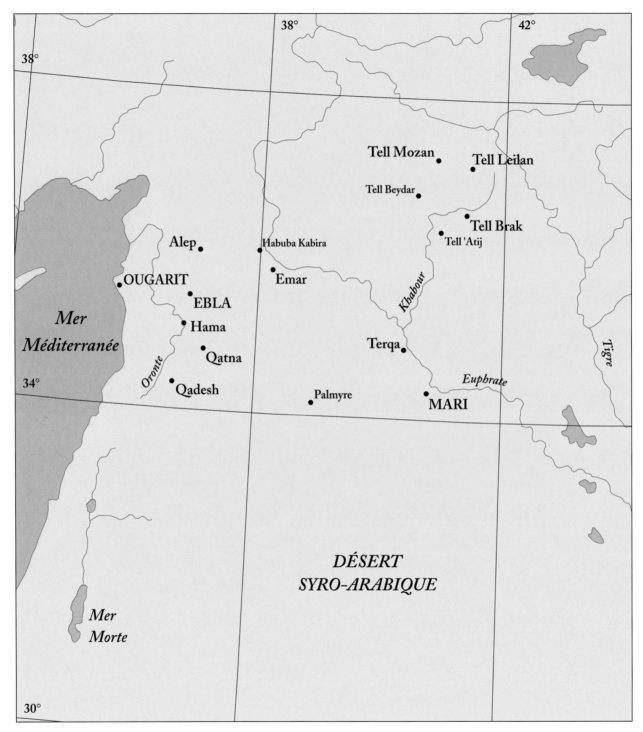

Les cités-États et les principales agglomérations en Syrie pendant les ~IVe, ~IIIe et le début du ~IIe millénaire

SYRIE, TERRE DE CIVILISATIONS

rive droite de l'Euphrate, sur le trafic fluvial entre la Syrie du Nord et la Mésopotamie méridionale. Cette situation est également très stratégique. Mari n'est pas issue de la transformation d'un village en ville, c'est une ville nouvelle. Vers le début du ~IIIe millénaire, elle a véritablement été créée à partir de rien, par une autorité politique responsable de l'aménagement de la région — une steppe quasi désertique où l'agriculture naturelle est impossible en raison de l'insuffisance des précipitations annuelles. Même si cette ville n'est pas fondée pour exploiter le terroir environnant, des canaux sont creusés sur la rive droite de l'Euphrate, dont un est raccordé à un lac de retenue, afin de constituer un réseau d'irrigation pour assurer la subsistance de sa population.

En revanche, sur la rive gauche, un canal de 120 kilomètres sur 11 mètres relie l'Euphrate à son affluent, le Khabour, de manière à rendre la navigation praticable vers les verdoyantes plaines arrosées par le Khabour plus au nord, même en saison sèche. Cet aménagement hydraulique est représentatif de l'ampleur des travaux publics qu'une puissante cité-État du ~IIIe millénaire peut espérer accomplir grâce à une main-d'œuvre nombreuse et à quelques artisans ayant les connaissances techniques appropriées. Ce canal de navigation artificiel met donc Mari en contact avec la vallée du Khabour où, précisément à cette époque, sont érigés des bâtiments voués à l'entreposage. Le site de Tell 'Atij est un bon exemple de ces comptoirs d'approvisionnement commandés par une puissante cité-État.

Ebla est un autre grand centre urbain habité en même temps que Mari, au cours du ~IIIe millénaire. Le palais royal qui s'y trouve couvre une superficie supérieure à 2500 mètres², dans une ville de 40 à 50 hectares (400 000 mètres²). La partie qui retiendra plus particulièrement notre attention est

un large espace ouvert, de 35 sur 60 mètres, avec des portiques sur au moins deux de ses côtés, décrit par les fouilleurs comme une cour des audiences. On pense que le roi, siégeant sur un podium placé sous le portique nord de la cour, y recevait les caravanes, les messagers, les ambassadeurs et les fonctionnaires.

Pour conserver en mémoire les décisions prises lors de ces entretiens et en d'autres circonstances, on en inscrit la teneur sur des tablettes d'argile crue, séchée ensuite à l'air mais non cuite. Celles-ci sont rangées sur des étagères suspendues aux murs d'une petite salle construite sous le portique est de la cour des audiences. Environ 15 500 de ces étagères, contenant entre 4000 et 5000 textes déchiffrables, ont été découvertes en 1975 dans cette salle des archives devenue célèbre depuis. Elles sont très bien conservées, car elles ont été cuites par l'incendie qui a ravagé le palais en ~2300. Il est indéniable que l'écriture est un moyen de gestion efficace au sein d'une administration étatique; c'est du reste pour cette raison qu'elle apparaît. Toutefois, son apprentissage et sa pratique, ainsi que la tenue des archives, ne la rendent accessible qu'à un nombre très limité de scribes-fonctionnaires, étant donné le nombre élevé (1200) de signes qu'il faut mémoriser.

La localisation du palais d'Ebla exprime parfaitement l'importance fonctionnelle qu'il occupe au sein de la cité. Situé entre les quartiers domestiques de la Ville basse et les quartiers résidentiels princiers au sommet de l'Acropole, le palais a d'abord et avant tout, ne l'oublions pas, une fonction économique. Les activités de production sont en effet dirigées et gérées par l'autorité royale assistée de son corps de scribes et de fonctionnaires. Les fouilleurs d'Ebla estiment que le lieu d'exercice de ce pouvoir est un ensemble de pièces du palais dit, pour cette raison, « quartier

Ebla : une cité-État modèle

Tell Mardikh, nom du site moderne de l'ancienne ville d'Ebla située à 60 kilomètres au sud de la ville moderne d'Alep, offre l'image par excellence de ce qu'était une cité-État en Syrie durant les ~IIe et ~IIIe millénaires. Ebla sert en quelque sorte de modèle auquel on compare les autres villes contemporaines jouissant du même statut en Syrie.

Vers ~2400, Ebla, la plus importante ville de Syrie intérieure entre l'Euphrate et la Méditerranée, possédait un palais royal qui a livré un extraordinaire trésor d'environ 17 000 tablettes cunéiformes à caractère comptable, économique, administratif, juridique, diplomatique, rituel, lexical et littéraire. Ce sont les archives royales typiques d'une grande cité-État de cette époque. Les relations qu'entretenait Ebla avec l'Égypte nous sont confirmées par des vases en albâtre et en diorite envoyés en cadeau par les pharaons d'Égypte. Ebla était aussi en contact avec les autres grandes cités de Syrie de cette époque: Mari (Tell Hariri), Tuttul (Tell Bi'a) et Nawar (Tell Brak). L'exceptionnelle importance d'Ebla nous est connue par la documentation aussi bien archéologique qu'épigraphique.

Dans une seconde phase de son histoire, Ebla fut agrandie de 56 hectares et sa Ville basse, qui s'étendait tout autour de son Acropole circulaire, fut ceinturée d'un rempart massif en pisé, large de 45 mètres et haut de 22 mètres, surmonté de forts en différents endroits et percé de plusieurs portes solidement défendues. À en juger par sa superficie et son mur d'enceinte, Ebla était sans aucun doute le plus important centre politique de Syrie. Une impressionnante série d'édifices publics viennent confirmer ce statut exceptionnel: un palais royal sur l'Acropole, un autre qui était la résidence du prince héritier et qui recouvrait la nécropole royale, le palais dit septentrional, un temple consacré à la déesse Ishtar sur l'Acropole, les temples des dieux Shamash et Rashap dans la Ville basse où se trouvait aussi la grande Aire sacrée d'Ishtar composée d'un temple et l'extraordinaire terrasse cultuelle destinée à héberger les lions de la déesse pour son culte. Il est donc manifeste que les temples et les palais représentaient deux pôles majeurs dans l'organisation sociopolitique de l'époque.

Ebla fut détruite vers ~1600 et son nom cesse d'être mentionné dans les sources littéraires après ~1200. Cependant, la ville entière a été préservée et reste accessible aux fouilleurs, car seuls des champs cultivés en occupent la surface. Depuis 1964, elle a été l'objet de 35 campagnes de fouilles de la part de la Mission archéologique de l'Université de Rome «La Sapienza», dirigée par l'auteur. Mais elle recèle encore bien des secrets qui changeront sûrement le cours de l'histoire un jour prochain.

Prof. Dr Paolo Matthiae
Universita di Roma «La Sapienza»

Reconstitution d'une partie du palais d'Ebla.

Vue aérienne de Tell Mardikh, ancienne Ebla.

administratif». Il s'agit d'une cour intérieure bordée au nord d'une petite pièce et au sud d'une grande salle pour des audiences. Dans la cour furent retrouvés des coupes en albâtre et en diorite importées d'Égypte, de petits blocs de lapis-lazuli provenant d'Afghanistan [203], et des fragments de figurines en marbre formant des frises décoratives sur le mobilier [39-42]. À l'apogée de sa puissance politique, le rayonnement culturel et commercial d'Ebla s'étend jusqu'en Mésopotamie, en Anatolie (aujourd'hui la Turquie) et en Égypte. C'est dans cette partie du palais que se trouve le centre du pouvoir politique du roi et de ses dignitaires formant le noyau de l'administration économique.

À l'instar de Mari, Ebla est détruite vers ~2300 par un incendie provoqué par le grand Sargon qui est en train d'étendre les limites de son éphémère empire, dont la capitale est Akkad, en Mésopotamie. Mais la présence akkadienne en Syrie n'est pas que destruction. En effet, Naram-Sin, le petit-fils de Sargon, érigea un palais sur le site de Tell Brak, dans les plaines du Haut-Khabour, au nord-est du territoire actuel de la Syrie. Il veut suivre de près l'évolution de la situation dans cette partie éloignée de l'Empire akkadien.

LES CITÉS-ÉTATS AMORITES,
VILLES DE NOMADES
Vers ~2000, les Amorites, aussi appelés Hanéens, ce qui veut dire « Bédouins » — peuples de nomades éleveurs de moutons établis dans le nord de la Syrie, région désignée dans des textes cunéiformes comme étant l'Amurru —, créent des royaumes de force et de puissance inégales dans l'ensemble du territoire syrien, notamment à Mari et à Ebla.

Ainsi, avec des dynastes amorites à sa tête, Mari redevient, vers ~1800, une ville importante si on se fie à son nouveau grand palais royal couvrant une superficie de 2,5 hectares et comptant environ 300 salles ou cours. L'épaisseur des murs en briques crues et leur hauteur préservée sur 4 mètres par endroits indiquent que le palais possédait un étage, doublant ainsi le nombre total de pièces. Le directeur des fouilles de Mari croit aussi que des toits en terrasse ont peut-être été aménagés de manière à fournir des aires de repos, peut-être même agrémentées de jardin. Ce palais magnifique, unique en son genre avec ses deux grandes cours, dont une possédait un palmier en or en son centre, est l'expression achevée du pouvoir du roi de Mari.

La majesté des lieux est confirmée par la présence dans la salle du trône de statues des prédécesseurs du roi [1] et de peintures dont une montre une scène au cours de laquelle le souverain est investi des attributs royaux par des divinités. Un tel art de propagande destiné à placer publiquement le pouvoir royal sous la protection divine et réalisé par des artistes spécialisés est le propre d'une forme d'autorité très puissante. Par ailleurs, non seulement le palais comprend-il une zone sacrée dans un de ses angles, mais encore, juste à l'extérieur, du côté est, une concentration de temples, dont le temple aux lions [9], étroitement associé au pouvoir royal.

Une preuve de plus de l'importance de l'instance gouvernementale alors en place au palais de Mari nous est donnée par les 20 000 tablettes mises au jour dans les salles d'archives du palais. Ces documents peuvent être classés en deux grandes catégories, soit les documents administratifs et les documents épistolaires. Les documents administratifs traitent de la vie quotidienne au palais, par exemple de la distribution de rations alimentaires aux artisans spécialisés qui fabriquent, pour le

roi et sa cour, des outils et des parures [176]. Les documents épistolaires, quant à eux, font état des échanges de lettres entre le roi et ses serviteurs en poste dans les cités de son royaume sur l'état de la situation et la marche à suivre. Ces documents montrent également que d'autres lettres sont envoyées à des souverains afin de maintenir les bonnes relations entre les royaumes de l'époque, sorte de correspondance diplomatique avant l'heure.

Vers ~1950, à Ebla, une autorité politique prestigieuse décide de fortifier la ville au moyen d'un imposant rempart de pisé haut de 18 à 22 mètres, épais à la base de 45 mètres, et long de 2,5 kilomètres. Ce rempart entoure une aire de 55 hectares. Il est percé de quatre portes solidement construites, et des forteresses sont érigées sur son sommet ou sur ses pentes. La décision de protéger Ebla en construisant un mur d'enceinte aussi imposant met en évidence le fondement militaire du pouvoir royal. À

cette époque, la ville possède plusieurs somptueuses résidences palatiales à l'usage du roi lui-même ou des membres de sa famille. La plupart sont situées à proximité de nombreux temples. Un de ceux-ci est voué au culte des ancêtres royaux et protège la nécropole royale : une dizaine de tombes princières, dont trois très riches en bijoux et autres éléments de mobilier funéraire — par exemple, celle du « Seigneur aux Capridés » —, renferment notamment une masse cérémonielle égyptienne [15], des bijoux de grande valeur [16, 18, 21 et 22] et des haches « fenestrées » [169]. Cette concentration de richesses utilisées comme mobilier funéraire pour accompagner le roi défunt est l'expression d'une forme de respect envers l'autorité royale, mais aussi une indication de la concentration des richesses aux mains d'une élite sociale, richesses acquises grâce aux échanges commerciaux et au travail d'artisans spécialisés.

Dessin peint sur un mur du palais de Mari montrant le roi recevant ses attributs royaux d'une divinité.

DES ROYAUMES SE FORMENT

En ~1761, lors de l'intégration de la Syrie à son empire, la cité-État de Mari est pillée par les troupes du roi Hammurabi de Babylone. Cet empire devient si vaste que pour uniformiser l'application de la justice, le souverain édicte un code de lois qui deviendra célèbre. Quant à la ville d'Ebla, elle est détruite vers ~1600 par le roi hittite Mursili Ier parce qu'elle constitue un frein à son expansion politique et commerciale vers le Levant et la Mésopotamie. La destruction de ces deux importantes cités-États en territoire syrien vers le milieu du ~IIe millénaire par des puissances extérieures ne sont pas étrangères à la situation qui se développe alors au Proche-Orient. Des groupes de populations, auxquels on peut dorénavant donner des noms, grâce aux documents écrits qu'ils ont laissés, constituent des royaumes dont la durée de vie et l'étendue territoriale sont très variables. Désormais, des portions plus ou moins vastes du territoire syrien sont momentanément incluses dans ces différents royaumes étrangers, assyrien et hittite, par exemple. Par ailleurs, des populations locales se regroupent et forment des entités politiques (comme les Araméens et les Hourrites) qui font contrepoids à cette présence étrangère.

Les Assyriens
et la ville de Shubat Enlil

Peu avant ~1800, les Assyriens, venus des hauts plateaux de la Mésopotamie septentrionale, font de Tell Leilan, dans le nord-est de la Syrie, leur capitale régionale qu'ils désignent du nom d'un de leurs plus importants dieux, Shubat Enlil, « le lieu où habite Enlil ». C'est probablement la raison pour laquelle ils érigent, au sommet de l'Acropole de la ville, un magnifique temple aux façades décorées de colonnes sculptées à même le revêtement d'épais murs en briques crues. Du palais situé dans la Ville basse, ils contrôlent une partie du territoire dans le triangle formé par les multiples confluents du Khabour dans cette région.

Shubat Enlil se trouve probablement au centre d'un État qui tire sa richesse de l'exploitation, par les populations amorites qui s'y sont déplacées, des plaines où se pratique la culture naturelle, sans irrigation. Des archéologues ont repéré dans ces plaines une soixantaine de villages de cette période situés dans un rayon de 15 kilomètres autour de la ville dont ils devaient dépendre, ce qui est considérable. Des troupes assyriennes s'avancent même jusqu'à Mari, sur l'Euphrate, et y installent momentanément, vers ~1814, un gouverneur assyrien.

Les Hourrites, dresseurs
de chevaux fort réputés

Cette même région du Khabour devient, certainement vers ~1500 et peut-être même avant, le cœur d'un nouveau royaume, celui du Mitanni, peuplé surtout de Hourrites, peuple dont la présence est attestée dans la région depuis le ~IIIe millénaire. Comme bien d'autres peuples, les Assyriens se sont soumis à l'autorité des Hourrites. En fait, le Mitanni est une union lâche de différentes principautés dirigée par un roi qui veille essentiellement aux relations extérieures de la fédération. Bien que Wassukanni, la capitale, n'ait pas encore été découverte, certaines villes majeures viennent à peine d'être identifiées par les archéologues : ce sont Urkish, repérée sous les terres de Tell Mozan, et Nawar, localisée à l'emplacement de Tell Brak. Des palais et des temples témoignent de cette occupation d'importance.

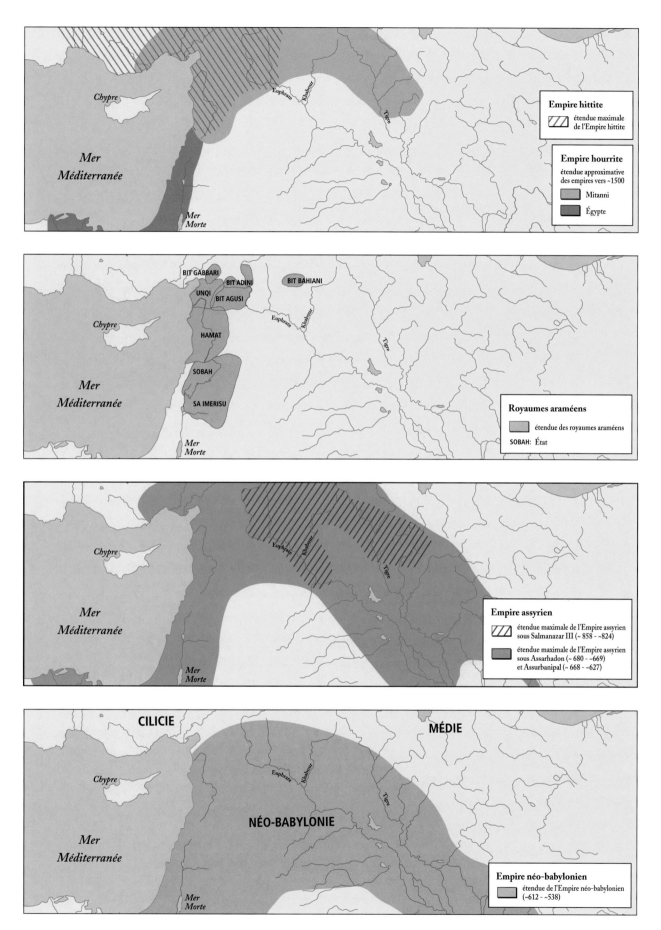

Royaumes dont la Syrie fit partie entre ~1500 environ et son inclusion à l'Empire néo-babylonien en ~612

Tell Brak,
cité de l'Empire hourrite du Mitanni

L'EMPIRE DU MITANNI DOMINA les régions septentrionales de la Syrie à partir d'environ ~1550 jusqu'à
son effondrement, au début du ~XIIIe siècle. Les
Hourrites s'exprimaient en langue hourrite et leurs dirigeants, tout comme certaines de leurs divinités, portaient des noms indo-aryens, apparentés au sanskrit
védique. Toutefois, leurs origines demeurent encore
obscures. Le cours supérieur de la rivière Khabour traver-
sait le cœur de l'Empire du Mitanni, et c'est justement
dans cette région qu'une expédition britannique, sous la
direction du professeur David Oates, mit au jour l'une
des cités, Tell Brak (l'ancienne Nawar). À son apogée, au
~XVe siècle, l'Empire du Mitanni s'étendait de la Méditerranée jusqu'aux monts Zagros.

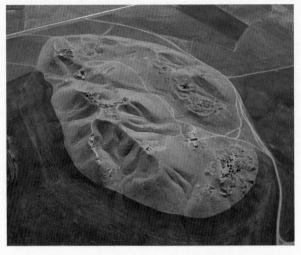

Vue aérienne de Tell Brak.

À Tell Brak, les archéologues découvrirent un
palais et un temple de cette époque, ainsi que des
quartiers résidentiels, habités jusqu'à la fin de l'âge du
bronze. Même si les bâtiments publics furent détruits
et incendiés par les Assyriens au début du ~XIIIe siècle,
le palais et le temple renfermaient non seulement les
vestiges auxquels il manquait des ornements originaux,
mais encore le témoignage des diverses activités artisanales qui se déroulaient dans le palais même : fabrication d'objets en verre, en fritte, en faïence et en ivoire,
ainsi que travail d'un cuivre riche en fer. Les Hourrites
auraient d'ailleurs inventé la technique de la coulée
avec moule et noyau, pour fabriquer les flacons et
gobelets mis au jour dans le palais.

Le rez-de-chaussée du palais comportait deux
salles de réception très vastes et quelques ateliers. Les
appartements semblent plutôt avoir occupé un étage
supérieur. Dans l'une des salles de réception, on a mis
au jour une statue de pierre calcaire, le seul exemple
de sculpture hourrite qui nous soit parvenu, ainsi
qu'une tablette d'écriture cunéiforme, compte rendu
d'un procès qui s'était déroulé en présence de
Dousratta, roi hourrite déjà connu grâce aux tablettes
égyptiennes d'Amarna. Cette tablette, ainsi qu'une
autre datant du règne d'un frère aîné de Dousratta,
moins connu, portaient le sceau dynastique de leur
ancêtre commun, Saustatar. Un sceau identique avait
également été utilisé à Nuzi.

La poterie qui caractérise le plus l'Empire du
Mitanni porte le nom de Nuzi, d'après le site de sa première découverte, dans l'est de l'Iraq. Les objets sont
ornés de motifs peints en blanc, sur un fond rouge ou
foncé. Les quartiers d'habitation de Tell Brak témoignent
pour la première fois de l'évolution de ce style remarquable, depuis l'apparition de la poterie peinte du Khabour, caractéristique du milieu de l'âge du bronze. C'est
un style qui sera utilisé au moins jusqu'à la fin du
XVe siècle de notre ère.

L'Empire du Mitanni évoque souvent l'image d'une
aristocratie de cavaliers et d'auriges, mais le matériel trouvé à Tell Brak et ailleurs suggère qu'en réalité le char de
guerre si rapide, grâce à ses roues à rayons, était déjà
connu et utilisé dans le nord de la Syrie bien avant les premiers témoignages de la présence des Hourrites. C'est la
découverte d'un texte hittite sur le dressage des chevaux
— provenant d'une source mitanienne —, qui avait incité
les chercheurs à considérer les Hourrites d'abord et avant
tout comme un peuple de cavaliers. Il est évident que
leurs succès militaires sont en grande partie imputables à
leurs prouesses guerrières dans l'utilisation du char, mais
aussi d'un arc composé de plusieurs matières, qui fit son
apparition vers la même époque.

PROF. DRS DAVID ET JOAN OATES
McDonald Institute for Archaeological Research (Cambridge, G.-B.)

Des textes en langue hourrite attestent l'existence d'au moins trois classes sociales chez les Hourrites : les « laboureurs », paysans et artisans aisés qui jouissent de leur biens propres en plus d'un lot communal, les « journaliers », qui ne possèdent pas de terres ou peu et les « exemptés », c'est-à-dire des artisans spécialisés, comme les charrons, qui sont rattachés à la famille royale. Cette structure civile est coiffée d'une organisation militaire comprenant des fantassins, des archers et des combattants montés sur des chars. Les combattants forment une classe noble en raison de l'importance prise par le char à cette époque, lors des combats. Les Hourrites sont aussi des éleveurs et des dresseurs de chevaux fort réputés et des artisans de grand talent : on les associe d'habitude au travail du cuivre ainsi qu'à celui de la fritte [180] et de la pâte de verre.

Les Hittites, l'Anatolie et l'Égypte signent la paix en Syrie

Profitant du déclin des Hourrites, aux environs de ~1380, les Hittites, peuples d'Anatolie, parviennent à s'approprier les territoires au nord de la Syrie. Ils y construisent des villes neuves comme celle d'Emar, sur l'Euphrate, où siège un gouverneur dont la tâche principale consiste à surveiller la vallée de son palais, un *hilani*, juché sur un promontoire artificiel dominant la ville.

À proximité de ce palais, se dressent quatre temples voués à des divinités locales et s'étend un quartier domestique d'une trentaine de maisons. Parmi le matériel archéologique qui y fut recueilli, signalons des empreintes de pieds d'enfants façonnées dans de l'argile [300 et 301]. L'inscription qu'on peut y lire nous apprend que ces enfants vont être offerts aux prêtres du temple lorsqu'ils auront atteint l'âge d'être éduqués et de pouvoir servir. Ce marché est intervenu en paiement d'une dette contractée par le père, celui-ci étant trop pauvre pour l'honorer. À cette époque, il était courant de régler une dette ainsi. Par ailleurs, le sort de ces enfants sera probablement meilleur que celui de biens d'autres, car le clergé jouissait d'un statut social enviable, et la formation des scribes — une position hautement qualifiée à ce moment — se faisait souvent dans les temples, du moins à Emar où une grande bibliothèque fut retrouvée dans l'un des temples.

Les Hittites forment la grande puissance de l'époque et ils se disputent le Levant avec les Égyptiens qu'ils affrontent militairement en ~1286 — durant la 5e année du règne de Ramsès II — en territoire syrien, soit à Qadesh, dans la vallée de l'Oronte. Il n'y a ni perdant ni gagnant, mais un célèbre traité de paix, qui passe pour le plus ancien du genre dans l'histoire militaire et diplomatique, en résulte. Cette entente permet aux deux antagonistes de se retirer sans perdre la face.

Reconstitution d'un quartier domestique de la ville hittite d'Emar.

Photo page suivante :
Qadesh, dans la vallée de l'Oronte, où les armées égyptienne et hittite se sont affrontées en ~1286.

Ougarit, royaume du commerce méditerranéen

Si la sphère d'influence des Hittites sur le territoire syrien se situe à l'intérieur des terres, celle des Égyptiens se trouve plutôt sur la côte méditerranéenne où ils entretiennent des relations commerciales avec les habitants de villes portuaires. À l'époque, la plus importante de ces villes est Ougarit qui, bien que fondée depuis longtemps, connaît une grande prospérité durant la seconde moitié du ~IIe millénaire, grâce à son commerce maritime. Mis à part quelques objets de facture ou d'influence égyptienne [210], rien dans la culture matérielle n'indique une influence égyptienne déterminante dans la société ; celle-ci conserve son originalité et son indépendance.

Ougarit est divisée en quartiers selon un urbanisme planifié. Elle est entourée d'un imposant rempart percé d'une singulière poterne dont la porte principale, tournée vers la mer, est protégée par une forteresse. Son palais royal est doté d'une grande salle du trône, de résidences princières, de quartiers résidentiels, de temples et de tombeaux de construction soignée qui contenaient des bijoux d'une grande beauté. Mais la contribution la plus remarquable de cette communauté est la mise au point d'un nouveau système d'écriture cunéiforme alphabétique [253], l'ougaritique. Outre les usuelles lettres reçues par le roi d'Ougarit dans le cadre de relations diplomatiques et les textes administratifs, plusieurs tablettes nous rapportent, parfois longuement, des récits mythologiques. Grâce à ces écrits, nous avons acquis une assez bonne connaissance des croyances des habitants d'Ougarit à cette époque.

Mais, aux environs de ~1200, tout bascule. Un vaste mouvement de populations, que l'on appelle « Peuples de la Mer » — à défaut de s'entendre sur l'identification exacte des peuples qui en font partie —, entraîne dans son sillage la destruction de plusieurs centres urbains sur la côte syrienne et en Syrie intérieure. Partis du sud-est de l'Europe, passant par l'Anatolie et descendant le long de la côte levantine, ils ne seront arrêtés qu'aux portes de l'Égypte.

Vue générale d'Ougarit sur la plaine côtière.

LES ROYAUMES NÉO-HITTITES PLACÉS SOUS LA PROTECTION DE LA DÉESSE ISHTAR

Même si les «Peuples de la Mer» provoquent la chute de l'Empire hittite en tant que système politique, des populations hittites survivent à ces destructions et se rassemblent dans de petits royaumes indépendants qu'elles forment en Anatolie orientale et au nord de la Syrie. Ces populations réoccupent certaines villes pour en faire les capitales de ces nouveaux royaumes. C'est le cas d'Ain Dara, au nord-ouest d'Alep, où, au sommet d'une acropole de 30 mètres de hauteur dominant une Ville basse couvrant 59 hectares, elles érigent en gros blocs de

Ain Dara, au cœur d'un royaume néo-hittite dans le nord de la Syrie.

Lion en basalte trouvé à Ain Dara.

Reconstitution du palais araméen à Guzana, site moderne de Tell Halaf.

basalte adroitement taillés un temple de grandes dimensions. Ce temple est consacré à la déesse Ishtar, l'amante du dieu de la montagne et divinité protectrice de cette région montagneuse. Plusieurs énormes blocs de basalte sont finement sculptés de motifs décoratifs représentant des animaux, comme des têtes de lions et de sphinx. Des lions, auxquels on associe habituellement Ishtar, flanquent l'entrée principale du temple, en signe de protection divine. Les représentations humaines sont plutôt rares [56].

Ces petits États constitués d'une capitale, de villes satellites autonomes et de petits villages pour nourrir la population urbaine ne sont pas tellement stables. Leurs frontières varient selon les vicissitudes politiques du temps, notamment pour faire place à d'autres groupes de populations, locales cette fois.

LES ARAMÉENS, UNE POPULATION DIVERSIFIÉE

Peu avant ~1000, des clans de Bédouins nomades, dont la présence en Mésopotamie est signalée dès ~2300, constituent une douzaine de royaumes sédentaires à la population diversifiée dans les plaines occidentales et septentrionales de la Syrie. On les désigne sous le nom d'Araméens parce qu'ils habitent le « pays d'Aram », selon certains textes qui nous sont parvenus. Ils ont à leur tête des chefs, sorte de sheikhs héréditaires entourés d'une aristocratie basée sur le lignage ; les autres couches de cette société, égalitaire au départ, mais hiérarchisée par la suite, sont constituées de grands propriétaires terriens, d'hommes de métier, de travailleurs agricoles et d'esclaves.

Les familles, dominées par la figure paternelle, sont petites (quatre ou cinq personnes) en raison de la forte mortalité infantile. Outre la préparation des repas et l'éducation des enfants, les tâches des femmes incluent également la fabrication de tissus. Dans l'armée, les soldats préfèrent l'arc ; la

cavalerie et la charrerie [**52**] sont aussi réputées. Cependant, les Araméens renoncent souvent au combat et se replient dans des citadelles bien défendues que les assaillants, en l'occurrence les soldats assyriens, doivent assiéger.

La capitale de l'un de ces royaumes, Guzana (site moderne de Tell Halaf), près des sources du Khabour, possède un palais à l'impressionnante façade soutenue par d'énormes colonnes en forme d'animaux et d'êtres humains. La base des murs du palais comporte une multitude de blocs de basalte sculptés mettant en scène des Araméens vus de profil en train de chasser ou de guerroyer. Des bas-reliefs semblables viennent tout juste d'être découverts à la base des murs d'un temple mis au jour au sommet de la citadelle d'Alep.

Burmarina, une ville araméenne signalée dans les annales militaires d'un roi assyrien, pour lui avoir longtemps résisté, vient d'être identifiée par les archéologues sur un site le long des berges de l'Euphrate. Son identification fut rendue possible grâce à la mention du nom de la ville sur des tablettes d'argile qui y furent trouvées. Sur l'une d'entre elles, il est question, entre autres, d'un contrat de prêt d'argent; c'est le plus long document en araméen assyrien connu à ce jour [**249**]. Même après la disparition des Araméens comme entité politique, l'araméen va devenir la langue internationale au Proche-Orient, notamment pour les transactions commerciales et les relations diplomatiques. Comme c'est la langue la plus répandue au Proche-Orient, c'est celle dans laquelle le Christ va prêcher, celle

Façade du musée national d'Alep avec la reconstitution de l'entrée du palais araméen de Guzana.

Nouvelles fouilles à la citadelle d'Alep

Vue aérienne de la citadelle d'Alep.

DEPUIS L'AUTOMNE 1996, une équipe syro-allemande procède à des fouilles au sommet de la citadelle d'Alep, l'ancienne Halab. Cette mission s'est donné deux objectifs bien précis :

- récolter des indices archéologiques sur le début du ~IIe millénaire, époque durant laquelle Halab était le centre politique du royaume du Yamkhad. En effet, après la destruction de Mari en ~1761 par Hammurabi, Halab joua un rôle politique important en Syrie et dans le nord de la Mésopotamie, jusque vers ~1600 quand le roi hittite Mursili Ier s'en empare.

- mettre au jour le temple principal de la ville qui était consacré au dieu de l'orage et dont l'existence est attestée dès ~2500. Notre hypothèse de travail fut que les édifices cultuels et palatiaux devaient se trouver sur le point le plus élevé de la colline de la citadelle, aujourd'hui haute de 60 mètres et mesurant 280 sur 160 mètres; de cette manière, le centre de la ville se serait étendu au sommet d'un promontoire naturel, aurait été protégé des crues du fleuve Quwaiq et aurait eu une vue dominante sur la région voisine. Le toponyme « Halab » exprime cette situation géographique.

Avant la venue de la mission syro-allemande, un seul sondage avait été effectué sur la citadelle, entre 1929 et 1932, par George Ploix de Rotrou, près de l'endroit où fut découvert un relief en basalte montrant deux génies ailés ainsi qu'un croissant de lune et un disque solaire. C'est à cet endroit que nous avons aussi amorcé nos fouilles.

Durant la première campagne de fouilles, un bâtiment à orthostates — des blocs en pierre posés sur l'un de leurs petits côtés fut mis au jour. À cause de ses dimensions exceptionnelles on croit qu'il s'agissait d'un temple. Sa largeur totale peut être estimée à 28 mètres, alors que sa longueur est encore inconnue. Ce bâtiment appartient à l'époque du royaume du Yamkhad. Cependant, il fut transformé au début du ~Ier millénaire et décoré d'un mur d'estrade orné de personnages sculptés en relief. Ce mur a été dégagé sur 10,9 mètres et l'on peut s'attendre à en découvrir 9 à 10 mètres encore. Sur les reliefs, on reconnaît des dieux, notamment celui de l'orage sous les traits d'un personnage monté sur un char tiré par un taureau, deux bœufs de chaque côté d'un arbre de vie ainsi qu'un lion et un personnage mythologique fabuleux.

Les figures centrales sont clairement de tradition hittite ; de fait, deux d'entre elles portent même des inscriptions qui nous le confirment. Les autres, en particulier le lion et l'être à tête d'oiseau, sont de tradition assyrienne. En général, les reliefs rendent compte de la symbiose culturelle entre les Hittites et les Araméens qui marqua le début du ~Ier millénaire en Syrie du Nord.

WHALID KHAYYATA
Direction des antiquités de la région d'Alep

PROF. DR KAY KOHLMEYER
Fachhochschule für Technik und Wirtschaft (Berlin)

Dieu de l'orage sur un char.

Personnages mythologiques fabuleux.

également dans laquelle l'Ancien Testament sera d'abord rédigé.

Enfin, à Tell Fekheryé, tout près de Guzana, la statue grandeur nature d'un certain Hadad-yisi, récemment découverte, porte la plus ancienne inscription araméenne connue à ce jour et la première inscription bilingue assyro-araméenne ; elle est datée d'un peu avant ~800. Fait intéressant à noter, d'un point de vue historique, dans cette inscription, Hadad-yisi se donne le titre de roi dans le texte écrit en araméen, donc pour ses sujets, mais l'autre partie, qui devait être lue par les Assyriens, le présente plutôt comme un gouverneur ! Une situation qui rend bien compte de l'ambiguïté de l'obédience politique de certaines villes et régions à cette époque.

Les Néo-Assyriens, ces bâtisseurs d'empire

Pendant que les Araméens s'organisent socialement et politiquement en développant de petits royaumes indépendants, les rois assyriens du nouvel empire cherchent à prendre pied au nord de la Syrie afin de mieux contrer les attaques dont ils font l'objet de ce côté [58]. Ainsi, en ~856, le roi Salmanazar III prend de force la ville araméenne — ou hittite, selon certains — de Til Barsib, qu'il renomme Kar-Salmanazar (« Port-

Salmanazar »), afin de s'assurer un lieu de franchissement de l'Euphrate pour pouvoir éventuellement lancer des incursions dans le reste du territoire syrien, au-delà du fleuve.

Des peintures murales [57] rendent compte de la présence de dignitaires assyriens dans le palais construit par les Assyriens, peu après l'annexion de cette ville. Plus à l'est, à Hadatu (actuellement Arslan Tash), une autre ville araméenne conquise par les Assyriens, un nouveau palais est également édifié ; il contenait de nombreuses pièces décoratives en ivoire [53 et 54], en fait des incrustations décoratives pour des meubles faisant partie du butin de guerre pris à des princes araméens. Au Proche-Orient, le travail de l'ivoire, un art très spécialisé, est considéré comme une spécialité des artistes araméens. La rareté du matériau et le type d'usage auquel on le réserve, la marqueterie, en fait un des matériaux de luxe préféré de l'élite politique et économique.

Cette administration assyrienne en territoire syrien n'est pas que politique et coercitive. Elle se préoccupe aussi du bien-être de la population locale. Dans la basse vallée du Khabour, donc un territoire plus près de l'empire des Assyriens, ces derniers agrandissent une ville du nom de Dur Katlimmu — qui correspond au tell moderne de Sheikh Hamad — et la protègent d'un mur

Dignitaires assyriens se présentant devant le roi. Frise peinte sur les murs du palais assyrien de Til Barsib, site moderne de Tell Ahmar.

Dur Katlimmu : capitale assyrienne en bordure du Khabour.

d'enceinte de 4 kilomètres de long afin d'en faire un centre administratif et économique comprenant un palais et des résidences pour dignitaires. Mais le trait le plus original de cette installation est que pour nourrir les 7000 personnes qu'abrite cette ville d'une superficie de 55 hectares, on creuse un réseau d'irrigation le long des deux rives du Khabour. Un tel travail d'aménagement du territoire nécessite la connaissance de techniques avancées comme l'exploitation de la déclivité de la pente sur de longues distances et le contournement d'obstacles.

En ~745, les Assyriens achèvent la conquête de la Syrie et soumettent définitivement les royaumes araméens, allant même jusqu'à déporter en Assyrie des populations locales, notamment celles de la région de Hama qui fut la capitale d'un royaume local important. L'ensemble du territoire syrien est divisé en 20 provinces qui ont chacune à leur tête un gouverneur d'origine assyrienne et un corps d'administrateurs pour les aider dans leur tâche.

Faute de textes explicites, il est difficile de dire comment la population

La présence assyrienne
dans le nord-est de la Syrie

A U ~XVIIIᵉ SIÈCLE, alors que les troupes babyloniennes se livraient sous la conduite de Hammurabi à la conquête du sud de la Mésopotamie, au nord de la Syrie, Shamshi-Adad, roi d'Assyrie, étendait son nouvel empire vers l'ouest. Au cours du ~XIXᵉ siècle, il fit de Shubat Enlil (Tell Leilan), le nouveau siège de son pouvoir en Syrie du Nord.

Soumis à l'Empire babylonien, puis au royaume du Mitanni pendant les quatre siècles suivants, les rois du Moyen Empire assyrien reconquirent leur indépendance à la faveur du déclin de l'Empire hourrite (royaume du Mitanni) dans la seconde moitié du ~XIVᵉ siècle. Par la suite, ils imposèrent leur domination à la moitié orientale de la Djeziré, région sise au nord-est de la Syrie entre le Tigre et l'Euphrate. Le retour des Assyriens s'accompagna d'une réorganisation politique et économique de toute la région. Le centre politique de la nouvelle province assyrienne était la cité de Dur Katlimmu (Tell Sheikh Hamad), dans la partie inférieure du Khabour. Dans un édifice monumental situé sur le versant ouest de la citadelle de Dur Katlimmu, on a découvert une salle d'archives contenant plus de 550 textes cunéiformes. Ces textes confirment que Dur Katlimmu était alors le centre administratif de la région. Les autorités de la cité, qui voyaient notamment à la distribution des terres agricoles, jouèrent un rôle important dans le développement du transport commercial.

Après quelques siècles de difficultés, l'Empire assyrien atteint un nouvel apogée au ~IXᵉ siècle. Les principaux centres administratifs assyriens de la Djeziré étaient alors Shadikanni (Tell Ajaja) et Dur Katlimmu, qui redevint à ce moment une grande ville. Grâce aux fouilles archéologiques menées sur ces deux sites, nous avons une bonne connaissance des détails de l'organisation et des fonctions de ces deux cités. À Shadikanni, les restes d'un complexe palatial ont été mis au jour. Une partie de ce palais consiste en un long hall qui comporte une porte décorée de sculptures représentant des taureaux ailés à tête humaine (Lamassu). Ce hall était utilisé lors des réceptions. Trois stèles ont été trouvées à l'extérieur, probablement dans une cour. La première représente un génie ailé sous les symboles des dieux Shamash, Sin, Sibittum et Ishtar. La deuxième montre un taureau ailé devant un palmier stylisé. Sur la troisième, on voit une sculpture représentant un génie transportant une chèvre. Ce type d'architecture et le style des reliefs décoratifs s'inspirent fortement de ceux des palais des capitales néo-assyriennes.

Durant le ~VIIIᵉ siècle, la superficie de la ville de Dur Katlimmu tripla. Cette ville comprenait une citadelle et une Ville basse, les deux étant entourées d'un mur d'enceinte de 4 kilomètres de long. Un palais se dressait dans l'angle nord-est de la Ville basse et plusieurs résidences princières en occupaient la partie centrale. Ces résidences comportaient de grandes cours intérieures au sol recouvert de pavés, des murs enduits de plâtre et des fresques peintes sur les parements internes des murs des grandes salles de réception. De plus, les paysans des alentours de la cité profitaient d'un réseau de canaux d'irrigation qui facilitaient la mise en culture des terres éloignées de la rivière. De leur côté, les citadins avaient à leur disposition des canalisations pour l'évacuation des eaux usées.

ASSAD MAHMOUD
Direction des antiquités et du Musée de Deir Ez Zor

locale, occupée aux tâches de subsistance quotidienne mais aussi engagée dans la pratique d'artisanats spécialisés au service du pouvoir en place, s'est accommodée de ce joug. En revanche, on peut facilement deviner le climat d'instabilité qui devait régner dans les régions qui ont connu des déportations. De plus, les rois assyriens ont remplacé des populations déportées de Syrie par des Assyriens. Il est vrai que ce ne sont pas tous les occupants du territoire syrien qui furent ainsi assujettis à l'administration assyrienne, sans doute les nomades y ont-ils échappé, puisque leurs activités les tenaient loin des villes. Mais ils ont quand même dû sentir leur influence, car ce sont les Assyriens qui ont développé l'usage du dromadaire pour former des caravanes dans le désert.

Éleveur de chameaux bédouin et son troupeau se déplaçant dans la steppe semi-aride de Syrie.

LES ARABES ET LA VIE NOMADE

Les rois assyriens doivent parfois affronter militairement des tribus «arabes», comme le décrivent certains textes de l'époque. D'après ce que nous pouvons en comprendre, ceux que les textes appellent des «Arabes», sont des commerçants, éleveurs de chameaux et de bétail, installés dans la région du Hauran et dans le sud de la Syrie. Or, à cette époque du moins, le mot «arabe» signifiait au départ un mode de vie nomade qui s'opposait au caractère sédentaire du paysan ou du citadin par qui le terme fut inventé. À part le fait que l'existence des Arabes est signalée pour la première fois dans l'histoire à ce moment, nous ne savons à peu près rien d'eux en ce qui concerne cette période ancienne. Leur rôle dans l'histoire de la Syrie est mieux documenté dans les périodes ultérieures.

LA SYRIE S'INTÈGRE
À DE GRANDS EMPIRES

L'EMPIRE PERSE
ET L'USAGE DE L'ARAMÉEN
COMME LANGUE OFFICIELLE

En ~612, la Syrie est intégrée à l'empire nouvellement formé à Babylone par le père de Nabuchodonosor II sans que cette opération de nature essentiellement politique et administrative laisse quelque trace que ce soit dans la culture matérielle.

Puis, en ~538, les Perses achéménides, venus d'Iran, font pacifiquement de la Syrie une satrapie de leur immense empire. On nomme celle-ci *Aber Nahr* — ce qui signifie «au-delà du fleuve [l'Euphrate]» en araméen —, avec Damas comme capitale. Les Perses, qui ont des visées sur la Méditerranée, apprécient la situation géographique de la Syrie, ses forêts et sa marine et, par conséquent, traitent les dynasties syriennes locales comme des alliées et non des vas-

sales. Grâce à la tolérance des Perses, qui est affaire de stratégie et d'intérêts commerciaux, la Syrie jouit donc d'une grande autonomie. En revanche, elle souffre d'un morcellement politique de son territoire en petits royaumes : les grandes cités syriennes continuent leurs activités commerciales comme auparavant, notamment en établissant des colonies le long de la côte méditerranéenne.

Les Perses construisent des routes, épine dorsale d'un système postal qu'ils mettent en place, reliant le cœur de leur empire avec la côte syrienne. De plus, ils fortifient les cités côtières et les défendent grâce à une marine de 300 navires de guerre. L'une de ces villes portuaires est 'Amrit, ancienne ville de Marathus où, à cette époque, sont érigés d'impressionnants tombeaux-tours, signes d'une certaine prospérité économique dont profitent les populations locales. Sauf dans les cités côtières où le cananéen continue à être utilisé, l'araméen devient rapidement la langue

Sanctuaire dans la ville portuaire de Marathus, site moderne d'Amrit.

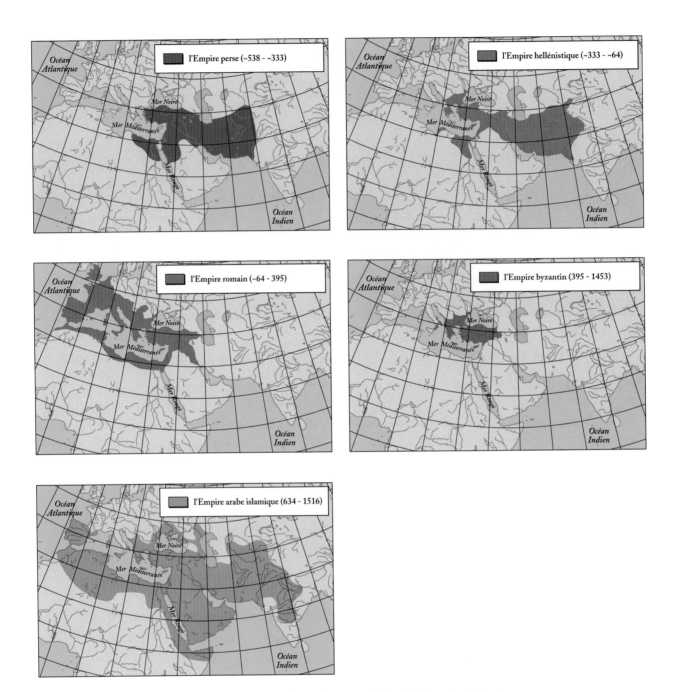

Différents empires auxquels la Syrie fut rattachée entre ~538, lors de la formation de l'Empire perse,
et 1516, au moment de son intégration à l'Empire ottoman

parlée partout en Syrie et la langue officielle de l'administration perse dans les provinces occidentales où les documents en perse sont traduits et retranscrits. L'hébreu, un dialecte cananéen, est aussi en usage. Quant au dialecte arabe, il est déjà parlé par une bonne partie de la population des régions désertiques de Syrie, mais ce n'est pas encore une langue écrite.

ALEXANDRE LE GRAND
ET SES SUCCESSEURS, PRÉSENCE
DE LA CULTURE GRECQUE EN SYRIE

Après la victoire d'Alexandre le Grand en ~333 sur les armées perses et une sanglante lutte de succession entre ses généraux après sa mort (en ~323), la Syrie passe aux mains de Séleucos Ier, dit le «Victorieux» (Nicator), en ~312. Il en fait le cœur de son empire, qui s'étend de la Méditerranée jusqu'à l'Inde, avec comme capitale Antioche-sur-Oronte. Le nom «Syrie» — dont l'étymologie pose encore problème toutefois — aurait commencé à être utilisé

pendant cette période hellénistique pour désigner un territoire à peu près comparable à celui d'aujourd'hui. Vers ~300, Séleucos fonde de nombreuses villes, dont Apamée, dans la vallée de l'Oronte, et Doura-Europos, sur les rives de l'Euphrate, pour contrôler la route commerciale qui longe l'Euphrate, puis se dirige vers Antioche, sur les rives de la Méditerranée, via la vallée de l'Oronte. Le commerce, raison d'être de ces villes, fera leur richesse qui s'accroîtra durant la période suivante.

Les Séleucides — les descendants de Séleucos — doivent défendre la partie méridionale du territoire syrien ainsi que les ports de sa côte méditerranéenne contre les assauts répétés des Lagides d'Égypte, désireux d'y étendre leur suprématie. Un roi séleucide remporte une brillante victoire, grâce aux conseils du général carthaginois Hannibal, alors réfugié en Syrie, mais surtout grâce à l'emploi d'éléphants de combat. À l'est, ses successeurs ont moins de chance contre les Parthes, ces redoutables cavaliers

La grande rue à colonnade d'Apamée.

et archers semi-nomades originaires du sud-ouest de la mer Caspienne, au nord de l'Iran. Dès ~250, les Parthes s'emparent des provinces orientales de leur empire et, à partir de ~113, occupent la ville frontalière de Doura-Europos.

Profitant de ces problèmes extérieurs, de petites principautés arabes locales affirment leur indépendance et provoquent une désagrégation politique de l'État séleucide que la lutte à la succession au trône va accentuer. Les dynasties hellénistiques ont joué un rôle limité en Syrie : ainsi, la langue grecque ne parvient pas à supplanter l'araméen, alors que l'arabe est déjà utilisé par les populations de la Syrie méridionale et de la steppe orientale.

Sous l'Empire romain, l'Oronte se jette dans le Tibre

C'est de l'ouest que le coup de grâce à l'Empire séleucide sera porté. Les Romains, voyant leur commerce maritime menacé par l'apparition de la piraterie en Méditerranée orientale à la suite de l'anarchie politique qui régnait dans le royaume séleucide, viennent mater les pirates. En ~64, sous la conduite du général Pompée, ils en profitent pour occuper la Syrie. Pompée en fait une province de l'empire, laissant pour l'instant de côté le royaume des Nabatéens [67], au sud de Damas, qui ne sera intégré à l'empire que plus tard. Pendant les 400 ans que durera la domination romaine, une centaine de gouverneurs se succéderont pour administrer cette province. L'un des premiers est le riche Crassus que l'attrait d'un magnifique butin de guerre amène à livrer contre les Parthes une guerre au cours de laquelle il trouve la mort (en ~53). Ceux-ci continuent à inciter des potentats locaux à la révolte contre le pouvoir romain et créent ainsi un climat d'instabilité en Syrie. Il faut attendre jusqu'en 68 de notre ère, alors que Vespasien est proclamé empereur par les légions cantonnées en Syrie même, pour que la région connaisse enfin une paix durable, favorable à la romanisation et à son intégration économique et sociale à l'Empire.

La présence romaine [63] se traduit vite par l'apparition d'édifices publics urbains, la multiplication des ponts et des routes, l'élaboration de projets d'irrigation, le cadastre de régions entières et le défrichement de nouvelles terres dans des régions encore peu peuplées. Contrairement au reste du monde romain, la domination des villes sur les campagnes n'existe pas en Syrie, même si les villes y contrôlent un immense territoire dans leur voisinage. Les villes sont là pour supporter les habitants des terres éparpillés dans de nombreux petits villages. Ce ne sont pas que des centres sociaux et économiques indépendants des villages, quoique certaines villes, comme Palmyre, se développent grâce au commerce, ce qui s'ajoute à leur fonction première, mais ne la remplace pas. Du reste, l'organisation sociale urbaine maintient la structure des tribus indigènes, d'où la multiplication de différents temples dans les villes.

Entre les Ier et IVe siècles, les campagnes de la Syrie romanisée sont marquées par une expansion démographique considérable. Les paysans habitent dans des villages de dimensions variées, sans que ces différences de taille puissent être interprétées comme le signe d'une organisation hiérarchique particulière. À l'intérieur des villages eux-mêmes, on ne remarque aucune disposition ordonnée des maisons ; il n'y a ni rue ni place publique, seulement des espaces vides de formes irrégulières entre les maisons. Les maisons correspondent à une unité sociale, la famille, et à une unité économique, une propriété ou une exploitation agricole. Il s'agit donc d'une civilisation fondamentalement agraire. Quelques villages sont entourés d'une muraille, commandée sans doute par la présence de nomades, comme les pasteurs — appelés à tort « safaïtiques » — dans le désert basaltique au sud de la Syrie. Ils ont laissé des traces de leurs passages sous la forme de graffitis et de dessins gravés sur des blocs de pierre [221].

Le rôle des artisans dans les villes revêt aussi une grande importance sociale; ils sont organisés en guildes. Quelques-uns de leurs produits sont typiques de la Syrie romaine: le verre soufflé [190], les tissus teints en pourpre [354], les textiles — comme ceux découverts dans les tombes de Palmyre et à Doura-Europos —, la poterie, les sculptures en bronze et en pierre — par exemple, les stèles funéraires de Palmyre [332-337] —, ainsi que les œuvres d'art en métaux précieux.

Sous l'empereur Trajan, en 106, le royaume nabatéen, qui s'étend au sud de la Syrie, est transformé en province romaine, l'Arabie. La capitale de cette province est Bosra, et Sweida en est l'une des grandes villes.

Le célèbre théâtre de Bosra est encore en usage de nos jours pour des spectacles culturels.

Nouvelles données sur Sweida
à l'époque romaine

Depuis 1997, la Direction générale des antiquités et des musées de Syrie a mené, en collaboration avec des missions française et allemande, des recherches archéologiques dans la ville de Sweida, à une centaine de kilomètres au sud de Damas. L'étude a commencé par l'analyse de documents d'archives : entre autres des descriptions, des dessins et des photographies de la ville et de ses monuments laissés par des voyageurs du XIXe siècle.

Elle s'est poursuivie sur le terrain par un inventaire systématique — avec photographies et dessins — des vestiges archéologiques visibles en surface, incluant les blocs de décors architecturaux ainsi que ceux portant des inscriptions — grecques, latines et nabatéennes — qui sont conservés dans les maisons actuelles de la ville. On a ensuite procédé au relevé précis de chaque monument, qu'il soit connu depuis longtemps, qu'il ait été récemment découvert ou qu'il soit caché dans les caves des maisons modernes. Ces relevés ont été transcrits sur un plan topographique informatisé qui permet de les localiser précisément et de comprendre l'organisation des diverses structures au sein de la ville.

Finalement, des fouilles archéologiques furent réalisées dans certains monuments. Les premiers résultats nous permettent d'avancer qu'après une première phase qui va de l'âge du bronze à l'époque hellénistique, la ville s'est réellement développée aux époques romaine — elle est alors rebaptisée Dionysiois en l'honneur du grand dieu Dousarès nommé Dionysos en grec — et byzantine. On construisit alors un quartier comprenant plusieurs monuments romains. Parmi ceux-ci signalons un nymphée — détruit en 1860 — qui fut édifié sous le gouvernement de Cornélius Palma — premier légat de Syrie (106-108) à l'époque de l'empereur Trajan — selon ce que nous indique la dédicace en grec gravée sur la façade.

Soulignons aussi l'existence d'un odéon de 24 mètres de diamètre, d'un théâtre de 96 mètres de diamètre et d'églises, dont la grande basilique (cathédrale) du VIe siècle, qui fait 69 mètres sur 48. L'odéon ainsi que l'arc d'une église du Ve siècle (la Mashnaqa) ont fait l'objet de fouilles et de sondages qui ont mis en évidence leurs fonctions. L'odéon n'était probablement pas un édifice consacré au chant ou à la musique, mais plutôt la salle de réunion du conseil de la cité. Quant à l'arc, monument bien connu des habitants de Sweida, ce n'était pas comme on aurait pu le croire une des portes de la ville, mais le seul vestige qui a survécu à la destruction de l'église.

Ce travail d'inventaire, difficile en milieu urbain, a été rendu possible grâce à la compréhension des habitants de la ville, à l'appui de la Direction générale des antiquités et des musées de Syrie et aux contributions de différentes missions internationales.

Hassan Hatoum
Direction des antiquités et du Musée de Sweida

L'arc d'une église du Ve siècle à Sweida.

Plus tard, Marc Aurèle (162-180) agrandit la province de Syrie en y incorporant la Djeziré, un territoire au-delà de l'Euphrate jusque-là considéré comme la frontière orientale de l'Empire. Sous les empereurs de la dynastie des Sévère (193-235), le pays profite d'une exceptionnelle période de prospérité qui se manifeste par la rénovation architecturale de la plupart des grandes villes d'alors, tandis que la Constitution de Caracalla de 212 confère à tous les habitants libres de l'empire la citoyenneté romaine. Après l'assassinat de Caracalla, la Syrie donne à Rome trois empereurs de suite : Elagabal (218-222), Alexandre Sévère (222-235) et Philippe l'Arabe (244-249). Ce dernier organise des fêtes exceptionnelles pour marquer le millénaire de la fondation de Rome et transforme son village natal de Shahba en une ville typiquement romaine qu'il renomme Philippopolis. Les Syriens ne sont pas de simples vaincus habitant une province soumise. Dans l'une de ses célèbres satires, Juvénal n'écrit-il pas que l'Oronte se jette dans le Tibre pour bien souligner l'omniprésence syrienne à Rome ! Par exemple, à cette époque, tous les sénateurs romains originaires du Proche-Orient viennent de Syrie !

Entre-temps, les Sassanides, dynastie qui succède aux Parthes en Iran, lancent des raids contre la Syrie. Ils se moquent des armées romaines jusqu'à ce qu'Odeinat [**64**], roi de la ville-oasis et station caravanière de Palmyre, particulièrement touchée par cette menace qui plane sur les routes commerciales venant de l'est, parvienne à les repousser. Il va même les poursuivre à deux reprises (en 262 et en 267) jusqu'aux portes de leur propre capitale en Iran, Ctésiphon. Son audacieuse action d'éclat, reconnue par Rome, se prolonge en une gestion éclairée de sa brillante veuve, la reine Zénobie [**65**]. Mais les prétentions politiques et

Ruines de Palmyre, cité-caravanière dirigée pendant un certain temps par la reine Zénobie.

territoriales de la reine — son royaume s'étend jusqu'à l'Anatolie, l'Égypte et le nord de la péninsule arabique — amènent l'empereur Aurélien à intervenir par la force afin de préserver l'intégralité territoriale de l'Empire romain en Orient. En 272, la reine Zénobie est capturée après un siège de la ville.

Le règne de l'empereur romain Dioclétien (284-305) inaugure une réorganisation de la frontière orientale de l'Empire romain face aux Sassanides avec qui il signe un traité de paix (297). Les relations commerciales avec les lointains pays asiatiques, cruciales pour l'approvisionnement de la soie et des épices, sont compromises. Afin de mieux intégrer la Syrie à l'empire, il augmente le nombre de circonscriptions administratives et, par conséquent, celui des fonctionnaires, tout en haussant les contributions fiscales des citoyens. De nouvelles carrières administratives s'ouvrent ainsi à l'élite syrienne.

En 313, l'empereur Constantin accorde la liberté religieuse à tous les citoyens de l'Empire romain, tandis que durant le règne de Théodose (379-395), dernier empereur romain dont l'autorité s'étend à l'ensemble de l'empire, le christianisme est proclamé religion d'État. À la mort de celui-ci, l'Empire romain est définitivement partagé en deux parties, l'Empire romain d'Occident et l'Empire romain d'Orient, que l'on nommera bientôt Empire byzantin.

L'EMPIRE BYZANTIN SUR FOND DE QUERELLES RELIGIEUSES

Au moment du partage définitif de l'Empire romain, en 395, la Syrie est rattachée à sa partie orientale, dont la capitale est Constantinople, ville romaine érigée sur le site de la ville grecque de Byzance et décrétée capitale de tout l'Empire en 330 par l'empereur Constantin Ier le Grand. L'Empire romain d'Occident s'effondre en 476 sous les invasions barbares, marquant ainsi le début du Moyen Âge en Europe. L'Empire byzantin, quant à lui, subsistera encore 1000 ans, jusqu'à la chute de Constantinople en 1453 aux mains des Ottomans qui la renomment Istanbul et qui en font la capitale de leur nouvel empire.

L'Empire d'Orient compte une cinquantaine de provinces qui sont regroupées en cinq diocèses dirigés chacun par un vicaire. Outre de grandes épidémies et de violents tremblements de terre, l'Empire byzantin est surtout affaibli par des querelles religieuses, les hérésies. Certaines provoquent des conflits sanglants : les chrétiens d'Asie soutiennent en effet des idées jugées hérétiques par le patriarche de Constantinople. Ces querelles reflètent, socialement, l'opposition des forces régionales orientales au pouvoir gréco-latin centralisateur, opposition qui menace la cohésion politique de l'Empire. Avec le triomphe du christianisme en Syrie, le pouvoir spirituel des évêques s'accroît, de pair avec leur rôle politique et social. Les moines, dont le nombre et la notoriété croissent considérablement, exercent une influence sur la population en valorisant notamment la langue et la culture syriaque — une forme tardive de l'araméen — plutôt que la langue grecque utilisée par l'administration impériale. Parmi ces moines, se trouvent des ermites comme saint Syméon (390-459), qui vit au sommet d'une colonne de 15 mètres de hauteur et qui attire un grand nombre de pèlerins. On rapporte de ces pèlerinages des souvenirs que l'on nomme eulogies [314]. Comme saint Syméon a été l'objet d'une grande dévotion tout au long de sa vie, on érige, peu après sa mort, un grand sanctuaire pour la poursuite des pèlerinages. Parmi les autres bâtiments que l'on a construits tout près, se trouvent un baptistère et une majestueuse église en forme de croix qui comporte en son centre, sous un dôme, le vestige de la colonne où vivait saint Syméon.

Avant que le christianisme soit devenu religion d'État, de nombreux martyrs ont sacrifié leur vie pour leur foi. Ainsi, l'origine de la ville de Resafa dans la steppe entre Palmyre et l'Euphrate est liée au martyre, vers 300, de saint Serge, officier de l'armée romaine qui refusa d'abjurer sa foi chrétienne. À partir du Ve siècle, cette petite agglomération militaire connaît un développement exceptionnel, à la suite de la vénération croissante dont est l'objet la tombe de saint Serge. Quatre basiliques monumentales sont construites ainsi que plusieurs chapelles, sans compter les auberges pour loger les pèlerins. La ville porte dès lors le nom de Sergiopolis. Au VIe siècle, son enceinte rectangulaire longue de 2 kilomètres, haute de 15 mètres et renforcée de 50 tours est restaurée afin de mieux défendre la ville contre les raids répétés des Perses sassanides.

En Syrie, cette époque correspond à une période de prospérité et d'essor démographique : l'occupation du terroir est plus étendue qu'à la période précédente. La population est en majorité formée par des paysans, plutôt aisés, non opprimés par l'État. Les villes sont nombreuses et populeuses : par exemple, Antioche, capitale de la Syrie à cette époque, et Apamée, qui dépasse les 100 000 habitants. Il existe aussi dans les villes des corps de métiers bien définis en fonction des services publics. On y trouve des produits de première nécessité et des produits de luxe. On trouve aussi différents genres d'artisanat qui sont régis par une sorte de code de déontologie.

Sous le règne de Justinien (527-565) et de ses successeurs immédiats, la Syrie connaît cependant plusieurs guerres avec les Sassanides. L'affrontement perso-byzantin atteint son paroxysme entre 611 et 639, lorsque les Sassanides occupent la Syrie.

La ville de Resafa, entourée de son mur de défense au moment de sa grandeur, alors qu'elle était connue sous le nom de Sergiopolis.

Qasr al-Hayr al-Sharky, château omeyyade érigé en pleine steppe.

L'Empire arabe islamique, un empire axé sur la religion

À partir de 634, soit deux ans après la mort du Prophète Muhammad — Mahomet pour les Occidentaux —, des tribus arabes, qui étaient déjà présentes en Syrie orientale depuis un certain temps et qui à l'époque pratiquaient le christianisme, se lancent à l'assaut de la Syrie byzantine. Plusieurs chrétiens ne leur opposent qu'une faible résistance, et leur arrivée est même bien accueillie dans certaines régions ! Damas est conquise en 635 ; les musulmans s'y installent définitivement et les Arabes syriens se convertissent à l'islam en grand nombre sans que les conquérants aient à les y forcer vraiment.

Le territoire syrien est divisé en quatre régions (jund) dont le gouverneur de Damas a le commandement militaire et administratif. À partir de 647, ce gouverneur appartient à la branche omeyyade — du nom de son grand-père, Umayya — des tribus arabes, apparentée à celle dont le Prophète lui-même est issu et dont normalement l'un des descendants occupe le poste de calife de l'empire. Il parvient à se faire attribuer le califat en 660. L'année suivante, Damas devient donc la capitale de l'Empire omeyyade (661-750). Cet empire couvre un territoire qui s'étend, d'ouest en est, du sud de la France actuelle, en passant par la péninsule ibérique et le Maghreb jusqu'aux confins de l'Inde et de la Chine, et, du nord au sud, des bouches de la Volga jusqu'à la cataracte d'Assouan en Égypte. Des gouverneurs militaires, secondés par des intendants fiscaux, y gèrent les provinces avec l'appui des milieux locaux.

Contrairement au monde byzantin, dans le monde arabe, les campagnes passent sous la dépendance économique et sociale des villes, et sont placées sous le contrôle des militaires. Pour uniformiser ce vaste empire, tous les bureaux administratifs — dîwân en arabe, qui a donné en français le mot divan, car les bureaux administratifs, les salles de conseil et les salles de réception sont pourvus de banquettes recouvertes de coussins — sont contraints d'utiliser l'arabe pour la rédaction des documents administratifs ; les registres de taxes existants sont traduits du grec et du persan en arabe. Outre l'arabisation et la pratique d'une même religion, l'islam contribue à l'uniformisation de ce grand empire qui fut d'abord arabe, puis islamique. Ce nouveau système administratif ne tarde pas à se manifester dans l'architecture. Des mosquées — sièges du pouvoir religieux et lieux de rassemblement des populations — et des palais richement décorés — résidences de la nouvelle élite politique — sont rapidement construits, affichant clairement les nouvelles valeurs esthétiques de la classe dirigeante.

La dynastie omeyyade est vite contestée et, en 750, le pouvoir passe aux mains d'une nouvelle dynastie, celle des Abbassides — du nom d'Abbas, un oncle du Prophète — qui s'installe en Iraq et qui dirige l'empire de Bagdad, la nouvelle capitale qu'elle y fonde en 762. Damas devient alors une ancienne capitale mal considérée par la nouvelle dynastie, et la Syrie centrale et méridionale sont délaissées par Bagdad. Seule la Syrie septentrionale reçoit une certaine attention, particulièrement pendant le règne du calife Harûn al-Rashîd (766-809), héros célèbre de plusieurs contes des *Mille et une nuits*, et contemporain de Charlemagne, qui transfère sa résidence à Raqqa, sur l'Euphrate.

À partir de 850, quand s'amorce le déclin de la puissance abbasside, la Syrie est dominée successivement et en partie par d'autres dynasties arabes, entre autres les Fâtimides d'Égypte à partir de 969, les Turcomans et les Seljûqides d'Asie Mineure à partir de 1076. Le morcellement du territoire syrien s'accentue davantage en 1097 avec l'arrivée des croisés et leur installation en certains endroits jugés stratégiques pour leur mission en Terre sainte. En effet, ces guerriers chrétiens, partis d'Europe en 1096, portant une croix — symbole de la chrétienté — cousue sur leurs habits ou peinte en rouge sur leur armure, viennent avec l'intention de prendre le contrôle de Jérusalem. Depuis la conquête du couloir syro-palestinien par un peuple venu du Turkestan — les Turcs —, durant la seconde moitié du XIe siècle, les pèlerinages aux Lieux saints de la chrétienté étaient devenus difficiles. Ainsi, en 1095, le pape Urbain II fit appel aux chevaliers d'Europe pour la guerre sainte.

Sur l'ensemble du territoire syrien au début du deuxième millénaire de l'ère chrétienne, on note un renforcement de la grande propriété foncière par le biais d'un nouveau système mis en place afin de payer les mercenaires dans l'armée. On donne alors à un officier les impôts fonciers versés par les paysans dans une région afin de payer les soldes de ses troupes. La misère paysanne et la sous-exploitation des terres s'ensuivent en raison du manque d'intérêt des grands propriétaires militaires. C'est la fin de la petite paysannerie libre et l'affirmation de la puissance des grands propriétaires.

Les produits agricoles sont vendus à la ville dans des marchés qui avoisinent les souks, ces rues ou groupes de rues sur lesquelles sont installés des artisans travaillant, avec quelques esclaves salariés, dans de petits ateliers regroupés selon le type de produits fabriqués. Les tisserands, les orfèvres et

Raqqa, capitale abbasside d'Harûn al-Rashîd.

Les croisades vues par les Arabes

L'OPINION DES ARABES sur les croisades fut marquée par les impressions qu'ils éprouvèrent devant le comportement des premiers croisés. Quand ceux-ci surgissent dans la plaine d'Antioche le 20 octobre 1097, les Arabes croient d'abord qu'ils sont en présence d'une armée de l'Empire byzantin. Celui-ci était certes un ennemi déterminé, puissant et dangereux de l'islam, mais les relations entre cet empire et les Arabes étaient marquées par l'observance d'usages qui leur donnaient une certaine normalité. Les Arabes sont toutefois vite détrompés : les croisés ont en effet un comportement radicalement différent des Byzantins. D'emblée, ils se montrent fanatiques, intraitables et sanguinaires, massacrant les prisonniers musulmans et manifestant, à l'égard de l'islam, une haine qui les conduit à s'attaquer aux manifestations mêmes du culte. Après la prise de Maarrat en-Noman, la faim pousse même certains croisés à l'anthropophagie: ils font rôtir des enfants avant de les dévorer.

Ces pratiques sauvages ne sont certes pas le fait de tous. Les chevaliers, issus de l'aristocratie, tentent généralement de protéger les prisonniers. Ce sont les participants des croisades populaires qui se livrent aux plus grands actes de barbarie. Parmi eux, les Tafurs se battent avec de simples bâtons et massacrent les musulmans en les frappant avec ces bâtons, croyant ainsi obtenir l'accès au paradis.

La prise de Jérusalem (en juillet 1099) est accompagnée des pires excès. Même parmi les chevaliers, peu de combattants surent garder mesure et humanité : les musulmans sont massacrés, la ville est systématiquement pillée et les lieux saints musulmans sont profanés durant deux jours entiers. Pendant les mois qui suivent la prise d'une ville, les croisés expulsent les musulmans et les forcent à l'exil. Dans tout le monde musulman et dans le monde byzantin, ce comportement soulève l'indignation, mais il n'entraîne au début que des réactions désordonnées et partielles qui échouent.

Après la première génération, les Francs nés en Orient, que les croisés fraîchement arrivés d'Occident

Le Krak des Chevaliers.

appellent par mépris les « poulains », montrent plus de considération et de respect à l'égard des musulmans, de leurs usages et de leurs croyances. De leur côté, les musulmans les considèrent différemment. Ils ont appris à admirer le courage et la valeur militaire des Francs, mais ils continuent à leur reprocher leur fanatisme, leur insolence, la grossièreté de leurs manières et leur ignorance. Ils se moquent de leurs pratiques médicales sommaires et, par-dessus tout, ils détestent en eux les envahisseurs brutaux et perfides qui ne respectent pas toujours leur parole. Ils haïssent particulièrement les moines-soldats, Templiers et Hospitaliers. Au cours du XIIᵉ siècle, les musulmans se mobilisent sous l'impulsion de Nûr al-Dîn, puis de Salâh al-Dîn, qui unifie sous son autorité l'Égypte, la Syrie, le nord de l'Irak et le Yémen : en 1187, celui-ci remporte une victoire décisive à Hattin et s'empare de la quasi-totalité du territoire et des villes tenues par les Francs. Après la troisième croisade (1187-1193), il les laisse subsister dans une étroite frange littorale, évitant de les pousser à bout afin d'échapper à de nouvelles croisades. À la fin du XIIIᵉ siècle, les Mamelouks venus d'Égypte les expulsent définitivement.

Dᴿ GEORGES TATE
Centre national de recherche scientifique (Paris)

les banquiers s'installent habituellement à proximité de la mosquée principale. Il n'existe pas de véritable corporation professionnelle. Même si, en général, les artisans vendent eux-mêmes leur propre production, de petits commerçants peuvent aussi s'en charger. Ces derniers s'occupent aussi de vendre au détail les denrées provenant du grand commerce lointain qu'ils se procurent dans les entrepôts de l'État (*funduq*). Un fonctionnaire est nommé pour faire respecter la moralité publique et les règlements administratifs ; il veille notamment à l'exactitude des poids et mesures.

Les villes possèdent également un quartier administratif, où logent et travaillent les employés de l'administration. Elles peuvent aussi être dotées d'une citadelle ou d'un quartier militaire. Dans les grandes villes, il y a une mosquée principale — *djâmi'* — située au cœur géographique de la ville où se déroule la prière solennelle du vendredi,

et des mosquées secondaires — *masdjid* — dans les différents quartiers. La ville, qui est une caractéristique de la civilisation musulmane, ne jouit pourtant d'aucun statut légal dans le droit musulman. Des groupements se forment en dépit de cette absence d'institutions formelles. Des hiérarchies de fait s'y constituent : les grands marchands et les fonctionnaires se trouvent au sommet de la pyramide sociale, tandis que les militaires forment une nouvelle aristocratie. Souvent, les villes de l'ère musulmane ont été fondées bien avant cette période, quoiqu'on assiste aussi à la création de nouvelles villes à cette époque.

En 1153, Nûr al-Dîn (1146-1174), un émir turc, reprend la ville de Damas, entreprend la réunification de la Syrie et tente d'en chasser les croisés. Son œuvre est achevée par un de ses généraux, Salâh al-Dîn — Saladin (1137-1193) —, qui parvient à unifier la Syrie et l'Égypte en 1171, à

Entrée de la citadelle d'Alep construite par le célèbre Salâh al-Dîn (Saladin).

Qalat Salâh al-Dîn
(forteresse de
Saladin) érigée sur
une hauteur de la
chaîne de
montagnes bordant
le littoral
méditerranéen.

écraser l'armée des croisés en 1187 (fin de la deuxième croisade) et à fonder une nouvelle dynastie, celle des Ayyûbides. Salâh al-Dîn et ses successeurs adoptent une politique de bon voisinage avec les chrétiens — qui peuvent désormais aller librement en pèlerinage à Jérusalem —, de même qu'avec les musulmans pour lesquels cette ville est aussi un lieu saint. Les autorités entreprennent des travaux de réfection et de construction des villes, érigeant notamment des citadelles, entre autres à Damas et à Alep. Celles-ci serviront au besoin lors des croisades ultérieures, la dernière ayant lieu en 1291. Cette époque fut pour la Syrie une époque bénie, d'une rare fertilité intellectuelle et artistique.

En 1260, des mercenaires turcs venus d'Égypte et nommés Mamelouks — mot arabe qui veut dire « acheté », car ils sont nés d'esclaves achetés sur le marché de la mer Noire — déferlent sur la Syrie pour en expulser les Mongols qui viennent de mettre à sac les villes de Damas et d'Alep. « Hommes de sabre », ils chassent définitivement les chevaliers européens, vers 1291, mettant ainsi fin aux croisades. Les officiers les plus méritants de cette puissante armée se voient accorder chacun, à partir de cette époque, un blason — dont le mot arabe signifie « couleur » — sur lequel sont représentées leurs armoiries distinctives. Sur le plan économique, les Mamelouks continuent à favoriser l'exportation de produits typiquement syriens — verre, métaux et soieries — vers l'Italie et l'Espagne. Aimant le luxe et le faste, ils poursuivent d'imposants travaux de construction. Ce fut une période de grande prospérité pour les artisans de Syrie.

Finalement, après l'invasion tartare de Tamerlan vers 1400, la Syrie ne peut résister à la montée de l'impérialisme ottoman et, à la mort du dernier sultan mamelouk, tué en 1516, elle passe sous occupation ottomane.

Le Grand Hôtel Baron à Alep

Le Grand Hôtel Baron à Alep fut, au début de ce siècle, le pied-à-terre des archéologues occidentaux en Syrie. Thomas Lawrence, que la légende va immortaliser plus tard sous le pseudonyme de Lawrence d'Arabie, va le fréquenter dès ses premiers séjours en Syrie lorsqu'il mena en 1909 sa recherche de doctorat en archéologie sur les châteaux des croisés. Il ne manquera pas non plus d'y séjourner lorsqu'il se joindra de 1911 à 1914 à la mission archéologique du British Museum.

Vingt ans plus tard, l'hôtel est toujours un point de rassemblement des archéologues. Max Mallowan, y descendra accompagné de sa femme, la romancière Agatha Christie. Même si elle participait activement aux travaux de la mission archéologique, elle ne renonçait pas pour autant à l'écriture de ses intrigues policières. Au contraire, elle s'en inspirait ! En effet, l'intrigue de *Meurtre en Mésopotamie* se déroule sur un chantier de fouilles et décrit avec beaucoup de saveur, mais aussi de justesse, le microcosme dans lequel vivent les membres d'une mission archéologique ayant à fournir un effort intense dans une région isolée et dans des conditions de vie très spartiates. Dans ce roman, un membre de l'équipe se fait tuer par un de ses confrères, et ce, dans le plus pur style des romans policiers d'Agatha Christie.

Vue de l'état actuel du célèbre Grand Hôtel Baron, à Alep.

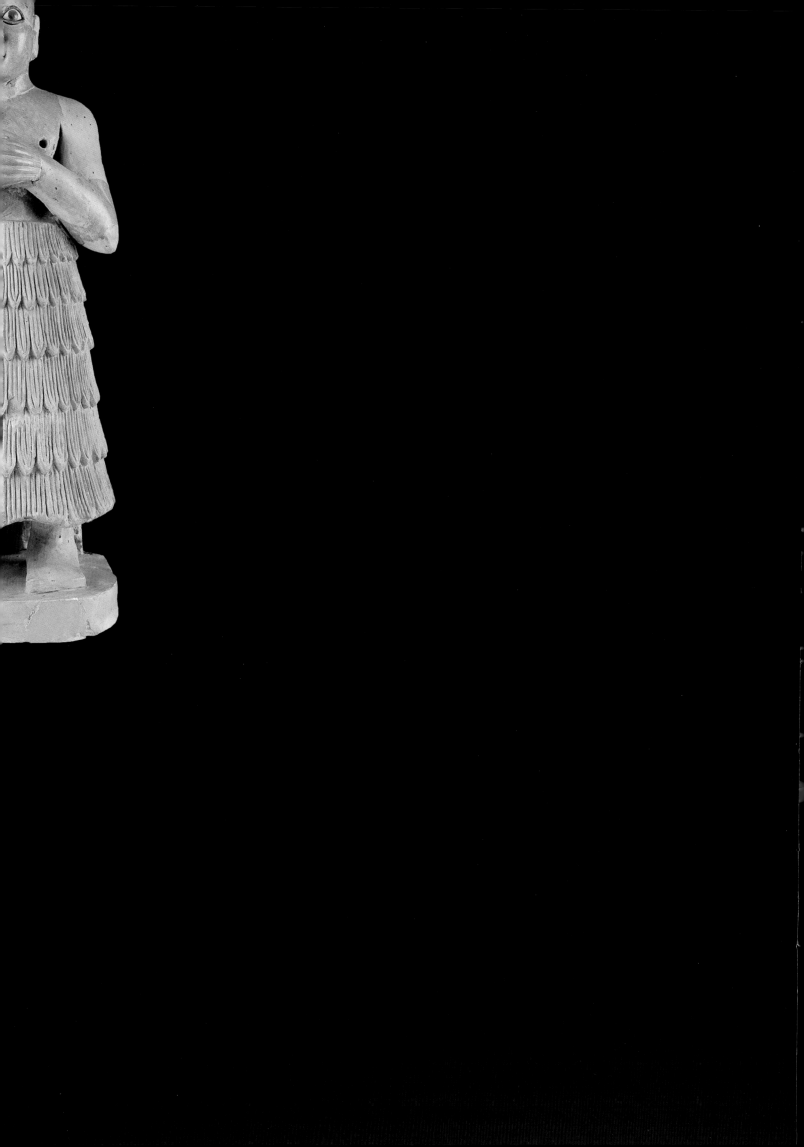

2
Pic
Silex
~500 000

Cet outil plutôt fruste, un simple galet en silex dégrossi auquel on a enlevé de grands éclats sur les deux faces, a appartenu à l'un des premiers habitants du territoire syrien. Les humains vivaient alors uniquement de cueillette et de chasse en s'aidant d'instruments de ce genre. Nous ignorons à peu près tout de leur organisation sociale. Seuls des spécimens de leur outillage en pierre nous sont parvenus.

LATAMNÉ   22 x 10 x 7,5 cm
MUSÉE NATIONAL DE DAMAS   LT.216

3
Figurine
Argile
~6000

Voici une grande figurine schématique sans tête d'un personnage assis. On croit que cette pièce était un support pour des crânes surmodelés **[4],** car elle fut retrouvée près de l'un de ces crânes.

TELL RAMAD   25 x 15,5 x 8,5 cm
MUSÉE NATIONAL DE DAMAS   1121   *SMC* 52; *BAAL* 55

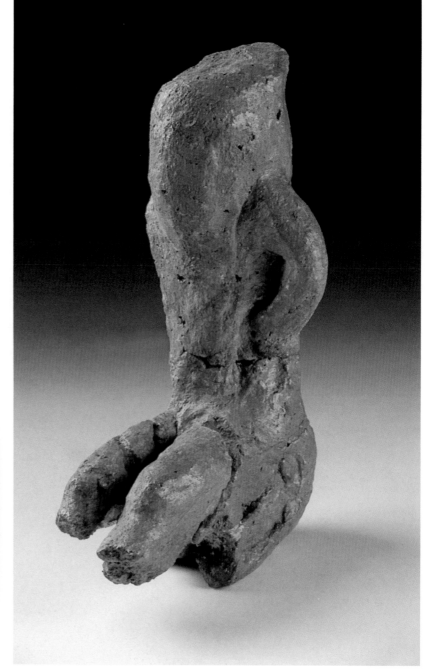

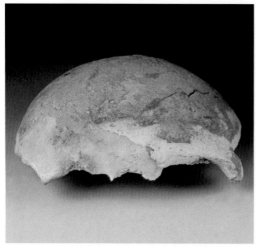

4 a-b
Fragments de crâne et de mandibule
Os et plâtre
~6000

La particularité des crânes auxquels appartenaient ces fragments est d'avoir été surmodelés et peints pour, croyons-nous, rappeler les traits du défunt. Ce traitement fort particulier réservé aux crânes de quelques défunts semble être la manifestation d'un culte dont faisaient l'objet, après leur mort, les Anciens qui avaient joué un rôle important pour la communauté à laquelle ils apparte-naient, voire qu'ils dirigeaient.

TELL RAMAD   11 x 10 x 5,5 cm/10 x 10 x 4,5 cm
MUSÉE NATIONAL DE DAMAS   R66.415/R66,4

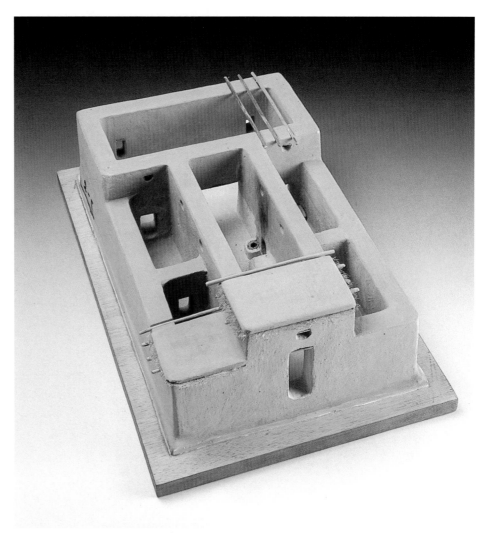

5
Maquette de maison (reconstitution)
Plâtre
Moderne

La sédentarisation est un phénomène social
déterminant dans l'apparition d'une grande civilisation.
Elle se manifeste par des habitats à caractère permanent.
Après avoir connu des maisons rondes, puis rectangulaires
aux angles arrondis, les habitants de la Syrie préhistorique
adoptent vers ~6000 un plan de maison tripartite,
du moins sur le site d'el-Kowm, près de Palmyre.
De plus, ils ont ajouté à la maison des sols en plâtre
et des installations pour la conservation (garde-manger)
et la préparation (foyer) de la nourriture.

46 x 30 x 15 cm
MUSÉE DE PALMYRE

6
Figurine
Pierre
~9000

Il s'agit ici de la plus ancienne représentation d'un visage
humain trouvée en Syrie. Peinte à l'origine, cette
représentation au nez aquilin peut nous donner une idée
de la physionomie des hommes de cette époque. Mais il
est aussi possible qu'il s'agisse d'une représentation symbolique associée aux rapaces, alors objets de culte.

JERF AL-AHMAR   4,4 x 3,6 x 2,4 cm
MUSÉE NATIONAL DE DAMAS   1204

7
Statuette
Gypse
~2400

Cette statuette — trouvée dans les vestiges d'un temple de Mari — représente un personnage qui s'est fait immortaliser dans une attitude de prière. Il s'agit de l'un des rois de Mari. C'est grâce à cette découverte en 1934, un mois seulement après le début des fouilles, que le site de Tell Hariri a pu être identifié à la ville ancienne de Mari, car cette statuette porte une inscription sur l'épaule gauche et une partie du dos : « Lamgi-Mari, roi de Mari, grand ensi d'Enlil, sa statuette à Inanna-USH (Ishtar virile) a voué. » De plus, elle possède deux attributs royaux : la longue barbe aux mèches légèrement ondulées et la coiffure. À la différence des autres statuettes du même genre, les yeux ici ont été sculptés. À l'arrière, une protubérance évoque la queue de l'animal.

TELL HARIRI, ANCIENNE MARI : TEMPLE D'ISHTAR
27,7 x 10,3 x 11,5 cm
MUSÉE NATIONAL D'ALEP   M10406 *BAAL* 91 ; *SMC* 107

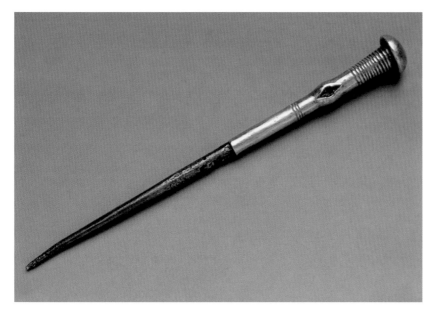

8
Épingle
Or et argent
~2500

Ce type d'épingle à la tête renflée et possédant un chas dans la partie supérieure servait généralement à fermer des pièces de vêtement. Cependant, cette épingle sort de l'ordinaire, car au lieu d'être en bronze, comme c'était l'habitude de les fabriquer à cette époque, elle est en argent ; la moitié supérieure, visible à l'extérieur du vêtement, a été recouverte d'une feuille d'or sur laquelle un décor de rainures parallèles a été gravé au-dessus et en dessous du chas. Il s'agit donc d'un objet de luxe. Il provient aussi du « Trésor d'Ur ».

TELL HARIRI, ANCIENNE MARI : PALAIS PRÉSARGONIQUE   12,6 cm
MUSÉE NATIONAL DE DAMAS   2395 (M 4428)
BAAL 106

9
Sculpture de lion
Cuivre
~1800

Cette sculpture en cuivre ne représente que la partie frontale — protome — d'un lion à la gueule ouverte. Elle provient d'un temple, situé à proximité du palais, voué au « Roi du Pays », divinité qui n'a pas encore été identifiée. On l'a trouvée avec une autre tout à fait semblable. Ces deux lions avaient été installés contre un mur à l'intérieur du temple, à l'entrée du lieu saint, de manière à donner l'impression qu'ils surgissaient du mur, prêts à bondir sur les visiteurs. Les yeux ont été incrustés. Le corps de l'animal a été fait avec des tôles de cuivre qui ont d'abord été martelées à froid sur une forme en bois sculptée, qui a maintenant disparu, puis fixées à celle-ci à l'aide de clous.

TELL HARIRI, ANCIENNE MARI : TEMPLE AUX LIONS
70 X 54 X 40 cm
MUSÉE NATIONAL D'ALEP   M7906   *SMC* 132B

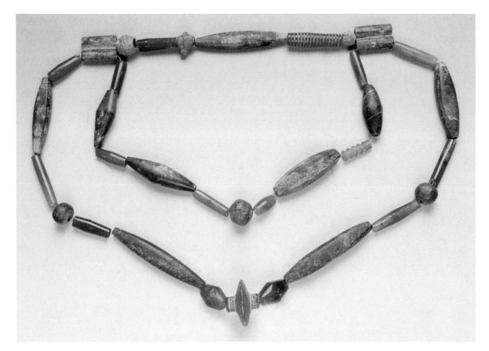

10/11
Colliers
Lapis-lazuli et cornaline
~2500

Les perles de ces deux colliers, 33 dans un cas **[10]** et 21 dans l'autre **[11]**, ont été façonnées en lapis-lazuli (bleu) et en cornaline (rouge), deux types de pierres semi-précieuses provenant des lointaines montagnes d'Afghanistan avec lesquelles la cité-État de Mari entretenait des contacts. Ces matériaux ont été couramment utilisés pour la fabrication de bijoux, objets de luxe réservés à une élite politique qui exprimait ainsi son statut social. Ces bijoux faisaient partie du « Trésor d'Ur ».

TELL HARIRI, ANCIENNE MARI : PALAIS PRÉSARGONIQUE
MUSÉE NATIONAL DE DAMAS
M4431/4435/4430/4434 *BAAL* 108

12
Perle
Lapis-lazuli
~2500

En dépit de l'usure, il a été possible de déchiffrer l'inscription gravée sur cette perle de forme allongée : « À la divinité GAL, Mesannepadda roi d'Ur, [cette] perle fuselée, G[an]s[u d] étant roi de Mari a voué. » Cette perle fut découverte dans une jarre, avec une cinquantaine d'objets précieux, dans la couche d'incendie qui marque la destruction d'un palais de Mari. Cette cache fut désignée par le fouilleur de Mari comme le « Trésor d'Ur » en raison de cette inscription. On pense maintenant qu'il s'agit d'un dépôt mis en terre pour souligner la fondation du nouveau palais, plutôt que d'un lot de cadeaux envoyés par l'un des rois d'Ur avec lequel le roi de Mari devait entretenir des relations diplomatiques et commerciales.

TELL HARIRI, ANCIENNE MARI : PALAIS PRÉSARGONIQUE
11,8 x 1,9 x 1,7 cm
MUSÉE NATIONAL DE DAMAS M4439 *BAAL* 103

Photo page suivante :
13
Pectoral
Lapis-lazuli, or, cuivre et bitume
~2500

Les trois trous percés en différents endroits de la plaque de lapis-lazuli sur laquelle sont gravés le corps et les ailes d'un aigle nous portent à croire que cette parure était destinée à être portée. La tête et la queue sont en or, le tout posé sur un support en bitume, et sont attachés à la plaque de lapis-lazuli par des fils en cuivre. L'aigle à tête de lion était très répandu au pays de Sumer où il portait le nom d'Anzu et il servait d'emblème au dieu Ningirsu. Il a peut-être été importé à Mari. Cependant, certains pensent davantage à une chauve-souris en voyant cet objet unique dans l'art mésopotamien. Peu importe l'interprétation, cet objet constitue une parure exceptionnelle qui devait être portée par un haut dignitaire de Mari, probablement un homme, si l'on se fie au poids de l'objet. Cette parure faisait aussi partie du « Trésor d'Ur ».

TELL HARIRI, ANCIENNE MARI : PALAIS PRÉSARGONIQUE
13 X 12 X 1 cm
MUSÉE NATIONAL DE DAMAS M2399 *SMC* 114; *BAAL* 104

14
Statue d'un haut dignitaire
Basalte
~1850

Bien que l'absence de tiare et de manteau royal ne nous autorise pas à identifier ce personnage à un roi, cette statue est certainement celle d'un haut dignitaire de la classe dirigeante d'Ebla. En effet, cette statue a été trouvée dans le vestibule d'un temple très important de la ville, avec des fragments de statues, aussi en basalte, d'un roi assis et d'une reine debout. À l'origine, toutes ces statues devaient être placées dans le grand temple de la Ville basse dédié à la déesse Ishtar, qui était associée à la protection divine de la royauté. Cette statue est précieuse, car elle a échappé aux raids dévastateurs menés par le roi hittite Mursili Ier vers ~1600, qui ont été suivis d'un pillage systématique de la ville.

TELL MARDIKH, ANCIENNE EBLA: TEMPLE P2   105 x 47 x 31 cm
MUSÉE DE IDLIB   3304 (TM.88.P.627)
SMC 146; *EBLA* 254; *FESTSCHRIFT STROMMENGER* p. 111-128

15
Masse d'arme cérémonielle
Marbre, ivoire, argent et or
~1750

On ne peut souhaiter meilleur témoignage des relations entre Ebla et l'Égypte que cette masse d'arme cérémonielle en marbre, au manche en ivoire. Il s'agirait d'un cadeau offert par le pharaon Hotepibré Harnejheryotef, l'un des premiers rois de la XIIIe dynastie du Moyen Empire, à un roi éblaïte dont on ignore encore le nom, mais que les archéologues ont nommé « Seigneur aux capridés » en raison des dessins de capridés trouvés sur de la céramique placée dans sa tombe. Le fait qu'il envoya cet objet à un prince éblaïte peut laisser supposer que non seulement ce pharaon était d'origine asiatique — d'après son titre de « Fils de l'Asiatique » — mais qu'il venait de la Syrie du Nord, peut-être même d'Ebla. Il se pourrait que les bijoux en or, **[16-23]**, qui ont été trouvés dans cette tombe, aient été envoyés ensemble en cadeau au roi d'Ebla qui avait des rapports étroits avec les pharaons de la XIIIe dynastie.

TELL MARDIKH, ANCIENNE EBLA: TOMBE DU « SEIGNEUR AUX CAPRIDÉS »   19 x 2,4 cm/5,6 x 4,4 cm
MUSÉE DE IDLIB 3484+3170 (TM.78.Q.453-461)
SMC 145; *EBLA* 383-384

Ces bijoux de grande qualité faisaient partie du mobilier funéraire qui accompagnait les sépultures des membres de la famille royale d'Ebla. Ces sépultures ont été déposées dans des hypogées aménagés sous l'un des palais de la ville, capitale d'un petit État à cette époque. Ce sont manifestement des objets de luxe de la classe dirigeante de cette cité-État dont la prospérité était en grande partie tributaire d'échanges commerciaux et de l'exploitation d'un riche terroir dans les environs immédiats de la ville.

TELL MARDIKH, ANCIENNE EBLA
MUSÉE NATIONAL D'ALEP

16
Élément cylindrique
Or

Ce cylindre orné de grains d'or — une technique appelée granulation en orfèvrerie — soudés ensemble sur la surface ornait peut-être le manche d'un objet d'apparat comme la masse d'arme cérémonielle offerte par un pharaon à un roi d'Ebla **[15]**.

TOMBE DU « SEIGNEUR AUX CAPRIDÉS »   6,7 x 2,2 cm
M10587 (TM.78.Q420)
EBLA 385; *SMC* 150

17
Collier
Or, améthyste et lapis-lazuli

Il s'agit vraisemblablement de la partie centrale d'un collier constituée de perles en or ou en forme de grenades. Ces perles sont disposées de part et d'autre d'une plaque rectangulaire en or au centre de laquelle a été fixé un cabochon en lapis-lazuli, selon la technique du cloisonné.

TOMBE DE LA PRINCESSE   10,2 x 2,5 cm   M10591
SMC 149; *EBLA* 393; *BAAL* 157; *ED* 107

18
Collier
Or

Chacune des trois sections de ce collier est ornée d'un pendentif circulaire sur lequel, par granulation, on a représenté une croix à six branches comportant une petite bulle entre chaque branche.

TOMBE DU « SEIGNEUR AUX CAPRIDÉS »   10,3 x 4,4 x 2,5 cm
M10783 (TM.79.Q250 A-C)
EBLA 396

19
Épingle
Or

La tête de cette épingle destinée à fixer les pans d'un vêtement a la forme d'une étoile à huit branches tenues en place par une capsule hémisphérique. Le tiers supérieur, délimité par un renflement encadré de rainures, est orné de torsades.

TOMBE DE LA PRINCESSE   17,6 x 3,8 cm   M10784
EBLA 392; *BAAL* 156; *ED* 104

20
Anneau
Or

Cet anneau a pu être porté au nez ou à l'oreille. La surface est décorée de losanges obtenus par granulation, technique dont la maîtrise est parfaitement bien exprimée ici.

TOMBE DE LA PRINCESSE   3,2 cm   M10786 (TM .78.Q 366)
EBLA 394; *BAAL* 155; *ED* 106

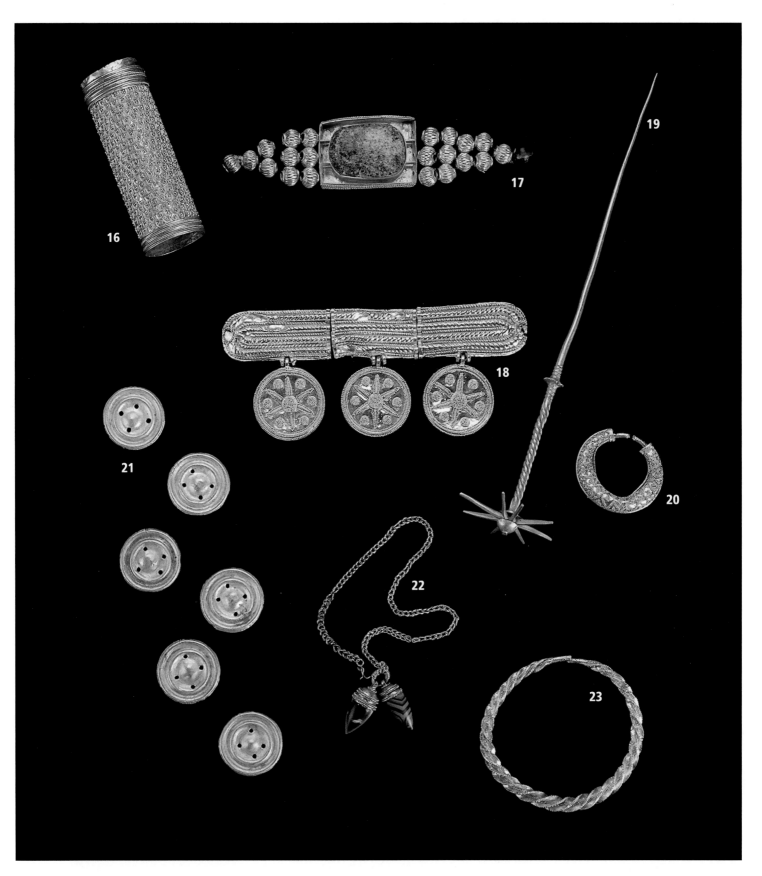

21 a-f
Boutons
Or

Ces six boutons en or, à quatre trous, devaient probablement être cousus à des vêtements princiers qui ne nous sont malheureusement pas parvenus.

TOMBE DU « SEIGNEUR AUX CAPRIDÉS »   2,4 cm
M10798 (TM.78.Q411)
EBLA p. 403

22
Collier orné de deux pendentifs
Or, cristal de roche et pierre translucide gris-vert

Deux perles en pierre semi-précieuse pendent d'une chaîne en or aux mailles très fines.

TOMBE DU « SEIGNEUR AUX CAPRIDÉS »   22 cm
M10790 (TM.78.Q407)
EBLA 398

23
Bracelet
Or

Ce bracelet est l'un des six exemples dont était paré le squelette d'une jeune fille découvert dans l'une des nombreuses petites cavernes — hypogée — creusées dans le sous-sol de la cour de l'un des palais de la ville. Comme les autres, il est torsadé et semé de grènetis.

TOMBE DE LA PRINCESSE   5,6 cm   M10785 (TM.78. Q371)
EBLA 391 ; *BAAL* 154 ; *ED* 105

97

24
Coupe
Or
~1300

Ce chef-d'œuvre de l'orfèvrerie syrienne pourrait provenir du mobilier d'un palais d'Ougarit, comme le suggère son décor. Cette coupe hémisphérique en or est entièrement décorée de motifs faits au repoussé et gravés, répartis en trois frises concentriques. Les motifs se suivent sans former d'unité de scène : séquences d'animaux et d'êtres hybrides symétriquement disposés de part et d'autre de grandes palmettes, ou de bouquetins sautant d'une manière désordonnée.

Il y a bien une scène montrant deux hommes tuant un lion, mais elle occupe le même espace que celle représentant des lions terrassant des taureaux. Le décor de cette pièce d'orfèvrerie exceptionnelle en fait un objet précieux à mettre en relation avec le pouvoir royal.

RAS SHAMRA, ANCIENNE OUGARIT   17,5 x 4,7 cm
MUSÉE NATIONAL D'ALEP   M10129
BAAL 178; *UGARITICA II*, p. 1-48 et pl. 3-5

25
Poignard d'apparat
Or
~1300

Les orfèvres étaient nombreux à Ougarit, comme en témoignent les nombreux objets en métaux précieux découverts en différents endroits de la ville, mais aussi dans des quartiers bien délimités. Ainsi, cet élégant poignard en or massif (200 g) à manche aplati, orné d'une branche de palme incisée faisait partie d'un lot d'objets en métaux précieux qui avaient été cachés avec d'autres pièces dans une jarre de terrre cuite. Ougarit retirait de grands profits du commerce méditerranéen, particulièrement, croit-on, de celui des produits de luxe en métal façonnés par ses habiles artisans.

RAS SHAMRA, ANCIENNE OUGARIT   27,2 x 3 x 0,4 cm
MUSÉE NATIONAL DE DAMAS   3587 (RS25.470)

26
Hache d'apparat
Fer et cuivre incrusté d'or
~1500

Cette arme représente l'un des premiers essais en Syrie de fabrication de l'acier, ce qui en fait une pièce exceptionnelle même si le procédé n'est pas encore au point. La lame de cette hache a été fabriquée en acier — fer auquel on a ajouté du carbone. Sur le talon de la lame, a été coulé un collet ou une douille de cuivre servant à l'emmanchement. Ce collet est orné d'animaux en relief : l'avant-train d'un sanglier couché sur le talon de la douille et deux têtes de lion crachant la lame. Certains détails de l'anatomie des animaux ainsi que le décor floral qui les accompagne ont été soulignés à l'aide d'un fil d'or incrusté par martelage. Cette hache unique a été trouvée au nord-ouest de la ville dans un petit bâtiment qui a été interprété comme un sanctuaire.

RAS SHAMRA, ANCIENNE OUGARIT   19,5 x 6,4 x 4 cm
MUSÉE NATIONAL D'ALEP   M10127   *BAAL* 203

LES VILLES ET LES ÉTATS, UN PHÉNOMÈNE TOUT À FAIT NOUVEAU

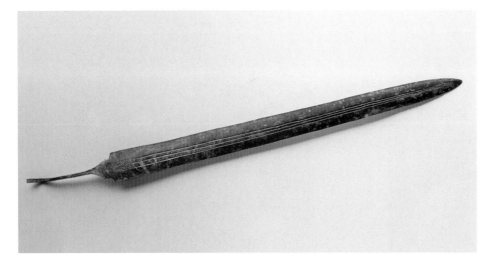

43
Epée
Bronze
~1200

La présence sur cette épée du cartouche du pharaon Merneptah qui a régné de ~1224 à ~1204, fils et successeur de Ramsès II, confirme l'existence des contacts, surtout commerciaux, qu'entretenait Ougarit avec l'Égypte. En effet, ce type d'épée à longue lame à double tranchant possède une soie à l'une de ses extrémités destinée à être insérée dans un manche en bois. C'était probablement un produit fabriqué localement pour les armées du pharaon qui ne connaissaient pas cette forme d'arme. Elle fut découverte dans un quartier résidentiel d'Ougarit, dans une habitation appartenant probablement à un armurier.

RAS SHAMRA, ANCIENNE OUGARIT   74,5 x 5 x 0,5 cm
MUSÉE NATIONAL DE DAMAS   3591   *BAAL* 205

44
Arme d'apparat, dite « harpé »
Bronze
~1300

La harpé est une arme dont la particularité est de posséder une lame courbe et un long manche droit, ces deux parties ayant été coulées d'une seule pièce. La poignée était garnie d'incrustations en matière organique — l'ivoire, par exemple —, aujourd'hui disparues. À cette époque, un tel type d'arme luxueuse et relativement rare est l'apanage des dieux, des héros et des rois. La harpé est la marque de l'autorité du roi en tant que guerrier et dispensateur de la mort. Elle est aussi le symbole du pouvoir obtenu par la force quand elle est portée par des divinités guerrières. Entre les mains d'un roi, elle symbolise l'origine divine de son autorité et du pouvoir de vie et de mort.

RAS SHAMRA, ANCIENNE OUGARIT   58 x 5 x 2,4 cm
MUSÉE NATIONAL D'ALEP   M10136   *BAAL* 204

45
Tête de lance
Bronze
~1800

À partir du milieu du ~IIe millénaire, Urkish devint une grand ville du royaume du Mitanni peuplée par les Hourrites qui commencèrent à se regrouper dans le nord-est de la Syrie actuelle dès la fin du ~IIIe millénaire. Cette lame devait être attachée, par son extension que l'on appelle une soie, à la hampe d'une lance. Trouvée dans une tombe, elle a probablement appartenu à un membre de la classe nobiliaire de guerriers qui chapeautait toute l'organisation sociale de ce royaume. Outre une grande dextérité dans le travail du cuivre, on attribue aux Hourrites l'introduction du char dans les combats où ils utilisaient la lance comme arme de jet.

TELL MOZAN, ANCIENNE URKISH   27,5 x 2,8 x 2 cm
MUSÉE DE DEIR EZ ZOR   (A2.124)

46
Tête de lance à douille
Bronze
~2000

Cette tête de lance qui possède une douille à la base pour la fixer au bout d'une hampe est un procédé de fabrication en métallurgie tout à fait nouveau à Ougarit. Le fouilleur de Ras Shamra n'a pas hésité à associer l'introduction en Syrie de cette nouvelle technologie métallurgique avancée à des types d'armes et d'objets en métal inconnus jusqu'alors à l'arrivée d'une nouvelle population qu'il a qualifié de « porteurs de torque ». Le torque est un collier dont plusieurs exemplaires furent trouvés dans des tombes, mais qui sont aussi représentés au cou de certaines figurines [27]. Ce nouveau type d'arme est à classer dans les produits de luxe ayant appartenu à la classe sociale supérieure de la ville.

RAS SHAMRA, ANCIENNE OUGARIT 3,2 x 41 x 3,1 cm
MUSÉE NATIONAL DE DAMAS 6495 *UGARITICA II*, p. 49-57

47
Poignard
Bronze
~1800

Ayant été trouvé dans une grande cité qui contrôlait des routes terrestres, notamment une voie qui donnait accès à la Méditerranée, ce poignard faisait peut-être partie d'un lot d'armes cérémonielles qui auraient été remises au roi lors de son sacre. C'est sous les murs de cette ville que fut livrée en ~1286 la célèbre bataille qui opposa le pharaon Ramsès II aux Hittites descendus d'Anatolie et à leurs alliés syriens. On peut encore voir l'un des rivets qui maintenaient la soie de cette lame dans son manche.

NEBI MEND, ANCIENNE QADESH 27,6 x 5,3 cm
MUSÉE DE HOMS 756

48
Poignard
Bronze
~1300

Le double tranchant de la lame de cette arme en fait un poignard plus qu'un couteau à qui on ne reconnaît qu'un tranchant dans les classements morphologiques. La lame et le manche sont moulés d'une seule pièce. La principale caractéristique de cette arme réside dans sa poignée aménagée pour être incrustée de bois, d'os ou d'ivoire, la rattachant ainsi à une longue série de tradition fort ancienne au Proche-Orient associée à l'exercice du pouvoir royal.

RAS SHAMRA, ANCIENNE OUGARIT 37,5 x 5,7 x 1,8 cm
MUSÉE NATIONAL DE DAMAS 3820

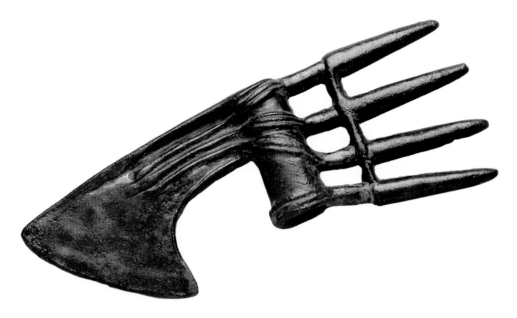

49

Hache à collet

Bronze

~1300

Dans cet exemplaire d'une hache à douille pour l'emmanchement, le collet est décoré de quatre godrons très marqués qui se prolongent bien au-delà en autant de pointes. Le tranchant de la lame est largement incurvé. Ce type de hache très élaboré peut être considéré comme un symbole associé à l'exercice du pouvoir.

INCONNUE   18,5 x 6,8 x 2,2 cm
MUSÉE NATIONAL DE DAMAS   6823   *Cf. SMC 182*

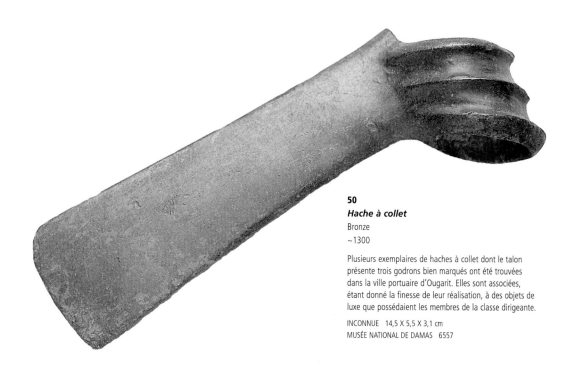

50

Hache à collet

Bronze

~1300

Plusieurs exemplaires de haches à collet dont le talon présente trois godrons bien marqués ont été trouvées dans la ville portuaire d'Ougarit. Elles sont associées, étant donné la finesse de leur réalisation, à des objets de luxe que possédaient les membres de la classe dirigeante.

INCONNUE   14,5 X 5,5 X 3,1 cm
MUSÉE NATIONAL DE DAMAS   6557

59
Vase de Salmanazar III
Albâtre
~850

Les documents archéologiques illustrant les relations politiques entre les États sont rares. Des scènes guerrières sont habituellement représentées pour commémorer les victoires militaires. Or, le registre au centre de ce vase en pierre met en scène deux rois et des membres de leur cour se donnant une poignée de main, donc un accord conclu à l'amiable, sans le recours aux armes. Le fait que ce vase ait été découvert par hasard sur le territoire du nord de la Syrie signifie peut-être que des rois assyriens seraient parvenus à conclure des traités amicaux avec les rois locaux. Ce thème est déjà connu, car il a été sculpté sur la base du trône de Salmanazar III dans son palais de Nimrud, en Assyrie.

LA RÉGION DE LA DJEZIRÉ   20 x 19 cm
MUSÉE NATIONAL DE DAMAS   7491
L'EUFRATE 368; *AAAS* 38-39 (1987-88), p. 1-10;
FESTSCHRIFT STROMMENGER, p. 29-32

60
Stèle du dieu Sin (recto verso)
Calcaire
~700

L'intérêt de cette stèle est qu'elle met en scène le dieu de la lune, Sin — dont le symbole en forme de croissant est maintes fois répété —, en tenue assyrienne, devant une forteresse clairement illustrée avec deux tours carrées surmontées de créneaux. Sur le revers, se trouve une représentation d'un génie ailé comme il était courant d'en sculpter sur les murs des palais assyriens à proximité des portes principales dont ils étaient les gardiens.
Ce document témoigne de l'occupation assyrienne dans le nord-est de la Syrie au début du ~Iᵉʳ millénaire, occupation qui s'est faite par la force des armes.
La partie inférieure de la stèle a été retrouvée récemment dans les collections du Louvre.

TELL AHMAR, ANCIENNE TIL BARSIB   38,7 x 28 x 7,3 cm
MUSÉE NATIONAL D'ALEP   M4526
L'EUFRATE 372; *FESTSCHRIFT STROMMENGER* p. 99-100

111

61

Sarcophage

Terre cuite

~500

À l'époque où la Syrie forme une satrapie du grand Empire perse (de ~538 à ~333), les villes côtières connaissent une prospérité économique considérable en participant activement aux échanges commerciaux qui se déroulent dans l'est de la Méditerranée, notamment en assurant le transit de certains biens destinés au cœur de l'empire en Iran. Les gens riches qui profitent de ce commerce lucratif et ceux qui occupent des postes importants dans l'administration de la satrapie achéménide se font enterrer dans des sarcophages en terre cuite dont la partie supérieure du couvercle a été façonnée sous forme de visages humains.

'AMRIT, ANCIENNE MARATHUS   55 x 51 x 16,5 cm
MUSÉE DE TARTOUS   646   *DAM* 10 (1998) p. 120

ORGANISATION DE LA SOCIÉTÉ

62
Casque à visage
Argent et fer
50

Ce casque est composé d'un timbre, c'est-à-dire la partie
qui recouvre le crâne, et de la visière, qui protège la figure. Tout est en fer recouvert d'argent, sauf la partie
supérieure de la tête qui était initialement couverte d'une
pièce de tissu dont les fibres ont laissé leur empreinte
dans la rouille. Avec son visage d'argent poli, son
diadème et son couvre-nuque finement ciselés, cet objet
de grand luxe a dû être utilisé lors de parades.
Cependant, il a aussi été fabriqué pour pouvoir être porté
au combat, si l'on en juge par la présence d'une
charnière, au-dessus du front, retenant la visière au
casque et par les trous percés sous les fentes des yeux
pour permettre au porteur du casque de diriger ses pas.
Ce casque a dû appartenir à un roi arabe d'Émèse ou à
un proche du roi, car il fut découvert dans la nécropole
royale de cette ville. L'historien romain Arrien raconte que
la cavalerie auxiliaire de l'armée romaine se livrait à des
tournois où les combattants portaient des casques à visage. Celui-ci a probablement été fabriqué dans les ateliers d'Antioche, réputés pour le travail des métaux précieux. Il est probable que l'orfèvre ait essayé de reproduire
sur le masque les traits du propriétaire du casque.
À l'époque romaine, Émèse (aujourd'hui Homs) fut une
ville très importante, car elle contrôlait un réseau de
routes commerciales. La dynastie locale qui dirigeait la
ville et son territoire a certainement dû retirer de grands
profits de cette prospérité économique.

HOMS, ANCIENNE ÉMÈSE   25 x 20 x 20 cm
MUSÉE NATIONAL DE DAMAS   7084
AAAS 2 (1952) 101-108; *SYRIA* 36 (1959) 184-192

63
Statue de soldat en cuirasse
Basalte
200

À partir de ~64, la Syrie devient une province
romaine. La domination de Rome va durer 400 ans
au cours desquels elle va envoyer une centaine de
gouverneurs pour l'administrer. Mais l'intégration à
l'empire s'effectue vraiment à partir de 68 de notre
ère lorsque les troupes cantonnées en Syrie procla-
ment Vespasien empereur. La romanisation fait alors
de grands progrès à la faveur d'une paix durable au
Proche-Orient, notamment aux frontières orientales
de l'empire. Cette statue d'un homme vêtu d'une
cuirasse qui représente la musculature et d'un manteau court attaché sur l'épaule droite par une fibule
ronde est un symbole expressif de la magistrature
romaine qui a administré la province de Syrie.

DHAKIR   125 x 60 x 40 cm
MUSÉE DE SWEIDA   341
LE DJEBEL AL-'ARAB 7,22

64

Tête de statue du roi Odeinat

Marbre

251-267

Durant le IIIe siècle, alors que la Syrie faisait partie de l'Empire romain, la faiblesse de Rome devant les assauts répétés des Sassanides, qui avaient succédé aux Parthes en Iran, fit en sorte que plusieurs principautés du Proche-Orient voulurent en profiter pour s'émanciper. Ainsi, Odeinat transforma sa ville-oasis de Palmyre en un royaume presque indépendant. Mais il resta fidèle à Rome tout en préservant la vitalité du commerce de sa station caravanière avec l'Orient en s'attaquant aux troupes sassanides et en les repoussant jusqu'aux portes de leur capitale, Ctésiphon, en Iran. Rome lui en fut reconnaissant. Il est assassiné en 267. Une version veut que ce soit sa femme Zénobie qui ait été derrière cet assassinat. Elle lui succéda à la tête de Palmyre.

TADMOR, ANCIENNE PALMYRE 45 x 24 x 27 cm

MUSÉE DE PALMYRE B2726/9163

65

Pièce de monnaie à l'effigie de Zénobie

Bronze

267-272

À la mort de son mari Odeinat en 267, la reine Zénobie continua l'œuvre de son mari. Tant et si bien qu'en 270, avec ses troupes, elle se rend en Égypte, puis se tourne vers l'Anatolie. Mais Aurélien, l'empereur romain, l'obligea à regagner Palmyre et prit la ville, après l'avoir assiégée, en août 272. Zénobie fut capturée, et, selon les auteurs, soit qu'elle mourut en captivité, soit qu'elle aurait défilé, enchaînée, au triomphe d'Aurélien à Rome et qu'elle aurait ensuite vécu en exil, à Trivoli, soit qu'elle aurait été décapitée après le triomphe d'Aurélien. La légende s'est emparée de cet épisode de l'histoire romaine joué par une femme dont la forte personnalité, le courage et l'ambition ont momentanément résisté à la puissance de Rome. La reine Zénobie apparaît de profil sur l'une des rares pièces de monnaie qu'elle a fait frapper durant son court règne, mais combien mouvementé.

TADMOR, ANCIENNE PALMYRE : VALLÉE DES TOMBES

2,4 x 0,2 cm

MUSÉE DE PALMYRE 102/9114 SMC 242

66

Tête de statue de Philippe l'Arabe

Basalte

250

Cette tête d'homme imberbe pourrait être, selon certains spécialistes, le portrait de l'empereur romain Philippe l'Arabe (244-249), car elle fut trouvée non loin de Shahba, le village dont il était natif. Durant son règne, Philippe l'Arabe transforma son village natal en une ville dotée de toutes les installations publiques romaines (thermes, aqueducs, théâtre, temples, rues dallées disposées en damier, rempart et portes monumentales) et le rebaptisa Philippopolis.

DHAKIR 32 x 25 cm

MUSÉE DE SWEIDA 346

LE DJEBEL AL-'ARAB 7,28

67/68
Têtes de statues
Basalte
100

Lors de l'intégration de la Syrie à l'Empire romain comme province en ~64, Pompée avait laissé de côté le royaume des Nabatéens, d'origine arabe, qui s'étendait au sud du territoire syrien. Ce n'est que plus tard, soit en 106, sous l'empereur Trajan, que le royaume nabatéen est transformé en province romaine, l'Arabie. Les Nabatéens — représentés ici sur ces sculptures — qui ont d'abord été des pasteurs, puis des agriculteurs, ont retiré beaucoup de profits du commerce caravanier.

RÉGION DE SWEIDA   22 x 18 cm/22 x 16 cm
MUSÉE DE SWEIDA   79.106/863.761
LE DJEBEL AL-'ARAB 4,25

69
Stèle funéraire
Basalte
300 (?)

L'inscription grecque sur la partie inférieure de cette stèle se lit comme suit : « Boadé, fille de Thaimos, âgée de 15 ans. »

SYRIE DU SUD   95 x 35 x 17 cm
MUSÉE DE SWEIDA   1/76
LE DJEBEL AL-'ARAB 7,09

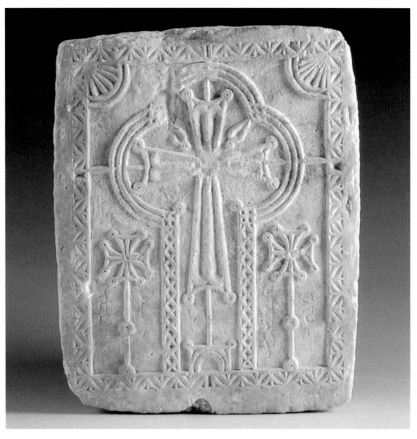

71
Fenêtre
Basalte
400 (?)

Ce panneau de basalte percé de plusieurs grandes ouvertures circulaires disposées en couronne et de petites fentes lancéolées au centre a servi de fenêtre dans une église byzantine. La fabrication de ce genre de fenêtre aux motifs sculptés faisait partie du programme d'ornementation des églises de Syrie entrepris aux alentours de 350. Même si nous ne sommes pas certains de l'origine de cette fenêtre, nous croyons qu'elle peut provenir de Halabiyeh, car cette ville se trouve dans une région riche en basalte.

HALABIYEH, ANCIENNE ZENOBIA   72 x 62 x 12,5 cm
MUSÉE NATIONAL DE DAMAS   34905

70
Plaque
Marbre
1000

Ce bloc carré en marbre porte en relief, sur une de ses faces, trois croix de style byzantin, chacune montée sur un support. Une inscription en syriaque — une langue dérivée de l'araméen et encore parlée de nos jours par les communautés chrétiennes du Proche-Orient — inscrite de chaque côté des croix latérales se lit comme suit : « Fait par David, le moine ermite, priez. » Ce bloc fut récemment découvert contre le mur nord de la chapelle mortuaire à Tell Tuneinir, sur le Khabour, où on l'y avait installé vers l'an 1000. Le fouilleur de Tuneinir suppose que David fut le fondateur de ce modeste monastère syriaque orthodoxe.

TELL TUNEINIR   25 x 20 x 5 cm
MUSÉE DE DEIR EZ ZOR
(S993/1861 TNR 98/933005)

72
Bol orné d'une croix
Céramique à glaçure
600 (?)

Vers 300 de notre ère, à la suite du martyre de l'officier romain Serge, Resafa, bourgade militaire située en plein désert entre Palmyre et l'Euphrate, va devenir, à compter du Ve siècle, une importante ville byzantine. L'on s'y rendait en grand nombre en pèlerinage à la tombe de saint Serge. La ville fut rebaptisée Sergiopolis. On y érigea quatre basiliques monumentales et plusieurs chapelles. C'est, du reste, dans la basilique dédiée à la Sainte-Croix que fut trouvé récemment un trésor de vases sacrés **[316-320]**. Devant l'importance que prenait ce lieu de pèlerinage, l'empereur byzantin Justinien (527-565) la prit sous sa protection. Au fond de ce bol, au centre d'un médaillon, a été dessinée une croix grecque, aux branches égales terminées par des motifs en forme de cœur.

RESAFA, ANCIENNE SERGIOPOLIS   20 x 17 cm
MUSÉE NATIONAL DE DAMAS   29318   *SMC* 288

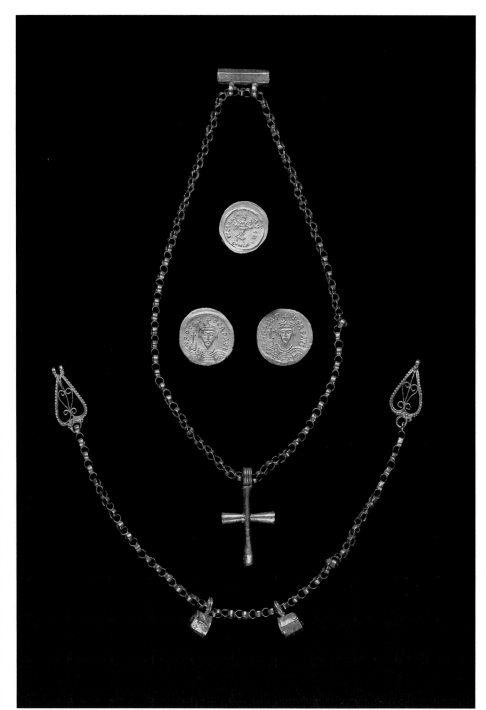

73 a-e
Trésor de monnaies et de bijoux
Or
400

Découvert fortuitement en 1987, ce petit trésor, composé de deux colliers et de trois pièces de monnaies contenus dans une petite jarre en céramique, est tout à fait typique des caches d'objets précieux que les gens voulaient soustraire aux pillards, aux envahisseurs, voire aux percepteurs d'impôts... Durant la période byzantine, on a assisté à une grande circulation de pièces de monnaies dont la valeur fut d'une stabilité exceptionnelle dans tout l'empire.

Le système monétaire byzantin reposait sur la livre d'or (327 grammes) dans laquelle sont frappés 72 sous, appelés « nomismata ». Comme ces monnaies valaient toujours leur pesant d'or, elles étaient thésaurisées. Quant aux bijoux également en or pur, ils sont représentatifs de l'époque : une croix, symbole du christianisme triomphant, montée sur une chaîne et un second collier au fermoir finement travaillé.

AL-KENIAH, JISR AL-SHOQHOUR
MUSÉE DE IDLIB   246, 247, 1091/1-3

74
Chapiteau
Calcaire
500

Ce n'est qu'à partir d'environ 250 que les communautés chrétiennes de Syrie commencent à construire des bâtiments dotés d'une grande salle rectangulaire pour leurs prières en groupe — les églises. Pour les différencier des autres grands bâtiments publics, on s'est mis à les décorer en sculptant des motifs géométriques, puis végétaux sur les moulures en calcaire autour des portes et des fenêtres. À partir de 400 environ, ce type de décor végétal gagna les chapiteaux. Enfin, après 475, la décoration architecturale des églises connut un grand essor avec la construction du sanctuaire dédié à Saint Syméon le stylite, notamment par l'ornementation des chapiteaux avec des feuilles d'acanthe déployée par le vent. Habituellement, dans des médaillons aux angles des chapiteaux, sont sculptées des croix grecques aux branches d'égale longueur, légèrement épatées.

AL-BARA, PRÈS D'ALEP   73 x 95 x 27 cm
MUSÉE DE IDLIB   1191

75/76/77/78
Candélabre/Lampe avec croix/
Lampe en forme d'aigle/Balance
Bronze
600

Tous ces objets faisaient partie d'une cache dans l'atelier d'un bronzier, récemment découverte par hasard. Ils devaient être refondus, car ils portent tous des traces de bris. La lampe dont l'anse est en forme de croix est tout à fait typique de l'époque byzantine. Le trou sous le pied indique qu'elle devait être posée sur le candélabre trouvé dans le même lot. Les lampes suspendues à l'aide de chaînettes étaient aussi très populaires à cette époque. Quant à la balance, il est plutôt rare d'en retrouver; elle exprime un aspect important de la vie économique du temps — le commerce.

JENDERES (PRÈS D'ALEP)   27,5 x 7,5 cm/14 x 12 cm/
20 x 12,5 cm/25 x 8 cm
MUSÉE NATIONAL D'ALEP   C1955/1953/1951/1952

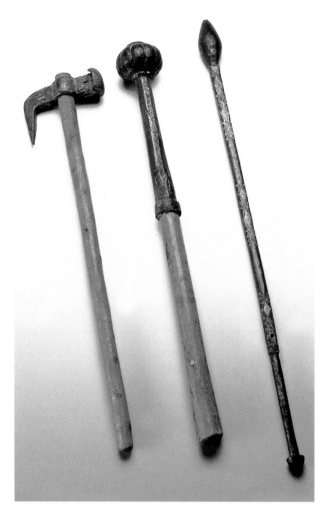

79/80/81
Masses d'arme et tête de lance
Acier
1200

Voici des exemples de masses d'arme et de tête de lance qui furent utilisées par les soldats musulmans durant les croisades. Ces armes proviennent de la citadelle d'Alep, construite par le grand général musulman Saladin — Salâh al-Dîn en arabe — qui livra un féroce combat contre les croisés. Elles donnent à imaginer la férocité des combats auxquels se livraient les belligérants.

ALEP : CITADELLE   58 cm/50,5 cm/48 cm
MUSÉE NATIONAL DE DAMAS   471, 474, 473A

82
Casque
Fer et garnitures en laiton
1400

Ce casque en fer illustre bien la simplicité des heaumes à visière de forme conique que portaient les soldats mamelouks, ceux-là même qui ont vaincu les croisés. Le bandeau redressé au centre était rabattu durant les combats pour protéger le nez ; la goutte à son extrémité indiquait le rang de son propriétaire. À l'origine, le casque était aussi muni de protecteurs pour les joues et le cou. Grands producteurs d'armes et d'armures sous le règne des Mamelouks, après l'invasion des Tartares en 1400, les ateliers de bronziers de Syrie furent désormais limités à ne produire que de simples vases avec peu de décors incisés. Cependant, des ateliers continuèrent à produire, mais en petites quantités, des armes décorées d'or et de bijoux qui furent prises comme butin de guerre à Istanbul au moment de la conquête ottomane en 1516.

ALEP (ACHAT)   26 x 21 cm
MUSÉE NATIONAL DE DAMAS   1555/5132 A   *ED* 280

83
Cotte de mailles
Acier incrusté d'or au plastron
1400

Cette cotte de mailles est un bel exemple du type d'armure que revêtaient durant leurs combats les Mamelouks, ces mercenaires turcs venus d'Égypte vers 1260 pour chasser définitivement les croisés du territoire syrien. Les inscriptions exécutées avec un fil d'or inscrusté dans l'acier ne nous permettent pas d'en identifier le propriétaire ni d'en déterminer la date de fabrication exacte. On sait toutefois que Damas fut, sous les Mamelouks, une ville spécialisée dans la fabrication d'armures et d'épées.

Son nom est associé à un célèbre type d'acier, dit damassé, dont la dureté était obtenue grâce à un refroidissement très lent. Le mot maille vient du mot « mail » qui, en français médiéval, désignait un marteau, soit celui avec lequel on rivait entre eux chacun de ces petits cercles de métal dont était fabriquée la cotte, cette blouse métallique qui porte aussi le nom de « haubert ».

DAMAS   111 x 48 cm
MUSÉE NATIONAL DE DAMAS   6788A   *SMC* 382

84
Épée
Acier
1200 (?)

Cette longue épée à la lame droite est probablement de fabrication islamique, si l'on se fie à la rainure au centre de la lame et à la décoration que l'on trouve sur les flancs de celle-ci, motifs que l'on voit fréquemment en Syrie, au XIIe siècle, sur les vases en céramique. Damas fut célèbre pour la fabrication d'épées très solides. Les armuriers damascènes avaient l'habitude d'orner leurs épées de motifs élaborés, délicatement ciselés. Ces épées sont dites « damassées ». Contrairement à une croyance populaire, les lames des épées arabes étaient droites et non courbes. Victimes de leur réputation, les fabricants d'épées de Damas furent déportés à Samarkand lors des invasions tartares menées par Tamerlan vers 1400, mettant pratiquement un terme à la production d'épées que plusieurs croisés rapportèrent en Europe où elles furent très appréciées.

INCONNUE (ACHAT)   91,5 x 10,2 cm
MUSÉE NATIONAL DE DAMAS   472A

85

Buste d'un jeune homme lançant une balle
Stuc sculpté
728

Plus de 50 000 fragments de sculptures en stuc comme celui-ci ont été trouvés dans les ruines du palais de Qasr al-Hayr al-Gharbî, construit dans la steppe syrienne à environ 60 kilomètres au sud-ouest de Palmyre vers 728 par le calife omeyyade Hishâm Ibn 'abd al-Malik (723-742) ; il est parfois difficile de dire quelles sections du château ces sculptures ornaient. Une partie de la façade principale du château a été reconstituée et sert maintenant de porte monumentale au Musée national de Damas. Même s'il est apparu durant la dynastie omeyyade, c'est surtout sous la dynastie abbasside que va se développer le décor en stuc sculpté dans les édifices publics, notamment les mosquées.

QASR AL-HAYR AL-GHARBÎ   27 x 17 cm
MUSÉE NATIONAL DE DAMAS   31770A   *SMC* 304

86
Oiseau
Stuc sculpté
728

Ce fragment, qui faisait partie d'un décor sculpté composé de nombreux personnages et animaux, évoque la chasse. Ce divertissement prisé par les califes et son entourage pouvait se dérouler à proximité des châteaux dans des parcs, protégés par des murs d'enclos dont la hauteur pouvait atteindre 3 mètres, où de nombreuses espèces animales vivaient en liberté.

QASR AL-HAYR AL-GHARBÎ   41 x 26 cm
MUSÉE NATIONAL DE DAMAS   31769   *SMC* 302

87
Statue d'homme
Stuc sculpté
728

Cette statue ornait la balustrade de l'étage supérieur du portique de la cour du château omeyyade. La courte coiffure bouclée et le visage barbu s'inspirent des portraits romains repris dans l'art palmyrénien. L'influence romaine se devine également dans le vêtement: une toge.

QASR AL-HAYR AL-GHARBÎ   54 x 26 cm
MUSÉE NATIONAL DE DAMAS   31767A   *SYRIEN* 99; *BAAL* 327

88
Buste de femme couronnée
Stuc sculpté
728

Ce buste d'une femme qui tient dans sa main droite une
tresse de cheveux et dans sa main gauche un oiseau,
probablement une colombe, était placé sur l'un des
écoinçons des arcs des tours de la façade principale du
château Qasr al-Hayr al-Gharbî. La pose rappelle celle
adoptée par des personnages représentés sur des stèles
funéraires de Palmyre, qui se trouve à proximité, et dont
les califes omeyyades connaissaient l'existence.

QASR AL-HAYR AL-GHARBÎ   41 x 38 cm
MUSÉE NATIONAL DE DAMAS   31768A
SYRIEN 98; *BAAL* 326.

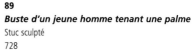

89
Buste d'un jeune homme tenant une palme
Stuc sculpté
728

Les châteaux des Omeyyades consistaient en un complexe de bâtiments de types différents dont le principal était le palais lui-même. Bien que situé en bordure du désert syrien, celui de Qasr al-Hayr al-Gharbî possédait un jardin de 1050 sur 442 mètres entouré d'un mur de 3 mètres de haut, renforcé par des tours aux angles et sur les côtés. On devait y faire pousser des palmiers, comme dans l'oasis de Palmyre. À al-Gharbî, l'eau était amenée au jardin et au palais par un canal souterrain en argile qui partait d'un lac retenu par un barrage en maçonnerie érigé à quelques kilomètres de là.

QASR AL-HAYR AL-GHARBÎ 22 x 21 cm
MUSÉE NATIONAL DE DAMAS 31771A *SMC 306*

90
Plaque commémorative
Marbre
1082

Cette inscription de 16 lignes a été sculptée en relief sur une plaque de marbre. Placée sur un pilier de la façade méridionale de la Mosquée des Omeyyades à Damas, cette plaque commémorait, entre autres, la construction d'une *maqsûra*, un espace clos dans une mosquée réservé au souverain, sous le règne du sultan Malikshâh. Parce que le Coran interdisait la représentation de Dieu et des créatures animées, l'art musulman a fait des inscriptions monumentales un élément décoratif. L'écriture coufique dans laquelle est rédigée cette inscription devint rapidement une écriture réservée aux inscriptions monumentales.

DAMAS : MOSQUÉE DES OMEYYADES 123 x 65 cm
MUSÉE NATIONAL DE DAMAS 86/5A *SMC 299*

91
Chapiteau avec croix et feuilles de vigne
Marbre
500 et 800

À l'origine, ce chapiteau, en raison de ses petites dimensions, faisait probablement partie d'un *ciborium,* cette espèce de baldaquin qui recouvrait le tabernacle du maître-autel dans les basiliques paléo-chrétiennes. Il aurait été importé d'une région de l'Asie Mineure (Turquie) où ce type de chapiteau s'est développé. Sur chacune des quatre faces est sculptée une croix latine aux extrémités pattées ou une feuille de vigne à cinq lobes.
Cependant, l'église à laquelle ce chapiteau appartenait fut détruite, comme bien d'autres édifices, lors du grand projet de reconstruction lancé par le calife abbasside Harûn al-Rashîd après le transfert de la capitale de son empire de Bagdad à Raqqa (796-808). Ce chapiteau fut réutilisé dans un bâtiment islamique, ce qui explique que la branche supérieure de la croix fut alors enlevée.

RAQQA (ACHAT) 30 x 26 x 30 cm
MUSÉE NATIONAL DE DAMAS 9560A
MUSÉE NATIONAL p. 255; *BAAL* 322; *ED 228*

92
Plat
Faïence monochrome (bleue)
1200

Ce plat porte en relief, dans un médaillon au centre de sa vasque, une inscription qui dit tout simplement: « al-Malik » (le Roi). On voulait probablement ainsi rendre hommage au premier calife de la nouvelle dynastie ayyûbide qui, en 1171, prend la conduite des affaires de l'État en Syrie. Le fondateur de cette dynastie fut nul autre que Salâh al-Dîn — plus connu sous la forme occidentalisée de son nom, Saladin —, un officier kurde, adversaire acharné des croisés et en particulier de Frédéric Ier Barberousse. Il donna une impulsion nouvelle à la culture arabe et développa les relations internationales, remettant la Syrie au centre du monde musulman pendant un temps, du moins jusqu'à la fin de cette dynastie en 1250. La majorité de la production céramique des Ayyûbides de Syrie viendra de Raqqa.

RAQQA   33 x 8 cm
MUSÉE NATIONAL DE DAMAS   1387A

93
Boîte à couvercle
Laiton incrusté d'argent
1338

Avec son couvercle en coupole, on pense que cette boîte (à bijoux ?) se veut une imitation d'un mausolée. D'après l'inscription en cursive qui en orne les parois à l'extérieur, elle appartenait à un Mamelouk du nom de Turghây qui fut nommé gouverneur d'Alep en 1338 : « Sa Haute Excellence notre maître, le grand émir, champion de la foi, l'honorable, le défenseur des frontières, l'assisté de Dieu, le victorieux, le secourable, le héros, l'unique, le conseiller, appartenant au souverain, le glorieux, le très illustre Jamâl al-Dîn Turghây, que sa prospérité dure ! »

INCONNUE   23,6 x 22 cm
MUSÉE NATIONAL DE DAMAS   5380A   *SMC* 377

94
Bracelet
Or

1200

Ce bracelet est formé d'un large jonc creux à la surface travaillée au repoussé. Des vœux de bonheur, de succès, de puissance et de longue vie inscrits dans des registres inclinés qui donnent l'impression d'une spirale, sont adressés au propriétaire du bijou qui, apparemment, possédait déjà la richesse ! Le grand fermoir plat est orné d'un décor de perles et de filigrane serti de pierres précieuses qui ont toutes disparu, sauf celle du centre. Du reste, on ne trouve plus beaucoup de tels bijoux, car la plupart ont été fondus dès l'Antiquité. C'était alors une façon de conserver sa richesse et de la transporter avec soi comme cela se fait encore de nos jours dans certains pays du Proche-Orient où l'or travaillé se vend au poids. De tels bracelets étaient portés en paire, à la cheville ou sur le haut du bras, par-dessus les manches des vêtements.

RAQQA 13 cm
MUSÉE NATIONAL DE DAMAS
2800A *Cf. SMC* 363 ; *BAAL* 343

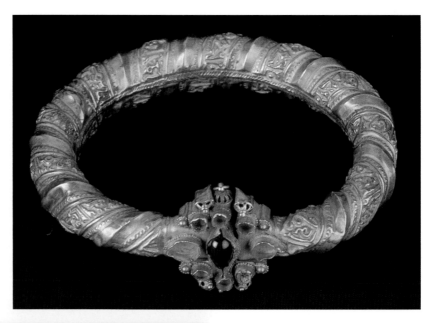

95 a-b/96
Boucles d'oreilles et collier
Or

1200

Les boucles d'oreilles sont composées d'une fine résille en filigrane ronde ornée sur une face de petites perles ; trois chaînettes portant à leur extrémité une perle d'or ouvragée sont accrochées en dessous. Le collier est un assemblage de grosses perles rondes séparées par des éléments fuselés auxquels de petites perles sont rattachées au moyen d'anneaux. Ces bijoux ont été trouvés à Palmyre, mais dans des tombes islamiques. On sait par les bustes funéraires des Palmyréniennes de l'époque romaine que les rites funéraires d'alors prescrivaient d'inhumer les défunts avec des bijoux, symbole de leur richesse matérielle de leur vivant et peut-être gage d'une vie semblable dans l'au-delà. Une habitude qui s'est perdue dans les religions chrétienne et islamique.

PALMYRE 3 cm (diamètre)/50 cm (longueur)
MUSÉE NATIONAL DE DAMAS 3974A/3976A *SMC* 360

97
Boîte à amulette
Or

1300

Selon l'inscription gravée sur l'une des faces de cet objet, l'heureux propriétaire de cette splendide boîte entièrement constituée de fils d'or soudés ensemble — technique qui s'appelle le filigrane — se voit souhaiter : « Gloire éternelle, bonne fortune et longue vie à son possesseur ». Le haut degré de perfection atteint par certains bijoux islamiques, comme celui-ci, dénote la grande maîtrise des orfèvres arabes dans la pratique de leur art.

ALEP 8 x 7 cm
MUSÉE NATIONAL DE DAMAS 1054A *SMC* 367

98
Boucles d'oreilles
Or, turquoise et perles
1200

En voyant ces boucles d'oreilles, il est facile de croire en la renommée de l'orfèvrerie islamique qui a su maîtriser les techniques développées par ses prédécesseurs, notamment par les Byzantins. Cette réputation et cette tradition se perpétuent encore de nos jours dans les souks de Damas et d'Alep où l'exubérance est encore bien manifeste. Ici, chaque boucle d'oreille est formée d'une sorte de nid où est perché un oiseau et sous lequel pendent quatre longues chaînettes auxquelles sont suspendues d'autres oiseaux. Les côtés du nid sont ornés d'un décor de motifs en filigrane et sertis, au centre, de petites perles en turquoise. On peut difficilement imaginer parure plus ostentatoire.

ALEP   18 cm/16 cm
MUSÉE NATIONAL DE DAMAS   1057/3802A   *SMC* 364

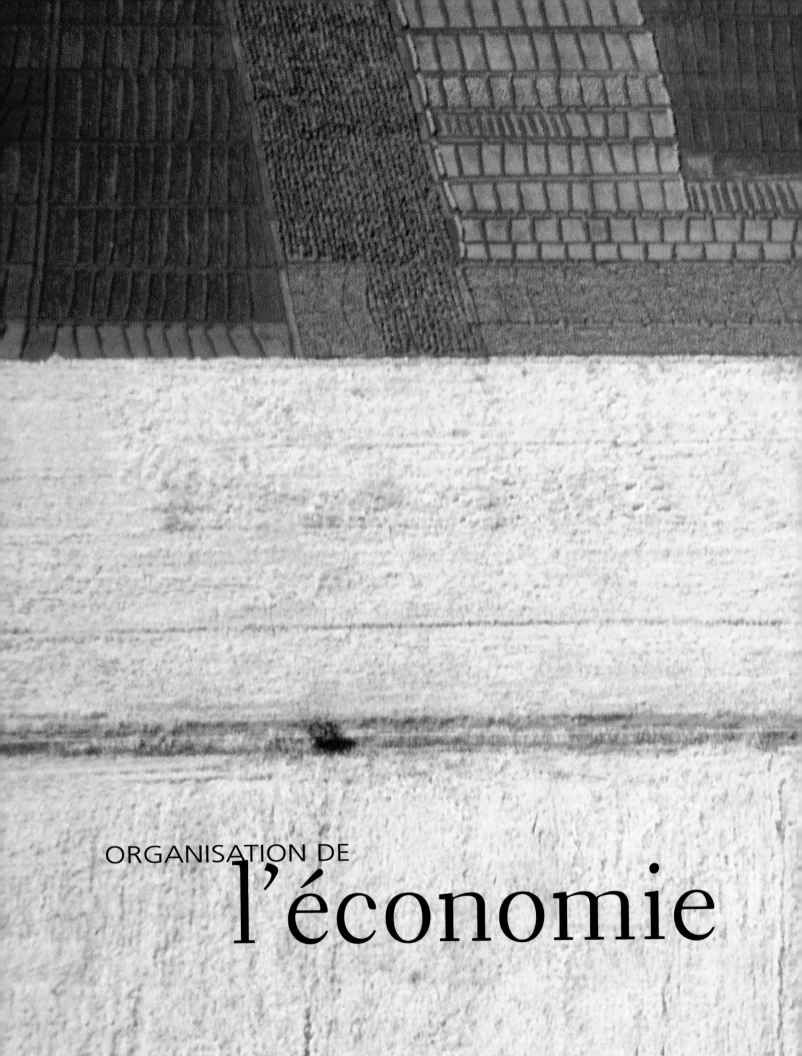

ORGANISATION DE
l'économie

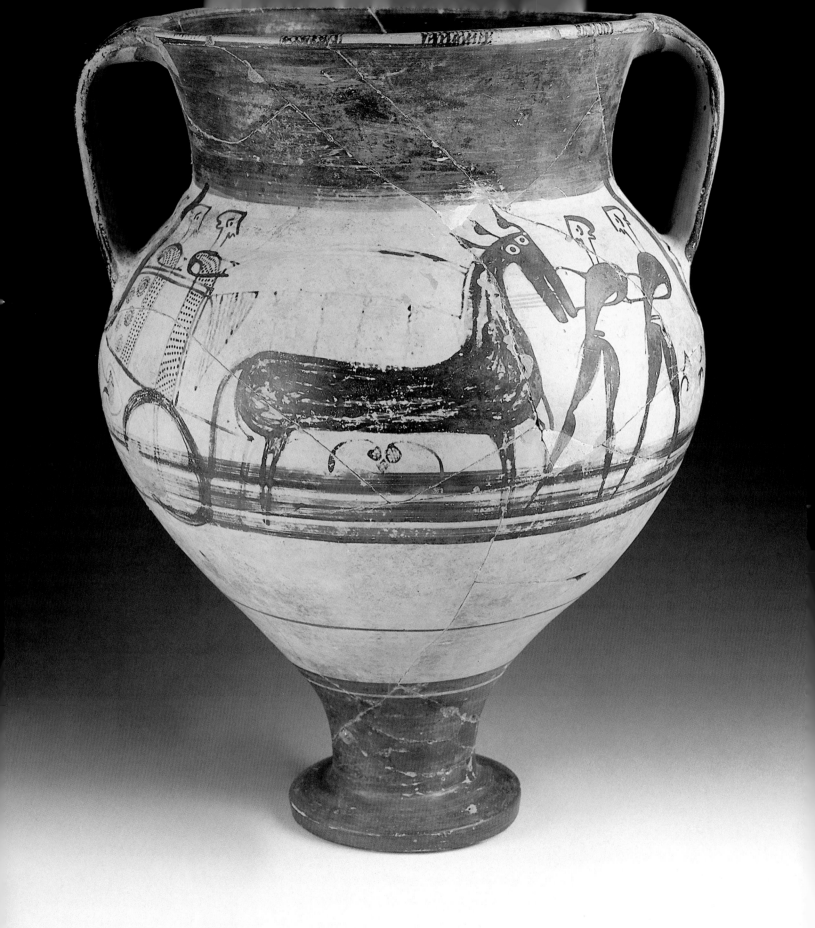

ORGANISATION DE
l'économie

Toute société humaine, peu importe les structures sociales qu'elle se donne, cherche à assurer sa subsistance alimentaire, essentielle à la survie de l'espèce. D'où la quasi-nécessité, pour tout groupe humain qui veut augmenter et diversifier ses activités, d'inventer et d'intensifier des pratiques agricoles au lieu de se satisfaire de la chasse et de la cueillette des ressources alimentaires présentes dans son environnement immédiat.

C'est en Syrie que la culture des plantes céréalières et l'élevage des animaux — deux conditions préalables à l'apparition d'une grande civilisation — furent expérimentés pour la première fois dans le monde. Les rendements furent tels que des surplus furent générés rapidement. Ces surplus visaient au départ à assurer la reproduction annuelle des plantes et des animaux, peu importe les contraintes saisonnières. En outre, ils permirent aux communautés d'entretenir des artisans spécialisés dans certaines tâches non liées à l'agriculture (la métallurgie, par exemple) et d'acquérir des produits non agricoles (les métaux, par exemple) en échange de ces surplus. À toutes les époques, même avec la mise en place de régimes politiques sophistiqués, la production agricole reste à la base de toute l'économie.

Monnaie phénicienne.
Cat. 257

Le territoire offre également des matières premières (le silex, l'argile et le gypse) avec lesquelles il est possible de fabriquer des outils, des instruments et des ustensiles qui rendront certaines tâches plus faciles, principalement celles liées à la survie alimentaire de la communauté. Mais il n'y a pas que des objets utilitaires qui intéressent les premiers villageois de Syrie. Ils s'intéressent rapidement aux objets de luxe, d'abord fabriqués dans des matériaux locaux, puis dans des matériaux venus d'ailleurs dont ils apprennent à exploiter, au fil des siècles, les propriétés.

Page précédente :
Vase mycénien.
Cat. 211

On pouvait acquérir ces objets de luxe en les échangeant contre d'autres biens, des denrées agricoles, par exemple, dont on intensifie la production pour créer des surplus à des fins commerciales. En outre, la position géographique du territoire syrien au Proche-Orient en fait un lieu de transit incontournable pour le commerce de longue distance, notamment grâce à la voie fluviale, l'Euphrate.

La multiplication et la diversification des activités liées aux échanges commerciaux exigent très tôt la mise en place de modes de contrôle et de gestion. Aux moyens simples comme l'utilisation des sceaux pour sceller les produits échangés — méthode qui sera utilisée pendant toutes les périodes — s'ajoutent des moyens plus sophistiqués. À l'origine, on trouve de petits jetons en argile servant à comptabiliser les biens. Ce système va se transformer pour que, par la suite, on puisse identifier les produits échangés et non seulement la quantité de ces produits. Cela donne naissance aux premières formes d'écriture. Des cités commerçantes syriennes ont livré un nombre impressionnant de tablettes cunéiformes dressant des listes de produits échangés. Mais ces tablettes nous renseignent aussi sur les activités administratives, politiques et juridiques. Dans un souci d'efficacité, on en viendra à simplifier l'écriture cunéiforme en adoptant, notamment dans une ville portuaire de Syrie, un système alphabétique.

Paysage du «croissant fertile».

INVENTION
ET INTENSIFICATION
DE L'AGRICULTURE

Plusieurs chercheurs ont constaté que la production agricole est un phénomène fondamental dans toute grande civilisation, car elle permet aux humains de s'affranchir de la constante préoccupation de l'alimentation quotidienne. Certains auteurs sont même allés jusqu'à qualifier de révolutionnaire dans l'histoire de l'humanité l'invention de l'agriculture au Néolithique.

Même si la sédentarisation précède l'agriculture, la mise au point de techniques agricoles est essentielle au développement ultérieur de cette sédentarisation, c'est-à-dire au passage du village à la ville, car les habitants de la ville ne produisent pas tous des denrées.

Pour pratiquer l'agriculture, il faut au départ des conditions environnementales propices, c'est-à-dire une combinaison de types de sols en plus de précipitations annuelles suffisantes. Mais il faut aussi reconnaître une part active dans ce processus aux individus qui ont pris la décision — pour une raison qui nous échappe encore — de tirer profit de certaines espèces de plantes et d'animaux, et d'intervenir dans leurs modes de reproduction pour mieux les contrôler et accroître leur production. Dans l'état actuel des recherches, il semble que les premiers essais de manipulations agricoles sur la terre par des humains eurent lieu sur le territoire syrien. Des expérimentations semblables, qui ont abouti à l'invention de l'agriculture, se sont déroulées plus tard en d'autres endroits de la planète, indépendamment les unes des autres : en Égypte, en Inde, en Chine, en Méso-Amérique et en Amérique du Sud.

Premières pratiques agricoles et début de la vie villageoise

Avec le réchauffement de la planète, aux alentours de ~10 000, des villages permanents, les premiers du genre dans le monde, commencent à s'établir dans cette zone du Proche-Orient qui couvre une bonne partie du territoire syrien actuel. On désigne cette zone par l'expression « croissant fertile », en raison de son environnement favorable à la pratique de l'agriculture. On y trouve, à l'état sauvage, des plantes céréalières, des légumineuses et certaines espèces animales. Cette région reçoit suffisamment de pluies annuelles pour que des plantes céréalières y poussent, sans intervention humaine. La présence de ces plantes, l'orge particulièrement, attire, selon les rythmes saisonniers, plusieurs espèces d'animaux herbivores. Cependant, à cette époque, les habitants de ces villages se contentent de cueillir les fruits de la terre, très féconde dans cette zone, sorte de paradis terrestre. On parle donc de villages préagricoles habités par des chasseurs-cueilleurs, et non par des agriculteurs.

Peu après ~9000, soit plus tôt que partout ailleurs dans le monde, ces villageois sédentaires commencent à pratiquer, dans les champs qui jouxtent leurs villages, la mise en culture de certaines plantes céréalières jusqu'alors sauvages, comme l'orge, le blé engrain et le blé amidonnier. Ces plantes se répandent rapidement dans la zone du « croissant fertile ». Elles s'ajoutent aux souches sauvages du seigle et de certaines légumineuses comme les pois, les lentilles et les pois chiches. Il est difficile de préciser exactement le moment où cette forme primitive d'agriculture a débuté, car il faut plusieurs générations avant que ces espèces végétales présentent des mutations génétiques résultant de la domestication. Les archéologues interprètent l'apparition de silos aménagés

Moutons broutant sur les berges du Khabour, dans la Djeziré syrienne.

dans les sols des maisons des villages comme un indice probant de l'acquisition d'un nouveau mode de vie fondé sur l'agriculture.

Il faudra attendre de nombreuses générations pour que des transformations morphologiques soient observables dans les squelettes des animaux par suite de la domestication. À l'heure actuelle, on peut quand même avancer que vers ~8000, l'élevage de la chèvre est attesté en Syrie, suivi, quelques siècles plus tard, de celui du mouton que l'on situe autour de ~7500. Aux alentours de ~7000, le cochon et le bœuf sont domestiqués au moment où l'élevage du mouton et de la chèvre se généralise. Quant au chien, utile pour rassembler les troupeaux, il est domestiqué dès ~10 000. Parallèlement à l'agriculture, les villageois continuent à pratiquer, au moyen de flèches [102] et de frondes [103], la chasse à la gazelle, à l'aurochs, à l'hémione et au petit gibier. Des artisans font des figurines en terre cuite [115], en pierre polie et même en os [108] qui représentent des animaux. Ils font aussi des vases en pierre en forme d'animaux [105] et ils utilisent également les animaux comme motifs sur des vases en céramique [99 et 101].

L'adoption de l'agriculture comme mode de subsistance s'accompagne, constate-t-on, de modifications importantes dans l'habitat. Les villages s'agrandissent, atteignant jusqu'à 12 hectares, soit quatre fois plus qu'avant. Les maisons sont habituellement séparées les unes des autres par des allées qui facilitent la circulation au sein du village et qui débouchent sur des places, ce qui dénote une forme d'urbanisme. Elles ne sont plus rondes, mais plutôt rectangulaires et comportent plusieurs pièces communiquant entre elles. Le sol et les murs de ces maisons ne sont plus en pisé, mais en briques crues et ils sont enduits de chaux. Les pièces sont aménagées différemment selon leur fonction. Ainsi, dans l'une d'entre elles, il y a des installations domestiques : fours, foyers et casiers garde-manger. Dans certains cas, les revêtements des murs et même des sols sont rehaussés de décors peints comme des grues, une tête humaine ou des silhouettes féminines. Enfin, on a découvert dans un village des murs de terrassement de 3 mètres construits en pierre sèche et même un mur d'enceinte comportant des portes. De tels travaux publics, une nouveauté pour cette époque, supposent une grande coordination sociale et du temps à consacrer à la collectivité.

À partir de ~7000, le processus de néolithisation est complètement achevé en Syrie. La domestication des plantes et des animaux semble bien établie dans les zones les plus hospitalières du Proche-Orient. C'est à ce moment que des agriculteurs et des éleveurs gagnent la steppe semi-aride — il y tombe moins de 200 millimètres de précipitations par année —, où les habitants pratiquent, pensons-nous, une forme primitive d'irrigation, car la culture sèche y est impossible. Cette hypothèse est confirmée par la présence, parmi les restes végétaux recueillis sur les sites archéologiques de cette époque, de plantes adventices, c'est-à-dire de mauvaises herbes qui n'ont pas été semées, mais qui profitent de l'irrigation pour se développer. En outre, les ossements d'une espèce de rongeur [114], le rat antilope, qui se tient d'habitude dans les champs irrigués, ont été identifiés dans les assemblages fauniques de cette période.

Une autre innovation en ce qui concerne les pratiques agricoles a été notée récemment lors de l'examen microscopique de certains éléments de la culture matérielle. Pour procéder aux récoltes d'une manière plus efficace, on avait fabriqué des faucilles avec des lames en silex insérées dans des manches en bois ou en os plutôt frustes. Avec l'augmentation des quantités de plantes récoltées, on met au point un nouvel instrument pour enlever les grains des épis des graminées, il s'agit du tribulum, plateforme de bois sous laquelle sont fixées une multitude de lames en silex, que l'on traîne à plusieurs reprises sur des gerbes posées au sol. Ce faisant, cet instrument fragmente aussi les tiges des plantes, produisant ainsi la paille hachée qui entre dans la composition du pisé (et plus tard des briques de boue), avec lequel on fabrique les murs des maisons. Cette pratique illustre bien le lien entre l'intensification des pratiques agricoles et le développement de l'architecture.

Reconstitution moderne d'une faucille du Néolithique.

Reconstitution d'un tribulum antique tiré par un cheval.

Reconstitution moderne d'un tribulum antique d'après les informations fournies par des textes anciens.

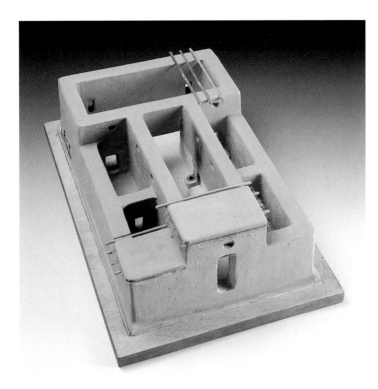

Maquette moderne montrant la reconstitution d'une maison du Néolithique.
Cat. 5

La plus ancienne représentation à ce jour d'un visage humain en Syrie.
Cat. 6

Les maisons de l'époque présentent une longue pièce en T de 11 mètres, flanquée de part et d'autre de cellules plus petites pour le stockage des denrées [5] ; près de la porte, on trouve un foyer construit contre un mur, tandis qu'une niche garde-manger est ménagée dans un mur adjacent et qu'une sorte de brasero est creusé dans le sol. En outre, ces maisons possèdent des dispositifs pour l'évacuation des eaux usées : des rigoles dans le plâtre qui peuvent franchir une pièce ou un seuil, des trous d'éva-

cuation qui traversent les murs et même de véritables canalisations fermées qui passent sous le plâtre des sols. De plus, ces habitations sont érigées sur une vaste plateforme résultant de l'accumulation des matériaux de démolition des précédentes. Un tel travail de terrassement préparatoire à la construction de ces maisons est également une nouveauté à cette époque. Tous ces soins apportés à la construction des habitats démontrent que ce ne sont pas des installations temporaires, mais permanentes.

LES SURPLUS AGRICOLES COMME INSTRUMENT DE POUVOIR

Vers ~6000, la vie villageoise, axée sur l'agriculture et l'élevage, est devenue chose courante en Syrie. Les villages, qui sont maintenant des agglomérations denses, sont formés de grandes maisons rectangulaires pouvant compter jusqu'à une vingtaine de petites pièces, ce qui peut être interprété comme une complexification du mode de vie. En outre, certaines de ces maisons possèdent un étage supérieur dont la fonction (chambre) diffère de celle du rez-de-chaussée (salles pour préparer la nourriture et grande salle de réception). Mais la nouveauté architecturale la plus significative est l'apparition, autour de ces grandes maisons à étages, de petites structures érigées hors terre, de forme circulaire, de 3 mètres de diamètre en moyenne, et qui servaient probablement de greniers communautaires.

Plusieurs chercheurs sont d'avis que ces greniers prouvent l'existence d'un système politique, apparenté à celui de la chefferie. Ce système est caractérisé par l'exercice d'un contrôle sur la création de surplus agricoles et sur la redistribution des produits alimentaires en échange de services, rendus par des artisans spécialisés, ou de biens importés, considérés comme des biens de

luxe. Pour accroître les rendements des champs, il fallait probablement augmenter les superficies cultivées, les irriguer correctement et les laisser reposer (jachère). En somme, une rationalisation des travaux agricoles s'est imposée.

PRODUITS SECONDAIRES DE L'ÉLEVAGE ET DIVERSIFICATION AGRICOLE

Durant les ~IVᵉ et ~IIIᵉ millénaires, une autre étape importante est franchie dans la production agricole. Les éleveurs commencent vraiment à exploiter des produits secondaires de leurs animaux sans avoir à les tuer : la laine (mouton) ou le poil (chèvre), le lait, la traction (bœuf) et le transport (âne).

En ce qui concerne l'agriculture proprement dite, des charrues tirées par des animaux commencent à remplacer les bâtons à fouir ou les araires manœuvrés à mains d'homme. Des outils en métal sont aussi probablement utilisés pour faciliter la construction de canaux d'irrigation nécessaires pour pratiquer l'agriculture dans les zones arides. Les régions steppiques, peu propices à l'agriculture, sont même mises à contribution dans la mesure où elles représentent le territoire idéal pour y faire paître les troupeaux de chèvres et de moutons placés sous la surveillance de pasteurs nomades.

Pastoral au départ, ce nomadisme se transforme en nomadisme marchand grâce

Silos collectifs de forme conique dans un village situé dans la région du «croissant fertile» en Syrie.

Poids de métier à tisser.
Cat. 126

Reconstitution d'un métier à ourdir.

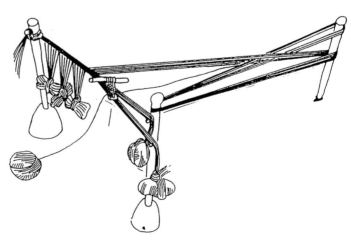

à l'acquisition de matières premières dans des régions éloignées en échange de produits agricoles primaires (grains, animaux ou peaux d'animaux, par exemple), ou, mieux encore, de produits confectionnés avec des produits secondaires de l'élevage (textiles ou laitages, par exemple). La production de tissus était certainement considérable à cette époque, mais les vestiges qui nous sont parvenus sont très rares en raison de la fragilité du matériau. C'est au cours du IIIe millénaire que l'usage du lin, pour la fabrication des textiles, aurait été délaissé en faveur de la laine. Cela entraîna une intensification de l'élevage des moutons et du semi-nomadisme pastoral dans les zones

idéales pour faire paître les animaux, lesquelles se trouvaient en marge des zones proprement agricoles. Dans le cas du passage du lin à la laine, certains auteurs parlent aussi de révolution. Il est probable qu'avec l'accroissement des troupeaux d'animaux produisant du lait, des procédés furent inventés pour conserver cette denrée abondante et nutritive. Mais comme le lait est périssable, nous en sommes réduits à des suppositions à ce sujet.

En détournant une partie de la main-d'œuvre disponible d'une collectivité donnée vers la pratique de tâches spécialisées dans des cités et en créant une classe sociale occupée à gérer les activités de la collectivité, l'urbanisation provoque une intensification de l'agriculture et le déploiement d'efforts supplémentaires. Cela a pour but d'accroître les rendements afin de subvenir aux besoins alimentaires des membres de la communauté dégagés des tâches agricoles. On sait entre autres que la cité-État de Mari comptait, outre les jardins intégrés à la ville même, sur un approvisionnement venant de

régions situées dans la zone où les cultures non irriguées sont pratiquées et ce, pour suppléer aux ressources de son territoire peu productif. Ainsi, d'importants greniers sont érigés sur des sites le long des rives de la rivière Khabour, cet important affluent de l'Euphrate sur les rives duquel se trouve Mari.

En plus d'une intensification, une diversification dans la production strictement agricole commence à se faire sentir avec l'apparition de nouveaux produits. En effet, des textes du ~IIIe millénaire provenant d'Ebla mentionnent la culture de certains arbres fruitiers ainsi que la production de l'huile d'olive et du vin. C'est la première fois que l'on fait pousser de la vigne et de l'olivier en Syrie ; ces cultures s'étendront au reste de la Syrie intérieure et surtout à la région côtière où le terroir et le climat sont beaucoup plus propices à la viticulture et à l'oléiculture. La production de la bière, quant à elle, sera plutôt concentrée dans les régions où croît l'orge, soit vers l'est.

INSTITUTIONNALISATION DE L'AGRICULTURE

La région du Khabour, qui aurait été exploitée par la cité de Mari dès le ~IIIe millénaire, l'est davantage au ~Ier millénaire. En effet, les Assyriens s'y installent et mettent en place un système d'irrigation élaboré sur les deux rives de la rivière afin d'étendre la superficie cultivable de la vallée, bordée de steppes semi-arides. Ils introduisent également l'usage du dromadaire d'Arabie pour les échanges commerciaux et le transport dans ces régions désertiques. Dans le reste du pays, les Araméens se consacrent à la production de l'huile d'olive et du vin.

Sous la domination perse achéménide, l'agriculture est encouragée sur le terroir syrien par la mise en place de projets d'État ou privés auxquels les textes officiels font allusion. Une nouvelle espèce de vigne est même introduite à Damas. Et à Alep, on introduit la pistache, qui fera la renommée de la ville.

De leur côté, les Romains exploitent systématiquement les terres à céréales de

Plantation d'oliviers dans la région d'Ebla.

leur province syrienne, le blé surtout, même dans les régions inhospitalières où ils développent l'irrigation en creusant des chenaux d'acheminement de l'eau à partir des montagnes et des citernes collectives. Les pentes des montagnes au nord et au sud sont propices à la culture des oliviers et de la vigne dont ils tirent des productions d'huile et de vin. Les régions côtières fournissent des poires, des pommes et des figues. L'abondance des textiles suppose un nombreux cheptel de moutons qui paissent dans la steppe semi-aride sous la conduite de pasteurs nomades. En somme, c'est l'agriculture qui est le fondement de l'économie de la Syrie romaine et non le commerce caravanier, comme certains auteurs l'ont affirmé pendant longtemps, impressionnés par les imposantes ruines de la grande station caravanière de Palmyre.

En ce qui a trait à l'époque byzantine, nous disposons d'une étude approfondie portant sur 700 villages de cette période, dont une soixantaine sont encore dans un très bon état de conservation et possèdent des ruines pouvant atteindre par endroits jusqu'à huit mètres de hauteur. Outre une polyculture

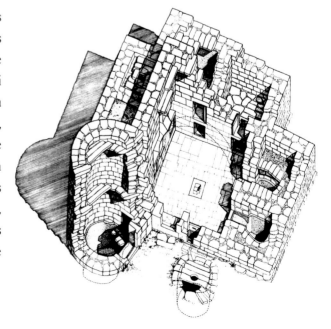

Reconstitution d'un
pressoir à vin.

basée sur les légumes et les arbustes fruitiers, les paysans se livrent surtout à deux activités agricoles spécialisées : la fabrication de l'huile d'olive et du vin — comme en témoignent la découverte de nombreux pressoirs familiaux et collectifs ainsi que l'élevage des ovins et des bovins, confirmé par la multitude de mangeoires en pierre dans les villages. Ces productions sont vendues dans les villes et les paysans en retirent des gains appréciables en monnaie dont de grandes quantités furent retrouvées dans ces villages.

À partir du VIe siècle (527) la situation change du tout au tout. La Syrie est exposée à des attaques répétées et aux pillages des Perses. Les campagnes souffrent des effets de tremblements de terre et d'épidémies comme la peste. Des crises de subsistance sévissent. Après une période byzantine très prospère marquée par la conquête des terroirs et un essor démographique, un long déclin, qui entraîne l'appauvrissement de la paysannerie, s'amorce au milieu du VIe siècle.

Ce déclin de la production agricole s'accélère lors de la mise en place des premières dynasties islamiques en Syrie, en dépit de l'usage de nouvelles techniques d'irrigation comme la noria, inventée, selon l'auteur latin Vitruve, quelque part au Proche-Orient dès ~200, mais surtout répandue à l'époque islamique.

Les dynasties islamiques encouragent en Syrie les cultures industrielles, comme le lin et le coton, qui sont destinées à alimenter le commerce extérieur. Les villages sont soumis aux villes et exploités en conséquence. Ce n'est plus une civilisation villageoise mais urbaine qui ne se préoccupe pas de la mise en culture du riche terroir syrien. Il est significatif de constater que des terres abandonnées à l'époque omeyyade ne seront de nouveau cultivées qu'au XXe siècle !

Les norias : un système d'irrigation agricole typique de la région de Hama

HAMA, VILLE SITUÉE À 210 km au nord de Damas, est l'endroit par excellence où l'on trouvait des norias hydrauliques, ces roues qui servaient, dans l'Antiquité, à l'irrigation des champs. Le roi Abul Fida (1273-1331) écrivit dans son livre *Histoire de Abul Fida* : «Hama est éternelle comme Ash-Sham (Damas); c'est l'une des plus belles villes de la Terre d'Ash-Sham, là se trouvent de magnifiques châteaux surplombant la cité et les norias sur la rivière Oronte pour irriguer les jardins. »

Il y a deux types de roues à Hama: celles qui sont mues par un animal, les *maddar*, et celles qui sont actionnées par l'eau, les *norias*. Le premier type a disparu; seules les norias existent encore de nos jours.

La noria est une roue de bois dont la couronne extérieure est faite de compartiments. Cette roue tourne sous l'action du courant de l'eau de la rivière et, au contact de la rivière, ses compartiments se remplissent d'eau. Quand les compartiments remplis d'eau sont au sommet de la roue, cette eau est déversée dans le conduit d'un aqueduc. La roue continue à tourner et, lors de la descente, les casiers de bois sont vides. La plus grande noria que l'on connaisse est celle d'Al-Muhamma-Diyyhah, qui compte 120 compartiments.

La plus ancienne représentation connue d'une noria se trouve sur une mosaïque datée de 469 de notre ère qui fut découverte à Apamée; elle est maintenant exposée dans le nouveau Musée de Hama.

De la ville de Rastau, à 420 kilomètres au sud de Hama, jusqu'au village d'Acharneh, à 40 kilomètres au nord-ouest de Hama, il y a plus d'une centaine de norias le long de la rivière Oronte. Dans la ville de Hama, 17 norias sont encore en action aujourd'hui. La plus grande, celle d'Al-Muhamma-Diyyah, est située à l'ouest de la ville et mesure 27 mètres de diamètre. Elle fut construite par son gouverneur en 1361. La deuxième en importance est celle d'El-Mamuriyyah, construite en 1453 près du palais Azem.

La noria Al-Muhamma-Diyyah et la plupart des autres sont maintenant en ruine. La Direction générale des antiquités et des musées de Syrie a procédé à leur restauration ces dernières années, notamment en ce qui concerne les tours, les barrages et les aqueducs. Les norias qui tournent actuellement sur l'Oronte dans la ville de Hama constituent des attractions touristiques. Elles offrent un spectacle fascinant non seulement pour les yeux, mais aussi pour les oreilles à cause du frottement lancinant des essieux en bois.

ABDELLAZAR ZARZOUQ
Direction des antiquités et du Musée de Hama

Norias dans la région de Hama.

L'HOMME APPREND
À MAÎTRISER LES MATÉRIAUX

Dans sa lutte pour survivre, puis dans sa volonté d'améliorer son mode de vie et finalement dans son désir de prospérer, l'homme fabrique avec des matériaux présents dans son environnement — immédiat et éloigné —, des armes, des outils, des instruments, des ustensiles, des récipients et des parures. De l'apprentissage de techniques de transformation élémentaires, il évolue vers la maîtrise des propriétés de différents matériaux. Nous n'avons retenu que ceux qui nous paraissent les plus significatifs pour comprendre le phénomène de civilisation.

LES OBJETS EN PIERRE, PREMIÈRES TRACES DE L'ACTIVITÉ HUMAINE

Durant le Paléolithique, pour se fabriquer des armes, les chasseurs ramassent de gros galets en pierre et en frappent les rebords avec d'autres cailloux plus durs afin d'en faire partir des éclats et de les rendre ainsi tranchants. Comme ce travail de préparation s'effectue sur les deux faces de l'outil en pierre (le silex), on lui donne le nom de biface [128].

Puis quelqu'un a l'idée de génie de détacher du bloc de silex des éclats qui seront utilisés comme outils. Il s'agit d'une évolution technologique considérable pour l'époque, car au lieu de produire un seul outil à la fois avec un bloc — rognon ou nucléus — de silex, il est maintenant possible d'en fabriquer des dizaines par éclatement contrôlé. On peut donc parler d'une véritable « industrie » lithique (de *lithos*, mot grec qui signifie « pierre »). Ces éclats sont utilisés comme pointes de flèches, pour permettre une chasse à distance, et comme grattoirs [131], pour dépecer les animaux.

Plus tard, au Néolithique, des éclats de silex, sous forme de lamelles allongées, sont insérés dans une rainure pratiquée le long d'une tige de bois ou d'un os long d'un animal ; ainsi sont faites les premières faucilles pour la récolte de plantes désormais cultivées. Les éléments de pierre sont retenus dans la rainure par du bitume, qui affleure le sol dans plusieurs régions du Proche-Orient où se trouvent des gisements de pétrole près de la surface. C'est le premier adhésif de l'humanité.

L'apparition de lamelles de faucilles dans l'outillage de l'homme préhistorique

Technique du débitage en lamelles d'un nucléus de silex.

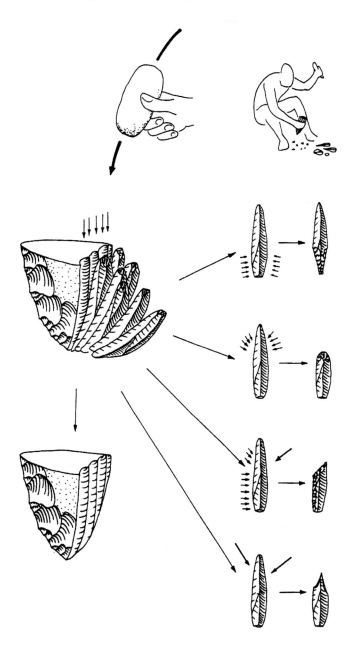

Usage d'une meule en pierre dans un village bédouin dans la Djeziré syrienne.

témoigne d'une intensification de l'exploitation de son milieu naturel et de son intérêt pour les plantes comme source alimentaire. Elle s'accompagne d'un autre type d'objets en pierre, inédit jusque-là et très représentatif du nouveau mode de vie alors en voie d'adoption, la meule destinée à moudre les grains des plantes ainsi récoltées en vue d'une consommation humaine. Cet ustensile de mouture, en basalte [121], une pierre volcanique très dure, reflète aussi une innovation technologique non négligeable dans l'histoire de l'humanité. En effet, cet objet n'est plus en pierre éclatée, mais en pierre polie, d'où l'appellation Néolithique, « nouvel âge de pierre » pour désigner la période au cours de laquelle cette nouvelle technique est mise au point. Si la technique de l'éclatement de la pierre demandait une grande dextérité, le travail exigé se faisait rapidement. La technique du polissage, de

son côté, est laborieuse et longue. La préparation d'une meule peut nécessiter plus d'un mois de travail. Avec le temps et l'usage, les ustensiles de mouture prennent différentes formes [119].

On se met aussi à fabriquer en pierre polie d'autres outils qui étaient auparavant en pierre taillée, telles des haches [138] pour abattre des arbres qui serviront à alimenter les foyers ou à soutenir les toits des maisons. Les récipients en calcaire, en marbre ou en gypse, qui supposent l'invention du foret pour les creuser et un long travail pour les polir uniformément sont donc plus longs à produire. Des artisans vont jusqu'à donner à certains vases en pierre des formes d'animaux [106].

Il ne faudrait pas croire que la nouvelle technologie de la pierre polie a immédiatement remplacé celle de la pierre taillée. Les deux cohabitent pen-

dant tout le Néolithique, et même après, car leurs usages sont différents. L'outillage en pierre taillée va même connaître des raffinements, car des lamelles de silex [118] sont placées sous des planches de bois qui sont traînées sur des gerbes de plantes afin de séparer les grains des épis ; c'est ce que nous appelons un tribulum. En outre, on découvre les propriétés intéressantes d'un nouveau matériau, l'obsidienne. Il s'agit d'une pierre volcanique vitrifiée qui se taille comme le silex, mais qui s'émousse moins vite que celui-ci et qui est plus coupante [135]. Comme ce type de pierre ne se trouve qu'en certains gisements bien précis, notamment à l'est de la Turquie, ce fut l'un des premiers, sinon le premier matériau à avoir fait l'objet d'échanges sur d'assez longues distances.

L'OS, L'IVOIRE
ET LE COQUILLAGE
OU L'ART DES OBJETS DE LUXE

La chasse fournissait évidemment aux hommes du Paléolithique un autre matériau artisanal, les ossements des animaux. Au moment de l'établissement des premiers villages permanents, cette industrie est bien établie et ne changera pas pendant les quatre ou cinq millénaires suivants, jusqu'à ce qu'elle soit remplacée vers l'an ~3000 par le cuivre. L'os sert surtout à fabriquer des objets utilitaires comme des alênes, des aiguilles et des épingles pour le travail du cuir, de même que des objets

Vases en pierre de la période néolithique. Cat. 139, 140 et 141

Illustration de la technique pour polir la surface des récipients en pierre.

Aux origines des premiers outils en Syrie

À PARTIR DU GRAND EST AFRICAIN, le Proche-Orient constitua un chemin obligé dans la conquête de l'Eurasie par l'*Homo erectus*. En Syrie, les plus anciens outils découverts remontent à plus d'un million d'années. Ils proviennent surtout des régions du Nahr el-Kébir et de l'Oronte. Il s'agit de galets grossièrement taillés ainsi que de rares bifaces épais et irréguliers.

Avec l'Acheuléen (~1 000 000 à ~200 000), culture caractérisée par un outillage surtout constitué de bifaces, l'occupation humaine s'étend à presque toute la Syrie. Les phases les plus anciennes livrent des pics et de grands bifaces massifs, toujours taillés avec un percuteur en pierre comme à Latamné, grand gisement de la vallée de l'Oronte où plusieurs niveaux d'occupation humaine datés d'environ ~800 000 renfermaient de nombreux outils associés à une riche faune présentant des caractères encore africains.

En 1996, on a exhumé du gisement de Nadaouiyeh Aïn Askar (el-Kowm, Syrie centrale) et de la base d'une séquence acheuléenne des restes archaïques d'*Homo erectus* vieux d'environ 500 000 ans. Cette découverte est venue confirmer le rôle des régions aujourd'hui désertiques dans la conquête humaine du vieux monde. Accumulée sur plus de 25 mètres d'épaisseur et représentant environ 600 000 ans de préhistoire, cette séquence paléolithique compte parmi les plus importantes du Proche-Orient. L'Acheuléen a pu y être subdivisé en 6 faciès culturels répartis à travers 24 couches archéologiques. La phase ancienne se distingue par une taille extrêmement soignée des bifaces, tandis que les phases moyennes et récentes sont caractérisées par des bifaces plus épais et beaucoup moins standardisés à côté desquels on observe une augmentation de l'outillage léger sous forme de bifaces diminutifs (microbifaces) et d'outils sur petits blocs (*chopping-tools*).

Fait surprenant, dans les niveaux les plus anciens, dont l'âge est estimé entre ~500 000 et ~400 000, les

Le site de Nadaouiyeh Aïn Askar.

bifaces atteignent une perfection exceptionnelle. Ils présentent des formes parfaitement symétriques d'une très grande pureté comme celui illustré ci-dessous. Or, l'outil n'a pas besoin d'être «beau» pour être efficace, mais il y a indiscutablement dans ces pièces un souci d'esthétisme. Nous pouvons observer l'introduction d'une composante symbolique dans la fabrication de l'outil où l'*Homo erectus* fait preuve d'un début de créativité artistique.

L'*Homo erectus* s'est installé en bordure d'un plan d'eau circulaire, au fond d'une doline, dans un paysage steppique envahi par de vastes étendues herbacées où il pouvait chasser plusieurs espèces de gazelles, d'antilopes, de dromadaires archaïques et d'équidés. Le fragment de crâne d'*Homo erectus* qu'on y a trouvé provient de la couche 8, riche en bifaces ovalaires très finement taillés. Une série de comparaisons montre que l'homme de Nadaouiyeh présente des caractères très archaïques et qu'il appartient au groupe des *Homo erectus* classiques de type asiatique.

PROF. DR JEAN-MARIE LE TENSORER
Université de Bâle

plus élaborés comme des épingles dont la tête est schématiquement sculptée [147] ou encore des objets symboliques de forme humaine [146] ou animale.

Les dents constituent une autre partie osseuse des animaux qui était grandement appréciée des artisans. Ils utilisaient celles des hippopotames ou des éléphants, communément appelées ivoire. Vraisemblablement, dans l'Antiquité, ces deux espèces vivaient sur le territoire syrien, les premiers sur la côte et les seconds dans la steppe. L'ivoire de l'hippopotame est utilisé pour les objets usuels, tandis que celui de l'éléphant est réservé aux objets de luxe. Le travail de l'ivoire se développe tellement, entre le ~X^e et le ~VIIIe siècle, qu'on peut à cette époque parler d'écoles. La réputation des ateliers des tailleurs syriens (en fait, des Araméens) se répand alors dans l'ensemble du Proche-Orient. Cet artisanat s'exerce surtout dans la taille de pièces de garnitures pour les meubles [53]. Vers ~ 700, l'éléphant local disparaît, peut-être à la suite d'une surexploitation de son ivoire, et l'on doit compter sur l'importation de défenses de l'Afrique ou de l'Inde.

On importe, du golfe arabo-persique et de la mer Rouge, des coquillages perforés pour servir de simples pendentifs, sciés en deux pour faire office de récipients cérémoniels ou découpés pour être incrustés dans des panneaux décoratifs. Dans ce dernier cas, moyen économique de remplacer l'ivoire,

seule la partie nacrée du dos de la coquille d'huîtres — qui a la même composition que la perle (carbonate de calcium) —, est utilisée. Le coquillage et l'ivoire sont des matériaux utilisés par des artisans spécialisés qui travaillent dans des ateliers associés à des palais ou à des temples. Ces matériaux sont importés bruts, puis exportés sous forme de produits d'artisanat finis.

L'ARGILE, MATIÈRE UTILITAIRE PAR EXCELLENCE

Contrairement à ce que nous serions portés à croire, les premiers récipients faits dans un matériau cuit au feu ne sont pas en argile, mais bien en plâtre. En effet, les premiers villages de Syrie sont situés dans des régions où le substrat est formé d'une épaisse couche de gypse qu'il est facile de réduire en poudre. Mêlée à de l'eau, celle-ci réagit chimiquement et se solidifie en séchant à l'air ambiant. Ce plâtre de gypse est utilisé dans les premières habitations pour enduire les sols et les murs, et pour façonner des installations domestiques — comme des bassins ou des casiers rectangulaires qui servent au stockage des grains — ainsi que des récipients [153]. Les archéologues désignent ce type de contenants, originaire de Syrie, par l'expression « vaisselle blanche », mettant l'accent sur son apparence. Certains contenants portent des empreintes de vannerie [152], une autre catégorie de récipients de cette époque.

En même temps, l'argile, matériau très répandu au Proche-Orient, est d'abord utilisée pour façonner des figurines féminines [151] et animales ainsi que de très petits récipients, des godets. Mais tous ces objets ne sont que légèrement durcis au feu ; ils ne sont pas vraiment cuits.

Entre ~6500 et ~6000, la première véritable céramique, c'est-à-dire une vaisselle en

Récipient fait avec un coquillage.
Cat. 298

Statue d'un potier
travaillant au tour.
Cat. 166

argile cuite sur un foyer dont la température oscille entre 500 et 800 °C, fait son apparition dans les villages syriens. De formes simples, le plus souvent arrondies, les premiers vases en terre cuite sont montés à la main, avec des plaquettes d'argile soudées les unes aux autres. L'argile a été mélangée à de la paille — pour lui donner plus de solidité au séchage — et à de l'eau. Les surfaces sont lissées de manière à faire disparaître les traces de modelage, et une mince pellicule d'argile très liquide (engobe) est versée sur la surface de façon à l'uniformiser davantage. Un engobe de couleur différente de celle de la pâte peut être appliqué au pinceau afin de créer un décor à la surface du vase [155]. Ces techniques sont à l'origine d'une longue tradition proche-orientale de céramique peinte qui, en raison de la diversité de ses motifs et de ses formes, sera retenue par les archéologues modernes comme l'élément le plus distinctif de la culture matérielle d'une période à l'autre, d'une région à une autre et d'une collectivité à une autre.

Un peu avant ~4000, la fabrication de la céramique franchit une nouvelle étape : elle

est toujours montée à la main, mais cette fois à l'aide de rouleaux — colombins — d'argile ; la pâte est épurée et contient un dégraissant de sable fin ; la surface est décorée de motifs géométriques peints en marron, noir ou violet [156]. Cependant, la grande innovation de cette période est que désormais la céramique est cuite dans des fours pouvant atteindre 1200 °C ; c'est donc une vraie céramique. Une quinzaine de ces fours ont récemment été découverts sur un site en Syrie, associés à un atelier de potiers contenant encore les outils des artisans.

Entre ~3500 et ~3000, les potiers syriens commencent à façonner leurs céramiques sur un tour, plaque circulaire pivotant sur un axe fixé sous la plaque et reposant sur le sol ou dans une pièce possédant un orifice pour recevoir l'axe du tour [165]. Ce tour devait être actionné par un apprenti, le potier gardant ses deux mains sur le vase. Ce n'est donc pas encore le vrai tour de potier qui permet à l'artisan de monter son vase et en même temps de faire pivoter son tour avec ses pieds. Le vrai tour de potier n'apparaîtra qu'au cours du ~IIe millénaire. Le tour, même lent, donne aux potiers le moyen de fabriquer des vases en plus

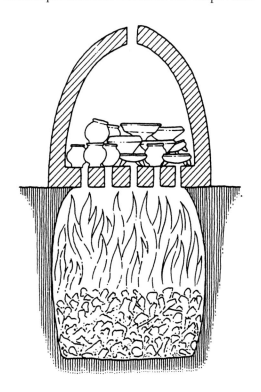

Reconstitution d'un
four de potier
antique.

ment, il risque de se casser, sinon de rester très fragile. Il est toutefois possible de remettre l'objet dans un compartiment aménagé dans le four afin de réchauffer le verre et de le rendre de nouveau malléable.

À ce jour, aucun artefact en verre découvert au Proche-Orient n'est antérieur au milieu du ~IIᵉ millénaire. La Syrie semble avoir joué un rôle très important dans la mise au point et le développement des techniques de fabrication du verre, comme en témoigne la mise au jour récente de lingots de verre recueillis dans un palais construit sur le site de Tell Brak, dans le nord-est de la Syrie, au ~XVIᵉ siècle. L'existence de verre en lingots tend aussi à prouver que le verre a fait l'objet d'échanges sous cette forme brute afin d'être refondu par la suite dans des ateliers spécialisés non pas dans la production du matériau comme tel, mais dans la fabrication d'objets en verre. C'est aux artisans vivant sur la côte orientale de la Méditerranée qu'est attribuée l'invention du verre translucide. Cela s'est produit au cours du ~VIIᵉ siècle, quand ils ont décidé d'ajouter de l'oxyde d'antimoine comme décolorant.

Outre le simple modelage à la main, méthode que l'on n'a jamais fréquemment utilisée, la première véritable méthode de fabrication d'objets en verre fut l'enroulement ordonné de cordons de verre visqueux autour de la surface d'une forme de vase façonnée dans une motte d'argile crue. L'argile était mêlée à du sable et placée à l'extrémité d'une canne — une fois le verre refroidi et durci, cette espèce de noyau d'argile

sera réduit en poudre à l'aide d'un outil en forme de pointe. Par conséquent, cette méthode est dite « enduction sur noyau ». Après l'application sur le noyau d'argile des cordons, qui ne tardent pas à se souder entre eux une fois remis dans un compartiment du four, le vase est délicatement roulé, au moyen de la canne insérée dans le noyau, sur une surface plane et douce, appelée marbre, afin d'uniformiser les parois et d'en rectifier l'épaisseur. À cette époque, le décor consiste habituellement en l'application en surface de filets de verre de couleur qui viennent se fondre au corps de l'objet encore visqueux.

Les pièces rapportées, comme les anses, sont tout simplement façonnées à part et soudées par simple pression sur la pâte de verre avant son refroidissement graduel qui la fera se durcir et se solidifier. Le coulage du verre en fusion dans des moules ouverts était peu pratiqué. Ce n'est qu'à partir du milieu du ~Iᵉʳ siècle que le verre fut soufflé, à l'aide d'une canne, à l'un des bouts de laquelle un morceau de verre en fusion était collé. Il s'agit d'une autre technique de fabrication dont la paternité revient aux Syriens. Selon des textes latins, les artisans verriers syriens ont développé une compétence très recherchée dans l'art du verre soufflé. Ils sont donc en grande demande dans l'empire. Cette réputation se maintient jusque pendant la période islamique : Damas de même qu'Alep sont alors des grands centres de production du verre soufflé.

En parallèle, tirant profit de leurs expériences avec le verre, les artisans syriens auraient aussi apparemment développé, dès le milieu du ~IIᵉ millénaire, une technique pour

Bouteille en verre.
Cat. 181

Étapes de la fabrication d'un flacon en verre à partir de l'enduction de cordons de verre visqueux sur un noyau d'argile crue.

duisant ainsi un élément vitreux. Ce verre est appliqué au pinceau ou versé sur la surface des vases qui sont alors de nouveau mis dans un four, mais à basse température et dans un feu oxygéné afin de fixer cette pellicule de verre à la surface, ce qui lui donne son apparence lustrée et brillante.

enduire la surface d'artefacts en argile cuite — surtout de la céramique —, d'une glaçure vitrifiée, incolore ou teintée. Cette glaçure se fabrique comme du verre. Mais ce n'est que bien plus tard, entre 750 et 900 de notre ère, que l'étain, sous forme d'oxyde (glaçure stannifère facilement identifiable à son aspect blanc crémeux opaque), ou le plomb (glaçure plombifère) sont intégrés à la composition comme fondant ; c'est-à-dire comme matériel (par exemple, la chaux, la cendre de bois ou de fougère) qui, une fois combiné à l'argile, provoque une fusion en cours de cuisson, pro-

En même temps, un peu avant 800, des potiers remplacent les pâtes argileuses des céramiques par des pâtes siliceuses qu'ils recouvrent d'un engobe blanc sous glaçure transparente : la faïence islamique vient d'apparaître. Le décor bleu et blanc fait aussi son apparition à la même époque, le bleu étant obtenu au moyen de cobalt provenant d'une région d'Iran ; les potiers arabes l'exporteront plus tard en Chine où il sera connu sous le nom de « bleu mahométan ». L'autre grande réalisation des potiers arabes est la cuisson du décor au lustre métallique, une technique fondée sur la pénétration superficielle d'atomes d'argent ou de cuivre dans une glaçure déjà cuite. Une pâte d'ocre rouge contenant un sel d'argent ou de cuivre et un peu de vinaigre est alors appliquée sur la glaçure déjà cuite qui est soumise à une seconde cuisson à basse température, cette fois en atmosphère

Poisson en verre
soufflé.
Cat. 190

réductrice, c'est-à-dire sans oxygène, de manière que l'oxyde de carbone produit par le feu transforme les oxydes de la pâte en métaux. Après un lavage pour enlever la pâte ocre, le décor au lustre métallique apparaît dans la glaçure, variant en tonalité selon la nature et la quantité de métal utilisé. Les fours des ateliers de Raqqa sont responsables de la majorité de la production en Syrie entre 1100 et 1260 (ils furent détruits par des hordes de Mongols). Un autre type célèbre est la céramique argileuse au décor incisé sur engobe et rehaussé de glaçures teintées en vert, en jaune et en brun, le tout recouvert d'une glaçure plombifère incolore [**193**].

Sous les Mamelouks (XIIIᵉ et XIVᵉ siècles), la production céramique comprend surtout deux grandes catégories, selon que le décor est incisé ou peint. Dans la première, le décor peut être incisé sur un engobe blanc sous une glaçure plombifère transparente teintée en jaune, en ocre, en brun ou en vert bouteille ou encore incisé, ou plutôt champlevé de manière à former un relief avec une glaçure de couleur dont l'épaisseur varie beaucoup. L'autre catégorie, souvent dénommée à tort « céramique émaillée », est caractérisée par un décor peint, notamment en bleu sur un fond blanc. La céramique islamique fut largement diffusée au Proche-Orient et en Europe.

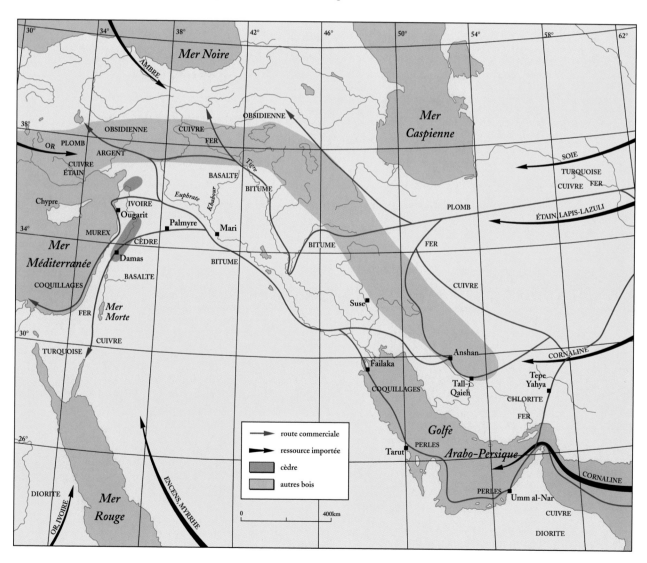

Principales routes commerciales du Proche-Orient ancien et lieux d'approvisionnements connus de certaines matières premières ayant servi à la fabrication d'artefacts usuels et d'objets précieux

CRÉATION DE SURPLUS ET DÉVELOPPEMENT DES ÉCHANGES

Destinée à l'origine à suppléer à l'irrégularité des récoltes, l'accumulation de surplus dans des entrepôts collectifs offre aussi aux communautés agricoles la possibilité d'échanger une partie de ces surplus contre des denrées ou des matières premières auxquelles elles n'ont pas accès dans leur environnement immédiat. Ce commerce se développe rapidement grâce à différents modes de transports terrestres et maritimes.

Durant toute la période néolithique, les tailleurs de pierre en territoire syrien cherchent à obtenir de l'obsidienne, cette pierre volcanique noire vitrifiée qui se trouve en grande quantité dans certaines régions à l'est de la Turquie et qui permet la fabrication de lames très tranchantes. Ils en profitent pour acquérir des morceaux de silex de couleur et de texture variées, et même une sorte de lames en silex déjà taillées d'une manière particulière (lames cananéennes). Quant au basalte dont on a besoin pour faire des meules et autres instruments de mouture, il est possible de s'en procurer dans des gisements sur le territoire syrien même mais, vu la grande distribution de ce type d'artefacts fort pratique, il est clair qu'il devait exister tout un réseau d'échanges internes pour ce matériau, sinon pour cette catégorie d'artefacts. Par conséquent, pour cette époque, le Néolithique, où l'outillage de pierre constitue la quasi-totalité de la culture matérielle, on constate que le commerce joue un rôle primordial dans l'évolution culturelle des premiers occupants du territoire syrien.

Commencé très tôt, en somme dès l'apparition des premières installations permanentes, ce commerce nous donne l'impression d'être plutôt bien organisé. Au ~V[e] millénaire, sur un site le long du Khabour, donc situé sur la voie fluviale menant de l'Euphrate au sud à l'Anatolie au nord, des fouilles ont révélé un modèle réduit en terre cuite représentant un petit bateau, preuve que ce type de moyen de transport était connu des habitants de cette région. L'original aurait été fabriqué en bottes de roseaux jointes aux extrémités et enduites de bitume à l'extérieur pour en assurer l'étanchéité, une façon de faire qui avait encore cours dans les marais du sud de l'Iraq jusqu'à tout récemment. Du reste, des affinités dans les décors de la céramique semblent indiquer alors des contacts entre cette région du nord de la Syrie et la Mésopotamie méridionale.

COLONIES COMMERCIALES ET COMMERCE FLUVIAL

Cette relation commerciale s'accentue vers ~3500, peut-être même avant, avec l'établissement, dans le nord de la Syrie, le long de l'Euphrate, de comptoirs commerciaux de la dimension de villes entières par des commerçants venus du sud de la Mésopotamie. Ils y construisent notamment de grands entrepôts pour y stocker les produits échangés. Et afin de contrôler les expéditions, les réceptions et le transport des marchandises, les portes des entrepôts sont scellées.

Au cours du ~IIIe millénaire, à une date encore incertaine, sont fondées des villes neuves entièrement vouées au commerce, comme Mari, sur l'Euphrate, ou Ebla, dans les plaines au sud d'Alep.

À cette époque, le commerce est d'abord maritime, car c'est le moyen de transport le plus rapide et le moins coûteux. L'Euphrate traverse le territoire syrien sur plus de 500 à 600 kilomètres et le met en contact avec la Méditerranée —la côte n'est qu'à 150 kilomètres à un endroit —, l'Anatolie où il

Mari, ville de transit

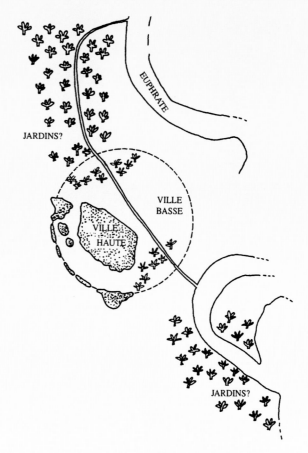

Position de Mari par rapport au fleuve.

E BASSIN SYRO-MÉSOPOTAMIEN est occupé par l'Euphrate, qui coule en direction nord-ouest/sud-est et qui unit les massifs montagneux de l'Anatolie orientale au golfe Persique. Au terme méridional de son parcours s'étend une plaine alluviale d'un grand potentiel agricole où s'est développée, pour la première fois dans la seconde moitié du IVe millénaire, une puissante civilisation urbaine. Ses deux affluents, le Balikh et le Khabour, facilitent le contact entre la partie septentrionale de son bassin et les régions montagneuses. Ainsi, cet axe fluvial majeur constitue-t-il la pièce maîtresse d'une étroite association qui réunit deux régions d'économies fondamentalement différentes, mais complémentaires.

C'est cette situation qui a été parfaitement comprise par les habitants de la région au début du IIIe millénaire, vers ~2900. Ceux-ci ont décidé de la mettre à profit et, pour en tirer le meilleur parti, ils ont fondé la ville de Mari. Ils l'ont située à proximité immédiate d'un verrou naturel, Abu Kémal (Baghouz dans l'Antiquité), point de passage obligatoire des bateaux utilisant le fleuve, afin de contrôler leur allées et venues et de prélever des taxes. Ils ont, en outre, engagé un gigantesque travail d'aménagement de la vallée en construisant sur la rive droite du fleuve un réseau de canaux d'irrigation long de plusieurs dizaines de kilomètres et alimenté par un lac de barrage, afin d'assurer l'approvisionnement en blé destiné à la population. Ils ont enfin décidé de favoriser les échanges entre la Mésopotamie et la Syrie septentrionale par la création — qui a nécessité l'aménagement de la vallée et même le creusement du plateau — d'un canal de 120 kilomètres de long au gabarit constant, destiné à raccourcir le transit, à éviter les méandres et à faciliter le halage lors de la remontée des bateaux.

Dans un premier temps, c'est la région de la plaine du Khabour qui profite de ces aménagements. Au milieu du ~IIIe millénaire, la Syrie occidentale, avec ses débouchés vers l'Anatolie, la mer Méditerranée et la Syrie intérieure, vient se greffer au système, assurant ainsi la richesse et la puissance de Mari. Le bois coupé dans les forêts du Taurus (Turquie actuelle) est certainement un des grands responsables de l'importance du trafic sur l'Euphrate.

Les importants besoins de la Mésopotamie en bois en ont stimulé le transport, mais il est impossible d'en évaluer le volume. Au début du ~IIIe millénaire, mais peut-être avant, le cuivre extrait du Taurus suit le même chemin — on sait que la supériorité de la Mésopotamie à cette époque est venue en partie de ce qu'elle s'est assuré la maîtrise de ce métal. Peut-être une partie de l'étain, nécessaire à la fabrication du bronze, vient-elle aussi de cette région — on sait que plus tard il proviendra d'Iran. Transitent aussi à Mari des produits de l'agriculture et de l'élevage, du bitume et des pierres provenant de Mésopotamie ou de Syrie.

C'est le déplacement des routes principales vers le piémont du Taurus et l'abandon partiel de la voie fluviale au profit du transport par voie de terre — rendu possible grâce aux animaux de trait et de bât — qui provoqua le délaissement de l'axe euphratique et la disparition de Mari au début du ~IIe millénaire.

PROF. DR JEAN-CLAUDE MARGUERON
École pratique des hautes études (Paris)

Ramassage du sel dans un marais salant non loin de la ville de Mari. Le sel fit l'objet d'un commerce dans l'Antiquité.

prend sa source et le sud de la Mésopotamie où arrivent des bateaux en provenance du golfe arabo-persique et de l'océan Indien. L'Euphrate, avec ses affluents, est donc la voie de navigation la plus importante. Les instances administratives de Mari creusent un canal de navigation de 11 mètres de large sur une distance de 120 kilomètres à la confluence du Khabour et de l'Euphrate afin de faciliter la navigation à cet endroit et de la rendre praticable toute l'année, en dépit des crues et décrues. Des textes nous ont appris que des équipes de haleurs se relaient sur les berges aménagées de ce canal.

Ce commerce fluvial se fait par radeaux de bois et de branchages retenus par des liens de tamarins flottant sur des peaux de moutons gonflées d'air. Des calculs modernes ont permis d'établir que 200 de ces outres pouvaient supporter cinq tonnes et que 800 d'entre elles pouvaient supporter jusqu'à 36 tonnes. Mais il y a aussi d'autres types d'embarcations en usage comme l'indique la silhouette d'une barque à voiles gravée sur une roue de char miniature et découverte sur un site, Tell 'Atij, où, incidemment, d'importants greniers et des ancres en pierre [219] ont été mis au jour. Par ailleurs, des textes un peu postérieurs font allusion à des bateaux de 40 tonnes chacun. Les marchandises sont transportées dans des sacs en peau d'animal ou en tissu, dans des paniers en roseaux tressés ou encore dans des jarres en céramique de tailles très variées et souvent destinées au transport d'une denrée en particulier. Comme on le verra plus loin, tous ces contenants sont scellés pendant le transport.

La ville d'Ebla, située à mi-chemin entre l'Euphrate et la côte méditerranéenne est, quant à elle, une ville de transit pour le

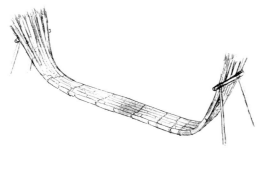

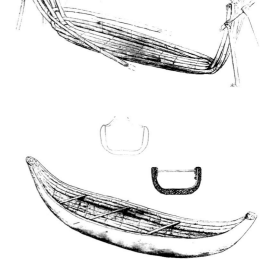

Reconstitution d'un type de barque qui était utilisé pour le commerce sur le Khabour d'après un modèle en terre cuite récemment découvert.

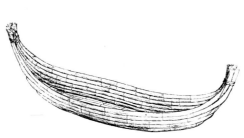

commerce terrestre. Certains textes décrivent des convois d'ânes pour ce type de commerce: ce système est beaucoup moins rentable, car la cargaison d'un bateau de 40 tonnes doit être chargée sur un convoi de 500 ânes!

Des villes portuaires apparaissent aussi sur la côte, Ougarit, par exemple, mettant ainsi la Syrie en contact avec le monde méditerranéen.

LE TRANSPORT TERRESTRE
ET L'UTILISATION DES BÊTES DE SOMME

Domestiqué peu après ~4000, l'âne est la première bête de somme utilisée au Proche-Orient; avant lui, de petites charges étaient transportées à dos d'homme sur de courtes distances. L'âne peut transporter, sur n'importe quel genre de terrain, une charge de 50 à 90 kilogrammes et parcourir une distance de 20 kilomètres par jour à travers la steppe. En effet, chargé, cet animal ne franchit que 3,6 à 5,4 kilomètres à l'heure pendant 4 ou 5 heures. S'il n'est pas diffi-

cile à nourrir, en revanche, il doit boire 40 litres d'eau par jour, ce qui est beaucoup; il lui faut donc des points d'eau aux étapes, soit tous les 20 kilomètres. En conséquence, il est impossible de s'aventurer dans les régions désertiques avec cet animal de bât. De plus, les charges à transporter sont uniquement placées en équilibre de part et d'autre du dos de l'animal, ce qui exige une constante surveillance humaine pendant le parcours; le bât, c'est-à-dire un dispositif en bois et en cuir fixé sur le dos d'un animal et sur lequel une charge peut être attachée, n'apparaît pas avant le début de l'ère chrétienne.

Puis, à la suite de la domestication du cheval à un moment au cours du ~IIIe millénaire que les experts ne sont pas encore parvenus à déterminer, on a recours à la mule — issue du croisement d'un cheval et d'un âne. La mule est capable de transporter une fois et demie la charge d'un âne, et plus rapidement: de 4,8 à 6,4 kilomètres à l'heure, et pendant plus longtemps, les

Le chariot tiré par un mulet demeure un mode de transport pratique.

Modèle de chariot
en terre cuite.
Cat. 215

coup de fourrages et d'eau, ce qui rend son usage onéreux.

Ce n'est qu'avec le chameau que des routes plus directes à travers le désert et la steppe aride deviennent praticables. Mais, dès le ~IIe millénaire, d'après les textes de Mari, une route, fréquentée par des caravanes d'ânes, va de Mari via Palmyre vers Qatna (Homs) et de là par la trouée de Homs jusqu'à la côte méditerranéenne, ou en direction du sud, à Damas. Probablement domestiqué dans le sud de l'Arabie entre ~3000 et ~2500, le chameau d'Arabie, appelé communément dromadaire, ne semble pas avoir été utilisé en Syrie comme animal de transport avant ~2000, c'est-à-dire lorsque ce pays commence à se procurer de l'encens produit en Arabie. En effet, le chameau est associé à ce type commerce. Cet animal est largement répandu à partir de ~1100 et, dans les siècles qui suivent, il est représenté sur plusieurs bas-reliefs qui ornent les murs des palais des rois assyriens, portant une sorte de bât destiné à y attacher les marchandises à transporter. Mais ce n'est vraiment qu'à partir de l'époque perse (fin du ~VIe siècle) que les dromadaires sont utilisés, sous la conduite des Araméens, pour transporter dans ce grand empire les produits aromatiques provenant d'Arabie.

Comme bête de somme, le chameau impressionne : il peut porter le double du chargement d'un chariot tiré par des bœufs, sur 32 à 40 kilomètres par jour et en terrain accidenté, impraticable pour des chariots. Chargé, il circule à 5 kilomètres à l'heure et, surtout, peut se passer d'eau pendant 10 à 14 jours, voire davantage ; c'est le seul animal de transport à pouvoir faire d'aussi longs trajets à travers les régions sèches. Il fait plus de voyages en une année que toute autre bête de somme et vit quatre fois plus longtemps qu'un âne

étapes journalières étant de 32 à 40 kilomètres. C'est une nette amélioration. Mais cet animal aussi a besoin de s'abreuver à toutes les étapes. Quant au cheval, il n'a jamais servi au transport des marchandises, étant donné le prestige social et militaire qui lui est rattaché dès sa domestication — c'est un animal qui est monté —, mais aussi en raison de la nécessité d'avoir un système d'attelage pour en exploiter la force de traction.

Comme animal de trait, c'est le bœuf, domestiqué depuis environ ~7000, qui est utilisé au Proche-Orient ancien. Il est lent, 3,6 kilomètres/heure en moyenne, et ne travaille guère plus de 5 à 6 heures par jour. Il tire d'abord des traîneaux qui glissent sur le sol, mais sa force motrice n'est vraiment appréciée qu'au moment de l'invention de la roue vers ~3000. On l'attache alors à des chariots à quatre roues, dont plusieurs représentations nous sont parvenues, certains étant recouverts d'une bâche pour protéger les marchandises. L'emploi du chariot est limité aux régions dont la surface n'est pas trop accidentée et idéalement aux régions où des pistes carrossables sont aménagées. On calcule qu'une distance de 15 kilomètres pouvait être parcourue en une journée, pas plus. Cet animal consomme beau-

ou une mule. Il a aussi une plus grande ténacité, une meilleure endurance et coûte moins cher à entretenir. Enfin, une caravane de chameaux exige moins de surveillance. Toutes ses qualités en ont fait, dès son adoption, l'animal de transport idéal en régions désertiques jusqu'à tout récemment encore. Dans l'Antiquité, il n'a pas vraiment été monté.

LES RÉSEAUX COMMERCIAUX ET L'IMPORTANCE DES CARAVANES

Le chameau devient donc l'animal de transport par excellence pour le commerce durant l'époque hellénistique du ~IVᵉ au ~Iᵉʳ siècle, alors que des villes comme Doura-Europos, Halabiyeh-Zenobia, Palmyre et Apamée sont fondées et forment un nouveau réseau commercial pour le déchargement des convois de bateaux sur l'Euphrate et le chargement des marchandises à dos de chameaux en direction de la Méditerranée.

Durant l'Empire romain, la Syrie étant une province intégrée à son vaste réseau commercial, les Romains viennent s'y approvisionner, en grains surtout. Pour ce faire, des routes et des ponts sont construits, des systèmes d'irrigation mis en place et les terres arables soumises à un minutieux cadastre. En Syrie du sud se déplacent à dos de chameau des pasteurs nomades (dits « safaïtiques » parce qu'ils fréquentent le désert de Safa) qui participent au transport commercial ; ils ont illustré des chameaux sur certains blocs de basalte [221] dans le désert afin d'immortaliser leur passage. Mais il y a surtout, évidemment, toutes ces caravanes qui passent par Palmyre. Plus d'un auteur dans le passé s'est laissé charmer par le romantisme de ces caravanes du désert faisant escale dans l'oasis de

Ville de Doura-Europos, sur l'Euphrate, d'où partaient les caravanes de chameaux vers Palmyre.

Palmyre et a décrit l'ensemble de la Syrie romaine comme «un pays de transit» tirant sa prospérité de son commerce caravanier uniquement. Même si cette vision n'a plus cours, il demeure que ces activités mercantiles sont très profitables, comme en témoignent les riches tombes des particuliers et les nombreux édifices publics dont se pare Palmyre, alors une cité de 200 000 habitants, grâce à des bienfaiteurs privés.

Une inscription gravée en 137 sur un grand bloc de pierre, le célèbre Tarif de Palmyre, fait état de règles concernant le com-

merce de produits non pas de luxe, mais plutôt d'usage courant : huile d'olive, gras animal, poisson salé, grains, vin, fourrage pour les animaux, cônes de pins, peaux de chameaux et chameaux eux-mêmes, animaux de boucherie ou pour l'élevage, huiles aromatiques et parfums. Mais aucune loi ne porte sur la soie, les épices ou l'encens. Les marchandises sont transportées dans des peaux de chèvre sur le dos des chameaux ou des ânes. Les Syriens sont reconnus dans le reste de l'Empire romain comme de grands marchands.

L'époque byzantine (du Ve au VIIe siècle) est caractérisée par une nette reprise du commerce et de la vie urbaine : de nombreuses villes, dont plusieurs nouvellement fondées, s'enrichissent en raison du maintien sur le territoire syrien de la grande route commerciale internationale qui transitait auparavant par Palmyre — même si son trajet a été déplacé vers le nord. À cette époque, les navires déchargent leurs cargaisons de produits de luxe comme la soie, l'ivoire, les épices et les pierres précieuses, acquis en Extrême-Orient, à Halabiyeh-Zenobia sur l'Euphrate. De là partent des caravanes pour Antioche sur la côte méditerranéenne en passant par Resafa — Sergiopolis —, Alep ou Apamée-sur-l'Oronte. Les profits sont fabuleux, mais limités par l'État qui perçoit des impôts sur les transactions commerciales. La prospérité des villes est donc liée au commerce et non à l'agriculture, mais les campagnes profitent aussi du commerce en ce sens qu'elles vendent aux citadins enrichis par le commerce leurs produits agricoles, notamment l'huile et le vin.

LA PÉRIODE ISLAMIQUE
ET LE COMMERCE DE LONGUE DISTANCE

Bien que les califes omeyyades fassent preuve d'un grand libéralisme économique en n'imposant aucune intervention de l'État dans le domaine de la production et des échanges commerciaux, le commerce connaît un certain ralentissement au début de la période islamique. Puis, sous les Abbassides qui leur succèdent, la plaque

Ville de Zenobia, site moderne de Halabiyeh, qui contrôlait le commerce sur l'Euphrate et le redirigeait vers Palmyre à dos de chameaux.

L'île d'Arwad, au large de Tartous, qui a servi au commerce maritime à l'époque islamique.

Fouilles sous-marines menées sur une épave islamique près du port d'Arwad.

avec les cités-États italiennes, Venise en tête. La demande est forte pour les brocarts de soie damascène, les cuivres, les bois incrustés (marqueterie), les verreries dorées, les céramiques à glaçure, les carreaux émaillés et la maroquinerie. Les principales cités commerçantes sont Damas et Alep où se multiplient les caravansérails servant d'entrepôts, de centres de vente en gros et d'auberges.

Ralentie par l'invasion mongole de 1260, l'activité économique est rétablie sous l'administration des cavaliers mamelouks qui affectionnent les belles armes et les harnachements de chevaux. À cette époque, les exportations de la Syrie vers l'Europe, mais aussi vers les autres pays du Proche-Orient consistent en brocarts de soie, en vêtements de coton ou de lin brodés, en harnachements de chevaux, en verrerie le plus souvent dorée, en bijoux finement travaillés et en armes de toutes sortes dont les célèbres épées damascènes. Les marchands syriens importent: des chevaux, des fourrures, de

tournante de ce commerce devient Bagdad, en Iraq, la nouvelle capitale de l'empire. La Syrie ne retrouve son importance commerciale qu'avec les Ayyûbides (à partir de 1076). En effet, à cette époque, elle domine le commerce en Méditerranée,

l'ambre et de la cire de la Baltique; des esclaves, de l'or, des bois précieux et de l'ivoire d'Afrique; des pierres précieuses et des métaux de l'Inde pour l'armurerie et les équipements équestres; de la soie, des épices, des teintures, des drogues et des céramiques d'Extrême-Orient. Ces produits de luxe commencent même à être commercialisés dans des marchés spécialisés appelés souks. De nouveaux caravansérails sont construits. Les échanges avec l'Extrême-Orient sont ralentis à la fin de la période mamelouke en raison de la menace ottomane qui va se concrétiser par la conquête de la Syrie en 1516. En outre, en 1498, Vasco de Gama découvre la route du Cap qui ouvre une voie maritime vers l'Orient et permet d'éviter la voie terrestre.

Le commerce islamique de longue distance est dominé par les produits de luxe, peu lourds mais de grands prix, ou de consommation secondaire destinés aux aristocrates urbains. Son but n'est pas tant de stimuler l'exportation des produits finis locaux fabriqués avec des matières premières importées comme de faire le plus de profit possible en spéculant sur les prix, assurant ainsi confort et puissance aux bailleurs de fonds des expéditions commerciales. Comme tout le monde veut profiter de ce commerce lucratif, des taxes sont imposées au moment de franchir les frontières et à l'arrivée dans les villes où ces produits doivent être vendus. L'État en retire donc de grands bénéfices et exerce même certains monopoles. En revanche, les marchands, qui ne sont pas nécessairement des arabes ni des musulmans, n'ont aucune spécialisation en ce qui concerne les produits ou les marchés, mais se regroupent pour réduire les risques. La pratique du crédit se développe et l'on voit même apparaître des contrats réglant à l'avance les détails de certaines transactions, notamment dans le textile. L'arabe tend à devenir la langue des échanges. Et le chameau, l'instrument par excellence du commerce routier, à la place du chariot, car il peut se déplacer sur de grandes distances sans eau. Les voies caravanières sont néanmoins jalonnées de caravansérails ou *khâns*, qui servent de gîtes d'étape aux caravaniers et qui sont composés d'une vaste cour carrée, enclose et fortifiée, autour de laquelle sont disposées des salles, des chambres et des écuries destinées aux marchands et à leurs bêtes.

Vestiges d'un ancien *khân*, à Lattaquié.

165

GESTION DE LA PRODUCTION ET DES ÉCHANGES COMMERCIAUX

Dès les premiers échanges, le besoin se fait sentir de conserver des traces de ces transactions, de tenir des comptes en quelque sorte. Avec l'augmentation du volume des échanges entre communautés et même avec les collectivités à l'intérieur du territoire syrien, il devient impérieux d'instaurer des systèmes administratifs afin de gérer efficacement ce commerce. On a alors recours à divers procédés pour enregistrer ces activités d'échanges.

LES JETONS D'ARGILE, PREMIÈRE FORME DE COMPTABILITÉ

Le premier de ces modes de gestion qui est mis au point au Proche-Orient est un système de petits jetons d'argile crue dont les formes variées et les marques qu'elles portent identifient les produits échangés et en expriment la quantité. On les appelle *calculi* [232], car ils servent effectivement à faire des calculs dans le cadre d'une gestion numérique. Il s'agit d'une forme élémentaire de comptabilisation. Pour plusieurs, ces jetons sont les précurseurs de l'écriture.

Jetons d'argile crue ayant servi au calcul de denrées échangées. Cat. 233

L'ÉCRITURE ET L'APPARITION DE L'ALPHABET

Les *calculi* accompagnent les biens et marchandises qui font l'objet d'un échange. Les pièces trouées sont probablement enfilées sur une ficelle, tandis que les autres, à partir du ~IVe millénaire, sont enfermées dans une bulle d'argile [234], espèce d'enveloppe sur laquelle on trace des marques avec un poinçon de roseau qui correspondent symboliquement aux jetons qu'elle contient. En plus, on y appose l'empreinte d'un sceau pour empêcher que cette enveloppe soit ouverte avant d'arriver à destination. On s'aperçoit rapidement que cette façon de faire rend caduc l'usage des jetons et on se contente de représenter les éléments qu'ils symbolisaient par des signes très simples, points et traits, imprimés ou incisés sur une bulle que l'on aplatit pour en faire un petit pain d'argile [236]. Comme les annotations portées sur ces petites tablettes sont essentiellement d'ordre numérique, on les appelle « tablettes numérales ». L'impression d'un sceau à la surface de ces tablettes disparaît, car il n'est plus nécessaire de sceller une tablette qui ne contient plus rien !

Le nombre de signes croît très rapidement pour atteindre 1200, chacun ayant un sens déterminé. Ils sont d'abord tracés sur la surface de l'argile au moyen de poinçons en bois ou en roseau aux extrémités appointées, idéales pour inciser des traits à la surface des tablettes d'argile crue. Après un laps de temps assez court, pense-t-on, les bouts des poinçons sont taillés en triangle et utilisés obliquement de manière à imprimer par pression des séries de traits ayant une tête élargie. Cela leur donne l'apparence de clous ou de coins, d'où le qualificatif « cunéiforme », du latin *cuneus*, qui fut donné à ce système d'écriture par les voyageurs occidentaux qui en virent des exemplaires pour la première fois.

L'écriture est donc née d'un besoin d'enregistrer des données relatives aux échanges commerciaux, de conserver en mémoire des données factuelles. C'est la raison pour laquelle la majorité des premiers textes en écriture cunéiforme sont de nature économique. Ces textes sont des listes de produits stockés dans des entrepôts, des bordereaux de livraison et de réception, des comptes de tout genre, des contrats [245] et des listes de rations alimentaires distribuées à des artisans spécialisés [242]. Mais il faut aussi conserver des traces d'ententes politiques, entre autres des lettres entre souverains et des traités [254]. Il y a enfin une catégorie de textes que nous appelons intellectuels : ce sont des abécédaires [253], des lexiques [248] et des exercices scolaires [241], des textes à caractère scientifique [237] et mythologique.

Avec l'augmentation du flux d'information à gérer, de nouveaux développements s'imposent. Ainsi, aux ~XIVe et ~XIIIe siècles, les scribes d'Ougarit, une ville portuaire située sur la côte méditerranéenne, adoptent un nouveau système d'écriture cunéiforme, dont l'origine exacte nous échappe encore. Cette écriture court de gauche à droite et ne comporte que 30 signes différents, chacun correspondant à une lettre de l'alphabet. Ce système révolutionnaire est facile d'apprentissage en raison du petit nombre de signes utilisés. Il est même démocratique, car plus accessible que les systèmes d'écriture antérieurs et ne nécessite pas un long apprentissage. L'écriture alphabétique est empruntée par les Grecs entre le ~X^e et le ~VIIIe siècle et est à l'origine des alphabets des langues européennes. Du reste, le mot alphabet est la combinaison des deux premières lettres de l'alphabet en grec : alpha, bêta ! Par ailleurs, l'alphabet araméen est à l'origine des alphabets en usage dans les langues arabe, syriaque et hébraïque. Les Égyptiens, quant à eux, vont noter leur langue dans un alphabet grec : le copte. L'écriture cunéiforme ne survivra pas au-delà du début de l'ère chrétienne.

Les supports de l'écriture changent aussi avec le temps. Au départ, ce sont de petits pains d'argile crue au moment où on l'utilise pour écrire ; par la suite, l'argile sèche. Ces pains d'argile séchée ne sont cuits que par hasard lors, par exemple, de l'incendie des lieux où ils sont conservés.

Salle des archives
de la ville d'Ebla.

L'argile est un matériau très répandu que l'on trouve facilement, et les tablettes dépassent rarement la taille de la paume de la main. Les formes sont très diversifiées, mais ce n'est pas intentionnel; ces formes reflètent plutôt des particularités locales, temporelles ou fonctionnelles.

La Syrie n'a pas accès au papyrus d'Égypte avant l'époque hellénistique, alors que ce commerce est contrôlé par les Ptolémées, une dynastie égyptienne qui en a le monopole (~IIIe siècle). Les rouleaux (*volumen*) de la bibliothèque d'Alexandrie étaient en papyrus. Puis le parchemin, fait avec des peaux de mouton ou de chèvre, est mis au point à Pergame en ~200 pour remplacer le papyrus; au lieu de rouleaux, on a maintenant des feuillets utilisables des deux côtés et pliables, réunis et assemblés en cahiers (*codex*) qui contiennent plus de textes. Ce nouveau système s'impose dans l'Empire byzantin au Ve siècle, alors que persiste le rouleau lu verticalement, et non déroulé horizontalement. Enfin, le secret de la fabrication du papier est acquis par les Arabes de prisonniers chinois capturés après la défaite de l'armée chinoise contre les troupes islamiques à Samarkand en 751. C'est au XIIe siècle que le papier est introduit en Espagne par les Arabes (émirat de Cordoue). De l'Espagne, il est ensuite diffusé dans l'Occident chrétien pendant les deux siècles suivants. L'imprimerie pourra alors apparaître pour assurer une plus large diffusion des idées sur un support toujours en usage de nos jours.

LES SCEAUX COMME OUTILS DE GESTION

Comme cela se fait de nos jours, les autorités administratives du Proche-Orient découvrent vite l'utilité d'apposer des marques, sous forme de cachets-tampons ou de sceaux-cylindres, sur les biens échangés, et cela afin de conserver un contrôle sur leurs déplacements. Du reste, les thèmes iconographiques ciselés à la surface des cachets et des sceaux sont au départ des signes distinctifs de diverses unités administratives. Ce n'est que plus tard que le sceau sera la marque d'identification d'un individu.

Le cachet est la plus ancienne forme d'authentification du propriétaire d'un bien utilisé au Proche-Orient; il est connu dès le Néolithique, donc bien avant l'invention de l'écriture. C'est, en général, un petit morceau de pierre qui a souvent une forme géométrique simple ou la forme d'un animal [**228** et **229**]. Le cachet est muni d'une poignée pour en faciliter la préhension [**226**]. Sur une surface plane sont gravés des motifs géométriques [**225**] ou figuratifs qui forment un relief lorsque le cachet est appliqué sur de l'argile humide. Ces cachets sont surtout apposés sur des bouchons d'argile qui obstruent les ouvertures des jarres ou encore sur des enveloppes d'argile recouvrant un objet à cacheter [**227**]. Étant donné la présence de trous de suspension dans la poignée de certains cachets, et notamment de ceux en forme d'animaux, nous savons qu'ils sont portés au cou ou au bras par leurs propriétaires, comme un pendentif.

Peu avant ~3000, le cachet perd de la popularité au profit du sceau de forme cylindrique dont l'apparition précède immédiatement celle de l'écriture cunéiforme. Contrairement au cachet, le sceau-cylindre offre une plus grande surface pour graver en négatif un dessin qu'il est possible de dérouler ensuite à l'infini. Les scènes représentées se diversifient et deviennent de

Sceau-cylindre orné de simples motifs linéaires.
Cat. 223

plus en plus complexes. En outre, la surface à sceller peut être illimitée. Tous les sceaux-cylindres ont, dans leur axe longitudinal, un trou qui permet de les porter, montés en pendentifs [224].

Pour sceller l'ouverture d'une jarre avec un sceau-cylindre, une pièce de tissu est tendue au-dessus de l'ouverture et tenue en place par une ficelle enroulée autour du col du récipient. De l'argile vient masquer la ficelle et c'est sur cette argile que le sceau-cylindre est finalement déroulé. Pour les ballots ou sacs d'étoffes fermés avec des ficelles, ce ne sont que les nœuds qui sont noyés dans des mottes d'argile sur lesquelles un sceau est roulé. Nous connaissons l'existence de ces modes de fermeture grâce aux empreintes de ficelles et de tissus observées sur les revers des scellements retrouvés, entassés pêle-mêle sur les sols des entrepôts où ces contenants pour le transport ont été décachetés une fois arrivés à destination.

La plupart des scellements qui nous sont parvenus appartiennent à des systèmes de fermeture de portes d'entrepôt, ce qui n'est pas surprenant, car l'administration de l'époque repose sur le stockage centralisé de biens et de produits en vue d'une redistribution ou d'échanges. L'entreposage, dans des palais ou des structures spécialement aménagées à cet effet, est strictement contrôlé

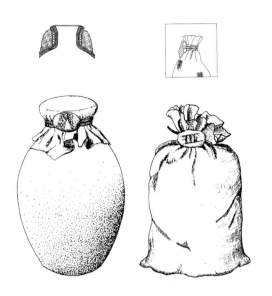

Exemples de modes de scellement de vases et de sacs.

par des fonctionnaires. Chacun possède son sceau distinctif et chacun a la responsabilité de la sécurité d'une ou de plusieurs réserves. Des textes nous apprennent qu'un magasin ne pouvait être ouvert que par son fonctionnaire contrôleur qui en brisait le scellement. Il scellait de nouveau la porte en sortant. Le système de fermeture le plus courant est celui qui consiste à attacher une corde à la porte de l'entrepôt et à enrouler l'autre bout à un taquet en bois ou en argile cuite [230] enfoncé dans le mur situé à proximité. Des scellements sont imprimés sur une couche d'argile appliquée aux deux extrémités de la corde.

Le scellement d'entrepôt est un type de document fort instructif à bien des égards, car il nous rapporte les noms des potentats, les symboles des divinités vénérées, et nous permet même d'identifier la ville où les scellements sont découverts.

Comme le scellement est une façon pour un propriétaire de légitimer ses possessions et de garantir son identité, des empreintes de sceaux apparaissent rapidement à la fin de textes cunéiformes inscrits sur des tablettes, notamment dans le cas de contrats ou de testaments. Certains sceaux sont même déroulés de manière à sceller véritablement une lettre dans une enveloppe [245].

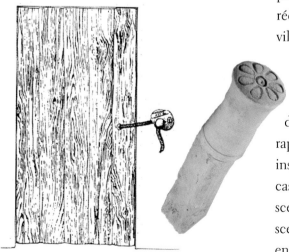

Mode de scellement d'une porte d'entrepôt.

Taquet pour retenir une porte.

L'entrepôt royal d'Urkish

C'EST UNIQUEMENT LA MISE AU JOUR, sur les lieux mêmes, de documents écrits, qui permet d'identifier les sites archéologiques modernes et ses villes antiques. En nous fondant sur des témoignages indirects, nous avions suggéré que le site de Tell Mozan n'était autre que l'antique Urkish. Les fouilles confirmèrent nos théories, grâce à la découverte du témoignage le plus inattendu. En effet, nous n'avons trouvé ni statue de pierre, comme à Mari, ni tablette d'argile comme à Terqa, mais de minuscules fragments de sceaux d'argile, pas plus gros que l'ongle du pouce.

Empreinte d'un sceau de Tell Mozan présentant une inscription portant le nom d'Urkish.

Nous étions en train de fouiller un ensemble de pièces qui nous paraissait plutôt ordinaire, à deux exceptions près : le plan architectural était très symétrique et les sols étaient jonchés de débris. Dans cette accumulation, nous avons commencé à recueillir des sceaux d'argile qui, selon toute évidence, étaient tombés à terre après l'ouverture des contenants qu'ils scellaient. Certains portaient une inscription. Lorsque le total des fragments recueillis atteignit 170, pendant notre première campagne de fouilles, nous avons décidé de consacrer une saison entière à fouiller une seule pièce. Les événements nous ont donné raison. La découverte de près de 2000 fragments de sceaux nous a permis de brosser un tableau coloré de ce qui s'était passé dans ces pièces et de confirmer que nous nous trouvions, bien sûr, sur le site de l'antique Urkish.

Pourquoi ces petits morceaux d'argile sont-ils aussi importants ? Pourquoi la découverte d'Urkish a-t-elle suscité autant d'intérêt ? Ces deux questions — et leurs réponses — vont de pair. Les sceaux représentent en effet une variété de scènes de la vie dans la cour royale : le roi, la reine, le prince héritier, sa nourrice, le cuisinier de la reine, etc. Nous connaissons ces petits détails grâce aux inscriptions cunéiformes, qui fournissent l'identité des principaux personnages, exactement comme des légendes sous des photos. Le titre du roi est inscrit en hourrite : *endan* Urkish, titre qui n'est utilisé dans nulle autre cité hourrite. Le fait que ces sceaux ont été découverts sur le sol indique que les objets sur lesquels ils avaient été apposés avaient un rapport avec les personnages nommés. Nous croyons qu'ils fournissaient non seulement l'identité

du propriétaire, mais également le nom de la personne à laquelle l'objet était adressé. En effet, les marchandises provenaient des fermes environnantes et étaient mises en réserve à l'intention de leurs bénéficiaires. Par conséquent, il semble que notre modeste ensemble de pièces ait constitué l'entrepôt adjacent au palais royal.

Ces sceaux datent d'environ ~2200. L'utilisation de la langue hourrite dans les titres royaux, à une époque aussi ancienne, fait reculer de plusieurs siècles la présence attestée des Hourrites dans cette région. Étant donné que le site présente une excellente continuité stratigraphique et que nous connaissons déjà des monuments qui datent de la première partie du ~IIIe millénaire, nous pouvons en déduire qu'Urkish était une importante cité hourrite quelque 1500 ans avant l'époque présumée de l'apparition des Hourrites dans la région. La mythologie hourrite préservée dans des textes ultérieurs évoque le père des dieux, Kumarbi, qui résidait à Urkish. Aucune erreur possible. C'est là tout le merveilleux, toute la beauté de l'archéologie, qui nous permet, à partir de fragments à peine identifiables, de reconnaître l'empreinte des dieux !

PROF. DR GIORGIO BUCCELLATI
University of California in Los Angeles

Page suivante : *Vue d'une partie des souks modernes de Damas, juste en face de la Grande Mosquée des Omeyyades.*

LE POIDS, SYSTÈME DE MESURE

Tout système d'échanges repose sur des systèmes de mesures, entre autres de poids, pour les denrées non quantifiables numériquement. On peut donc en déduire qu'un système de pondération fut utilisé dès le début des échanges au Proche-Orient, quoiqu'il soit difficile d'en reconnaître à l'heure actuelle des éléments dans la culture matérielle. Les premiers poids ne sont que des morceaux de pierre de différentes sortes, plus ou moins bien finis, et de formes très variées. Leurs utilisateurs avaient convenu d'une valeur qu'il nous est quasi impossible de deviner aujourd'hui à moins de disposer d'une série complète de poids de différentes grosseurs appartenant à un même système, comme c'est le cas pour la série d'Ougarit [255]. Celle-ci est particulièrement intéressante, car les poids, d'une forme qui sort de l'ordinaire, sont en métal, matériau qui ne deviendra courant pour la fabrication des poids qu'au ~Ier millénaire, alors que ces poids sont datés de la fin du ~IIe millénaire. Quelques poids ont survécu et portent encore leur valeur unitaire inscrite en surface et même, dans quelques cas, le nom de leur propriétaire. Aux époques byzantine et islamique, on utilise des poids en verre quand on veut obtenir une plus grande précision, notamment en joaillerie.

LA MONNAIE
COMME INSTRUMENT D'ÉCHANGE

Les premières pièces de monnaie, comme nous les connaissons maintenant, n'apparaissent que vers ~650 dans une région à l'ouest de l'Asie Mineure (Turquie); le roi de Lydie, le célèbre Crésus, les crée en utilisant un alliage naturel d'or et d'argent, l'électrum. Ce n'est que plusieurs années plus tard, soit à la fin du VIe siècle, que la Syrie adopte un système monétaire au moment de son incorporation à l'Empire perse, les rois achéménides frappant plusieurs pièces d'or (dariques) et d'argent (sicles) pour gérer les échanges entre les différentes satrapies de leur empire. Cependant, bien auparavant, soit aux alentours de ~2500, des textes cunéiformes d'Ebla font référence à des paiements contre marchandises effectués à l'aide de quantités d'argent — dont la Syrie est dépourvue — calculées au poids. En même temps, en Mésopotamie, l'argent — le métal — semble s'imposer comme moyen de paiement et d'échanges. Le mot « argent » devient donc dès lors synonyme de « monnaie ». Et rapidement apparaissent des anneaux d'argent au poids déjà préétabli et même des morceaux de lingots d'argent de forme et de poids réguliers. Mais leur valeur est toujours fonction de leur poids et non d'un titre garanti par une autorité souveraine dont la marque aurait été apposée sur leurs faces. Malgré tout, cet argent, sous diverses formes, sert aussi à thésauriser, ce qui sera une fonction très pratique de la monnaie, comme on peut le constater dans certains trésors pouvant remonter au ~IIe [256], voire au ~IIIe millénaire.

Sous Alexandre le Grand, le monnayage est unifié et fondé sur un seul étalon, celui d'Athènes; il comprend des pièces d'or, d'argent et aussi de bronze qui portent toutes en grec le nom d'Alexandre et la tête de différents dieux et déesses. Le caractère uniforme de cette nouvelle monnaie rend compte d'une politique monétaire systématique qui ne change pas vraiment à la mort d'Alexandre et lors de la confusion politique qui s'ensuit. En Orient, on continue même après la mort d'Alexandre à frapper des monnaies à son effigie. Les rois séleucides qui lui succèdent en Syrie conservent l'étalon attique et maintiennent un monnayage d'empire de manière à créer auprès des populations disparates non seulement un lien économique, mais aussi des liens culturels et politiques. Ils cherchent à susciter un attachement commun à l'hellénisme en gravant sur les faces des pièces de monnaie des inscriptions en grec et des représentations des grands dieux helléniques. Ils cherchent également à susciter un attachement au roi en y reproduisant son portrait. En Syrie, cette monnaie est frappée dans plus d'une vingtaine d'ateliers.

La romanisation de la Syrie n'entraîne pas au début la disparition de ces multiples ateliers, car prudemment les premiers empereurs romains laissent une certaine latitude en ce domaine aux pouvoirs locaux. Ainsi se développe un monnayage provincial. Mais à partir du IIe siècle, une monnaie d'empire visant à resserrer les liens économiques entre les différentes régions de l'empire est créée. Elle simplifie aussi le paiement des soldes des nombreux soldats dispersés aux quatre coins d'un vaste empire. En Syrie, seul l'atelier d'Antioche, la capitale, continue à produire. Dioclétien accroît les exigences fiscales des citoyens de l'empire et donne à l'administration centrale à Rome le moyen de mieux percevoir les impôts en procédant à un recensement général des hommes, des animaux et des biens.

En Syrie, cette opération se déroule entre 293 et 305. Une unité fiscale, appelée *caput*, peut correspondre aussi bien à un individu qu'à des animaux ou à une surface de terre cultivée. La crise monétaire du IIIe siècle rend le rôle de l'argent marginal au profit de l'or qui, au IVe siècle, avec le *solidus*, le « sou » de Constantin, s'impose et perdure. Même si le bronze est peu utilisé pour la frappe de la monnaie dans le reste de l'empire, en Syrie, il est toujours frappé en quantités importantes. Les inscriptions sont désormais en latin, et l'imagerie se rapporte exclusivement à l'empereur représenté en soldat, en consul ou en héros. La monnaie devient instrument de propagande.

Les nombreuses monnaies byzantines découvertes dans les villages témoignent de la richesse des villageois en numéraire de même que de la grande activité commerciale à cette époque. L'unité de base est la livre d'or (327 grammes), unité de compte dans laquelle sont frappés 72 sous — *nomismata*, mot à l'origine de numismatique, science consacrée à l'étude des monnaies — d'or pratiquement pur (4,54 grammes chacun). Elle reste stable longtemps avant de connaître une grande dépréciation au XIe siècle.

À l'arrivée des dynasties arabes au pouvoir, les deniers d'or byzantins et les drachmes d'argent sassanides continuent à être utilisés tels quels d'abord. Ils sont ensuite marqués d'un signe islamique, avant que des pièces portant l'effigie du calife soient frappées. Puis, vers 700, l'effigie du calife est remplacée par des extraits de textes coraniques [258] auxquels on ajoute le lieu, la date et le nom du responsable de la frappe ; le système monétaire islamique repose dès lors sur le dinar d'or (4,25 grammes) et le dirham d'argent (2,91 grammes). Un système d'équivalence officiel entre le dinar et le dirham n'est établi qu'à la fin du IXe siècle. Ces monnaies furent très appréciées dans l'ensemble du Proche-Orient, mais aussi en Méditerranée et en Europe méridionale où on en a accumulé d'immenses trésors.

Scène de pesée au marché aux esclaves. Miniature des séances d'Al Hariri. Bagdad, 1237. (Paris, Bibliothèque nationale de France)

99

Tesson peint : bœuf

Céramique

~5500

Ce motif d'une tête de bœuf à cornes, appelé bucrâne, est très courant sur la céramique de cette époque. Il semble qu'il faudrait le relier au caractère symbolique du taureau en ce qui concerne la reproduction.

TELL HALULA   6 x 4,5 cm

MUSÉE NATIONAL D'ALEP

1555 (HL5118.c1a10)

100/101

Tessons peints : poisson et gazelles

Céramique

~5000

Il n'est pas sans intérêt de rappeler qu'aux côtés des espèces animales chassées comme la gazelle, fort répandue sur le territoire syrien, le poisson faisait également partie du régime alimentaire des habitants des villages de Syrie, là où l'environnement le permettait, c'est-à-dire le long des rivières. Ces deux fragments de céramique provenant du même contexte archéologique en témoignent.

TELL KASHKASHUK I   6,5 x 5 cm/10,5 x 7,5 cm

MUSÉE NATIONAL D'ALEP   1553 (KK91.95+.75)

103 a-e
Balles de fronde
Terre cuite
~3500

Comme en témoignent ces balles en terre cuite — il en existe aussi en pierre —, la fronde était une autre arme utilisée à l'époque pour chasser les animaux sauvages.

DJEBEL ARUDA   3-4,7 cm de diamètre
MUSÉE NATIONAL D'ALEP   M10477(JA429/JA77-203)
L'EUFRATE 123

102
Pointe de flèche
Silex
~7000

La pointe de flèche occupe une place importante dans l'outillage de pierre des collectivités humaines de cette époque. Pour chasser, elles utilisent des pointes de flèches comme celle-ci qui se fixent mieux que les modèles plus anciens sur la hampe de la flèche grâce à un pédoncule à l'extrémité opposée à la pointe.

TELL HALULA   8 x 2,3 x 0,7 cm
MUSÉE NATIONAL DE DAMAS   1381(HL.2D.951.350)   _Cf. SMC_ 45

104
Corne d'aurochs
Corne
~7000

Le site de Tell Halula d'où provient cette corne de bœuf sauvage, l'aurochs, est l'un de ces sites sur lesquels il n'est pas clair, à partir de l'examen des ossements qui y furent ramassés, si les espèces animales présentes étaient domestiquées ou non. En fait, elles étaient en voie de domestication, et ce changement dans leur mode de vie n'est pas encore apparent morphologiquement. Même si le bœuf ne fut pas la première espèce domestiquée au Proche-Orient, son rôle symbolique à l'égard de la domestication précède sa propre domestication. En effet, de nombreuses cornes d'aurochs ont été trouvées sur plusieurs sites de l'époque antérieure à l'apparition de l'élevage des animaux, car elles symbolisaient le principe mâle de la reproduction.

TELL HALULA   39 cm
MUSÉE NATIONAL D'ALEP   1554

105/106
Récipients en forme de lièvre et de hérisson
Albâtre
~7000

Le lièvre est une espèce commune que l'on trouve dans l'ensemble du Proche-Orient. C'est aussi un petit animal qui sera constamment chassé même après la domestication de certaines espèces animales.

TELL BOUQRAS   18 x 9 x 8,5 cm/14,5 x 8 x 7 cm
MUSÉE DE DEIR EZ ZOR   2136 (BJ100)/2138 (BJ119)
BAAL 48 et 49

107
Figurine de hérisson
Terre cuite
~2500

Des restes de hérissons, ce petit mammifère insectivore recouvert de piquants, sont régulièrement trouvés sur des sites de diverses périodes, mais en très petite quantité. De tels récipients en forme d'animaux n'étaient pas des objets d'usage quotidien, mais plutôt des objets de luxe ou cultuels.

NÉREB   6,5 x 5,6 x 4,2 cm
MUSÉE NATIONAL D'ALEP   M7656

108
Figurine en forme de gazelle
Os
~7000

D'après les études ostéologiques des restes d'animaux découverts sur les chantiers de fouilles de Syrie, la gazelle semble avoir été l'animal sauvage le plus chassé sur ce territoire, car c'est une espèce originaire d'Afrique, bien adaptée aux régions désertiques à sol dur. Des archéologues sont même parvenus à identifier, sur une rive de l'Euphrate, les vestiges d'un village complet — daté d'entre ~9500 et ~5000 —, Abu Hureyra, dont les habitants vivaient au début de la chasse à la gazelle : ils avaient établi leur village le long d'une route migratoire de ces animaux qu'ils chassaient chaque printemps. La présente figurine a peut-être orné l'extrémité d'un manche d'outil.

TELL BOUQRAS   3,5 x 3,5 x 0,6 cm
MUSÉE DE DEIR EZ ZOR   2159 (BJ121)
L'EUFRATE 53 ; *BAAL* 46.

109
Vase en forme d'autruche
Céramique
~800

Au Proche-Orient, l'habitat naturel de l'autruche se trouvait dans la steppe syrienne, des confins de la Mésopotamie jusqu'à la plaine d'Antioche. Certains visiteurs du milieu de ce siècle en ont même observé des spécimens autour de Palmyre. À l'époque néo-assyrienne, qui est celle à laquelle appartient ce vase, la chasse à l'autruche était un divertissement royal qui a fait l'objet de vaniteuses déclarations de certains rois — dans une lettre, Assurbanipal II s'est fait une gloire d'en avoir tué 140 au cours d'une chasse — et de représentations sur des objets de luxe. Après la période assyrienne, les illustrations de chasse à l'autruche se raréfient, car l'espèce était probablement en voie d'extinction.

TELL AHMAR, ANCIENNE TIL BARSIB   39 x 19,5 x 17,7 cm
MUSÉE NATIONAL D'ALEP   M7565

110

Vase en forme de porc

Terre cuite

~3200

En Syrie, le porc fut domestiqué vers ~7000, en même temps que le bœuf et au moment où l'élevage de la chèvre et du mouton se fut généralisé. Le porc vit dans des régions marécageuses recevant plus de 300 millimètres de pluies par année. Il préfère aussi les régions boisées. Son élevage se répandit rapidement, car c'est l'animal domestique qui se reproduit le plus vite et qu'il représente une source de protéines importantes. Avec la déforestation du Proche-Orient et la montée des sociétés complexes, la consommation de porc diminua au Proche-Orient au point de disparaître avec l'introduction de préceptes religieux frappant d'interdit sa viande.

DJEBEL ARUDA   30 x 25 cm
MUSÉE NATIONAL D'ALEP   M10167(JA.DD.300)
L'EUFRATE 118; *Cf. BAAL* 66

111

Récipient sculpté en forme de tête de bélier

Albâtre

~3000

Cette pièce unique en son genre représente la moitié droite d'une tête de bélier reconnaissable à la corne qui entoure la partie arrière de la tête et qui remonte devant l'œil. L'autre face de l'objet est creuse de manière à former un récipient destiné aux pratiques cultuelles, car il fut retrouvé dans un dépôt de fondation d'un temple de Mari. La perforation dans la partie supérieure de la corne qui traverse complètement l'objet laisse supposer que cet objet devait être suspendu. Le mouton fut le deuxième animal comestible qui a été domestiqué au Proche-Orient aux alentours de ~7500, après la chèvre dont les plus anciens spécimens domestiqués remontent vers ~8000.

TELL HARIRI, ANCIENNE MARI : TEMPLE DE NINHURSAG
14 x 9,8 x 4,7 cm
MUSÉE DE DEIR EZ ZOR   19071 (TH97.129)

112

Bas-relief

Calcaire

200

Sur ce bas-relief, on voit un cavalier — le dieu Arsu, protecteur des caravanes — monté sur un chameau équipé d'une selle et une partie d'un cheval qui porte un harnais et des rênes, laissant croire que lui aussi portait une selle. Le chameau fut un animal qui transportait des marchandises, mais rarement monté. Ce fut l'inverse pour le cheval. Les premières représentations d'animaux montés, des ânes, se situent aux alentours de ~2000 : les cavaliers sont assis directement sur le dos de l'animal. Durant le IIe millénaire, une sorte de selle apparaît. Et peu après ~1000, des bas-reliefs montrent des troupes de cavaliers à dos de chevaux assis directement sur le dos de l'animal ou sur une selle. À partir de cette époque, l'usage de la selle se répand rapidement. Les Perses vont finir d'en diffuser l'utilisation en Syrie.

DJEBEL BAL'AS   49 x 38,5 x 10 cm
MUSÉE NATIONAL DE DAMAS   2624/5.247
ANTIQUITÉS GRÉCO-ROMAINES p. 38 et pl. 16 : 1

113 a-b
Figurines animales
Terre cuite
~2200

Même si le cheval domestiqué est attesté en Syrie au cours du ~IIIe millénaire, ce n'est pas avant le ~IIe millénaire qu'il put être utilisé comme animal de trait, grâce à la mise au point d'un attelage approprié. La présente paire de têtes de chevaux nous montre distinctement des brides constituées de plusieurs parties. C'est probablement l'une des plus anciennes illustrations connues en Syrie de cette pièce de harnais fixée à la tête de chevaux et destinée à mieux les diriger. Après ~1000, avec les Assyriens, un genre de mors est utilisé, mais au lieu de passer dans la gueule de l'animal, il est placé sous sa gorge. Aux brides sont également rattachées des rênes. En effet, le cheval fut un animal utilisé au Proche-Orient davantage comme monture que pour tirer des chariots. Les premières selles font leur apparition au cours du ~IIe millénaire.

TELL BRAK   5,5 x 5,5 x 2 cm/7,2 x 6,5 x 4,2 cm
MUSÉE DE DEIR EZ ZOR   5897/4204 (TB9063/TB6185)

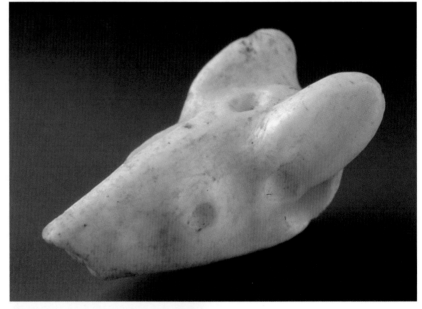

114
Tête de petit rongeur
Albâtre
~5800

Il semble y avoir une correspondance à établir entre le fait qu'à cette époque des représentations de petites espèces animales sauvages font leur apparition dans l'art de la parure, comme cette pendeloque, et l'entreposage de vastes quantités de grains dans des silos communautaires au sein des villages nouvellement formés. En effet, toute une série de petits rongeurs granivores auraient été attirés par ces greniers. On a aussi trouvé en association avec ces greniers beaucoup de squelettes de ces petits animaux reconnus pour profiter des activités agricoles de l'homme.

EL-KOWM   3 x 1,5 x 1,5 cm
MUSÉE DE PALMYRE   9231 *SMC* 34

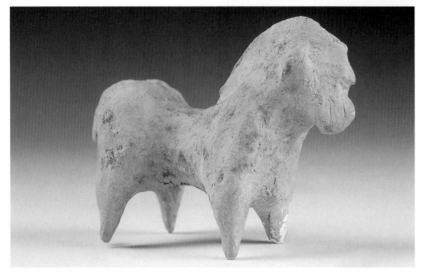

115
Figurine animale
Terre cuite
~2500

Au Proche-Orient, le cheval a été domestiqué durant le ~IIIe millénaire. Or, une caractéristique du cheval domestiqué est la présence d'une crinière longue et tombante par opposition à la crinière courte et raide des chevaux sauvages. Cette figurine d'un cheval à longue crinière serait donc l'une des premières représentations d'un cheval domestiqué en Syrie.

TELL CHUERA   7,7 x 3 x 5,5 cm
MUSÉE DE RAQQA   309 (TCH 76/69)

116 a-b
Pelles
Calcaire
~1500

Pour ensemencer les champs, les premiers agriculteurs ont dû d'abord avoir recours à de simples bâtons en bois, à la pointe durcie au feu, pour enfouir les semis dans le sol. Puis ils ont fait appel à ces pelles en pierre attachées à l'extrémité d'un manche en bois afin de retourner la terre plus profondément. Il est possible aussi que cette pièce ait servi de soc pour une forme élémentaire de charrue tirée par un bœuf (domestiqué dès ~7000), car le labour semble attesté dès les alentours de ~4000, voire de ~5000, à en juger par certaines déformations osseuses laissées sur des squelettes de bovidés.

TELL MISHRIFÉ, ANCIENNE QATNA   25,5 x 19,5 cm/26 x 19,5 cm
MUSÉE DE HOMS   922 + 923 (MISHRIFÉ 383 + 380)

117
Piège à animal
Terre cuite
~1200

L'entreposage des grains de plantes céréalières devait attirer tellement de petits rongeurs **[114]** que des moyens furent pris pour les tenir à l'écart, notamment en plâtrant les parements intérieurs des silos, mais aussi en fabriquant des pièges pour les capturer. Si l'on se fie à la grosseur des orifices de ce piège, on peut en déduire qu'il était destiné à des rats.

TELL MESKÉNÉ, ANCIENNE EMAR   37,5 x 13 cm
MUSÉE NATIONAL D'ALEP   M10443   *SMC* 154

118 a-f
Lames
Silex et bitume
~2800

Avant l'apparition du métal, les faucilles pour la récolte des plantes étaient constituées d'un manche en os ou en bois dans lequel on insérait, dans une rainure, des lames de silex tenues en place avec du bitume. Des examens microscopiques des tranchants de ces lames ont révélé que celles-ci n'avaient pas garni le manche d'une faucille, mais qu'elles avaient été fixées sous un traîneau de bois appelé tribulum. On utilisait ce traîneau en le tirant sur des amoncellements de plantes fraîchement récoltées afin d'en dépiquer les grains des épis, mais aussi pour hacher la paille qui, par la suite, entrait dans la préparation de la boue pour les briques.

TELL'ATIJ   2,2-4 x 1 cm
MUSÉE DE DEIR EZ ZOR
ATJ87.194+236/ATJ88. 166+210+119+148

119

Pilon et mortier

Basalte

~1500

Le pilon est la partie active de ce système mécanique élémentaire et le mortier en est la partie passive. On utilise ce système pour broyer des grains en plus petite quantité ou des matières plus volumineuses comme des fragments de minéraux pour la préparation de pigments devant entrer dans la composition de peinture ou de cosmétiques.

TELL BAZI   21 x 7 cm/27 x 12 cm

MUSÉE NATIONAL D'ALEP   M11128/M11129

120

Meule circulaire

Basalte

~1500

Une variante et une importante amélioration du système de molette et meule consiste en deux pierres circulaires s'imbriquant l'une dans l'autre. Cela permet de glisser des grains près du pivot central au fur et à mesure que la mouture progresse. La farine moulue sort sur les côtés et est recueillie sur une pièce de tissu ou de vannerie placée sous la meule circulaire.

TELL BAZI   15 x 10 cm

MUSÉE NATIONAL D'ALEP   M11127

121

Meule et molette

Basalte et calcaire

~7000

Pour moudre les grains récoltés, on se servait d'une pièce en pierre sommairement taillée, une molette. Dans un mouvement de va-et-vient, on la passait à plusieurs reprises sur la surface d'une autre pierre plus large et plus grosse — une meule dormante — qui demeurait stable, enfoncée au sol. Le basalte alvéolé était la pierre par excellence pour ce type d'instruments de mouture, car sa surface est rugueuse et très dure.

ABU HUREYRA   44 x 24 x 8 cm/21x 7,5 x 4 cm

MUSÉE NATIONAL D'ALEP   716: 1 + 2   (AH73.28 + 3425)

122
Gabarit en forme de pied
Calcaire
~5500

Bien que ce type d'objet ait été interprété par certains archéologues comme un objet cultuel placé dans un temple, le fouilleur de Tell Halula croit plutôt que cet objet-ci, en raison de ses dimensions et du contexte de la trouvaille, a servi de gabarit pour la fabrication de chaussures. Il s'agit d'un indice éloquent de l'usage réservé aux peaux d'animaux tannées et transformées en cuir.

TELL HALULA   15 x 6 x 9,2 cm
MUSÉE NATIONAL DE DAMAS   1397 (HL46.281)   *Cf. L'EUFRATE* 109

123/124
Dévidoirs
Terre cuite
~4000/~2800

Selon une récente interprétation, ces objets — l'un d'eux étant considéré comme une idole aux yeux — auraient pu avoir été utilisés pour former, à partir de fils de laine ou de lin produits au fuseau **[125]**, un fil plus solide résultant du tordage de 2 ou 3 brins comme lors de la fabrication d'un câble.

TELL ABR/TELL KASHKASHUK   21 x 17,5 x 13 cm/21,8 x 12 cm
MUSÉE NATIONAL D'ALEP   M1149 (ABRIII 87.lev.4)/M1113
L'EUFRATE 108

125 a-f
Fusaïoles
Terre cuite
~5000

Ces petits objets sphériques sont des poids qui étaient enfilés — un à la fois — à l'extrémité de courtes tiges de bois, des fuseaux. Autour de ces fuseaux, on enroulait les fils obtenus à partir de l'étirage et de la torsion de touffes de fibres végétales ou animales. En Syrie, les fibres de lin furent les premières à avoir été tissées, avant celles de la laine des moutons. Du reste, le tissage de la fibre animale à la place de la fibre végétale révolutionna, selon certains auteurs, l'industrie textile au Proche-Orient au cours du IIIe millénaire.

TELL ABR   2,5-4,5 x 1,5-3 cm
MUSÉE NATIONAL D'ALEP   1156 (ABRII/A5/B7/B6/C5/B5/C4)

126 a-c
Poids de métier à tisser
Calcaire
~3200

Lors du tissage de fibres végétales ou animales à l'aide d'un métier même rudimentaire, la tisserande — il semble que ce fut une activité féminine et domestique — utilisait ces poids. Elle enroulait, autour de ces poids — pesant entre 800 et 1000 grammes — aménagés en surface de manière à recevoir des fils, les extrémités de groupes de fils afin de tenir la toile ou la chaîne tendue sur le métier à tisser. Les fils de trame étaient glissés transversalement au moyen d'une navette. Le tissage est attesté au Proche-Orient à partir du ~VIIe millénaire.

TELL HABUBA KABIRA   9,3 x 7,8 cm/7,4 x 6,2 cm/8,9 x 7,2 cm
MUSÉE NATIONAL D'ALEP   M10497/10498/10499   *L'EUFRATE* 148

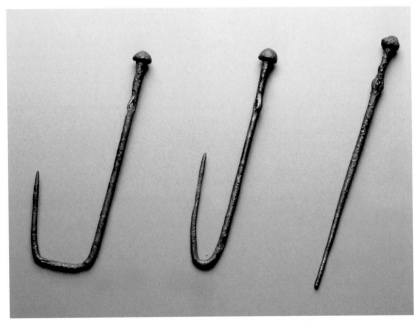

127 a-c
Épingles à chas
Bronze
~2500

Ces grandes épingles munies d'un chas au tiers supérieur et d'une tête renflée servaient à retenir les pans de grandes pièces de tissus portées en guise de vêtements amples ou de manteaux.

TELL MUMBAQA   11 cm/12,5 cm/11 cm
MUSÉE NATIONAL D'ALEP   M8990 + 8993 + 8994

129
Pic
Silex
~1 million

Cet artefact grossièrement taillé à même un galet de rivière représente le plus ancien type de témoignage de la présence humaine (*Homo erectus*) sur le territoire syrien, ce que nous appelons l'outillage lithique. C'est un outil lourd qui avait différents usages. La technique rudimentaire d'alors faisait en sorte que l'on ne fabriquait qu'un seul outil en taillant sommairement un morceau de silex.

TELL SIT MARKHO   16 x 10 x 6,5 cm
MUSÉE NATIONAL DE DAMAS   1142 (2640:76)   *SMC* 1

128
Biface
Silex
~400 000

Ce type d'outil paléolithique a été façonné à même un rognon de silex de bonnes dimensions, habilement taillé par quelques coups de percuteur, qui en ont fait partir de grands éclats. Les tranchants ainsi créés sur les longs rebords de la pièce sont certes rudimentaires, mais combien efficaces. Comme cet outil présente des enlèvements sur ses deux faces, il est arbitrairement appelé « biface ». Il n'était pas emmanché, mais utilisé directement à main nue.

ARD HAMAD   12,8 x 6 cm
MUSÉE NATIONAL DE DAMAS   1208 (A.H1989)   *SMC* 10

130
Lame
Silex
~40 000

Les plus anciennes traces de bitume connues dans le monde sont visibles sur cette pièce. Le bitume fut utilisé comme adhésif afin de retenir cette lame dans une rainure pratiquée dans un manche. Ce produit pétrolier lourd et visqueux se trouve en différents endroits du Proche-Orient où il y a des nappes pétrolifères. Du pétrole peut même jaillir avec l'eau de certaines sources et former une pellicule en surface qu'il suffit alors de ramasser.

UMM EL-TLEL   8,6 x 4,8 x 1,6 cm
MUSÉE NATIONAL DE DAMAS   1135

131
Racloir
Silex
~100 000

Le passage de la phase ancienne du Paléolithique à la phase moyenne est marqué par l'apparition de ce nouveau type d'outil en silex qui a servi à dépecer les animaux et à racler leurs peaux. La grande innovation dans ce type d'outil réside dans son mode de fabrication : il n'a pas été façonné à même un rognon de silex complet, mais seulement avec un éclat court et épais.

YABROUD   6,5 x 4,2 x 1,8 cm
MUSÉE NATIONAL DE DAMAS   1206   *SMC* 12

132

Herminette

Silex

~8500

Destinée à être emmanchée, l'herminette était réservée au travail du bois. Son apparition à cette époque accompagne le processus de sédentarisation et d'édification d'habitats permanents dans la construction desquels entrent des poutres en bois. Un peu plus tard, les herminettes seront en pierre polie.

TELL MUREYBET   12 x 6 cm
MUSÉE NATIONAL D'ALEP
1005 (MB71.1521)

133

Lame

Silex

~100 000

Les spécialistes de l'outillage lithique attribuent d'habitude les industries sur lames à l'*Homo sapiens* et font remonter ce type de lame en particulier aux environs de ~35 000. Or, ce spécimen-ci fut trouvé dans un contexte beaucoup plus ancien qui correspond à une époque durant laquelle a vécu l'*Homo erectus*! À moins que l'*Homo sapiens* ait déjà été installé en Syrie à cette époque. Des esquilles enlevées sur les rebords accroissent le tranchant.

EL-HUMMAL   12 x 3 x 0,9 cm
MUSÉE NATIONAL DE DAMAS   1207 (HU182.1a)
SMC 13

134/135/136
Nucléus et lames

Obsidienne

~7000

En observant ces pièces, on peut imaginer comment les habitants de la Syrie détachaient des éclats du nucléus initial pour former méthodiquement des lames au tranchant lisse ou dentelé. Cette technique représente une grande innovation dans l'outillage en pierre éclatée, car au lieu de fabriquer un seul outil avec un fragment de pierre, on peut en détacher plusieurs d'un seul rognon. L'obsidienne est une pierre vitrifiée produite par une éruption volcanique. Les occupants du territoire syrien allaient s'en procurer dans les gisements qui affleurent dans les montagnes à l'est de l'Anatolie, juste au nord de la Syrie. C'était un matériau de grande valeur, très estimé dans l'Antiquité, et dont la taille exigeait une grande dextérité.

TELL BOUQRAS   11,8 x 1,8 cm/7 x 10,3 cm/5,5 x 1,4 x 0,7 cm
MUSÉE DE DEIR EZ ZOR   2075/ 1154/11884 *BOUQRAS*, fig. 43

137/138
Herminette et hache

Basalte poli

~7000

Les outils, après avoir été fabriqués avec des éclats de silex, le sont ensuite avec une pierre dure dont la surface est polie à l'aide d'une pierre encore plus dure comme l'émeri. Le polissage d'une hache en pierre peut prendre de 4 à 8 semaines d'après des études ethnographiques modernes. Pour rendre ces outils utilisables, il fallait leur ajouter une gaine d'andouiller pour l'emmanchement. Seules les stries laissées sur les tranchants peuvent nous apprendre si l'outil a fait l'objet d'une percussion horizontale (hache) ou verticale (herminette).

TELL BOUQRAS   12,4 x 4,6 x 3 cm/7,3 x 4,8 x 1,2 cm
MUSÉE DE DEIR EZ ZOR   2088 (BQ2773)/2081 (BQ3506)
BOUQRAS, fig. 60:2 et 58:5

139/140/141
Récipients

Pierre polie

~7000

Un effort particulier a été apporté dans le choix de roches veinées ou marbrées, éléments décoratifs intéressants pour la fabrication de ces vases en pierre qui abondent sur le site de Tell Bouqras où ils furent trouvés. Leur fonction comme récipient est manifeste, mais il est improbable qu'ils aient pu servir à la cuisson d'aliments. Par ailleurs, les contextes de leur trouvaille n'ont pas permis de confirmer un emploi funéraire comme on a pu l'observer sur d'autres sites. La production de ces récipients par usure au moyen d'une autre pierre d'une dureté supérieure montée à l'extrémité d'un foret à archet a demandé beaucoup de temps. En revanche, le résultat est satisfaisant, si l'on en juge par l'aspect soigné de la surface extérieure et les formes obtenues, certains récipients étant même munis de petits pieds.

TELL BOUQRAS   5,5 x 4,5 cm/5,7 x 3,5 cm/11 x 10,7 cm
MUSÉE DE DEIR EZ ZOR
2146 (BJ102)/2105 (BJ133)/2100 (BJ91)
BOUQRAS, fig. 73, 76 et 150

142
Bol
Chlorite
~9000

La grande singularité de ce bol en pierre qui a été refait avec des fragments retrouvés au cours de fouilles est qu'en plus de posséder une surface polie, l'artisan lui a ajouté un décor incisé de triangles remplis de lignes obliques compris entre deux épaisses lignes ondulées. Sa date en fait aussi le plus ancien bol du genre retrouvé en Syrie.

TELL JERF AL-AHMAR   12 x 9 cm
MUSÉE NATIONAL DE DAMAS 1195

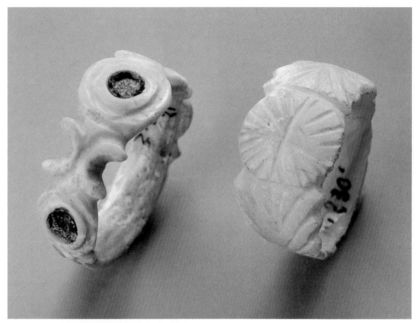

143/144
Bagues
Coquillage
~1200

On sait que les coquillages dans lesquels ces bagues ont été taillées proviennent des rives de l'océan Indien. Sur l'une des deux bagues les motifs ne sont qu'incisés, tandis que sur l'autre, des trous ont été aménagés pour y incruster des pierres précieuses retenues par du bitume.

TELL HARIRI, ANCIENNE MARI   2,5 cm/2,3 cm
MUSÉE NATIONAL D'ALEP   M4404/4384
BAAL 231;   *L'EUFRATE* 258

145
Parure en forme de taureau
Coquillage
~2500

Cette parure est en réalité un coquillage dont on a découpé les contours pour représenter un taureau et à la surface duquel on a incisé quelques traits afin de rendre les détails. Les coquillages ont toujours été utilisés à des fins non utilitaires. Ils servaient, entre autres, de parures qui reflétaient le rang social de son porteur.

TELL 'ATIJ   5 x 4,5 x 0,4 cm
MUSÉE DE DEIR EZ ZOR   6384 (ATJ.87.187)   *L'EUFRATE* 174

146/147/148
Figurine/Parure/Poinçon
Os/Os et turquoise/Os et bitume
~7000

Les ossements d'animaux ont été utilisés très tôt pour fabriquer des objets de toutes sortes. C'est un matériau commun, bon marché et facile à travailler. Les objets en os sont surtout utilitaires, comme ce poinçon qui servait à percer les cuirs des peaux d'animaux en vue de les assembler; en guise de manche, l'artisan a mis une boule de bitume à l'une des extrémités de l'instrument. Certains os ont aussi servi à façonner des objets non utilitaires, telle cette parure en forme de tête humaine où l'on note des perforations et des incrustations en turquoise. La grande figurine humaine a été taillée dans un os tubulaire long sur lequel on a incisé des groupes de rainures parallèles représentant les parties d'un vêtement. Les bras levés symboliseraient la pose de la prière.

TELL BOUQRAS   14 x 5,2 cm/3 x 3 x 0,2 cm/4,7 x 1,6 cm
MUSÉE DE DEIR EZ ZOR   (SA4090226)/2164/2195

149 a-c/150 a-b
Ustensiles pour le maquillage/Flûtes
Ivoire
~200

L'ivoire qui a servi à la fabrication de ces objets provient de défenses d'éléphants importées du sous-continent indien. Cet animal, qui vivait dans la steppe syrienne, a été chassé à outrance par les Assyriens au point que l'espèce fut exterminée en Syrie vers ~700. Les dents d'hippopotames sont une autre source d'ivoire pour les artisans syriens. L'hippopotame avait l'habitude de peupler la côte méditerranéenne avant d'être complètement décimé, lui aussi. L'ivoire d'hippopotame était plus blanc que celui de l'éléphant et, par conséquent, plus estimé. En Syrie, la production d'objets en ivoire atteint un sommet au début du ~Ier millénaire, quand les Araméens ont fabriqué de superbes plaques de meubles, juste avant que les éléphants disparaissent du territoire syrien, conséquence de la propagation de cet art de luxe très recherché.

LATTAQUIÉ 3,1 cm/10,5 x 0,3 cm/3,6 x 3,9 cm/11,2 x 1,9 cm
MUSÉE DE LATTAQUIÉ 264/246, 263, 245

152
Empreintes de vannerie
Plâtre de gypse
~5800

Avant l'usage de la céramique, les sociétés néolithiques ont su exploiter des fibres végétales pour la confection de récipients pratiques. La vannerie est attestée au Proche-Orient dès le ~IXe millénaire. Puisque ce matériau est périssable, notre connaissance de la vannerie de l'époque nous vient des empreintes laissées par des récipients sur le plâtre. Ces fragments nous amènent à nous demander si des paniers n'auraient pas servi à la préparation du plâtre.

TELL EL-KOWM 2   11 x 9 cm
MUSÉE DE PALMYRE   929/9232 (K2.P97.17)

151
Figurine féminine
Terre cuite
~7000

Après le silex, l'argile fut sans doute la matière première qui fut la plus travaillée au Proche-Orient. Les plus anciens objets façonnés avec ce matériau sont des figurines féminines modelées à la main et cuites de manière à les durcir.

TELL ASWAD   5 x 2,3 x 1,9 cm
MUSÉE NATIONAL DE DAMAS   M9   *SMC* 61

153
Plat
Plâtre de gypse
~5800

L'usage de l'argile comme matériau pour fabriquer des récipients fut précédé, au Proche-Orient, par celui du plâtre. On obtient du plâtre avec du gypse réduit en poudre qui est ensuite mêlé à de l'eau. L'avantage du plâtre est qu'il peut se solidifier à l'air ambiant; il n'a pas vraiment besoin de cuisson. C'est la raison pour laquelle ce matériau sera appliqué sur les parements des murs et sur les sols des maisons. Il entrera aussi dans la fabrication de récipients, surtout sur des sites de zones arides, comme à el-Kown, où l'argile est absente; dans ces régions le plâtre restera en usage, même après l'apparition de la céramique sur d'autres sites.

TELL EL-KOWM 2   24 x 19 x 8 cm
MUSÉE DE PALMYRE   930/9233 (K.2.B.94.18)

154/155
Fragments de vases
Céramique
~5800

Les fragments exposés ici sont parmi les plus anciens spécimens de vases en céramique connus du Proche-Orient; les tout premiers exemplaires découverts à ce jour en Syrie remontent à environ ~6500. La céramique, du grec *keramos* qui veut dire « matériau brûlé » ou « terre cuite », est de l'argile cuite dans un foyer ou mieux dans un four à une température se situant entre 900 et 1200 °C. La pâte durcie ainsi obtenue demeure poreuse toutefois, car la température n'est pas assez élevée pour la vitrifier. La céramique passe pour le premier matériau synthétique de l'humanité, puisqu'elle résulte d'un mélange d'argile, d'eau, d'air (séchage) et de feu (cuisson) qui donne un produit nouveau, solide, qui dure longtemps. C'est une bénédiction pour les archéologues qui s'en servent pour classer les sites qu'ils fouillent et qui en produisent d'énormes quantités. Nous avons ici le rebord d'une marmite de cuisson recouvert en entier d'un enduit — pellicule d'argile diluée appelée « engobe » — rouge, tandis que la surface de l'autre vase porte un décor de bandes rouges sur fond blanc.

TELL EL-KOWM 2   13 x 13 x 1,4 cm/13 x 10 x 1,3 cm
MUSÉE DE PALMYRE   1461/9237 (K2.S97.41)/1460/9236
(K2.Q97.76)

156
Bol profond
Céramique
~4000

Sur le site où fut trouvé ce vase, un atelier de potier équipé de fours de cuisson a été mis au jour. Cela expliquerait pourquoi ce site a livré une si grande quantié de ces bols possédant à peu près tous la même forme et un décor peint dont le répertoire de motifs est répétitif. À cette époque, les vases sont encore façonnés à la main en superposant des boudins d'argile afin de monter des parois dont les surfaces sont ensuite ravalées avec des polissoirs pour donner un fini lisse.

TELL ABR   15,5 x 13 cm
MUSÉE NATIONAL D'ALEP   1119   *SMC* 77

157
Bol
Céramique
~5000

La mise en place progressive de civilisations villageoises agropastorales vit se développer une production céramique qui prit des formes variées et qui adopta des décors très diversifiés. Grâce aux changements apportés aux formes des vases et aux décors qui les ont ornés, il est possible de retracer la séquence chronologique de la production céramique d'un site ou d'une région et, par conséquent, des communautés qui les ont fabriqués et utilisés.

TELL KASHKASHUK   20,5 x 5,5 cm
MUSÉE NATIONAL D'ALEP   M10166   *L'ÉCRITURE* 9

158
Écuelle au rebord biseauté
Terre cuite
~3200

Il est surprenant de rencontrer, à une époque où les modes de fabrication de la céramique sont assez bien maîtrisés, une production fort simple d'écuelles sommairement moulées. Bien que fabriquées sans trop de soin, elles étaient cependant bien cuites dans des fours permettant d'atteindre de hautes températures. Les spécialistes ne s'entendent pas sur la fonction de ce type de vase dont de multiples exemplaires ont été trouvés sur pratiquement tous les sites mésopotamiens de la fin du ~IVᵉ millénaire.

TELL BRAK   16,5 x 7 cm
MUSÉE DE DEIR EZ ZOR   11997 (TB12216)   *Cf. SMC* 83 ;
L'EUFRATE 122

159
Bol à piédestal
Céramique
~2700

Voici un bel exemple des premiers types de vases façonnés au tour en Syrie et en Mésopotamie septentrionale. Il est facile de croire que de tels vases étaient considérés comme un produit de luxe à l'époque et faisaient souvent partie du mobilier funéraire que l'on mettait en terre avec le corps d'un membre d'une classe sociale élitiste.

TELL LEILAN   28 x 27 cm
MUSÉE DE DEIR EZ ZOR   2813 (L77-288)   *L'EUFRATE* 158

160

Chope en forme de tête de lion

Céramique

~1300

Le fond de cette chope à une anse a été modelé en forme de tête de lion à la gueule ouverte menaçante. Cependant, le fond de ce vase-ci n'est pas percé et ne peut être confondu avec un rython dont le fond, parfois en forme de tête d'animal, possède une ouverture. Ces deux types de vases ont peut-être servi à faire des libations, car sur un autre vase semblable une inscription nous apprend qu'il a été offert à un dieu. Ce vase devait certainement être réservé à une fonction particulière, car les orbites des yeux du lion étaient occupées par une matière incrustée qui a disparu.

RAS SHAMRA, ANCIENNE OUGARIT   16,2 x 14,5 cm
MUSÉE NATIONAL DE DAMAS   4217 (RS52.16. 52)
BAAL 193 ; *ED* 140

161

Filtre de gargoulette

Céramique

1200

Bien qu'étant apparu un peu avant, c'est au XIIe siècle, dans le monde islamique, que s'est développé l'usage de filtres décoratifs fixés à l'intérieur de cruches, de pichets ou de gargoulettes. Presque tous les exemples connus sont en céramique sans vernis ni glaçure de manière à conserver au vase sa porosité. Ainsi, le liquide qu'il contenait gardait sa fraîcheur. Des animaux comme ceux-ci, agrémentés d'éléments ornementaux abstraits, sont très souvent représentés.

INCONNUE   27,5 x 20 cm
MUSÉE NATIONAL D'ALEP   S521

162

Bol à décor en relief

Céramique

100

Le relief du décor de ce bol a été appliqué à la surface du vase après sa fabrication, alors que l'argile était encore humide. Avec de petits rouleaux d'argile, appelés barbotines, le potier a écrit en grec la phrase suivante sur la paroi extérieure de la vasque du bol : « Les marchands de pots, salut ! » Sous le vase, apparaissent aussi en relief une lettre grecque dans un médaillon et de gros points ronds en bordure. Après le séchage, mais avant la cuisson, on enduisait la surface du vase d'une glaçure rouge constituée d'une argile liquide très pure pour lui donner son apparence luisante. Ce type de céramique fut largement produit dans les ateliers d'Arezzo en Italie et exporté dans le reste de la Méditerranée. Cependant, la quantité de ce genre de vase retrouvée en Syrie nous porte à croire qu'il y avait des ateliers locaux en Syrie même.

MEMBIDJ, ANCIENNE HIÉRAPOLIS   12,7 x 5,8 cm
MUSÉE NATIONAL DE DAMAS   2117/4479
ANTIQUITÉS GRÉCO-ROMAINES p. 83

163
Moule à céramique
Céramique
1300

Comme l'indique le décor inversé réalisé en creux sur les parois intérieures de cet objet en forme de bol, cet objet est en fait un moule destiné à la fabrication de bols ou d'un certain type de cruches dont seule la partie supérieure du corps était décorée à l'aide d'un moule comme celui-ci. La partie inférieure de ces objets était préparée dans un autre moule sans décor et le col, le pied ainsi que les anses étaient tout simplement ajoutés une fois les deux parties du corps assemblées. Pour pouvoir recourir à un moule, il va de soi que l'argile qui devait servir à la fabrication du vase était fine et de bonne qualité afin de bien la faire pénétrer dans toutes les dépressions du moule. L'usage d'un moule suppose une production quasi industrielle de tels pots dont Raqqa fut un grand centre à l'époque islamique.

SYRIE DU NORD 16,7 x 8,7 cm
MUSÉE NATIONAL DE DAMAS 6876A
BAAL 346; *ED* 268; *Cf. L'EUFRATE* 446, 447, 448

164
Moule à lampe
Terre cuite
600

D'abord tournées, les lampes furent ensuite moulées à partir du ~IIᵉ siècle. Les moules sont formés de deux parties qui correspondent aux moitiés supérieure et inférieure de la lampe. Chaque partie était moulée séparément, puis on assemblait les deux l'une sur l'autre. Ensuite, on ajoutait l'anse et on faisait le trou d'évent ainsi que celui pour la mèche. Ici, nous n'avons que la moitié supérieure du moule d'une lampe chrétienne reconnaissable à ses croix en médaillon. Comme un moule peut servir plusieurs fois, le moulage entraîne la multiplication des lampes et la répétition des mêmes modèles.

INCONNUE 15 x 12 x 5,5 cm
MUSÉE NATIONAL DE DAMAS 24021 *SYRIEN* 27

165
Tour de potier
Basalte
~1800

En réalité, il ne s'agit pas ici d'un tour, mais d'une tournette ou tour lent, car le potier ne pouvait pas actionner
son appareil et façonner son vase en même temps **[166]**;
il avait besoin d'un apprenti pour le faire tourner. La tournette est composée de deux parties qui pivotent l'une sur
l'autre autour d'un axe central matérialisé par un tenon
allongé et une mortaise circulaire. De fait, seule la partie
supérieure, le plateau de la tournette, est mobile, la partie
inférieure servant de support stable. Pour réduire le frottement entre les deux parties en pierre rugueuse, dont les
traces d'usure sont encore bien visibles, on ajoutait
de l'huile.

TELL KANNAS   18 x 14 x 12,7 cm
MUSÉE NATIONAL D'ALEP   M9117   *L'EUFRATE* 132

166
Statue d'un potier travaillant au tour
Basalte
100

Le tour **[165]** fut introduit en Syrie vers la fin du ~IVe millénaire. Mais il était lent. Ici, nous sommes en présence
d'un véritable tour de potier mû par un volant inférieur
que l'artisan peut actionner avec ses pieds pendant qu'il
travaille l'argile posée sur le plateau supérieur. Le mouvement du volant inférieur est transmis au plateau supérieur
par un essieu central. Le tour rapide va permettre la fabrication de vases aux formes régulières et aux parois finement lissées. La statue est sans doute un monument
funéraire commandé par un potier qui a voulu se faire
représenter en train d'exercer son métier.

SWEIDA   40 x 35 x 32 cm
MUSÉE DE SWEIDA   143/68   *LE DJEBEL AL-'ARAB* 3,12

167/168
Moule à haches et poignards/Poignard
Calcaire/Bronze
~1300

Le territoire syrien étant dépourvu de formations géologiques cuprifères, le cuivre aurait été importé des montagnes d'Anatolie orientale (Turquie). Il subissait, à proximité de la mine même, un premier traitement : broyage et extraction. Coulé sous forme de lingots, le métal était expédié dans des villes où des artisans les faisaient fondre dans des moules comme celui-ci afin de produire des outils ou des armes. Mais, auparavant, les artisans-bronziers ajoutaient au cuivre d'autres éléments, comme de l'étain, pour obtenir des alliages plus résistants, tel le bronze. La métallurgie suppose des connaissances techniques et la mise en place d'un réseau d'approvisionnement, car les gisements n'existent qu'en certains endroits éloignés des agglomérations et que le métal est un matériau très dense, difficile à transporter.

TELL BAZI 24 x 13 x 6,5 cm/29 x 3,7 x 1,2 cm
MUSÉE NATIONAL D'ALEP M11304 (BZ24/35.15)/M11302
DAM 9 (1996) p. 37-44 fig. 14

169/170
Hache « fenestrée »/Moule bivalve
Bronze/Calcaire
~1800

Ce type de hache, dit « fenestrée », car la lame comporte deux petites ouvertures comparées à des fenêtres par les premiers archéologues qui les ont décrites, était plutôt de type cérémoniel qu'utilitaire. On représente souvent des rois et des soldats qui tiennent ce genre de hache. Celle-ci fut retrouvée dans la tombe d'un haut dignitaire, elle est donc considérée comme la marque de son rang social. Le manche passait dans une douille perpendiculaire à la base de la lame.

TELL MARDIKH, ANCIENNE EBLA 7 x 6 x 0,9 cm/15,3 x 12,7 cm
MUSÉE DE IDLIB 3450 (TM.78.Q.495)/3211 (TM.84.G.30a-b)
SMC 147a; *ED* 118; *EBLA* 297

171/172/173
Herminette/Hache/Scie
Bronze
~3000/~2800/~1800

Ces outils en bronze étaient destinés à travailler le bois : tailler, équarrir et scier. Sauf pour la scie qui possède un manche en ivoire, matériau habituellement réservé aux objets de luxe, la hache à équarrir et l'herminette de menuisier devaient être emmanchées dans une pièce en bois. Il est plutôt rare de retrouver de tels outils en métal d'usage courant, car le métal était refondu lorsque l'outil se cassait. Le travail du bois a joué un grand rôle dans les civilisations orientales. L'apparition de bâtiments publics a provoqué une demande en poutres afin de supporter les toits et les étages. Du reste, des textes nous signalent des chargements de radeaux de bois descendant l'Euphrate à destination de Mari dont les besoins en bois étaient considérables. On pense que la déforestation de la région a ainsi commencé, en plus du fait que la métallurgie exigeait une énorme quantité de charbon de bois.

DJEBEL ARUDA/TELL KASHKASHUK/TELL ASHARA, ANCIENNE TERQA
11,7 x 4 cm/37,5 x 8,3 cm/36,5 x 6 x 3,3 cm
MUSÉE NATIONAL D'ALEP M9107 (JA77.219)/1287 : 1
MUSÉE DE DEIR EZ ZOR 1513 (TQ3-100)
L'EUFRATE 227

174 a-b/175
Moules à bijoux
Chlorite
~1300

La pierre qui était utilisée au Proche-Orient ancien pour
fabriquer des moules à bijoux comme ceux-ci est
habituellement nommée stéatite par les archéoloques,
alors qu'en réalité il s'agit de chlorite. Comme cette pierre
ne se fendille pas ni ne se casse quand elle est en contact
direct avec la chaleur, c'est donc la pierre idéale pour
recevoir du métal en fusion, d'autant qu'elle peut être
finement taillée afin de former des moules en creux pour
des perles, des rosettes et autres objets délicats en or. Le
métal en fusion n'était pas versé directement dans les
moules, on le versait dans de petits canaux qui partaient
du rebord, car les moules étaient composés de deux parties tenues en place l'une sur l'autre par des agrafes en
métal passées dans les perforations pratiquées
aux angles.

RAS SHAMRA, ANCIENNE OUGARIT/TELL BAZI
9 x 7 x 2 cm/8 x 4,2 x 1,2 cm
MUSÉE NATIONAL DE DAMAS 5209/
MUSÉE NATIONAL D'ALEP M11303 (BZ25/3650)
DAM 9 (1996) p. 38 fig. 12

176
Collier

Or, lapis-lazuli, agate et pâte de verre bleue
~1200

Ce collier provient d'une des tombes qui furent creusées
par des Assyriens sur les ruines du site qui servait alors
peut-être de poste de garnison, mais que l'érosion aurait
complètement fait disparaître. Le collier est composé de
21 éléments. Des perles à quatre spirales ont été retrouvées de l'Égée jusqu'à l'Indus. Après le lapis-lazuli et la
cornaline, l'agate fut la pierre précieuse la plus populaire
en Mésopotamie, surtout pour la fabrication de perles de
colliers. L'agate était importée en Syrie depuis l'est de
l'Iran ou de l'Inde.

TELL HARIRI, ANCIENNE MARI: TOMBE 125
MUSÉE NATIONAL D'ALEP   M10113   *BAAL* 230

177
Masque
Or
50

L'or étant un métal très malléable et ductile, l'artisan s'est servi de techniques de martelage, de repoussage et de ciselage pour réaliser ce portrait. Cette pièce unique, aucun autre exemple n'a encore été retrouvé, est peu documentée, car elle résulte d'une découverte fortuite. Un objet d'un tel luxe, même privé de son contexte, peut être attribué de façon quasi certaine à un roi ou à un important dignitaire.

HOMS, ANCIENNE ÉMÈSE (TOMBE 1)   19 x 18 x 8,5 cm
MUSÉE NATIONAL DE DAMAS   7206
SYRIA 29 (1952) pl. 26

178

Collier

Fritte

~2350

La fritte résulte du mélange d'une grande quantité de sable et de sel. Elle s'apparente beaucoup à la faïence dont elle se dinstingue toutefois par l'absence de glaçure vitrifiée. Les premiers objets façonnés en fritte ou en faïence furent des perles ; au Proche-Orient, les plus anciennes remontent au milieu du ~VIe millénaire. Les perles comme celles-ci étaient fabriquées en découpant en sections de différentes longueurs une tige de ce mélange avant qu'il se solidifie en refroidissant. La fritte visqueuse était appliquée autour d'une mince tige ou fil, ce qui donnait un trou bien centré pour les enfiler ; en revanche, la surface externe était inégale en raison de la difficulté à étendre uniformément ce mélange très visqueux. Cette surface pouvait être façonnée en y ajoutant de minces filets d'un nouveau mélange de ce produit, ciselé au burin ou taillé en forme arrondie, puis poncée.

TELL HADIDI

MUSÉE NATIONAL D'ALEP M10524

L'EUFRATE 283

179

Vase à piédestal

Faïence

~1300

Faïence et fritte sont souvent deux termes confondus, car ils désignent, au Proche-Orient, un matériau en quartz fondu qui se différencie chimiquement du verre par sa structure cristalline. Les objets en faïence se distinguent par une sorte de vernis qui donne à l'objet l'aspect d'une surface vitrifiée colorée.

Les fouilleurs pensent que ce vase — qui provient d'un temple de la ville d'Emar — a pu servir au culte. Sa découverte à Emar est significative, car c'est une ville qui compta parmi ses habitants plusieurs Hourrites. Or, même si les tout premiers exemplaires de vaisselle en faïence au Proche-Orient sont apparus dès le ~IVe millénaire, ce n'est que durant la deuxième moitié du ~IIe millénaire qu'ils se répandent vraiment sous l'impulsion donnée par les Hourrites, grâce à leur empire commercial.

TELL MESKÉNÉ, ANCIENNE EMAR 12,3 x 11 cm

MUSÉE NATIONAL D'ALEP M10533 *L'EUFRATE* 343

180

Bol

Fritte

~1500

Ce bol fut décrit par les fouilleurs de Tell Brak comme le plus bel objet en fritte bleue retrouvé sur ce site. Il a été reconstitué avec des fragments qui ont souffert de l'incendie qui détruisit le bâtiment dans lequel il fut retiré. On a recours à un vernis de couleur pour masquer la pâte blanche des objets en faïence — ce qui leur donne l'apparence du verre —, mais ce prodécé est inutile dans le cas des objets en fritte, puisque la couleur de la surface est obtenue par la composition même du matériau. Un simple moule ouvert fut utilisé pour fabriquer ce bol, forme courante quand on se servait de la fritte.

TELL BRAK 19 x 7 cm

MUSÉE DE DEIR EZ ZOR 5557 (TB-8205)

EXCAVATIONS AT TELL BRAK 1: p. 87 (no. 79), 244-245

181 a-c
Flacons
Verre
~800 (?)

Les plus anciens récipients en verre connus à ce jour datent du milieu du ~IIe millénaire et furent trouvés en Syrie. Cela confirme le rôle important que cette région du Proche-Orient a joué dès le départ dans cette production artisanale au point que certains auteurs ont déjà attribué l'invention du verre pour fabriquer de la vaisselle aux Syriens mêmes. Nous avons ici trois beaux exemples du plus ancien mode de fabrication — qui resta en usage jusqu'au Ier siècle de notre ère — de petits contenants en verre qui devaient servir à transporter et à conserver des liquides précieux comme des parfums ou des huiles. Ce procédé — enduction sur noyau — reposant sur l'utilisation de cordons de verre chaud aurait peut-être été mis au point en Syrie (il nous manque encore des preuves plus convaincantes pour l'affirmer).

INCONNUE   12 x 6 cm/15 x 6 cm/14 x 3,5 cm
MUSÉE NATIONAL DE DAMAS   15656/6769,13732/5949,14777
AAAS 10 (1960) p. 103

182/183/184
Bols
Verre
~100

Le terme « verre mosaïque » employé pour désigner le procédé de fabrication de ces bols apparaît tout à fait approprié quand on en observe la surface. Les plus anciens spécimens fabriqués à l'aide de cette technique remontent au milieu du ~IIe millénaire. Le « verre mosaïque » s'obtient en liant en faisceau des tiges de verre de couleurs différentes, puis en découpant transversalement des rondelles que l'on dispose les unes à côté des autres au fond d'un moule ensuite mis au four. La technique du moulage du verre a persisté jusqu'au Ier siècle de notre ère avant d'être supplantée par celle du soufflage. Les récipients en verre n'ont été utilisés comme vaisselle quotidienne qu'à partir de cette époque.

HOMS/ALEP/INCONNUE   10 x 4,5 cm/10 x 3,7 cm/10 x 4,5 cm
MUSÉE NATIONAL DE DAMAS   5738/5572/5433
ANTIQUITÉS GRÉCO-ROMAINES p. 160 et pl. LVII

185
Bol
Verre
800

L'attribution de l'invention du verre clair aux Syriens durant le ~Ier millénaire est encore controversée. Raqqa fut un important centre de production du verre durant la période islamique, particulièrement pendant le règne du calife abbasside Harûn al-Rashîd qui, lorsqu'il y résida entre 796 et 808, fit construire un complexe industriel dans lequel on se livrait à la fabrication du verre. Ce vase provient des fouilles récentes qui y ont été menées et qui ont permis de mettre au jour des ateliers de verriers équipés de fours. Des analyses chimiques faites sur les fragments qui y ont été trouvés nous révèlent que du magnésium entrait dans la composition du verre de Raqqa, 50 ans avant ce qui avait été imaginé jusqu'à maintenant. Il serait même possible que cette nouvelle recette se soit propagée de Raqqa, en Syrie, au reste du monde islamique.

RAQQA: PALAIS NORD (SALLE 15)   12,5 x 8,5 cm
MUSÉE DE RAQQA   1754 (Ra-OINK-104 1987)

187
Bouteille

Verre

800

Cette bouteille en verre fut soufflée non pas à la volée, mais dans un moule en deux parties qui a laissé des traces sur les flancs. La Syrie fut réputée pour son verre soufflé dès l'invention de cette technique au ~Ier siècle. Pour certains, les Syriens en furent même les inventeurs. Des verriers syriens se sont établis à l'étranger dès l'époque romaine pour y pratiquer leur art qui était très apprécié. Leur savoir-faire continua à être reconnu durant la période islamique. Damas fut notamment un grand centre d'artisanat du verre à cette époque.

INCONNUE   17 x 13,5 cm
MUSÉE NATIONAL DE DAMAS   7411A

186 a-c
Oiseaux

Verre

1200

Les corps de ces oiseaux ont été façonnés par enduction sur noyau, c'est-à-dire avec des cordons de pâtes de verre très chauds enroulés sur un noyau d'argile mêlé de sable.

Des filets de verre de couleurs différentes ont été ajoutés avant la solidification du verre afin d'enjoliver la surface du corps de ces oiseaux.

INCONNUE   11,5 x 5 x 4 cm
MUSÉE NATIONAL DE DAMAS   9772/6621/3652A

188
Bouteille à long col
Verre
1300

L'intérêt de cette bouteille en verre soufflé dans un moule tient à son décor émaillé et doré. De la poussière d'or était mélangée à une résine ou à une colle organique afin de la faire tenir à la surface du vase. Pour obtenir des décors émaillés, les artistes utilisaient de la poussière de verre de différentes couleurs. Les verres émaillés syriens étaient admirés par les croisés qui en rapportèrent beaucoup en Europe. D'autres furent exportés en Chine comme produits de luxe. D'ailleurs, les arcs polylobés et les fleurs de lotus représentés sur cette bouteille-ci témoignent d'une influence chinoise. Les principaux centres de production du verre émaillé doré furent Damas, Alep et Raqqa, et c'est la Syrie qui fut le principal fournisseur de ce genre de verre au monde islamique.

ALEP   21 x 11,5 cm
MUSÉE NATIONAL DE DAMAS
4575/13097A   *SMC 341*

189
Coupelle
Verre
800

La couleur bleue de cette coupelle islamique faite dans un moule ouvert résulte probablement d'une petite quantité de poudre de minerai de cobalt qui fut ajoutée comme colorant lors de la fabrication. Le bleu fut toujours la couleur la plus populaire utilisée pour le verre et les produits plus anciens comme la fritte. On pense aussi que ce verre de couleur translucide se veut une imitation de pierres semi-précieuses, tel le lapis-lazuli **[203]**, dont on fit des perles en grande quantité dès le ~IIIe millénaire. Du reste, des lingots de verre bleuté ont même été retrouvés sur des sites archéologiques, probablement destinés à être refondus ou plus vraisemblablement taillés en forme de perles.

RAQQA : PALAIS ABBASSIDE   14 x 5 cm
MUSÉE DE RAQQA   947 (Ra-OINK-82)

190
Flacon en forme de poisson
Verre
200

On a ici un bel exemple en verre soufflé dans un moule. La bouche et les yeux du poisson sont en relief. Des filets ont été appliqués à la surface du corps, une technique décorative qui va perdre de la popularité à partir du milieu du IIe siècle. Cet objet est une petite bouteille, appelée *unguentarium*, qui était destinée à conserver du parfum ou des huiles. Elle était déposée comme offrande auprès des défunts, d'autant que le poisson, chez les Romains, avait une connotation symbolique en ce qui concerne la reproduction.

TAFAS   28,5 x 11,5 x 5,5 cm
MUSÉE NATIONAL DE DAMAS   1436/3065
MUSÉE NATIONAL p. 105, fig. 40 ;
ANTIQUITÉS GRÉCO-ROMAINES p. 111 et pl. L

191
Carreau de revêtement de sol
Verre
800

Le verre ne servait pas seulement à la fabrication de récipients, il fut aussi utilisé comme revêtement de sol. Le carreau de revêtement que l'on a ici présente, d'un côté, une surface lisse, tandis que de l'autre, la surface est formée d'une série de ventouses incrustées dans une couche d'enduit sur laquelle il était posé. L'usage de tels carreaux en verre était toutefois réservé aux résidences princières. Le complexe industriel verrier de Raqqa, récemment fouillé par une mission archéologique britannique, a aussi fabriqué de ces carreaux en verre translucide, notamment pour les palais du calife abbasside Harûn al-Rashîd qui y vécut de 796 à 808. Les fouilleurs ont également avancé l'hypothèse que l'exportation du verre dans d'autres centres de l'empire se faisait peut-être en utilisant ce genre de blocs de verre pratiques à transporter.

RAQQA   13,2 x 11,7 x 1,3 cm
MUSÉE NATIONAL DE DAMAS   16026A   *BAAL* 337

192
Jarre
Faïence
1150

En céramique, le terme « glaçure » désigne la pellicule de verre appliquée au pinceau ou tout simplement versée sur la surface d'un vase après sa cuisson. Même si ce procédé fut inventé dès le ~XVIᵉ siècle par des artisans verriers, probablement Syriens, qui avaient développé une certaine compétence dans la préparation de produits vitrifiés, il ne fut vraiment popularisé qu'à l'époque islamique. Par la suite, on ajouta du plomb à la préparation de la pâte de verre afin de rendre cette glaçure transparente.

INCONNUE   23,5 x 18 cm
MUSÉE NATIONAL DE DAMAS   5382A

193
Bol au lièvre
Céramique
1200

Le mot italien *sgraffito,* qui signifie « égratigné », est le terme utilisé par les spécialistes pour désigner ce type de céramique décorée dont on note l'apparition dans le monde islamique au début du Xᵉ siècle. Ce type de céramique fut largement répandu en Syrie. La représentation d'un grand élément décoratif central, en l'occurrence un lièvre, est tout à fait typique de cette céramique.

QASR AL-HAYR AL-SHARKY   23 x 11 cm
MUSÉE DE PALMYRE   1195/8126   *SMC* 348

194
Vache allaitant son veau
Ivoire
~800

Outre la vache, les Orientaux faisaient l'élevage d'autres animaux (chèvre, mouton et chameau) dont ils pouvaient boire le lait, aliment riche en matières grasses nécessaires à la bonne santé d'individus menant une vie à nos yeux extrêmement rude. En nous appuyant sur des études ethnographiques modernes, nous supposons que très tôt dans leur histoire les peuples du Proche-Orient devaient disposer de techniques artisanales pour conserver les produits laitiers, car la chaleur les fait se dégrader rapidement. Il fallait donc transformer le lait frais en yogourt pour qu'il se conserve quelques jours. Si les laitages eux-mêmes ont naturellement disparu, les ustensiles pour les préparer nous sont parvenus [198].

ARSLAN TASH, ANCIENNE HADATU   11,5 x 5,7 x 1,6 cm
MUSÉE NATIONAL D'ALEP   M817   *BAAL* 249

195
Linteau sculpté
Basalte
100

Les deux rameaux de vigne possédant de grosses grappes de raisins sculptés sur ce linteau de porte rendent compte de la spécialisation de la région du Hauran dans la culture de la vigne à l'époque romaine. Cette culture profite grandement de la désagrégation du basalte, riche en minéraux, dont la région est couverte. La forêt avait disparu à l'époque, et la montagne était certainement aménagée en terrasses, deux conditions préalables à la viticulture. Dans les maisons des villages, les archéologues ont trouvé de grandes quantités de pépins de raisin ainsi que des celliers souterrains remplis de grosses jarres d'entreposage. Dans les cours, des pressoirs à raisin caractérisés par des presses à vis étaient installés avec des cuves de décantation tout autour. La production vinicole de la Syrie du Sud était connue dans le reste de l'empire et exportée.

SYRIE DU SUD   110 x 40 x 27 cm
MUSÉE DE SWEIDA   162/313   *LE DJEBEL AL-'ARAB* 3,09

196
Vase avec tamis
Céramique
~800

Il est vraisemblable que ce vase à bec verseur dont l'ouverture au sommet est fermée par un tamis était utilisé lors de la préparation d'un produit liquide qu'il fallait filtrer, tel le vin auquel on ajoutait des aromates à des fins de conservation.

TELL AHMAR, ANCIENNE TIL BARSIB   22,4 x 14,7 cm
MUSÉE NATIONAL D'ALEP   M7581

197
Tunique d'enfant
Lin
600

Le lin est une plante native des rives méditerranéennes du Proche-Orient, car elle a besoin de beaucoup d'eau. Ses fibres furent les premières fibres végétales à avoir été utilisées dès ~7000 pour confectionner des vêtements en Syrie. En fait, son usage précéda celui de la fibre d'origine animale, comme la laine ou le poil de chèvre. On pense que l'enfant à qui appartenait cette tunique fut tué avec sa famille après s'être réfugié dans un des tombeaux-tours de la nécropole lors d'une invasion sassanide en 610.

HALABIYEH, ANCIENNE ZENOBIA   66 x 57 cm
MUSÉE NATIONAL DE DAMAS   6523

198
Jarre
Céramique
~3400

Selon une récente étude, une telle jarre pourrait être interprétée comme une baratte ayant servi à la fabrication du beurre, que l'on obtiendrait en faisant osciller la jarre sur son assise. Au Proche-Orient, en raison de la chaleur, le beurre était fabriqué avec du yogourt. La durée d'un barattage varie entre une demi-heure et deux heures. Quand on agite le laitage, on accélère le regroupement des globules de matières grasses qu'il contient. À cause de la chaleur, le beurre rancit très vite. Les pasteurs devaient le raffiner pour obtenir une « huile de beurre » qui se conserve mieux ; ils chauffaient le beurre pendant une ou deux heures à feu doux, ce qui lui enlève son humidité. Ce produit, encore couramment utilisé au Proche-Orient, est aussi appelé beurre clarifié.

TELL HABUBA KABIRA   33 x 28 cm
MUSÉE NATIONAL D'ALEP   M10514   *L'EUFRATE* 138

199
Statuette d'un couple enlacé
Gypse
~2400

La robe de la femme et la jupe de l'homme sont faites de peaux de mouton dont le poil a été reproduit d'une manière clairement stylisée par le sculpteur. Cela a de quoi surprendre, car à cette époque le tissage de la fibre animale est connu, mais depuis peu de temps. Il s'agit peut-être d'une sorte d'habit cérémoniel traditionnel dont se parent les orants qui vont présenter leurs offrandes à une divinité dans un temple.

TELL HARIRI, ANCIENNE MARI : TEMPLE D'ISHTAR
12 x 9,5 x 8,5 cm
MUSÉE NATIONAL D'ALEP   M10104   *SMC* 110

200 a-b
Carreaux de revêtement
Céramique émaillée
1430

Au début du XVᵉ siècle, un même type de décor bleu sur fond blanc orne tous les carreaux de céramique émaillée dont on revêt les parements de la plupart des grands bâtiments publics en Turquie, en Égypte et en Syrie. À Damas, ces carreaux sont appliqués sur les murs de la Mosquée des Omeyyades lors des travaux de restauration entrepris entre 1420 et 1423. Étant donné la quantité de carreaux que nécessitent ces travaux, nous supposons qu'il y avait à Damas un atelier spécialisé dans la production de céramique. On attribue la direction de cet atelier à un artisan itinérant qui aurait été chargé de travaux de restauration semblables au Caire quelques années auparavant et plus tard en Turquie, car le même genre de carreaux se retrouve en ces différents endroits du monde islamique.

DAMAS : MOSQUÉE DES OMEYYADES   19 x 16,5 x 3 cm
MUSÉE NATIONAL DE DAMAS   607+608 A
DAM 3 (1988) p. 203-214

201
Carreau de revêtement
Céramique émaillée
1430

Sur ce carreau est reproduit un blason en trois registres : un plumier blanc sur fond bleu dans le registre supérieur, une coupe bleue flanquée de deux coupes blanches sur un fond aubergine au centre et, en bas, losange blanc sur fond brun foncé. Ce blason appartient au sultan mamelouk al-Asraf Barsbay qui régna à Damas de 1422 à 1438.

DAMAS   21 x 19,5 x 2 cm
MUSÉE NATIONAL DE DAMAS   1468A
DAM 3 (1988) p. 209 et pl. 40a

202
Bloc d'obsidienne
~3500

L'obsidienne ne se trouve qu'en certains gisements d'origine volcanique. Par des études archéométriques de provenance, on sait que ce matériau vitrifié était importé en Syrie à partir des affleurements situés dans l'est de la Turquie, juste au nord du territoire syrien. Ces régions étaient accessibles en remontant l'Euphrate vers sa source. À voir ce bloc, il est évident qu'on importait l'obsidienne sous forme brute et qu'elle était taillée par des artisans locaux, une fois arrivée à destination. Plusieurs spécialistes associent les nomades au commerce de ce matériau qu'ils devaient se procurer lors des transhumances de leurs troupeaux à la recherche de bons pâturages d'été dans les montagnes.

TELL BRAK   15 x 12 x 11 cm
MUSÉE DE DEIR EZ ZOR   TB-13178
IRAQ 55 (1993) p. 174

203
Morceau de lapis-lazuli
~2300

Le lapis-lazuli est sûrement la pierre précieuse la plus connue du Proche-Orient ancien. Synonyme de splendeur et de prestige, ce fut un attribut des dieux, d'où son utilisation dans la fabrication d'objets cultuels. En Syrie, il a été importé dès les alentours de ~4000. On suppose que sa source est dans une région d'Afghanistan que Marco Polo avait lui-même signalée lors de ses voyages. Le lapis-lazuli a fait l'objet d'un commerce par voie terrestre, sous forme brute, comme ici. Il était ensuite taillé dans les ateliers palatiaux en petits objets de parure, en amulettes ou en sceaux-cylindres. Son usage fut apparemment très répandu vers ~2500. Le fait de retrouver un bloc brut de lapis-lazuli à Ebla est très significatif, car selon l'interprétation de certains textes cunéiformes d'Ebla, cette ville aurait contrôlé le commerce du lapis-lazuli originaire d'Afghanistan et destiné à l'Égypte.

TELL MARDIKH, ANCIENNE EBLA   13 x 5,5 x 4,5 cm
MUSÉE NATIONAL D'ALEP   M11299/1

204
Vase tronconique
Stéatite
~2500

Le temple consacré à la déesse Isthar à Mari a produit une grande quantité de vaisselle de luxe taillée dans une pierre tendre, verte ou grise, appelée stéatite, bien que ce soit de la chlorite. Ce matériau se trouve dans une région montagneuse de l'Iran oriental d'où ces vases déjà sculptés ont été importés. En effet, un atelier (Tepe Yahya) a été retrouvé il y a quelques années à proximité des carrières. L'aire de diffusion de ce type de vase s'étend de l'Euphrate à l'Indus. La surface externe de ce fragment de vase de forme tronconique est décorée d'un lion luttant contre un serpent. Les cavités sur le corps des animaux devaient être remplies de pierres précieuses qui ont maintenant disparu.

TELL HARIRI, ANCIENNE MARI : TEMPLE D'ISHTAR   14,5 x 13 cm
MUSÉE NATIONAL D'ALEP   M7829   *SMC* 119

205
Tissu
Soie de Chine
100

Dans les échanges internationaux qui passaient par Palmyre, les étoffes ont occupé une grande place. Parmi ces dernières, la première place revient à la soie, dont les Chinois ont jalousement gardé le secret de fabrication pendant des siècles. Palmyre était en effet une étape importante sur la Route de la soie, juste avant que celle-ci atteigne la Méditerranée. L'examen des tissus de soie dans lesquels certains riches palmyréniens avaient fait ensevelir leur corps permet d'être sûr que certains appartenaient à des pièces provenant directement de Chine, alors que d'autres avaient été réalisées et teintes sur place en Syrie, la soie ayant été importée sous forme de soie grège ou de fils de soie. La teinture était fabriquée avec une plante appelée garance, elle aussi importée, de l'Inde cette fois.

TADMOR, ANCIENNE PALMYRE (TOMBE 40)   40 x 30 cm
MUSÉE NATIONAL DE DAMAS

206 a-b
Colliers
Cornaline
~1800

La cornaline, un quartz de structure microcristalline, est la deuxième pierre précieuse utilisée en Mésopotamie pour faire des perles et des amulettes. On en trouve un peu partout au Proche-Orient, sous forme de galets dans des dépôts alluviaux qui existent de l'Iran jusqu'en Inde ainsi que dans la péninsule arabique et en Turquie, mais on n'en trouve pas en Syrie, qui doit l'importer.

TELL ASHARA, ANCIENNE TERQA
MUSÉE DE DEIR EZ ZOR   3039, 3052 (TQ5-245/TQ5-208)
L'EUFRATE 296-297

207
Collier
Ambre
~1300

L'ambre est une résine de conifères fossilisée dont la couleur varie du jaune au brun. Doux au toucher, il a une belle apparence polie. Comme il n'est pas très dur, il est facile à travailler, à percer surtout. Ses propriétés magnétiques — il s'électrise par frottement — ont fait qu'on lui a attribué des pouvoirs magiques. On lui a aussi prêté une valeur médicale. L'ambre n'a servi qu'à fabriquer des perles au Proche-Orient, et en très petites quantités. L'ambre véritable se trouve sur les rives de la mer Baltique et fut introduit en Syrie par les Mycéniens venus de Grèce qui en firent le commerce durant l'âge du bronze récent, soit la deuxième moitié du ~IIe millénaire. Auparavant, les artisans syriens ont utilisé une substance résineuse ressemblant à l'ambre dont la source est au Liban.

RAS SHAMRA, ANCIENNE OUGARIT
MUSÉE NATIONAL D'ALEP   M8202

208
Collier
Cristal de roche
~2600

Le cristal de roche est une variété de quartz sans couleur. Sa dureté et sa fragilité en font la pierre précieuse la plus difficile à travailler. Cependant, elle fut couramment utilisée en Mésopotamie et ce, dès le VIe millénaire. Bien que Pline dans son *Histoire naturelle* (XXXVII, 23) considère que les plus beaux spécimens de cristal de roche viennent de l'Inde, on en trouve plus près du territoire syrien, soit en Iran et en Turquie.

TELL KASHKASHUK III
MUSÉE NATIONAL D'ALEP   M10556
L'EUFRATE 224

209
Collier
Cornaline, lapis-lazuli, cristal de roche, turquoise et fritte
~2300

Bien que son nom dérive de la Turquie qui en approvisionnait l'Europe, la turquoise vient plutôt de sources en Iran, en Afghanistan et dans le Sinaï où on la trouve en galets compacts ou comme remplissage dans des rochers altérés. Il s'agit d'une pierre qui affleure en surface aux endroits où il y a des veines de pierres porteuses de cuivre comme la malachite, ce qui explique ses différentes tonalités de bleu qui la rendent si attirante. C'est une pierre facile à travailler.
Quant à la fritte, un produit dont la composition se rapproche du verre, on l'utilise pour remplacer les pierres précieuses dans la fabrication des perles de collier.

DJEZIRÉ
MUSÉE NATIONAL D'ALEP   M7822

210 a-b
Fragments de vase portant un cartouche égyptien
Albâtre
~1400

Durant la deuxième moité du ~IIᵉ millénaire, le monde proche-oriental méditerranéen est dominé par les grandes puissances. Ainsi, vers ~1450, Ougarit forme un petit royaume qui gravite autour de celui du Mitanni en Syrie du Nord. Avec la montée sur le trône d'Égypte des puissants pharaons de la XVIIIᵉ dynastie, Ougarit se trouve dans la sphère d'influence égyptienne, comme en témoigne ce cartouche d'un pharaon égyptien. Ce contrôle égyptien va durer jusque vers ~1350, lorsque les Hittites imposent leur suzeraineté au petit royaume d'Ougarit. Généralement, les Égyptiens se sont contentés de visiter les villes portuaires de la côte pour y faire des opérations commerciales.

RAS SHAMRA, ANCIENNE OUGARIT   13 x 7,5 x 3 cm/12 x 8 x 3 cm
MUSÉE NATIONAL DE DAMAS   4155 et 4156

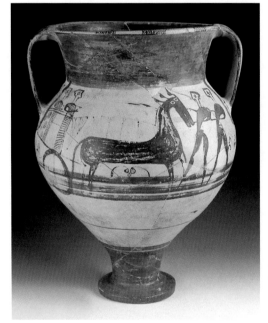

211
Vase avec une représentation de char
Céramique
~1300

Ce vase, qui porte aussi le nom de cratère, est d'origine mycénienne, c'est-à-dire de la Grèce préclassique. Il illustre bien les contacts que la Syrie entretenait à cette époque avec le monde égéen. C'est aux Mycéniens que l'on attribue l'introduction en Syrie de l'ambre — provenant des rives de la mer Baltique — qui servait à la fabrication de perles pour des colliers [207].

RAS IBN HANI   47,5 x 36 cm
MUSÉE NATIONAL DE DAMAS 6806   *SMC 197*

212
Bol aux deux femmes
Faïence
1200

Le motif peint au centre de ce bol met en scène deux femmes assises de chaque côté d'un arbre et tenant à la main un gobelet. Au pied de l'arbre, un étang agrémenté d'éléments floraux est représenté, d'une manière très stylisée. Il s'agit d'une copie d'un sujet favori de la peinture persane. Cette pièce témoigne des contacts entretenus à cette époque avec l'Iran, non seulement en matière d'artisanat, mais aussi et surtout en ce qui concerne la science, notamment la médecine.

HAMA   26 x 6,5 cm
MUSÉE NATIONAL DE DAMAS   17900A
HAMA IV:2 p. 182-187

213

Couvercle de sarcophage

Terre cuite

~500

Le visage représenté sur le couvercle de ce sarcophage est d'inspiration nettement égyptienne. Il reflète les nombreux contacts que les ports syriens avaient avec l'Égypte — à une époque où la Syrie était une satrapie de l'Empire perse (~538 à ~333) — qui approvisionnait le reste de l'empire de produits échangés en Méditerranée.

'AMRIT, ANCIENNE MARATHUS   55 x 49 x 16 cm

MUSÉE DE TARTOUS   645

DAM 10 (1998) p. 121

214/215/216/217

Chariots

Terre cuite

~2500

Mis au point vers la fin du ~IVe millénaire, les chariots ont d'abord été tirés par des ânes ou, mieux, par des bœufs pour transporter du matériel lourd. Le modèle à deux roues est appelé char. Les chariots à quatre roues sont recouverts d'une bâche pour protéger les marchandises. Ils devaient être tirés par quatre bêtes attelées de part et d'autre d'un timon qui s'attachait sous la boîte du chariot. Ce mode de transport était lent, pas plus de 15 kilomètres par jour, et praticable seulement dans des régions non accidentées. C'est pourquoi on eut d'abord recours aux ânes pour transporter sur leur dos des marchandises, car ils pouvaient franchir des surfaces accidentées et faire des trajets quotidiens plus longs : 20 kilomètres. Mais les sacs de biens à transporter pendaient de chaque côté de leur colonne vertébrale, car le bât — appareil sur lequel on place la charge — n'est apparu que peu avant le début de notre ère.

INCONNUE/TELL CHUERA **[217]**

16 x 13 x 12 cm/14,9 x 13,5 x 10,9 cm/12,5 x 10 x 10,5 cm/ 10 x 8 x 5 cm

MUSÉE NATIONAL DE DAMAS   6089/6814/6815/196

SYRIEN 162

218
Amphore
Céramique
1200

Située à moins de 3 kilomètres au large de Tartous, ancienne Aradous, l'île d'Arwad prit part au commerce maritime de la Méditerranée pendant toute la durée de son histoire. Cette amphore — trouvée dans une épave récemment fouillée par une équipe japonaise où elle a séjourné longtemps comme l'indiquent les incrustations de coquillages à la surface — en témoigne. Ce type d'amphore était très pratique, car sa forme fuselée faisait en sorte que tout le poids de son contenu était réparti également sur toute la surface des parois et non pas uniquement sur le fond qui aurait pu céder lors des manipulations. En outre, on pouvait facilement entasser ces amphores contre les parois inclinées des cales de bateaux.

ARWAD, ANCIENNE ARADOUS   70 x 32 cm
MUSÉE NATIONAL DE DAMAS   19647

219
Ancre
Gypse
~2500

L'essentiel du commerce au Proche-Orient ancien se faisait par voie maritime. La Syrie fut une plaque tournante, car avec l'Euphrate qui parcourait tout son territoire et qui passait à un endroit à seulement 150 kilomètres de la côte méditerranéenne, plusieurs biens, en provenance de l'océan Indien et du golfe arabo-persique, ont transité par la Syrie en direction de la Méditerranée. Le transport terrestre n'était pas rentable, car des embarcations pouvaient transporter beaucoup plus de marchandises que des convois d'ânes ou de chariots. Et plus rapidement. Des embarcations naviguaient sur l'Euphrate et ses affluents, notamment le Khabour. Cette ancre fut découverte sur un site près du Khabour, à 200 kilomètres de l'Euphrate. Or, ce site, Tell 'Atij, fut un dépôt à grains à la même époque où Mari a développé son trafic fluvial et cherché à s'approvisionner en grains dans les régions septentrionales.

TELL 'ATIJ   34 x 18 x 11 cm
MUSÉE DE DEIR EZ ZOR   ATJ88.46
L'EUFRATE 176

220

Bas-relief de la déesse Allât sur un dromadaire

Basalte

200

Le dromadaire, originaire du sud de l'Arabie, ne fut utilisé en Syrie comme bête de somme dans le commerce terrestre qu'à partir du ~IIe millénaire, lorsque ce pays s'ouvrit au commerce des plantes aromatiques venant d'Arabie. Comme il pouvait transporter à lui seul le double du chargement d'un chariot trois fois plus rapidement et qu'il pouvait passer de 10 à 14 jours sans boire, il s'est vite imposé comme le moyen de transport idéal en conditions désertiques. Ce n'est pourtant que durant l'Empire perse (vers ~500) lorsque les Araméens formèrent des caravanes qu'il sera vraiment exploité. C'est la déesse grecque Némésis dont le culte fut largement répandu en Syrie, où on l'assimila à la grande déesse arabe Allât, qui est représentée sur ce bas-relief romain, montée en amazone sur ce dos d'un dromadaire qui devait jouer un rôle important dans son culte.

RHANA SAHER (PRÈS D'ALEP)   95 x 53 x 26 cm

MUSÉE NATIONAL D'ALEP   C686

SYRIA 84 (1971) p. 116 fig. 2

221

Graffiti « safaïtique »

Basalte

200

« Safaïtique » désigne la population nomade qui parcourait le désert syro-arabique entre le ~Ier siècle et le IVe siècle de notre ère. Le dessin, tracé au silex sur un gros bloc de basalte très dense, nous montre clairement un cavalier sur un cheval portant une lance dans une main et tentant de capturer un chameau et un dromadaire. L'inscription tout autour de la scène nous avise : « Que la déesse Allât assure un bon butin [à celui qui laissera intact cette inscription mais] que la déesse Allât aveugle et rende muet » celui qui la détruira. Les nomades qui peuplaient alors le désert de Safa étaient des éleveurs, notamment de chameaux, et ont également participé aux échanges commerciaux, étant donné leur connaissance de la région.

AL-EISAWY, RÉGION DU DÉSERT DE SAFA (SUD-OUEST DE DAMAS)

70 x 45 x 29 cm

MUSÉE DE SWEIDA   852

222

Coupe au chamelier

Céramique

1200

Le chameau était un symbole de richesse chez les Arabes, car c'est grâce à lui que les marchands ont pu s'enrichir en formant des caravanes qui transportaient sur de grandes distances des produits de luxe, comme la soie et les épices. Raqqa, d'où provient ce vase, est située à un endroit sur l'Euphrate où les marchandises, acheminées par bateaux depuis la Chine et l'Inde, en passant par le golfe arabo-persique et en remontant l'Euphrate, étaient chargées sur le dos des chameaux qui partaient vers Alep et Antioche.

Ce type de céramique à décor peint en bleu foncé sous une glaçure turquoise transparente est courant à l'époque ayyûbide en Syrie où Raqqa fut le plus important centre de production. Une croyance populaire voulait que le turquoise ait des vertus prophylactiques, ce qui expliquerait sa popularité !

RAQQA   27 x 7 cm

MUSÉE NATIONAL DE DAMAS   13423A   *BAAL* 351; *ED* 269

223
Sceau-cylindre
Fedspath
~2500

L'avantage du sceau de forme cylindrique sur le cachet est qu'on peut le dérouler. On peut donc sceller une plus grande surface. Sur les premiers sceaux-cylindres, on trouve des motifs géométriques très simples. Ces motifs forment un panneau décoratif, une fois le cachet déroulé.

TELL `ATIJ   3 x 2,6 cm
MUSÉE DE DEIR EZ ZOR   6337 (ATJ86.61)
L'EUFRATE 177

224
Sceau-cylindre
Cornaline et or
~1900

On avait tendance à utiliser de belles pierres pour la fabrication des sceaux, car leurs propriétaires les portaient très souvent comme bijoux, montés en pendentifs. La représentation d'un combat entre un héros (Gilgamesh ?) et un taureau androcéphale a été gravée sur les parois de celui-ci, en creux évidemment, afin que l'empreinte soit en relief. Ces sceaux-cylindres constituent une source de renseignements iconographiques inépuisable sur les scènes mythologiques.

TELL HARIRI, ANCIENNE MARI (UNE TOMBE DE SHAKKANAKKU)
3,5 x 1,5 cm
MUSÉE DE DEIR EZ ZOR   13162 (TH-23)

225
Sceau-cachet
Terre cuite
~2300

Les sceaux étaient rarement faits en terre cuite comme celui-ci ; habituellement, ils étaient en pierre. Le trou de suspension indique qu'il pendait au cou ou au poignet de son propriétaire. L'empreinte est composée d'une série de cercles concentriques, comme cela était très courant à cette époque.

TELL BRAK   5,8 x 3,8 cm
MUSÉE DE DEIR EZ ZOR   10287 (TB10033)

226
Sceau
Pierre
~5800

Les premiers sceaux apparaissent en Syrie peu après
~6000, c'est-à-dire au moment de l'accumulation de surplus agricoles dans des silos communautaires dont il faut
contrôler l'accès. Ces sceaux ont la forme de tampons,
comme celui que l'on voit ici.

RAS SHAMRA, ANCIENNE OUGARIT   5,1 x 4,3 cm
MUSÉE NATIONAL DE DAMAS   56 (RS 36. 36)

227
Récipient et son scellement
Pierre et argile
~5200

Les sceaux étaient utilisés pour sceller toutes sortes de
récipients dont le propriétaire voulait tenir secret le contenu. Ici, il s'agit d'un récipient en pierre qui a été recouvert d'une couche d'argile à la surface de laquelle furent
tamponnés des sceaux.

TELL SABI ABYAD
13,5 x 7 x 4 cm (RÉCIPIENT)/11,5 x 9 x 5 cm (COUVERCLE)
MUSÉE NATIONAL DE DAMAS   (SAB S91-55 et 1557)
L'EUFRATE 59

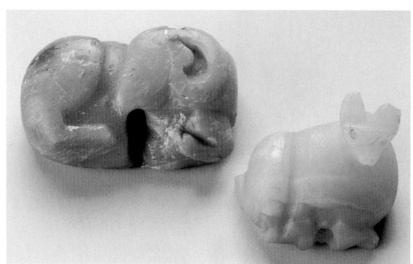

228/229
Sceaux en forme d'animaux
Pierre
~3200

Puisqu'il fallait que leurs propriétaires les gardent constamment avec eux dans l'exercice de leurs fonctions, les
sceaux étaient portés comme pendentifs, d'où l'idée de
les tailler en forme d'animaux.

TELL BRAK   3,7 x 2,2 x 1,6 cm/2,7 x 1,9 x 2 cm
MUSÉE NATIONAL D'ALEP   M7725/7720   *Cf. BAAL* 77-80

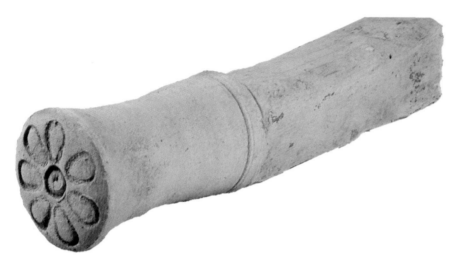

230 a-b
Taquets de porte
Terre cuite
~2500

Cette espèce de bâton en deux sections — une partie inférieure carrée prolongée par une sorte de manche cir-culaire — était enfoncée dans un mur à proximité d'une porte. Ce bâton faisait partie du système de fermeture de la porte, car une corde reliait cette pièce d'ancrage prise dans le mur à une poignée aménagée à même la porte en bois. Pour exercer un contrôle sur l'accès à la pièce ainsi fermée, on enrobait les deux extrémités de la corde — qui reliait la porte à l'ancrage au mur — dans de l'argile à la surface de laquelle était roulé un sceau-cyclindre ou appliqué un sceau-tampon. Ce système était courant dans les édifices publics comme les palais où l'on accumulait les surplus de production et les biens acquis par voie d'échange.

TELL BI'A, ANCIENNE TUTTUL   24 x 6,4 cm/27 x 6,2 cm
MUSÉE DE RAQQA/MUSÉE NATIONAL DE DAMAS
546 (BI24/46:8 90B:10)/547 (BI24/46:7)
L'EUFRATE 268; *MDOG* 125 (1993) p. 113-131

231 a-o
Scellements
Argile crue
~2300

Il est assez courant de retrouver près des portes des entre-pôts aménagés dans les palais de grandes quantités de tels fragments d'argile crue portant les empreintes de sceaux. En effet, tout gardien responsable d'un entrepôt veillait à conserver la porte constamment scellée (selon un dispositif expliqué en **[230]**). Lors de l'ouverture de l'entrepôt, la motte d'argile portant l'empreinte du sceau, que l'on appelle un scellement, était brisée et les débris rejetés sur le sol, dans un angle de la pièce. Chaque fonction-naire responsable d'une réserve possédait son propre sceau qui était en quelque sorte sa pièce d'identité dans le système administratif palatial.

TELL BRAK   3 x 1,7 cm
MUSÉE DE DEIR EZ ZOR   (TB14073)

232 a-e
Jetons-calculi
Terre cuite
~3200

Ces petits objets en argile, découverts en grand nombre sur des sites qui ont été habités avant l'apparition de l'écriture (vers ~3000), semblent avoir été utilisés pour symboliser des biens que l'on voulait comptabiliser. Dans le cadre d'échanges commerciaux, la personne responsable du transport de biens portait ces jetons enfilés sur une ficelle et les remettait au destinataire qui en connaissait la signification — quantités (nombre de stries) et nature (forme des jetons) des produits faisant partie du lot échangé. Ils ont été reproduits en deux dimensions sur des tablettes et, par conséquent, sont considérés par plusieurs comme les précurseurs de l'écriture.

TELL HABUBA KABIRA   2 x 1,5 cm (en moyenne)
MUSÉE NATIONAL D'ALEP   M10576-9 M8535   *SMC* 87

233 a-q
Jetons-calculi
Argile crue
~2500

Cet autre lot de jetons ayant servi à la comptabilisation de produits échangés a été retrouvé sur un site datant d'une période postérieure à l'apparition de l'écriture. Cela nous confirme que l'usage d'un système ne supplanta pas l'autre immédiatement. Puisque ces jetons ne présentent pas de perforations centrales, ils devaient être mis dans une bulle-enveloppe **[234].**

TELL 'ATIJ   2,5 x 1,7 cm
MUSÉE DE DEIR EZ ZOR   (ATJ87.244)
L'EUFRATE 178

234
Bulle-enveloppe
Argile crue
~3200

Des jetons-*calculi* sont enfermés dans cette enveloppe sphérique qui a été cachetée par le déroulement d'un sceau-cylindre sur la surface de l'enveloppe. Le nombre de jetons à l'intérieur de la bulle est indiqué par la présence de larges encoches pratiquées à la surface de cette sphère. Il va de soi que cet objet n'était pas cuit, car il fallait que le destinataire puisse l'ouvrir et compter le nombre de jetons-*calculi* qui étaient scellés à l'intérieur.

TELL HABUBA KABIRA   6,3 cm
MUSÉE NATIONAL D'ALEP   M10170
SMC 88 : *BAAL* 69

235
Tablette numérale
Terre cuite
~3200

On s'est rapidement aperçu que le système qui consistait à indiquer sur la surface d'une bulle-enveloppe **[234]** le nombre de jetons-*calculi* à l'intérieur était un peu redondant. On s'est contenté d'indiquer sur une surface plate en argile crue des symboles de quantités, c'est-à-dire des encoches et des cavités circulaires, auparavant fournies par les jetons-*calculi*. Ce type de tablette doit accompagner les biens, car leur nature n'est pas indiquée.

DJEBEL ARUDA   9 x 8 x 2,8 cm
MUSÉE NATIONAL D'ALEP   M10169
SMC 90 ; *BAAL* 71

236
Tablette numérale
Argile crue
~2500

Avec le temps, les signes sur les tablettes numérales — appelées aussi numériques —, tablettes qui étaient destinées à conserver en mémoire des nombres, vont diminuer en taille pour ne devenir que de petits points et des traits discrets. Leur codification reste encore à déchiffrer.

TELL 'ATIJ   5,5 X 4 X 1,7 cm
MUSÉE DE DEIR EZ ZOR   (ATJ87-246)
L'EUFRATE 179

237
Tablette : exercice mathématique
Terre cuite
~2300

Les scribes sont aussi des savants qui, en marge de l'écriture, acquièrent diverses connaissances utiles, notamment pour l'exercice de leur fonction. Dans la colonne de gauche de cette petite tablette, ont été alignés les nombres les plus élevés du système sexagésimal — dont la base est 60. Le calcul fut une grande préoccupation des scribes alors, car il fallait un système qui puisse permettre de conserver en mémoire des quantités et de faire des opérations de calcul avec ces quantités qui rendent fidèlement compte des transactions administratives. Nous conservons encore des traces du système sexagésimal développé par les scribes mésopotamiens dans notre mesure du temps en heures, en minutes et en secondes.

TELL MARDIKH, ANCIENNE EBLA   6 x 5,8 x 1,7 cm
MUSÉE NATIONAL D'ALEP   M10824 (M347 TM.75.G.1693)
L'ÉCRITURE 133

238

Tablette: liste de professions

Terre cuite

~2300

Une telle liste de titres et de professions est ce que nous appelons une liste lexicographique, en ce sens qu'elle énumère, selon certains principes d'ordonnancement — thématique ou graphique — déterminés par le copiste, toutes sortes de notions. Ces listes, toutefois, servaient avant tout à la formation des scribes en matière d'écriture et de vocabulaire. Les scribes apprenaient à recopier les éléments figurant dans ces répertoires lexicographiques en fonction de certains thèmes ou de certains signes en début de mots. Ce faisant, ils transcrivaient des listes de mots d'objets, de métiers, d'animaux, de lieux géographiques ou autres, groupés selon des critères qui variaient d'après les besoins des exercices d'écriture. Pour nous, ces listes représentent une source inépuisable de renseignements sur la société de l'époque et ses institutions.

TELL MARDIKH, ANCIENNE EBLA   16 x 15,5 x 2,5 cm
MUSÉE DE IDLIB   183 (TM.75.G.5259)   _L'ÉCRITURE_ 142

239

Tablette: compte rendu annuel de métaux

Terre cuite

~2300

Les différentes dépenses en or et en argent survenues au cours de l'année étaient notées sur de grandes tablettes récapitulatives à la fin de l'année. Ces tablettes peuvent dépasser les 20 colonnes par face. C'est ce qu'il est convenu d'appeler un compte rendu annuel de métaux. Les dépenses de textiles, plus fréquentes que celles relatives aux métaux précieux, étaient, quant à elles, recensées mensuellement [240]. Cette tablette est aussi remarquable par sa taille.

TELL MARDIKH, ANCIENNE EBLA   30 x 28 x 2,5 cm
MUSÉE DE IDLIB   648 (TM.75.G.1860)   _L'ÉCRITURE_ 141

240

Tablette: dépenses mensuelles en textiles

Terre cuite

~2300

Les textiles semblent avoir joui d'une très grande valeur économique dans les sociétés orientales anciennes. Sur cette grande tablette, les scribes du palais d'Ebla ont dressé la liste des dépenses engagées par le roi pour l'acquisition de textiles ou de vêtements afin de les offrir aux dieux, à des fonctionnaires du palais ou d'autres subordonnés, ou encore à des ambassadeurs étrangers. Étant donné l'importance de ces dépenses, la chancellerie du palais produisait mensuellement de telles listes pour les textiles. C'était le seul matériau qui faisait l'objet de listes mensuelles, les dépenses relatives aux autres matériaux n'étant qu'annuelles.

TELL MARDIKH, ANCIENNE EBLA   19 x 16,5 x 3,8 cm
MUSÉE DE IDLIB   85 (TM.75.G.1300)   _L'ÉCRITURE_ 136

241
Tablette : exercice scolaire
Terre cuite
~2300

Ce simple exercice d'écriture portant sur quelques signes cunéiformes importants est caractéristique de l'apprentissage du scribe qui consistait essentiellement en un travail de copie en vue de mémoriser les 1200 signes environ de l'écriture cunéiforme. Les scribes devaient recopier des syllabaires d'abord, puis des mots de vocabulaire regroupés par thème. Ensuite, ils se lançaient dans des textes complets : des proverbes, car les rimes leur permettaient de les mémoriser facilement, de courts extraits de textes littéraires connus et finalement des compositions entières (des hymnes et des épopées, par exemple). Cependant, on ne peut pas vraiment parler d'école, mais d'un apprentissage auprès de lettrés à leur domicile.

TELL MARDIKH, ANCIENNE EBLA   6 x 5,5 x 1,5 cm
MUSÉE DE IDLIB   477 (TM.75.G.1692)   *L'ÉCRITURE* 148

242
Tablette : liste de rations alimentaires
Terre cuite
~2400

Les fonctionnaires du palais de Mari étaient responsables d'assurer la distribution de rations alimentaires à des artisans spécialisés qui étaient au service du roi et de sa cour. Le présent enregistrement d'une de ces distributions fait état de rations de grain et de bière fournies à des individus désignés par la profession qu'ils exerçaient au palais : 3 charpentiers, 1 feutrier, 1 potier, 3 corroyeurs, 2 foulons et 1 jardinier. Sur d'autres tablettes du même type, on désigne les personnes selon leur lieu de travail.

TELL HARIRI, ANCIENNE MARI   6,6 x 6,6 x 3 cm
MUSÉE DE DEIR EZ ZOR   3210 (TH.80.102)   *L'ÉCRITURE* 152

243
Tablette : liste de rations alimentaires
Terre cuite
~2400

Dans cette liste de rations mensuelles de grains, il est question de 160 personnes dépendant du palais de Beydar, dont quatre scribes auxquels nous devons la rédaction de cette tablette et d'autres récemment découvertes sur ce site. Les tablettes de Beydar sont porteuses essentiellement de textes administratifs, de listes de personnel, d'équipes agricoles et d'animaux auxquels sont alloués des rations. Ces comptes étaient mensuels. À la fin de chaque année, les données contenus sur ces bordereaux de dépenses étaient compilées sur des registres récapitulatifs afin de dresser un bilan annuel. Ces derniers rendaient caduques les listes mensuelles qui étaient jetées au rebut. Ce sont de telles tablettes qui furent mises au jour dans les fondations d'un mur de maison et dans une pièce de cette même maison, utilisées comme matériau de remplissage.

TELL BEYDAR   7,6 x 7,6 x 2,6 cm
MUSÉE DE DEIR EZ ZOR   13039 (BEY93-31)   *L'ÉCRITURE* 162

244

Tablette scellée dans son enveloppe

Argile crue

~1700

Les contrats de diverses natures, notamment ceux concernant l'achat d'une propriété, sont enregistrés sur une tablette qui est ensuite placée dans une enveloppe sur laquelle le texte du contrat est réécrit; les sceaux des témoins sont roulés sur l'enveloppe afin de la cacheter.

TELL ASHARA, ANCIENNE TERQA (ARCHIVES DE PUZURUM)

16 x 9,2 cm

MUSÉE DE DEIR EZ ZOR   2364/2366 (T-97)   *L'EUFRATE* 299 et 300

245

Tablette dans son enveloppe

Terre cuite

~1300

Document légal au sujet d'un héritage qui, selon les habitudes de l'époque, a été enfermé dans une enveloppe sur laquelle le même texte a été transcrit. Si l'une des deux parties concernées en venait à penser que l'autre avait falsifié les termes de l'accord, l'enveloppe était ouverte par un juge afin qu'il puisse comparer les clauses de l'accord sur la tablette avec celles contenues dans le texte apparaissant sur l'enveloppe.

TELL EL-QITAR   11 x 8,5 x 4 cm

MUSÉE NATIONAL D'ALEP   M10471 (EQ-124 1.83)

L'EUFRATE 325

246

Tablette: rapport de mission

Terre cuite

~1800

Comme c'était très courant à l'époque, un fonctionnaire en poste dans une région éloignée du royaume de la cité-État de Mari fait un rapport au roi, Zimri-Lim. Sur cette tablette, il a indiqué l'état de la situation concernant diverses tribus de nomades dont les populations sédentaires se méfiaient toujours des razzias sur leurs réserves alimentaires.

TELL HARIRI, ANCIENNE MARI: PALAIS AMORITE   5 x 3,7 x 2,5 cm

MUSÉE DE DEIR EZ ZOR   6535 (ARM II36)

258
Trésor de monnaies dans une jarre
Argent et cuivre
1200

Ces pièces proviennent d'un trésor de monnaie de 50 kilogrammes caché dans sept jarres. S'appuyant sur certains préceptes coraniques, le cinquième calife de la dynastie omeyyade, 'Abd al-Malik ibn Marwân (685-705), interdit la reproduction de l'effigie du souverain régnant sur l'avers et le revers des pièces de monnaies. Il fait plutôt inscrire des extraits du Coran accompagnés du nom du calife qui a ordonné la frappe ainsi que le lieu et la date de cette frappe. À la base du système monétaire arabe, se trouve le dinar en or pesant 4,25 grammes et le dirham en argent, qui pèse 2,91 grammes. De tels trésors de monnaies sont habituellement découverts dans les décombres de maisons qui ont été abandonnées précipitammant devant une menace imminente d'invasion.

RAQQA   19 x 15 cm
MUSÉE NATIONAL DE DAMAS   4132/11344A
AAAS 8-9 (1958-1959) 25-52

ORGANISATION DE
la pensée

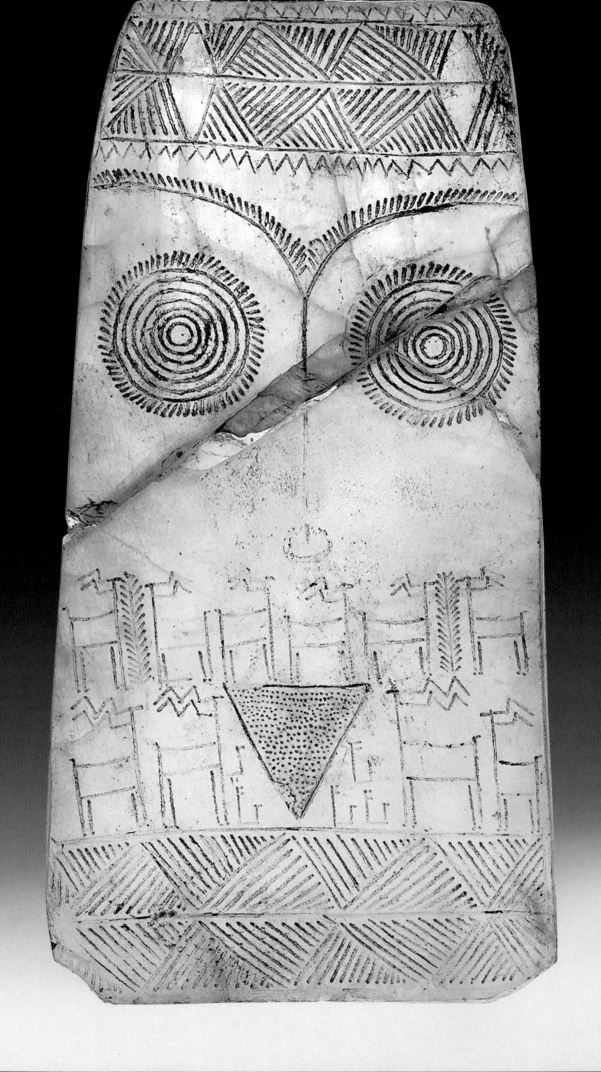

ORGANISATION DE
la pensée

ès leur premier effort de structuration, parallèlement à leur développement économique et social, les sociétés humaines établies en Syrie prennent conscience de l'univers qui les entoure et du rôle de chaque individu dans ce nouvel environnement socioéconomique. Leurs membres se construisent alors peu à peu une vision du monde ; dans un effort de rationalisation, ils définissent de façon raisonnée les forces naturelles et surnaturelles qui les entourent. Ils se mettent à partager une idéologie collective, expression de leurs aspirations, de leurs craintes refoulées ou de leurs interprétations de ces forces omniprésentes. Ils essaient de comprendre les phénomènes qui se produisent autour d'eux et leur donnent une explication logique, à leur manière et selon leurs connaissances.

Eulogie de saint Syméon.
Cat. 314 b

Dès le début, les manifestations divines prennent des traits humains, principalement féminins, dont la symbolique n'est pas toujours claire. La façon de représenter concrètement ces idées abstraites est intimement liée à l'apparition des premières formes d'expression artistique. Avec le temps, on attribue des noms à ces dieux humanisés pour mieux les caractériser. Les récits mythologiques, quant à eux, éclairent les relations parfois tumultueuses entre la réalité terrestre et les forces divines qui y prévalent.

Ce partage d'une même rationalité de l'au-delà, exprimée dans la culture matérielle par différentes catégories d'objets symboliques, se manifeste aussi au sein des communautés par l'aménagement de temples. Ceux-ci renferment des vestiges éloquents de pratiques cultuelles qui évoluent d'une époque à l'autre.

Page précédente:
Stèle cultuelle.
Cat. 295

À partir d'une certaine époque, la monumentalité des lieux de culte est un indice probant de l'institutionnalisation de certains systèmes de croyances collectifs. La Syrie a vu se développer sur son territoire les grandes religions monothéistes du monde. Le pouvoir de rassemblement de ces grandes religions, fondées sur l'idée d'un Dieu unique, est très fort et déborde même parfois l'aspect religieux

En abordant ainsi les systèmes de valeurs spirituelles à différentes époques, on peut espérer cerner, dans certains éléments provenant de la culture matérielle, des aspects de l'inconscient collectif. L'un des éléments culturels les plus intéressants à cet égard est probablement la notion du beau. La mort et la préparation à la vie dans l'au-delà nous ont semblé un instant privilégié pour observer certaines de ces manifestations.

DES DIEUX AUX TRAITS HUMAINS

De tous temps, jusqu'à l'apparition d'une pensée rationnelle fondée sur l'observation et l'expérience, les humains ont eu tendance à attribuer une origine divine aux phénomènes naturels qui survenaient autour d'eux et dont ils ne comprenaient pas le sens. Bien souvent, ils ont choisi de représenter sous des traits humains, des expressions abstraites — la fécondité, par exemple — de ce monde pour lequel ils n'avaient aucune explication logique. Ils expliquaient l'inconnu par le connu, le surnaturel par le naturel. En Syrie, l'omniprésence du surnaturel dans la vie quotidienne et la problématique de la vie après la mort s'expriment d'abord dans la vénération des ancêtres et dans les cultes de la fertilité. Puis, progressivement, elles s'expriment dans un culte organisé autour d'un panthéon codifié aux traits humains ou animaliers pour enfin s'incarner dans de grandes religions monothéistes, donc fondées sur un principe divin unique.

UNE EXPRESSION SYMBOLIQUE ?
En revanche, de récentes fouilles ont produit, sur un site de Syrie daté d'environ ~10 000, des plaquettes en pierre portant des motifs abstraits et, dans un seul cas, des représentations animales. On ne peut donc concevoir aucune fonction utilitaire pour ces objets. Quant aux motifs dont ils sont

décorés, nous sommes portés à croire que ce ne sont plus de simples motifs ornementaux, mais probablement des symboles dont la signification nous échappe encore. C'est, à ce jour, la plus ancienne expression symbolique en Syrie et au Proche-Orient : message caché non encore décodé, probablement expression concrète d'un début de pensée rationnelle et abstraite. On saisira toute l'importance de ces plaquettes en admirant le raffinement de leur exécution et en se rappelant que les artisans qui les ont exécutées n'avaient à leur disposition que de rudimentaires outils de pierre. Pour en arriver à une telle perfection, il leur a sans doute fallu, pour chaque plaquette, des journées entières de travail.

Premières divinités, les déesses-mères

À la même époque apparaissent ce que nous considérons à l'heure actuelle comme les premières divinités de l'Humanité, des figurines féminines aux formes plantureuses et aux attributs sexuels mis en évidence. Souvent appelées « déesses-mères » d'une manière peut-être un peu catégorique, croyons-nous, il n'en demeure pas moins qu'elles symbolisent, par leurs rondeurs évocatrices d'un absolu féminin et maternel, l'expression d'une attention particulière alors portée à la fécondité et à la reproduction, garantie de la survie de l'espèce. Elles sont sculptées dans de la pierre ou modelées dans de l'argile durcie au feu et même peintes — dans un cas récemment découvert.

Le pendant masculin semble aussi avoir existé, mais sous une représentation plus symbolique. Des crânes d'aurochs — espèce sauvage du taureau — ou parfois tout simplement leurs cornes sont retrouvés dans les maisons, insérés dans des banquettes

Figurine féminine en terre crue interprétée comme une déesse-mère.
Cat. 263

d'argile, et même dans les fondations des murs. Sans aller jusqu'à parler d'un dieu-taureau — qui connaîtra plus tard une grande vogue —, nous croyons être autorisés à voir là un symbole de la force virile que véhicule l'image du taureau. Tels sont les premiers indices d'une tentative d'explication des origines de l'Humanité à l'époque (entre ~10 000 et ~6000) où les humains mettent au point l'agriculture et l'élevage. Le contrôle de la reproduction des plantes et des animaux s'inscrit donc clairement au cœur de leurs préoccupations.

Ces deux types de symboles se perpétuent aux époques subséquentes. Plusieurs figurines féminines, en terre cuite cette fois, font partie de la culture matérielle [265, par exemple], prolongeant ainsi les traditions mises en place précédemment. On

Les énigmatiques figures féminines
de Tell Halula

L A DÉCOUVERTE DE DOCUMENTS d'ordre symbolique est exceptionnelle, car ils permettent de percer le psychisme collectif de communautés disparues, un élément de civilisation très difficile d'approche. C'est pour cela que la mise au jour de représentations humaines peintes sur le sol d'un des bâtiments de Tell Halula, remontant aux alentours de ~7000, mérite une attention particulière, d'autant que ce sont les plus anciennes représentations humaines peintes du Proche-Orient.

Il s'agit d'une composition qui couvre une surface de 1,2 sur 1 mètre, placée sur le sol enduit de chaux de la pièce principale d'une maison de type pluricellulaire, près du foyer. Les peintures ont été réalisées en rouge foncé avec une substance contenant des minéraux de fer (hématites). L'ensemble est formé de 23 figures humaines schématiques réparties autour d'un carré à rayures internes. Ces figures sont de deux types.

Le premier type consiste en une représentation frontale montrant des jambes de forme triangulaire se terminant en pointe, des hanches volumineuses, un rétrécissement au niveau du tronc, le bras droit dégagé avec des traits à la place de la main, tandis que la tête est représentée par une tache. Les sept représentations de ce type sont soit isolées, soit doubles. Leurs caractères morphologiques nous autorisent à les interpréter comme des représentations féminines.

Dans le deuxième type, les figures humaines ont une partie inférieure de forme triangulaire, où la partie postérieure du corps est mise en évidence. Une série de traits

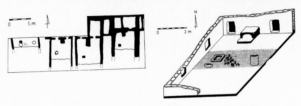

Maison de Tell Halula au sol peint de figures féminines.

perpendiculaires pourraient représenter les pieds, alors que deux autres symboliseraient les bras. Le tronc est représenté par un trait épais qui se termine par un rond pour la tête. De plus, la présence de seins sur quelques figures ne serait pas à écarter. Nous interprétons ces figures comme des représentations féminines très stylisées, vues de côté, ce qui accentue les caractères symbolisant la fécondité. Ces figures sont dessinées par groupes de deux ou trois et même, dans un cas, de quatre reliées par les hanches.

Il est difficile d'interpréter les documents artistiques-symboliques. Le document que nous venons de décrire est un panneau de composition au sein duquel la figure féminine tient une place importante, entourant un élément schématique plus énigmatique. S'agit-il d'un bâtiment significatif ou d'une plateforme de séchage des céréales? Cette présence féminine, dans une situation de joie qui évoque la danse, illustre de nouveau, à notre avis, le rôle que la femme devait jouer dans les premières sociétés agricoles du Levant. Cette composition picturale nous aidera certainement à mieux saisir le monde symbolique des premiers agriculteurs éleveurs, notamment ceux qui habitaient le village de Tell Halula.

PROF. DR MIGUEL MOLIST
Universitat autónoma de Barcelona

Figures féminines peintes sur le sol de la maison de Tell Halula.

voit même des représentations de dieux mâles sous la forme de taureaux à tête humaine [272].

LE PANTHÉON SYRIEN ET SES DIVINITÉS

Il est intéressant de noter que la mise en place d'une structure sociopolitique — par exemple, la création de cités-États vers ~3000 — s'accompagne, dans le domaine de la pensée, d'un effort d'organisation de la multitude de dieux progressivement créés par les hommes. On classe dorénavant ces diverses divinités selon un ordre rationnel, hiérarchisé. Dans les textes, elles sont classées selon leur appartenance généalogique, ou encore selon leurs rôles dans tel ou tel mythe. Elles sont aussi désignées par des noms.

El est le dieu suprême du panthéon syrien. Avec son épouse Athirat — Ashéra en hébreu — c'est le géniteur de tous les autres dieux. Dieu de la sagesse, il préside, assis sur son trône, la cour céleste [275]. Ce dieu des origines cosmiques est associé, dans le panthéon syrien, à un jeune dieu guerrier et téméraire, brandissant la foudre [277]. Selon les régions où il est vénéré, il porte différents noms : Ada, Haddad, ou Baal, le «Maître». Autour de ces deux dieux gravitent les autres divinités.

Baal habite le sommet des montagnes, d'où viennent le tonnerre et les éclairs. Ainsi, un mythe, qui nous a été transmis grâce à un texte inscrit sur une tablette trouvée sur le site d'Ougarit, raconte qu'un jour Baal s'opposa avec force à Yam, dieu de la mer et du chaos, qui voulait se faire construire un palais.

Or, pour les habitants d'Ougarit, la résidence de Baal est le sommet du mont Saphon — bien visible de la ville —, qui culmine à 2000 mètres d'altitude et qui se trouve à 3 kilomètres seulement de la mer.

Chaque automne, en raison de la hauteur de la montagne et de sa proximité de la Méditerranée, les nuages s'y accumulent. Cela provoque des orages spectaculaires, ponctués par le grondement du tonnerre et l'éblouissement répété des éclairs qui tombent dans la mer déchaînée, tel Baal terrassant le redoutable Yam. Ces phénomènes naturels seraient donc à l'origine de ce récit mythique typiquement ougaritique. Cela expliquerait également la présence de nombreuses ancres de bateaux retrouvées dans le temple de Baal à Ougarit, les marins voulant ainsi implorer la protection divine de Baal lorsqu'ils partent en mer, élément naturel sur lequel il a démontré sa supériorité.

Baal, en fringant taurillon, descend de la montagne pour s'ébattre avec son épouse, la génisse Anat [273], dans les pâturages au pied des flancs des montagnes : un récit dont le message se passe d'explications.

En revanche, celui de son combat avec Môt, le dieu de la mort, est plus énigmatique. Dans ce combat, Baal perd et est emporté dans le monde des défunts ; c'est l'été, et la nature se dessèche, car la pluie ne tombe plus. Anat, la femme de Baal, part à la recherche de son mari et ramène la dépouille au sommet du mont Saphon où Baal ressuscitera grâce aux rayons de la déesse solaire Shapshou. Pour se venger, Baal lance la foudre sur Môt : l'orage qui en résulte arrose les champs. Or, les paysans qui vivent dans les environs d'Ougarit n'irriguent pas leurs champs, puisque cette région reçoit plus de 250 millimètres de pluie par année. Ils sont donc à la merci des précipitations annuelles, une situation angoissante qui a probablement donné naissance à ce mythe du dieu de la pluie. En fait, ces trois mythes, soit celui de Baal contre Yam, Baal avec Anat et Baal avec

Shapshou ont été conçus en fonction de trois catégories d'habitants d'Ougarit : les marins, les bergers et les agriculteurs.

Parmi les autres divinités qui font partie du panthéon syrien, nous ne saurions passer sous silence la belle Astarté [274]. Connue sous le nom d'Ishtar dans le reste de la Mésopotamie, cette jeune déesse guerrière partisane de l'amour libre, emblème de la féminité, finira, dans la mythologie populaire, par recouvrir l'identité d'Anat — sa sœur et femme de Baal — et d'Ashéra — femme du dieu El avec qui elle engendre 70 divinités.

Assimilation des dieux syriens aux divinités grecques et romaines

Pendant les périodes hellénistique et romaine, on assiste à une interprétation gréco-romaine de la mythologie orientale, à une hellénisation des dieux orientaux. Baal est assimilé à son vis-à-vis lanceur d'éclairs, le Zeus des Grecs, devenu le Jupiter des Romains ; Astarté est confondue avec l'Aphrodite grecque, puis avec la Vénus romaine ; les Arabes, quant à eux, vont représenter leur déesse Allat [220] — dont le culte fut introduit par les tribus nabatéennes venues d'Arabie — sous l'aspect d'Athéna [278].

Mais on ne fait pas qu'adapter des mythes gréco-romains à la réalité orientale. Dans certains cas, les populations locales romanisées empruntent carrément des mythes gréco-romains et les copient intégralement, surtout les plus connus, comme celui d'Hercule [279].

Enfin, il y a aussi un effort pour expliquer aux Grecs et aux Romains ce qu'étaient les cultes orientaux qui devinrent très populaires à Rome et en Italie — Isis et Mithra, par exemple. Mais la Syrie ne joua pas un rôle de premier plan à cet égard.

Avec l'émergence du concept de Dieu unique — créateur de l'univers et de toutes choses qui s'y trouvent — des grandes religions monothéistes, les cultes païens disparaissent lentement de Syrie comme en font foi les dédicaces aux anciens dieux qui n'y sont plus que sporadiques à la fin du IVe siècle de l'ère chrétienne. Mais, en contrepartie, l'influence du monde oriental dans l'Empire romain s'accentue davantage avec la propagation du judaïsme et surtout du christianisme. C'est à Antioche, capitale de la Syrie romanisée, que les fidèles de la nouvelle religion prêchée par Jésus prirent le nom de chrétiens. Et c'est dans la ville de Damas que Saül, saint Paul, eut la révélation qui contribua à démarquer le christianisme du judaïsme.

LIEUX ET PRATIQUES DU CULTE

Outre la représentation concrète de concepts abstraits, les sociétés anciennes se sont donné des lieux consacrés à des manifestations de culte envers leurs dieux. Le temple est probablement le plus connu de ces lieux cultuels et le plus significatif, même si des actes de vénération furent accomplis en dehors des édifices. Mais l'identification de ces endroits n'est pas toujours facile et est sujette à discussions. Quand au juste le temple est-il donc apparu ?

Les premiers temples, demeures des dieux

Dans le monde oriental, le temple est, à proprement parler, la maison d'un dieu, l'endroit où il habite et le lieu où les humains le servent, comme ils sont obligés de le faire. Ce dieu y séjourne sous les traits d'une statue ou d'un symbole, forme matérialisée servant de support aux rituels accomplis par un

Page précédente :
Statuette de Baal.
Cat. 277

clergé attitré: les statues sont habillées et nourries comme si c'étaient des humains; on a même prévu des mariages divins. Le temple n'est pas un lieu où les adorateurs se réunissent pour vénérer leur dieu ni un endroit pour venir exprimer collectivement sa foi. Même s'il ne s'agit en fait que d'une maison, le temple est construit sur un sol sacré qui ne peut pas être utilisé à d'autres fins par la suite. Par ailleurs, étant donné son importance d'un point de vue architectural, l'apparition des temples au Proche-Orient ancien coïncide avec la mise en place d'une forme quelconque de religion, c'est-à-dire de pratiques cultuelles institutionnalisées. Faute de textes explicites, c'est uniquement grâce à l'observation de détails architecturaux dans certains types de bâtiments qu'il est possible de conclure à l'existence des temples.

L'apparition des temples est d'abord liée au phénomène d'urbanisation, puisqu'il s'agit d'une construction en dur. La décision d'ériger ce type d'édifice, à fonction bien définie, est aussi à mettre en relation avec l'instauration d'une forme évoluée de structure sociopolitique. Ainsi, les premiers temples ressemblent beaucoup à ces grandes maisons associées, dans certains villages populeux et dotés d'une organisation sociale avancée, à des édifices à caractère public où le détenteur de l'autorité gouvernementale exerce son pouvoir. Certains de ces édifices continuent à se développer et deviennent des palais, mais dans d'autres cas, des éléments architecturaux qui sont considérés comme propres à un temple leur seront ajoutés.

Le premier de ces éléments est un podium dressé à l'intérieur, contre le mur du fond, pour recevoir la statue du culte ou un symbole de la divinité adorée [295]. Ce podium est placé dans une partie du temple

appelée le « Saint des Saints », qui est très souvent séparée de la salle principale, dite « cella » ou « sanctuaire », par une cloison amovible. On peut deviner l'emplacement de cette cloison grâce à la présence de deux contreforts placés l'un en face de l'autre, rétrécissant ainsi l'espace intérieur où la cloison devait se trouver. Dans l'axe central de la cella, et à peu de distance devant le podium, se trouve une table d'offrandes, indice déterminant, car si on était en présence d'un podium seulement, on pourrait croire qu'il s'agit d'une estrade pour recevoir un trône. Enfin, peu importe que l'accès à la cella se fasse par un axe coudé ou droit, le temple doit posséder un vestibule pour assurer la transition du monde extérieur, profane, au monde intérieur, sacré. En dehors du temple, on peut trouver une esplanade ou une terrasse pour y faire des sacrifices, sur des autels aménagés à cette fin, d'autant plus que l'intérieur des temples n'est pas vraiment accessible aux fidèles. Afin de distinguer les temples des autres édifices publics, les murs peuvent être ornés, à l'extérieur, de cônes d'argile [280] qui y sont partiellement enfoncés et dont les sommets ronds peints de différentes couleurs donnent à l'ensemble l'aspect d'une mosaïque.

Un type de temple particulier se développe en Syrie, du ~IIIe au ~Ier millénaire, notamment sur un site comme celui d'Emar où de beaux exemples furent mis au jour. Ce type de temple a la forme d'un bâtiment rectangulaire accessible par une porte placée sur un petit côté transformé en porche par le prolongement des murs latéraux. À l'intérieur, la salle principale, quelquefois divisée en deux, est munie de banquettes plaquées contre le mur du fond et parfois le long d'un mur latéral, de même que d'un autel situé aux deux tiers environ, se dressant dans l'axe de la porte; cet autel peut être remplacé par une

niche aménagée dans le mur du fond. Or, c'est précisément ce modèle que reprend Salomon vers l'an ~1000 lors de la construction du fameux temple de Yahvé à Jérusalem, tel que reconstitué à partir des textes bibliques, car le monument lui-même a disparu. La seule différence, c'est que le « Saint des Saints » devait y abriter non pas une statue de culte, mais l'arche d'alliance. Ce plan s'articule selon une progression logique qui va du profane au sacré : le vestibule fait le lien entre la maison sacrée de Dieu et le monde extérieur profane ; la cella sert de salle pour le culte quotidien, la présentation des offrandes et l'accomplissement du rituel ; quant au « Saint des Saints », c'est l'inaccessible résidence de Dieu.

Bien que l'intérieur des temples soit interdit aux adorants, ces derniers se font remplacer par de petites sculptures en pierre les représentant en position de prière, les mains jointes ramenées sur la poitrine et les yeux écarquillés comme en adoration [286]. Plusieurs de ces « orants », comme on les appelle, sont des espèces d'ex-voto qui doivent perpétuer la prière du dédicant. L'auteur des prières fait graver son nom au dos des statuettes pour aviser le dieu vénéré de qui viennent ces dévotions. Ces statuettes sont ensuite déposées sur des banquettes le

long des murs et sur de petites plateformes. C'est grâce à l'une d'elles que la ville de Mari a pu être identifiée, car le roi y avait fait inscrire son nom au dos.

On a longtemps pensé que certains de ces temples avaient été représentés par des maquettes architecturales [282], trouvées sous les fondations des temples, mais on a maintenant plutôt tendance à croire que ces objets constituaient des espèces de dépôts de fondations placés sous le seuil des portes ou à la base des murs des temples au moment de leur édification. Une telle pratique était courante, et les dépôts de fondation se présentent sous forme de plaques carrées, en bronze ou en gypse, fixées au sol à l'aide d'un gros clou en métal qui passe par un trou au centre de la plaque. Cette plaque porte des inscriptions commémorant la fondation du temple ou des inscriptions pour en éloigner les mauvais esprits. La forme la plus usuelle pour un dépôt de fondation demeure toutefois celle de longs clous en bronze fichés aux quatre angles du temple et enfouis dans l'épaisseur de ses murs.

Reconstitution du temple double d'Emar, dédié à Baal et à Astarté.

Maquette architecturale.
Cat. 289

CÉRÉMONIES RELIGIEUSES ET OBJETS CULTUELS

Les cérémonies cultuelles ou religieuses qui se déroulent dans ces temples exigent du mobilier approprié parmi lequel figurent évidemment tables d'offrandes, autels et brûle-encens [293] aux formes variées [290].

L'encens, substance résineuse aromatique, dégage une odeur pénétrante en brûlant. Il est tiré d'arbres et d'arbustes odoriférants qui poussent, entre autres, au sud de l'Arabie. La myrrhe est une autre gomme résine aromatique fournie, cette fois, par le balsamier. La fumigation avec de l'encens signifie purification et offrande dans un seul geste, dans le but d'attirer l'attention de la divinité et, en même

temps, de la calmer. Mais, à l'origine, l'encens est associé à la mort, aux funérailles et au culte des morts : aussi utilisé pour l'embaumement des morts qu'il devait préserver et garder vivants, il purifie de la putréfaction et des mauvaises odeurs et protège du démon. L'encens est utilisé dans les temples dès le ~IIIᵉ millénaire, car sa fumée forme une sorte d'escalier de la terre vers le ciel. Si les premiers chrétiens continuent à l'utiliser pour le culte des morts, ils hésitent toutefois à l'introduire dans leurs cérémonies religieuses afin de se démarquer des cultes païens. Réintroduit en Syrie au ~IVᵉ siècle, où il fait alors l'objet d'un commerce bien organisé et très lucratif, il symbolise la prière en l'honneur de Dieu. On comprend pourquoi, dans la tradition biblique, l'encens et la myrrhe faisaient partie des cadeaux princiers et symboliques offerts par les Rois mages venus d'Orient visiter l'enfant Jésus qui venait de naître.

Les temples sont également fournis d'une vaisselle de luxe, vraisemblablement destinée aux libations. Cette vaisselle est taillée dans une pierre tendre verte ou grise appelée stéatite, même si parfois il s'agit de serpentine ou de chlorite, fort vraisemblablement importée d'Iran oriental. Une découverte très récente faite dans un temple de Mari nous apprend que certains de ces vases peuvent aussi être façonnés en albâtre [296] ou même obtenus à partir de coquillages tronqués importés des rivages de l'océan Indien [298]. Il va de soi que certains récipients pour les offrandes ne sont qu'en argile : alors, leur forme, peu pratique pour un usage domestique, sort de l'ordinaire [294]. Les temples possèdent aussi de la vaisselle domestique, car les cérémonies cultuelles comprennent souvent des banquets somptueux

Récipient cultuel en albâtre.
Cat. 299

en l'honneur des divinités. Ces banquets se déroulent dans des bâtiments situés dans la cour autour du temple.

Certaines cérémonies comportent des animaux qui sont menés en procession pour être sacrifiés [304] sur l'autel placé en face du temple, dans la cour. C'est pourquoi les fouilleurs d'Ebla ont vu — dans la cour intérieure d'une massive terrasse cultuelle construite en pierre — l'endroit où étaient gardés les lions sacrés destinés au culte d'Ishtar qui se déroulait dans un temple voisin. Les prêtres profitent de ces sacrifices sanglants pour procéder à l'examen du foie de l'animal sacrifié afin de prédire l'avenir. Une croyance veut en effet que l'esprit du dieu à qui un animal est rituellement sacrifié pénètre dans l'animal et qu'il se manifeste dans des signes observables sur ses viscères, le foie, par exemple. La divinité peut ainsi fournir une réponse à une question qui lui est posée avant le sacrifice, entre autres au sujet d'événements à venir ou d'une conduite à adopter dans le futur. C'est, évidemment, une technique divinatoire réservée au roi dans l'exercice de ses fonctions. Une fois l'examen de l'organe terminé, les interprétations des signes sont notées sur des modèles de foie en argile portant les malformations observées sur le foie en question. Les modèles de foies sont donc des aide-mémoire pour les prêtres : « si telle partie du foie présente telle anomalie, il se produira tel événement » ou encore, selon une formule moins courante, mais en usage sur les foies divinatoires de Mari : « lorsque tel événement s'est produit ou se produira, le foie se présenta ou se présentera ainsi ». Ces modèles de foie

Foie divinatoire de Mari. Cat. 302

Endroit sous un autel dans l'un des nombreux temples de Mari où furent découverts la stèle et plusieurs récipients pour des libations.

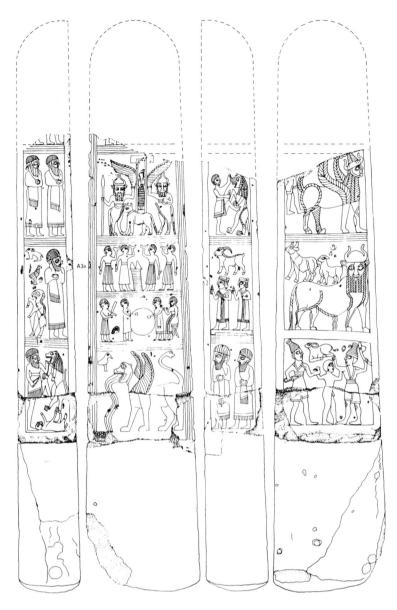

Les quatre faces de la stèle d'Ishtar trouvée à Ebla. Cat. 276

À l'époque hellénistique et romaine, le lieu de culte par excellence est le sanctuaire, un complexe de structures qui comprend, entre autres installations, un temple, soit la maison de la divinité ou l'abri de l'image du culte. Ce temple est situé au sein d'un espace sacré entouré par une clôture, le péribole, qui sépare le monde sacré du monde profane. C'est dans cette cour, le *temenos*, accessible par une porte monumentale, le *propylon*, que se déroulent plusieurs cérémonies cultuelles dont la plus importante est le sacrifice offert sur un autel habituellement placé entre la porte de l'enclos et le temple. On y trouve aussi un bassin ou puits pour les ablutions et les lustrations, un abri pour l'objet de culte, des bâtiments pour les banquets rituels et parfois des chapelles secondaires sans oublier, dans quelques cas, les annexes réservées à l'habitation des desservants. Les offrandes peuvent aller du simple ex-voto à des édicules — petits édifices — en passant par des statues et des stèles votives.

Quant aux temples proprement dits, ils sont érigés sur un podium, auquel un escalier donne accès, et entourés d'une colon-

servent lors de l'apprentissage des augures, car cet art divinatoire est très répandu.

Une remarquable stèle monolithique en pierre, dressée à l'origine dans une chapelle au sommet de l'Acropole de la cité-État d'Ebla, illustre, sur plusieurs rangées disposées sur ses quatre faces, des cérémonies rituelles visant à vénérer la grande déesse Ishtar. Ce document iconographique fort instructif est unique en son genre.

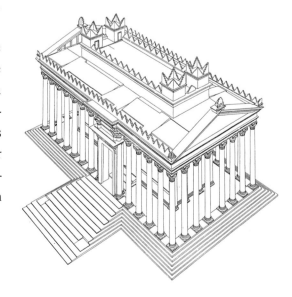

Reconstitution du temple de Bêl à Palmyre.

L'Église d'Orient :
l'apparition des communautés
et des monastères

L'Église catholique se donne alors une organisation hiérarchique calquée sur celle de l'Empire romain et fondée sur la cité. Les villes sont groupées en provinces ecclésiastiques dirigées par des évêques qui résident dans une métropole où se trouve l'évêché. Au-dessus des évêques, il y a des archevêques qui vivent dans les chefs-lieux des provinces et, dans les plus grandes villes d'Orient se trouvent des patriarches. Ce modèle, imité du monde romain, suscite des réactions dès la fin du IIIe siècle parmi certains croyants d'Orient qui rejettent ce mode urbain et hiérarchisé, lui préférant le retrait du monde pour vivre seuls — *monos*, en grec — d'où le terme « monachisme » pour désigner ce mouvement. Ils décident donc de vivre en moines, pour prier et méditer, conformément à l'appel du Christ de tout abandonner pour le suivre dans le désert. Mais rapidement, ces moines prennent conscience que la vie en solitaire dans le désert présente des dangers et, au IVe siècle, certains forment des communautés autarciques dans des monastères. Cependant, la forme idéale de monachisme demeure l'érémitisme — de *eremos* : désert — pratiqué par des ermites.

En Syrie, le triomphe et l'expansion du christianisme se traduisent par la multiplication du nombre d'églises, notamment dans les villages près d'Alep — ce qui est particulier, puisque le christianisme est essentiellement un phénomène urbain dans le reste de l'Empire à cette époque —, et de monastères construits à proximité des villages — ce qui est singulier, puisque le monachisme est un phénomène ayant pris naissance dans le désert. Des ermites cherchent alors des formes originales d'isolement. Saint Syméon, près d'Alep, en trouve une qui devient vite populaire. Il vit sur une plateforme installée au sommet d'une colonne [**321**] — *stylos* en grec, d'où l'épithète « stylite » appliquée à ce saint et au mouvement qu'il lance —, ce qui

Reconstitution du sanctuaire érigé à la mémoire de saint Syméon.

Village moderne de Maaloula où l'araméen est encore parlé.

attire des pèlerins qui repartent avec un souvenir de leur visite, une eulogie [313].

Cependant, les débuts de l'Église catholique sont marqués par de grandes controverses religieuses dites « querelles christologiques », car elles portent sur la question de la nature de la personne du Christ dans la Trinité. Lors de la division de l'Empire romain à la fin du règne de Théodose, en 395, la Syrie se trouve rattachée à l'Empire romain d'Orient, dit aussi « Empire byzantin ». Elle continue à être déchirée par de violentes querelles religieuses qui opposent non seulement les théologiens, mais aussi la population civile. Selon une anecdote célèbre, on discutait de la nature du Christ en faisant la queue chez le boulanger! Ainsi, au sujet de la double nature — humaine et divine — du Christ, les disciples de Nestorius, un prêtre d'Antioche qui devient ensuite patriarche de Constantinople, acceptent cette distinction et accordent une plus grande importance à la nature humaine du Christ. Par contre, les monophysites (du grec *monos* = un et *physis* = nature), qui sont à l'origine de l'Église copte, présente encore aujourd'hui, notamment au Proche-Orient et en Égypte, ne reconnaissent que la nature divine du Christ. Les nestoriens doivent se réfugier en territoire perse après le concile d'Éphèse (431) qui condamne leur doctrine. Une solution proposée au concile de Chalcédoine en 451, prônant deux natures distinctes et indivisibles, mais consubstantielles, ne met pas un terme à la querelle, malgré le fait que cette doctrine soit adoptée dans plusieurs régions de Syrie; les monophysites vont même jusqu'à la combattre physiquement et se lancent dans d'énergiques campagnes de conversion.

Ces rivalités s'accentuent sous le règne de l'empereur byzantin Justinien (527-565), car ce dernier soutient la doctrine chalcédonienne au point de persécuter les évêques et les prêtres monophysites, surtout présents en Orient. Elles reflètent, socialement, l'opposition des régions sémitiques au pouvoir gréco-latin centralisateur et menacent la cohésion politique de l'empire. En réaction, un prêtre monophysite, Jacques Baradée, dit « la Guenille », fonde en Syrie une église monophysite dissidente de langue syriaque à laquelle adhèrent les tribus arabes de la steppe. Le syriaque, langue issue d'un dialecte araméen de la région d'Édesse, au sud de la Turquie, était devenu, à partir du IVᵉ siècle de notre ère, la langue cultuelle des communautés chrétiennes de Syrie, en réaction contre l'Empire séleucide et l'hellénisme païen, une opposition alors plus culturelle que dogmatique. La Syrie est donc partagée entre ces deux Églises chrétiennes.

Maisons de prières, les premières églises voient le jour

Les premiers chrétiens appellent leurs communautés « églises », du grec *ekklesiai* qui veut dire « congrégations », « assemblées » ou « groupements ». Puis le terme est utilisé pour désigner l'endroit où ils se réunissent pour prier, en l'occurrence des maisons privées, donc impossibles à distinguer des autres habitations domestiques. La plus ancienne maison que l'on peut identifier comme ayant servi d'église à une communauté chrétienne a été trouvée sur le site de Doura-Europos. Elle est datée du milieu du IIIᵉ siècle.

Cette église consiste en une grande salle rectangulaire pour la prière. À l'extrémité de cette salle se trouve une plateforme surélevée sur laquelle devait se tenir le prêtre pour faire la lecture des Saintes Écritures et présider la communion eucharistique ; un baptistère occupe une pièce annexe.

Au cours des IVᵉ et Vᵉ siècles, le chœur, c'est-à-dire l'endroit où se trouve le podium sur lequel se tient le prêtre, est séparé d'avec la nef — salle destinée à la prière. Le chœur est séparé par un arc au plafond et par une clôture basse — appelée chancel —, formée de panneaux sculptés, au sol [312]. Puis le chœur est surélevé et deux ou trois marches y donnent accès. La table d'autel qui s'y trouve est placée si près du mur du fond, dit « chevet de l'église », que le prêtre devait célébrer la liturgie dos à ses fidèles. Souvent, le mur arrière de l'église forme un hémicycle. À l'extérieur, les églises sont entourées de cours, pourvues d'un portique sur un ou plusieurs côtés, et d'annexes domestiques ou liturgiques, l'une d'elles étant le baptistère.

À mesure que la communauté chrétienne s'accroît, surtout à partir du moment où Constantin la reconnaît officiellement au début du IVᵉ siècle, elle a besoin de plus grands édifices pour réunir ses fidèles. S'inspirant des spacieuses salles de réunion à colonnades réservées à différentes activités liées aux fonctions du roi — *basileus* en grec signifie roi —, les architectes conçoivent des basiliques dont la nef rectangulaire est divisée en trois parties par des rangées de colonnes. Et le chevet, soit le mur arrière du bâtiment, épouse souvent la forme d'une abside. On construit aussi, en même

Fresque provenant de l'église chrétienne de Doura-Europos, montrant Jésus marchant sur les eaux.

Vue d'une partie de l'église chrétienne de Doura-Europos.

Murs peints de la synagogue de Doura-Europos.

temps, un deuxième type d'église selon la forme générale de la croix grecque. Ce type possède donc quatre branches d'égale importance et un dôme au centre, à la rencontre des quatre ailes. C'est sous le dôme que prend place l'autel érigé juste au-dessus du tombeau d'un saint, d'où la dénomination *martyrion* attribuée à ce type d'église cruciforme. L'autel érigé à l'emplacement de la colonne de saint Syméon en est un bel exemple.

À la même époque, les communautés juives de Méditerranée et du Proche-Orient viennent prier, suivre une forme d'enseignement religieux, débattre et juger toute question d'intérêt commun dans un endroit, en fait dans une maison privée transformée en « lieu pour se rencontrer » — *sunagoge* en grec —, la synagogue. Un des plus beaux exemples de synagogue ancienne qui nous soit parvenu est celle qui a été retrouvée à Doura-Europos. La grande singularité de cette synagogue locale est que les quatre murs sont décorés de scènes figuratives disposées en panneaux sur trois registres. Ce bâtiment, d'abord construit vers

170, puis agrandi en 244-245, est laissé en ruine en 256 lors de l'invasion sassanide, mais les fresques ont été protégées par l'amoncellement des débris jusqu'à l'arrivée des archéologues dans les années 1930. Depuis, elles ont été restaurées et intégrées à une reconstitution du bâtiment originel qui fait partie du Musée national de Damas.

L'ISLAM, LA RELIGION DU PROPHÈTE MUHAMMAD

À l'origine, chaque tribu de Bédouins, ces pasteurs nomades qui parcourent les vastes steppes d'Arabie parsemées d'oasis, avait l'habitude d'adorer, à côté d'une multitude de divinités secondaires, la personnification du monde divin. Cela prenait la forme d'une idole, d'une étoile ou d'une pierre. Ainsi, dans la ville de La Mecque se trouvait un sanctuaire où étaient conservées les idoles des différents groupes de familles, les clans, qui y venaient chaque année faire un pèlerinage suivi d'une foire. Une de ces tribus avait la responsabilité de la garde et de la défense de ce sanctuaire.

Vers 570, naît le Prophète Muhammad — traduit en français par Mahomet — dont le nom signifie « Digne de louange ». Conducteur de caravanes comme plusieurs des siens, il visite Bosra au sud de Damas avant de commencer, autour de 610, après avoir eu des révélations, à prêcher l'existence d'un Dieu unique, Allâh. Ce Dieu transcendant, créateur de l'homme et de la nature récompensera ou punira l'homme, au Jugement dernier. Le Prophète a bientôt plusieurs disciples auxquels il donne le nom de « musulmans », ce qui veut dire « croyants ». Devant l'hostilité de la tribu gardienne des lieux saints, qui retire beaucoup de bénéfices des

Mosquée des Omeyyades à Damas.

La salle des prières de la Mosquée des Omeyyades à Damas.

pèlerinages annuels, le Prophète Muhammad se retire dans une autre ville en 622. Cette ville prend alors le nom de Médine, la « Ville du Prophète » ; tout cela constitue l'Hégire, c'est-à-dire la « sécession », l'« émigration ». Ce moment est crucial dans la culture islamique, car c'est à partir de cette date que le calendrier musulman débute. Le Prophète élargit le cercle de ses fidèles au point qu'il peut organiser une armée et prêcher la guerre sainte contre ses ennemis. Chef religieux, militaire et politique, le Prophète Muhammad s'empare de La Mecque et y fait détruire les idoles. L'année suivante, presque toute l'Arabie est convertie, et La Mecque devient la Ville sainte des musulmans. Le Prophète appelle alors sa religion islam, qui signifie « soumission à la volonté divine ». À sa mort, en 632, il est enterré à Médine.

L'islam repose sur cinq piliers : croyance — *el Shahadah* — en un seul vrai Dieu, créateur de l'Univers et de l'homme, prière, jeûne, pèlerinage et aumône légale — *zakât*. Au moins une fois dans sa vie, tout musulman doit faire un effort pour se rendre en pèlerinage à La Mecque. Pour expier leurs fautes, les musulmans jeûnent tous les jours pendant un mois, le ramadan, du lever au coucher du soleil. Cinq fois par jour, les fidèles sont appelés à la prière par un prêtre, un muezzin, du haut d'un minaret — tour d'une mosquée. Après s'être lavé le visage et les mains, ils se tournent en direction de La Mecque — la *qibla*. Les vendredis, jour de repos, les fidèles doivent aller prier en public à la mosquée.

LES MOSQUÉES, LIEUX DE RECUEILLEMENT

La Grande Mosquée des Omeyyades à Damas fut l'une des premières mosquées à avoir été construite dans le monde islamique. À la différence des basiliques des premiers chrétiens — qui se placent dans l'axe longitudinal de leurs basiliques — dont la salle des prières de la mosquée s'inspire néanmoins, les musulmans s'y installent transversalement. De cette manière, ils font face au mur des prières orienté en direction de La Mecque (la *qibla*), qui comporte en son centre la « niche à prières », le *mihrab*.

Cette salle des prières donne sur une vaste cour carrée, entourée d'un haut mur et d'un couloir protégé par un toit supporté par une colonnade. Or, ce mur d'enclos de la Mosquée des Omeyyades à Damas correspond précisément à l'enceinte intérieure du *temenos* du grand sanctuaire de Zeus qui se dressait à cet endroit pendant l'Empire romain. Ce dernier avait d'ailleurs été transformé en église par les premiers chrétiens qui, pendant un certain temps, ont partagé leur lieu de culte avec les musulmans nouvellement arrivés. La Mosquée des Omeyyades continue d'être un lieu saint pour les deux religions, car c'est là que sont vénérées les reliques de saint Jean-Baptiste. De nombreuses modifications et restaurations effectuées par différents califes [90] ainsi que des incendies majeurs ont cependant transformé l'édifice original de manière importante.

À partir de la dynastie des Abbassides (deuxième moitié du VIIIᵉ siècle), les mosquées du monde islamique sont construites selon un plan dit « hypostyle », c'est-à-dire ménageant un grand espace dont le plafond est soutenu par une multitude de colonnes. Un minaret, sous la forme d'une tour carrée, est ajouté au mur opposé à la *qibla* afin qu'un muezzin puisse y appeler les fidèles aux cinq prières quotidiennes. À l'extérieur, un espace, *ziyada*, est ménagé sur tous les côtés de la mosquée, sauf celui de la *qibla*, afin de faciliter la circulation des fidèles. Finalement, le stuc et la mosaïque [323] sont utilisés comme moyens décoratifs. Les représentations de Dieu sont bannies.

Portique entourant la cour de la Mosquée des Omeyyades à Damas.

Les manuscrits arabes,
de véritables trésors d'écriture

Les premières lettres de l'alphabet arabe sont apparues au IVe siècle, tandis que les plus anciens textes officiels en arabe ont été gravés sur la pierre au VIe siècle. Les premiers manuscrits en arabe, quant à eux, sont ceux du Coran. Le mot «lire» est le premier mot qu'on y retrouve : en effet, le Coran a fait de la lecture et de l'écriture des obligations religieuses. Depuis, la langue arabe est largement parlée et écrite. Elle devint même la langue de la science et de la connaissance pendant le Moyen Âge occidental (du Ve au XVe siècle).

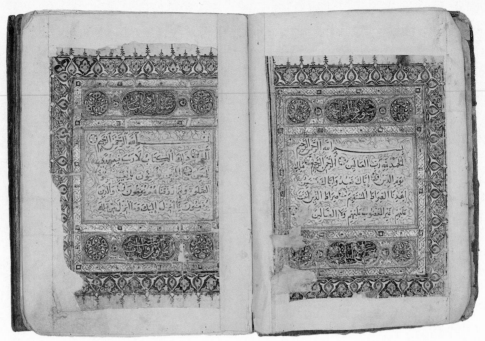

Manuscrit du Coran.
Cat. 326

Sous la dynastie omeyyade (650 à 750), le calife Abd-Almalek fit de l'arabe la langue du gouvernement et ordonna la frappe de monnaies en arabe. Le règne des Abbassides (750-1258) constitue, quant à lui, l'âge d'or de la production de manuscrits et des bibliothèques personnelles dans le monde arabe. Les plus grandes étaient celles des califes de Bagdad, celles du Caire et celles du califat de Cordoue.

Différentes calligraphies étaient utilisées dans les manuscrits arabes. Les plus connues sont le thuluth, qui se développa au XIIe siècle, et le coufique, qui utilise des formes géométriques. Le fait que le Coran soit la parole révélée d'Allâh faisait de la calligraphie un art très apprécié chez les musulmans, puisque le calligraphe contribuait, par son travail, à embellir la parole de Dieu elle-même. On peut dire qu'il existait alors une véritable compétition entre calligraphes. Les manuscrits devinrent ainsi de véritables trésors d'écriture, mais aussi de décoration à cause du travail des artisans qui complétaient le travail des calligraphes au moyen d'encres, de couleurs et d'or.

Les manuscrits scientifiques arabes étaient souvent illustrés. En raison de la croissance du nombre de manuscrits et du besoin de trouver rapidement l'information, on eut bientôt l'idée de les indexer. Ainsi, le manuscrit appelé *Taqueem Albuldan,* écrit par le sultan ayyûbide Iman Id-Din Ishmael, traite de la géographie du monde connu à cette époque, des cités importantes et de leur localisation selon les lignes de longitude et de latitude. Il comporte un index appelé «Al Musanafat», où tous ces renseignements apparaissent par ordre alphabétique.

Mouna al-Mou'Azen
Musée national de Damas

LES PRATIQUES CULTUELLES PERSONNELLES ET LES RITES ENTOURANT LA MORT

Jusqu'à présent, il n'a été question que de pratiques cultuelles collectives. Penchons-nous maintenant sur des pratiques cultuelles individuelles qui, évidemment, tiennent compte des systèmes de valeurs collectivement acceptés par tous les membres d'un groupe culturel. Pour illustrer notre propos, nous avons retenu les pratiques rituelles entourant la mort qui ont laissé au sol des traces tangibles facilement reconnaissables et qui en ont laissé aussi dans la culture matérielle. Ce moment de vie qu'est la mort est aussi un phénomène social et religieux très important, car dans la plupart des systèmes culturels, elle marque la fin du court séjour terrestre et le début d'une vie éternelle dans l'au-delà.

Modes d'inhumation et naissance des premiers cimetières

La plus ancienne forme d'inhumation connue à ce jour en Syrie est une fosse aménagée dans une grotte, celle de Dederiyeh, dans laquelle le corps d'un jeune enfant néandertalien a été intentionnellement déposé aux environs de ~40 000. Pendant la période néolithique, c'est-à-dire au moment où les collectivités commencent à s'organiser en villages, il est surprenant de constater que certaines d'entre elles semblent accorder un traitement tout particulier aux crânes des défunts. On détache le crâne du squelette de certains défunts, puis on le surmodèle avec de la chaux [4] et on le pose ensuite sur un support en argile durcie au feu [3]. Dans une maison d'un village de cette période, c'est tout un alignement de tels crânes qui ont été retrouvés au pied d'un mur, placés sur des mottes d'argile rouge leur servant de supports. Ils

Inhumation d'un enfant néandertalien dans la grotte de Dederiyeh.

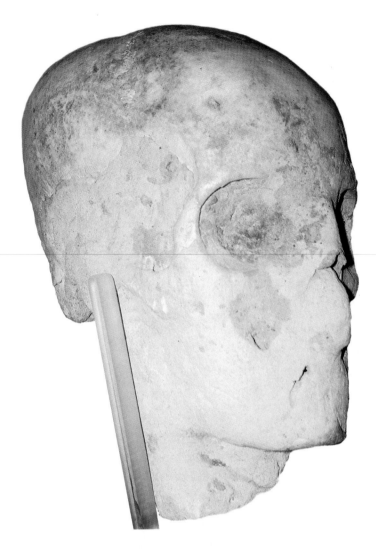

Crâne surmodelé de
Tell Ramad.

de ceux qui, de leur vivant, auraient rendu de grands services à la communauté, comme dirigeants politiques, par exemple.

À partir des environs de ~5000, les corps entiers des morts sont enterrés dans de simples tombes creusées dans la terre, parfois directement sous le sol des maisons dans lesquelles on présume qu'ils ont vécu. Puis, en dehors des villages, apparaissent de véritables cimetières regroupant plusieurs tombes construites avec des briques crues formant des sortes de coffrages où l'on dispose les corps sans les placer dans une position particulière. La différence d'une tombe à l'autre réside dans la qualité du mobilier funéraire accompagnant les défunts : bijoux en pierres semiprécieuses et en métal, vaisselle en argile, armes et ustensiles en métal, etc. Dès lors, les modes d'inhumation commencent à rendre compte d'une forme de hiérarchisation sociale. Cette tendance va s'accentuer durant la période des cités-États, vers ~3000, alors que des tombes princières ou royales font leur apparition dans des villes comme celles de Mari et d'Ebla ; elles reflètent le statut social privilégié de leurs occupants.

À l'époque gréco-romaine, nous pouvons parler d'une véritable architecture funéraire. Les tombes individuelles sont des fosses dont les parois sont recouvertes d'un mur en blocs de pierre bien taillés. Le toit de ces tombes est formé de grandes dalles de pierres plates qui protégeaient un sarcophage en bois ou en terre cuite du poids des 2 à 5 mètres de terre de comblement qui les recouvrait. Le mobilier funéraire dans les classes supérieures est habituellement assez riche : il comprend divers types de bijoux, des objets du quotidien comme des miroirs [349] ou des flacons de parfum [181] et, dans certains cas exceptionnels, des masques en or [177] ou des casques à visage en argent comme celui provenant de Homs,

étaient donc bien visibles au moment de l'occupation de l'habitation ! Ces crânes ainsi parés étaient-ils considérés comme des objets de vénération disposés dans un sanctuaire domestique destiné au culte des ancêtres d'une famille ? Plusieurs autres questions restent également sans réponses pour l'instant : les crânes étaient-ils détachés du squelette après quelques mois d'inhumation, donc de décarnisation du défunt ? Y avait-il un rituel entourant la disposition des crânes dans les maisons ? Dans un cas, trois crânes humains sans parures ont été retrouvés sur un foyer ; ils portaient à la base des traces de feu. Ont-ils fait l'objet d'un rituel quelconque ? Étant donné la quantité de ces crânes, on se demande s'ils n'ont pas été transformés en pièce d'un mobilier funéraire à la mémoire

l'Émèse romaine [62]. Quant aux tombes collectives, plus courantes, attardons-nous un instant sur celles de Palmyre.

La nécropole de Palmyre, une véritable ville des morts

À Palmyre, les monuments funéraires de l'époque romaine présentent des formes achevées de différents modes d'inhumation alors en usage.

Les hypogées, tombes collectives souterraines, ont essentiellement la forme d'un long couloir où des cases (*loculi*) étroites et profondes sont disposées dans les parois latérales. Ces cases sont rangées dans des espaces qui occupent de trois à six étages. Chaque case mortuaire est ensuite scellée par une pierre sur laquelle est représenté en relief le buste du défunt avec une épitaphe qui l'identifie. Plusieurs hypogées sont formés de deux longs corridors disposés en forme de T. Outre les *loculi*, on peut également trouver, en certains endroits des hypogées, notamment aux extrémités des couloirs, des sarcophages richement sculptés, par groupes de trois. Au-dessus de ces sarcophages, on peut voir des reliefs évoquant une scène de banquet funéraire : le défunt est représenté allongé sur un lit ; il prend un repas avec sa femme et ses enfants à ses côtés. À cause des grandes dimensions des hypogées et du nombre de *loculi* qu'ils peuvent contenir, un hypogée n'est pas réservé à l'usage exclusif d'une seule famille. Les hypogées sont plutôt considérés comme des propriétés immobilières dont des parties peuvent être vendues ou cédées à des étrangers. On y accède par un escalier menant à une épaisse porte à double vantaux en pierre surmontée d'un épais linteau et parfois de moulures. Les parois et les plafonds des hypogées sont souvent décorés de reliefs architectoniques et de peintures sur stuc.

Une variante de l'hypogée consiste en une pièce carrée, creusée dans la terre, et comprenant, sur trois côtés, des enfoncements aux plafonds voûtés, *arcosolia*, dans lesquels prennent place des sarcophages ou de simples cuves taillées dans la roche. Les murs sont décorés de motifs peints ou sculptés.

Plan typique d'un hypogée de Palmyre.

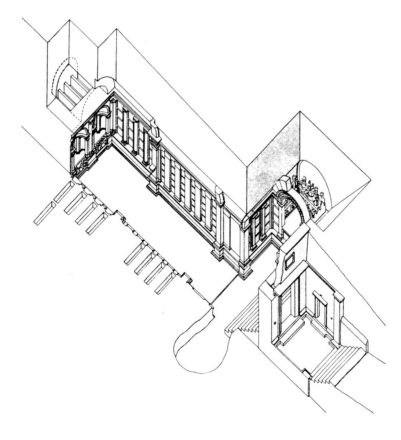

Bas-relief funéraire
de Palmyre.
Cat. 334

Les tombes de Palmyre

Plaque semi-circulaire représentant un buste masculin flanqué de deux Victoire ailées. Cat. 330

LES NÉCROPOLES DE LA VILLE de Palmyre sont situées en dehors des remparts. Outre des sépultures individuelles, elles comportent, pour les riches familles palmyréniennes, trois types de tombes collectives dont les plus représentatives sont les tombeaux-tours et les hypogées.

Les tombeaux-tours représentent un type de monument funéraire tout à fait propre à Palmyre. Les plus anciens remontent au ~Ier siècle, mais ce n'est qu'au Ier siècle de notre ère qu'on commença à s'occuper de leur apparence extérieure. Chaque tour possède quatre ou cinq étages reliés par un escalier en pierre, et chaque étage abrite plusieurs casiers pour y placer les corps des défunts. En 1994, nous avons retiré d'une de ces tours trois têtes ornées d'une couronne de laurier, symbole de la victoire et de l'éternité. À défaut d'inscriptions, nous ne pouvons les attribuer à une famille de Palmyre en particulier. Par contre, l'une d'elles semble être le prototype d'une tête célèbre, celle d'Odeinat **[64]**, roi de Palmyre.

L'hypogée est la deuxième catégorie de tombes collectives la plus importante à Palmyre. Il s'agit d'une galerie souterraine principale et de galeries transversales secondaires dont les parois sont creusées de casiers rectangulaires, des *loculi*, — qui peuvent être disposés sur un à six étages pour recevoir les corps des défunts. Ces casiers sont fermés par des plaques sculptées de bas-reliefs représentant les bustes des défunts dont ils scellent la tombe. En général, ces hypogées sont occupés par plusieurs générations de familles entières, puisqu'on a recensé jusqu'à 700 *loculi* dans une même tombe. Ainsi, en 1990, nous avons découvert la tombe de la famille Mubarak qui fut construite en 98 de notre ère, d'après l'inscription gravée sur la plaque de fondation. Ce Mubarak fut un membre du sénat de Palmyre. Parmi les bas-reliefs funéraires qui en furent retirés se trouve le buste d'Aqma que l'on a choisi d'appeler «La Beauté de Palmyre», à cause de la qualité exceptionnelle de ses riches bijoux et vêtements **[334]**. Plus récemment, une mission japonaise a ouvert une tombe construite en 109 de notre ère et y a trouvé, au fond, une niche surmontée d'un relief en hémicycle montrant un buste entouré de deux Victoire. Les premiers hypogées ont été creusés à partir du ~Ier siècle. Plus d'une cinquantaine ont été découverts à ce jour, mais il en reste encore des dizaines d'autres à ouvrir.

Le soin apporté à la construction et à la décoration des monuments funéraires dans les nécropoles de Palmyre témoigne de l'importance que les Palmyréniens accordaient à leurs «Maisons d'Éternité». Cette importance a été reconnue par l'UNESCO qui a inscrit Palmyre en compagnie de Damas, Bosra et Alep, sur sa liste des villes du Patrimoine mondial.

KHALED AL-ASSAD
Direction des antiquités et des musées de Palmyre

La présence d'une tombe collective construite sous terre peut être indiquée par l'ajout, au niveau du sol, d'une structure qui en signale l'existence : un couvercle monumental de sarcophage, des colonnes ou piliers, des mausolées de forme carrée ou circulaire surmontés de pyramides ou de coupoles, de simples socles carrés et même des *tumuli*, soit de simples accumulations de pierres.

Il ne faut toutefois pas confondre ces structures pleines, dont la seule fonction est d'indiquer au niveau du sol la présence sous terre d'une tombe, et les tombes aménagées dans des bâtiments érigés au-dessus du sol. Ces bâtiments peuvent prendre la forme d'un temple, d'un mausolée ou d'une tour.

Le tombeau-tour, type de construction funéraire très répandu à Palmyre, est une tour en blocs de taille en pierre dont les quatre ou cinq étages sont occupés par plusieurs rangées de cases étroites et profondes, des *loculi*, destinées à recevoir des sarcophages en pierre. Ces tours funéraires, sortes de mausolées aux lignes sobres, pouvaient accueillir des centaines de défunts, tous membres d'une même grande famille de la société palmyrénienne. Un autre type d'édifice funéraire est le tombeau en forme de temple. À la différence d'un temple ordinaire, les parois de la cella d'un temple funéraire contiennent des cases funéraires disposées en hauteur, en rangées et en colonnes.

PARURES PERSONNELLES, RICHES ÉTOFFES ET BIJOUX PRÉCIEUX

Les morts inhumés à Palmyre ont été sommairement momifiés et, en général, richement parés de vêtements confectionnés dans des tissus exotiques ainsi que de beaux bijoux fabriqués par des artisans expérimentés dans des matériaux précieux.

Tombeaux-tours de Palmyre.

Les textiles les plus riches sont de laine et de soie. La laine est teinte en différentes couleurs, notamment en pourpre [354], une teinture fabriquée avec les sécrétions produites par les glandes d'un mollusque méditerranéen, le murex. Chaque mollusque ne produit que quelques gouttes de ces précieuses sécrétions — il en fallait donc des milliers — qui, une fois bouillies dans de l'eau salée, donnent la teinture pourpre. Cette teinture est ensuite ajoutée à la laine qu'on laisse bouillir à l'air et à la lumière du jour pendant neuf jours. De cette opération se dégagent des odeurs nauséabondes, caractéristiques de cette production pour laquelle les ports de Sidon et de Tyr, sur la côte méditerranéenne, se sont rendus célèbres. Sous l'empereur Dioclétien, en 301, la laine pourprée de Tyr valait littéralement son pesant d'or, car elle était vendue au poids équivalent en or! La laine qui a servi à fabriquer les vêtements retrouvés à Palmyre provient sûrement de Tyr et de Sidon. Les modes de fabrication des vêtements, comme le montrent les reliefs funéraires [353], exigent aussi beaucoup de dextérité et de patience.

L'autre groupe d'étoffes de luxe est formé de soie importée de Chine, Palmyre se trouvant sur la route de la soie entre la Chine et la Méditerranée. En plus du tissu de soie de grande qualité, des fragments de vêtements présentent des broderies en soie de toute beauté. Certains motifs brodés rappellent les motifs décoratifs utilisés en sculpture architecturale pour orner les tombeaux eux-mêmes [205].

Pièce de tissu en soie de Chine trouvée dans une tombe de Palmyre. Cat. 205

Tissage traditionnel encore pratiqué dans certains villages de Syrie.

Les bijoux antiques
du Musée national de Damas

L A BIJOUTERIE EST UN ART aussi ancien que la vanité. De
tout temps, les Orientaux ont été reconnus
comme de grands amateurs de bijoux et de pierres
précieuses. Nombre d'auteurs parlent du luxe asiatique
et de la passion des femmes orientales pour les bijoux à
profusion. Ces dernières, en effet, se paraient aussi bien
pour les jours de fête que pour les jours ordinaires.
L'amour de la parure était presque une folie. Le goût des
femmes de Palmyre pour les bijoux de toutes sortes est
attesté par des bas-reliefs et des sculptures funéraires
[335 et **338]** qui les représentent chargées de bijoux :
diadèmes, boucles d'oreilles, broches, fibules, colliers,
bracelets, bagues et anneaux de chevilles. La sculpture
palmyrénienne confirme, en effet, l'importance des
bijoux et des pierres précieuses pour les femmes de la
« cité des palmiers ». Le désir de répondre au besoin de
la coquetterie féminine a contribué au progrès de l'orfèvrerie en Syrie au cours des siècles.

Les collections de bijoux du Musée national de
Damas montrent l'importance de la parure féminine
dans la société syrienne à travers l'histoire. Elles confirment que le désir de se parer de bijoux est une habitude
fort ancienne. Certains auteurs pensent que le secret de
la fonte des métaux et du travail des bijoux provient
d'Orient. Le Phénicien Cadmos, héros légendaire, est
considéré comme l'un des « inventeurs » de l'or et des
procédés de fabrication des bijoux. On doit aussi aux
Phéniciens la mode des colliers de verroterie.

Les squelettes retrouvés dans les tombes sont le
plus souvent abondamment couverts de bijoux, car les
conceptions religieuses des Anciens les amenaient à
ensevelir leurs morts avec leurs biens les plus précieux.
Les bijoux antiques sont ainsi des objets archéologiques
privilégiés.

Les collections de bijoux antiques du Musée national de Damas peuvent être classées de différentes
manières.

- Selon le sexe de celui qui les porte : ainsi, l'anneau
  est la marque d'autorité chez les hommes, tandis
  que les diadèmes, colliers, boucles d'oreilles, broches, fibules, bagues, bracelets et anneaux de chevilles appartiennent au monde féminin.
- Selon le matériau utilisé : les bijoux peuvent être
  fabriqués en or, en argent, en bronze, en cuivre, en
  ivoire, en verre, en nacre, en coquille ou en écaille.
- Selon la technique utilisée par l'artisan : ces parures
  peuvent être ciselées, finement travaillées en torsades, en filigranes, en granulations, à décor ajouré
  ou formées de plaques estampées.
- Finalement, selon la forme qu'on leur a donnée : les
  boucles d'oreilles peuvent évoquer des colombes,
  des amphores, des raisins, des paons, des rosaces
  ou des vases, tandis que les bracelets peuvent être
  serpentiformes.

L'art du travail des bijoux est un art syrien traditionnel. Quelques noms modernes de familles syriennes sont
tributaires de cet art : SAIEGH veut dire « bijoutier » et
JAWAHRI signifie « joaillier ». Du reste,
les bijoutiers syriens contempo-
rains constituent toujours une
phalange de créateurs de
merveilles de l'art de
la parure.

BASHIR ZOUHDI
Musée national de Damas

*Torse richement orné d'une
sculpture funéraire de Palmyre.
Cat. 338*

Page suivante : *Grande broche
en or trouvée à Doura-Europos.
Cat. 339*

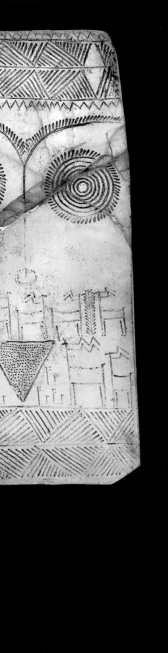

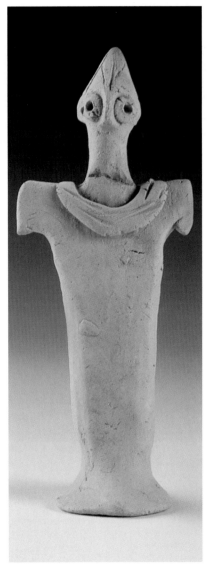

271
Figurine masculine
Terre cuite
~2200

La masculinité de cette figurine-ci est manifeste. Même si les archéologues qui l'ont découverte la considèrent comme la représentation d'un conducteur de char, il demeure que la pose et la mise en évidence des attributs sexuels nous incitent, néanmoins, à faire un rapprochement avec les autres figurines féminines contemporaines liées à des cultes domestiques.

TELL BRAK   9,5 x 7 x 5 cm
MUSÉE DE DEIR EZ ZOR   3891 (TB5021)

269
Figurine féminine
Terre cuite
~2000

Une fois ramassée sur les berges d'une rivière, l'argile ayant servi à fabriquer ce type de figurines a été malaxée avec des grains de sable, de mica et de calcaire, utilisés comme dégraissants afin de réduire les risques de déformation et d'éclatement au séchage et à la cuisson. L'artisan — le coroplaste — a ensuite posé un morceau de pâte sur une surface plane horizontale, l'a étiré, aplati et en a découpé les contours selon la forme voulue; ainsi fut fait le corps plein allongé, terminé par une base évasée et concave. Le nez et parfois le menton et la barbe sont obtenus par pincement. D'autres détails sont appliqués dans un deuxième temps : des pastilles pour les yeux et les seins; des languettes pour les oreilles; des bandes rehaussées ou non d'incisions à la place des cheveux et en guise de colliers.

TELL SELENKAHIYÉ   24,5 x 7,5 cm
MUSÉE NATIONAL D'ALEP   M9093 (SLK 72.235)
L'ÉCRITURE 398; *AAAS* 23 (1973), p. 155, fig. 7

270
Figurine masculine
Terre cuite
~2000

Contrairement aux exemples précédents, cette figurine-ci possède une tête au sommet pointu, indice, selon les spécialistes qui les ont répertoriées — seulement sur le site de Tell Selenkahiyé 17 spécimens ont été retrouvés — du sexe masculin.

TELL SELENKAHIYÉ   11,7 x 4,7 cm
MUSÉE NATIONAL D'ALEP   9086 (SKL 72-471)   *L'EUFRATE* 278

272

Taureau à tête humaine

Calcaire, ivoire et bitume

~2200

Ce taureau androcéphale accroupi serait une expression achevée de la symbolique de la fertilité mâle. Retrouvé dans un complexe cérémoniel, il est difficile de dire s'il ne faisait pas partie d'une paire qui aurait été placée à proximité d'une porte afin de la garder, comme cela se fera lors des époques postérieures. Les pattes repliées parallèlement au corps, d'une manière irréaliste, et les cornes stylisées sur la tête, il était fait pour être vu de face. Ses yeux sont formés de morceaux d'ivoire tenus en place par du bitume, et des pierres précieuses devaient être fixées à la place des iris dont seuls les trous de fixation sont maintenant visibles. Il ne fait aucun doute que ce fut certainement un important objet symbolique local, peut-être même une divinité mineure dont le sourire énigmatique nous cache encore des secrets !

TELL BRAK : COMPLEXE CÉRÉMONIEL   28 x 42 x 17 cm
MUSÉE DE DEIR EZ ZOR   11754 (TB11001)
L'EUFRATE 201; *CAJ* 1:1 (1991), p.131-135

273

Pendentif d'Athirat

Or

~1500

C'est probablement la déesse Athirat, aussi prononcé Ashéra, qui est représentée sur ce pendentif fait d'une feuille d'or travaillée au repoussé et complétée, pour certains détails comme le triangle pubien, par incision. Athirat est une divinité très importante dans le panthéon de l'époque en Syrie, car selon cette mythologie, elle est l'épouse du grand dieu El et, par conséquent, la mère des 70 autres divinités qu'ils ont engendrées. Cette idée de fécondité serait exprimée par la nudité de la déesse, qui se tient debout dans une pose hiératique, dont les attributs sexuels sont mis en évidence. Elle porte dans chaque main une fleur de lotus (?) et sa coiffure est d'inspiration égyptienne. Déesse au caractère acariâtre et indécis, elle s'opposait parfois à Baal, tandis qu'en d'autres situations elle venait à son aide. La plaquette comporte une bélière qui servait à la suspendre.

RAS SHAMRA, ANCIENNE OUGARIT   7 x 4 cm
MUSÉE NATIONAL D'ALEP   M10450   *BAAL* 174; *ED* 130

274

Pendentif d'Astarté

Or

~1500

La déesse Astarté, dont seuls le visage et les seins apparaissent en relief sur cette plaquette d'or, tandis que le nombril et le triangle sexuel sont discrètement gravés, est la figure emblématique de la féminité dans la mythologie orientale. Fille du grand dieu El, c'est la jeune déesse guerrière de l'Amour libre. Les Grecs en firent leur Aphrodite, et les Romains leur Vénus. Incidemment, Vénus était l'astre auquel les Sémites l'ont associée dès le départ. Ce type de représentation d'Astarté peut être confondu avec celui de sa mère Ashéra et de sa sœur Anat, la femme de Baal, car, à l'usage, Astarté incorporera tous les attributs accordés à l'origine à ces autres déesses.

RAS SHAMRA, ANCIENNE OUGARIT   7 x 4 cm
MUSÉE NATIONAL D'ALEP   M10451   *BAAL* 175; *ED* 131

275
Statue du dieu El
Calcaire
~1300

Le dieu El est le père de tous les dieux et de toute l'humanité. C'est probablement la raison pour laquelle son nom signifie tout simplement « dieu ». Quant à son surnom, le « Taureau », il fait allusion à son caractère de géniteur de la grande famille divine. El est habituellement représenté sous les traits d'un vieillard assis sur un trône, car l'une des fonctions principales de ce dieu de la Sagesse — acquise par une longue expérience de la vie — est d'arbitrer, tel un roi-juge, les combats entre les dieux, notamment ceux du jeune Baal dont la fougue entraînait souvent des situations délicates. Les yeux et les avant-bras étaient fabriqués dans des matériaux périssables : du bois ou de l'ivoire dans le cas des bras, et de la coquille blanche avec des pierres sombres pour les yeux. Ces pièces étaient tenues en place par du bitume.

RAS SHAMRA, ANCIENNE OUGARIT   25 x 12 x 11 cm
MUSÉE NATIONAL DE DAMAS   1973 (70M981)   *SMC* 173

276
Stèle d'Ishtar
Basalte
~1800

Des sujets divins, disposés en registres, sont sculptés sur les quatre faces de ce monolithe qui fut retrouvé dans une chapelle érigée au sommet de l'Acropole de la ville d'Ebla. Le thème général de ce monolithe est l'invocation de la déesse Ishtar qui était la protectrice de la ville d'Ebla. Elle apparaît, au registre supérieur de l'une des deux faces les plus larges de la stèle, dans une chapelle ailée reposant sur le dos d'un taureau et flanquée de deux hommes-taureaux. Sur les registres de la face postérieure, le sphinx et le taureau montrent que la déesse dominait la nature sauvage et domestique en tant que déesse de la fertilité. Fille de Sîn, le dieu de la lune, Ishtar est symbolisée par la planète Vénus, l'étoile du soir. Comme son équivalent Astarté, elle sera plus tard assimilée aux déesses Aphrodite, puis à Vénus dans la mythologie gréco-romaine.

TELL MARDIKH, ANCIENNE EBLA : CHAPELLE SECONDAIRE
DE L'AIRE SACRÉE G3   165 x 46,5 x 25,5 cm
MUSÉE DE IDLIB   3003 (TM'.67.E.224 ; 85.E.85 ; 85.G.350)
EBLA 236

278
Statue de la déesse Athéna-Allat
Basalte
200

On peut voir ici la déesse Athéna debout. Elle porte un casque, son bras droit tient une lance et elle a un bouclier décoré d'une tête de Gorgone à la main gauche. Athéna est très certainement identifiée à Allat, la grande déesse arabe, vénérée de l'Arabie méridionale à Palmyre ; le culte d'Allat fut introduit par les Nabatéens dans le Hauran, région volcanique au sud de la Syrie, où il fut très populaire. La déesse se tient debout sur un petit piédestal, portant cette inscription grecque « Pour le salut de notre Maître », dédicace à un empereur qui n'est pas nommé.

SWEIDA   158 x 47 x 14 cm
MUSÉE NATIONAL DE DAMAS   10011/4219
BAAL 260 ; *MUSÉE NATIONAL* p. 115-116

277
Figurine du dieu Baal
Bronze et or
~1300

En raison de la position de son bras droit levé comme pour lancer une arme, cette figurine de bronze plaquée or — seul le placage de la tête a survécu — est interprétée comme la représentation humaine du dieu Baal, le « maître » reconnu dans les récits mythologiques comme un jeune dieu guerrier, impétueux et lanceur de javelots qui, dans son cas, sont des éclairs. Cette attitude du dieu lanceur de foudre sera reprise plus tard par les Grecs en la personne de Zeus et par les Romains avec Jupiter. Baal est la divinité protectrice d'Ougarit et, par conséquent, il y fut très populaire, si l'on en juge par le nombre de documents archéologiques le représentant retrouvés lors des fouilles d'Ougarit. D'après certains récits mythiques, nous savons que Baal assurait aussi la fertilité des terres du royaume et veillait à la prospérité de la ville, prospérité qui était basée sur le commerce maritime.

RAS SHAMRA, ANCIENNE OUGARIT   12,5 x 4,5 x 4,7 cm
MUSÉE NATIONAL DE DAMAS   3372   *SMC* 178 ; *BAAL* 172

279

Mosaïque d'Hercule

Tesselles en marbre et calcaire

300

Héraclès est certes le héros le plus populaire et le plus célèbre de toute la mythologie gréco-romaine. On le voit ici, à l'âge de huit mois, en train d'étrangler deux serpents que la déesse Héra avait mis dans son berceau durant son sommeil pour se venger du fait que son mari, Zeus, l'avait conçu avec Alcmène, une mortelle. Tout près d'Héraclès se trouve son frère jumeau Iphiclès qu'Alcmène retire du berceau sous le regard d'Amphitryon, le père nourricier d'Héraclès, qui est prêt à intervenir, et des serviteurs hébétés qui regardent la scène de l'autre côté. Après avoir découvert que Zeus avait pris ses traits pour séduire sa femme Alcmène lors d'une nuit où il était parti en expédition, Amphitryon se résigna à élever Héraclès avec Iphiclès — qu'il avait engendré avec Alcmène le matin de cette même nuit.

HOMS, ANCIENNE ÉMÈSE   290 x 224 cm
MUSÉE D'AL-MA'ARRA   1378

280/281 a-c
Cônes
Terre cuite
~3200

Des cônes en terre cuite étaient enfoncés dans les surfaces extérieures des murs des édifices les plus imposants
des premières agglomérations urbaines afin de souligner
l'importance de ces bâtiments au sein de la collectivité.
Initialement, ces bâtiments de prestige étaient des lieux
de réunion pour les notables d'une communauté. Puis,
avec l'ajout de certaines pièces de mobilier (banquettes,
tables d'offrandes, autels et piédestaux), certains d'entre
eux furent transformés en lieux de culte et en temples.

TELL BRAK   15 x 35 x 12,5 cm/6,5 x 3 cm
MUSÉE DE DEIR EZ ZOR   12796 (TB14289)/5481/4647/4649
Cf. L'EUFRATE 124; *SMC* 82

282
Maquette de maison circulaire
Terre cuite
~2400

Jusqu'à quel point cette maquette représente-t-elle le
modèle d'une maison de plan circulaire ? L'espace
intérieur est divisé en neuf parties. Une pièce centrale carrée donne accès aux autres pièces dont l'une de forme
triangulaire est couverte et percée d'une ouverture pour
l'évacuation des fumées. L'une d'elles forme une sorte de
vestibule sur lequel donne la porte d'entrée. La pièce centrale comprend un foyer en fer à cheval, des banquettes,
des murs plus hauts que les autres comportant des tenons
aux angles près du sommet qui pourraient avoir servi à
supporter un toit en bois. Comme cette maquette et
d'autres ont été enfouies sous le seuil de temples ou sous
la surface de rues qui y menaient, il serait raisonnable d'y
voir une sorte d'objets cultuels déposés en terre afin de
purifier les accès aux temples.

TELL HARIRI, ANCIENNE MARI   61 x 29 cm
MUSÉE NATIONAL DE DAMAS   M2351   *BAAL* 112

283
Plaque de fondation avec son clou
Bronze
~2150

La construction d'un temple s'accompagnait de tout un rituel. Parmi ces rituels, une coutume voulait que l'on place un dépôt votif sous le seuil ou dans les fondations des murs aux angles. Ce dépôt votif prenait la forme de clous qui pouvaient avoir l'apparence de figures humaines ou animales terminées par une pointe. On pense que les anciens voulaient ainsi symboliquement montrer que le temple était bien ancré à cet endroit — qui devenait du coup une zone sacrée — et en tenir éloignés les mauvais esprits. Ces clous sont parfois enfoncés, comme c'est le cas ici, dans une plaque de bronze sur laquelle une inscription mentionne le nom du roi qui a fait ériger le temple ainsi que la divinité à laquelle il était dédié.

TELL HARIRI, ANCIENNE MARI: TEMPLE DE NINHURSAG
14 x 14 cm
MUSÉE NATIONAL D'ALEP   M8030   *L'EUFRATE* 252

284 a-h
Idoles aux yeux
Albâtre
~3200

Des centaines de ces petites figurines plates ont été retrouvées dans un temple sur le site de Tell Brak. On croit qu'elles étaient utilisées lors de cérémonies religieuses. Leurs yeux écarquillés surmontant une petite plaquette en albâtre seraient une façon symbolique d'exprimer le geste d'adoration envers une divinité. C'est la raison pour laquelle l'archéologue qui les a découvertes n'a pas hésité à les qualifier d'« idoles aux yeux ». Pendant l'époque suivante, les représentations figurées d'adorateurs placées dans les temples se démarqueront par leurs yeux très ouverts.

TELL BRAK: TEMPLE DE L'ŒIL   4 x 2,6 x 0,5 cm en moyenne
MUSÉE DE DEIR EZ ZOR   10668/1-8   *L'EUFRATE* 190-192

286

Statuette

Gypse

~2500

Les temples de la cité-État de Mari sur l'Euphrate ont livré de nombreuses statuettes de personnages, masculins ou féminins, qui se sont fait représenter en position de prière : les mains jointes ramenées sur la poitrine. Ces petites statues étaient placées à l'intérieur des temples, sur des banquettes à la base des murs. Elles témoignaient de la grande dévotion qu'avaient pour la divinité les personnes représentées : des membres de l'administration — intendants, officiers, chefs de cadastre, scribes, échansons... — ou du personnel du culte, ou encore des représentants des couches aisées de la société comme les marchands.

Lorsque le temple était trop encombré de ces effigies d'adorants, on en disposait dans des fosses sacrées — *favissae* — creusées dans le sol du temple même.

TELL HARIRI, ANCIENNE MARI : TEMPLE DE NINNI-ZAZA
53 x 18 x 21 cm
MUSÉE NATIONAL DE DAMAS   M2076 (M2369)
L'EUFRATE 240

285

Statuette

Gypse

~2500

Comme quelques autres statuettes provenant des temples de Mari, celle-ci porte une inscription dans le dos, disposée dans sept cases superposées, qui nous permet d'identifier le personnage représenté ; il s'agit de : « Salim, frère aîné du roi le dieu du pays, sa statue à la déesse Ninni-zaza a voué. » Parmi le lot de statuettes découvertes dans les temples de Mari, il est surprenant de constater que très peu représentent le roi ou des membres de la famille royale. Ici, on a pu identifier le personnage,

mais sans inscription, cet exercice est quasi impossible, car les sculpteurs ont respecté un canon dans l'attitude générale, mais aussi dans les traits du visage. Ce visage est souvent représenté souriant et serein, d'une manière idéalisée.

TELL HARIRI, ANCIENNE MARI   46 x 18 x 20 cm
MUSÉE NATIONAL DE DAMAS   M2083

287

Statuette

Gypse

~2500

Le matériau dans lequel les nombreuses statuettes de personnages en prière mises au jour dans les temples de Mari ont été sculptées est un gypse local, extrait des falaises de cette région sur les rives de l'Euphrate. Afin d'exprimer le caractère d'adoration de ces effigies d'orants et d'orantes, les artistes les ont représentés avec des yeux très écarquillés. Ces yeux sont fabriqués avec des fragments de lapis-lazuli bleu, de coquille blanche, de schiste blanc et de bitume noir qui servit aussi d'adhésif pour retenir dans des cavités aménagées ces éléments d'incrustation. Les adorants sont vêtus d'une peau de mouton, de chèvre ou parfois d'un tissu frangé au bas de longues mèches d'une toison d'animal.

TELL HARIRI, ANCIENNE MARI : TEMPLE DE NINNI-ZAZA

56 x 19 x 20 cm

MUSÉE NATIONAL DE DAMAS   M2067   *SMC* 108

288

Statuette

Gypse

~2500

Nous savons par des scènes de sacrifice de l'époque retrouvées à Mari que des personnages féminins qui assistaient cérémonieusement à ces sacrifices portaient ce type de coiffure appelé polo : une coiffe volumineuse en tissu en forme de tiare évasée et arrondie au sommet, maintenue sur la tête à l'aide d'un bandeau passant sur le front. On les identifie à des prêtresses ou du moins à des femmes qui ont joué un rôle particulier lors de cérémonies rituelles. Le buste devait être une pièce rapportée, comme les yeux, mais il a disparu. Le vêtement vient recouvrir la tête, tel un voile, donnant à l'ensemble une apparence de solennité. Le personnage est assis, ce qui est rare, sur un siège en pierre dont la décoration — des motifs en forme de bobines juxtaposées entre deux bandes de chevrons — imite une pièce de mobilier en bois.

TELL HARIRI, ANCIENNE MARI : TEMPLE D'ISHTARAT

23 x 14 x 34 cm

MUSÉE NATIONAL DE DAMAS   M2072 (M2308/2368)   *BAAL* 98

289
Maquette architecturale
Terre cuite
~1300

Dans le débat qui entoure l'interprétation de ce type de maquettes de maison au toit plat surmonté en partie d'un étage ou d'une chambre, certains avancent l'hypothèse qu'il ne s'agit pas de la reproduction d'une habitation domestique, mais d'un modèle de temple. Dans la foulée d'une interprétation à connotation cultuelle, certains imaginent encore que c'était peut-être même un objet de culte, tel un autel, une table d'offrandes ou un brûle-parfums qui a joué un rôle dans le déroulement de céré-monies rituelles dans les temples. En raison des lieux de découverte, certains se sont même demandé s'il ne pour-rait pas s'agir d'une sorte de tabernacle conservé dans les maisons pour commémorer la mémoire des défunts de la famille, notamment en y faisant brûler des plantes aroma-tiques. La fonction de l'objet reste énigmatique.

SELIMIYEH 57 x 42 x 27 cm
MUSÉE NATIONAL D'ALEP M6538 *BAAL* 228

290/291
Maquettes en forme de tour
Terre cuite
~1300

En raison du peu de réalisme de certains détails architec-turaux (fenêtres et couronnement des murs, par exemple) et de l'absence notoire de certains éléments comme les portes, on peut mettre en doute que ces tours soient la reproduction fidèle d'édifices militaires ou religieux — temples-tours ? — ayant réellement existé. Plusieurs les considèrent comme des supports d'offrandes, des autels, des brûle-encens ou même des ossuaires. Étant donné la grande quantité de fragments de tours sem-blables retrouvés dans des maisons, des auteurs sont plutôt enclins à y voir maintenant un objet destiné à un culte domestique, à rappeler, tels les crucifix dans les familles catholiques, un concept fondamental des pra-tiques religieuses d'alors.

TELL FREY 31 x 18 cm/22 x 15 cm
MUSÉE NATIONAL D'ALEP M10542/M10489

292
Brûle-parfum
Céramique
~2400

Ce type de vase profond monté sur un haut piédestal fenestré est habituellement décrit par les archéologues comme un récipient ayant servi à brûler des plantes odo-riférantes dans le cadre de cérémonies rituelles qui se déroulaient dans des temples. Or, ce brûle-parfum a été retrouvé non pas dans un temple de la cité-État d'Ebla, mais dans les entrepôts du palais royal où étaient conservées des denrées alimentaires. De plus, le récipient porte des traces de benjoin — substance aromatique et résineuse — dont le parfum douceâtre est reconnu pour éloigner les serpents. Il faut donc en conclure que ce type d'ustensile avait une fonction très utilitaire, soit celle de chasser les serpents attirés par les rats qui se tenaient dans les réserves à grains du palais.

TELL MARDIKH, ANCIENNE EBLA: PALAIS G   17,3 x 16,5 cm
MUSÉE DE IDLIB   2785 (TM.83.G.598/1)   *EBLA* 199

293
Brûle-encens
Basalte
~1800

Les quatre faces de ce cube en basalte sont ornées de personnages mythologiques dont la partie inférieure est celle d'un taureau vu de profil, tandis que le buste et le visage barbu sont ceux d'un homme vu de face. Étant donné que ces hommes-taureaux ont les mains jointes sur la poitrine comme s'ils étaient en position de prière et que ce bloc carré porte en son sommet une légère dépression, nous n'avons aucune hésitation à classer cet objet dans la catégorie des brûle-encens, car il fut découvert dans un temple. L'encens — substance résineuse aromatique — était produit à partir d'arbustes odoriférants qui poussaient au sud de l'Arabie et que l'on se procurait par voie d'échanges commerciaux. Ebla étant une importante cité-État commerçante à l'époque, la présence de l'encens ne doit pas surprendre.

TELL MARDIKH, ANCIENNE EBLA: TEMPLE N   24 x 21,5 x 14,5 cm
MUSÉE NATIONAL D'DAMAS   M7371   *EBLA* 238

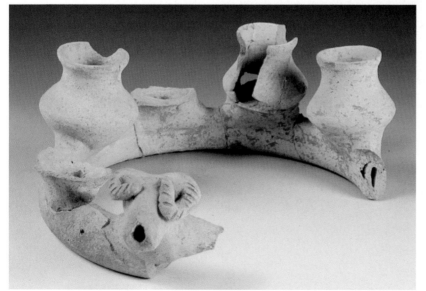

294
Vase circulaire
Céramique
~1300

Sur une base tubulaire en rond sont montés trois petits vases globulaires et une tête de bélier. Ce type de vase, appelé *kernos*, servait à faire des libations lors de céré-monies entourant la mise en terre d'un défunt, par exemple. Le liquide dont on remplissait les petits vases se répandait dans la cavité aménagée dans l'anneau tubu-laire, puis on le versait ensuite par la bouche du bélier. Sur un autre exemple mieux connu, c'est une colombe, symbole de la déesse Isthar, qui remplaçait le bélier d'où le liquide s'échappait.

TELL BAZI   22,5 x 9 cm
MUSÉE NATIONAL D'ALEP   M11301
DAM 9 (1996) p. 25 pl. 12

DÉPÔT DE FONDATION
~3000

Lorsqu'un vase ou une idole n'était plus utilisé dans les cérémonies du culte, on ne pouvait les mettre aux rebuts comme d'ordinaires ustensiles domestiques. On creusait alors une fosse où étaient déposés ces objets de culte. Une telle *favissa* fut retrouvée en 1997 à Mari sous l'autel du temple dédié à une déesse-mère sumérienne du nom de Ninhursag. Les archéologues considèrent que cette *favissa* constitue une sorte de dépôt de fondation pour marquer le réaménagement du nouveau temple sous lequel elle se trouvait. En effet, les installations cultuelles du temple de la déesse Ninhursag ont été datées des environs de ~2300, alors que les formes de ces vases cérémoniels, quant à elles, seraient plutôt à situer aux alentours de ~3000. En tout, plus d'une cinquantaine d'objets ont été retirés de cette fosse.

TELL HARIRI, ANCIENNE MARI
MUSÉE DE DEIR EZ ZOR

295
Stèle cultuelle
Albâtre

Le fouilleur de Mari croit qu'il s'agit d'une petite stèle destinée aux pratiques cultuelles. Elle est ornée sur une face de ce qui ressemble, à première vue, à un visage, avec deux grands yeux circulaires et un nez à peine suggéré. La bouche est remplacée par la représentation du sexe féminin, classiquement triangulaire et, au-dessus et tout autour, on peut distinguer des oiseaux et des bouquetins. La présence de bouquetins près du sexe féminin semble vouloir indiquer une association des deux principes mâle et femelle. Les yeux rappellent ceux des idoles aux yeux de Tell Brak [284]. Cette pièce serait un peu antérieure aux autres pièces découvertes. Unique en archéologie orientale, cette stèle aurait pu représenter une divinité qui voit tout ou signifier simplement l'émerveillement devant le divin ou le sacré.

35,3 x 18,5 x 1,6 cm   19088 (TH97,154)

296
Vase
Albâtre

Ce vase-ci fait partie d'un lot de caractère exceptionnel, comprenant une soixantaine de vases semblables, tous en albâtre.

27 x 17 cm   19063 (TH97.121)

297
Vase
Albâtre

Ce vase est décoré de doubles cercles comprenant un point au centre. Les incisions, remplies de bitume, contrastent avec le fond blanc de l'albâtre.
En raison du temps que nécessite la fabrication d'un tel vase en pierre, du soin accordé à sa décoration extérieure et de sa forme peu pratique, il ne fait pas de doute qu'il s'agit d'un vase cérémoniel.

9,6 x 6,2 cm   19039 (TH97.93)

298
Ustensile à libation
Coquillage

On est enclin à interpréter ce grand coquillage, du genre Factionnaire, coupé en deux dans le sens de la longueur, comme une sorte d'ustensile à libation. Ce grand coquillage du type triton, originaire du golfe arabo-persique ou de l'océan Indien, est arrivé dans la ville de Mari grâce à la voie commerciale qui empruntait le cours de l'Euphrate à l'époque. Étant donné ses dimensions et sa provenance, un tel coquillage était alors considéré comme un objet de luxe que seuls les membres de l'élite politico-religieuse du temps pouvaient acquérir. Le démontage d'un escalier à proximité a permis de mettre au jour un lot d'objets en nacre et en coquillage en cours de fabrication par un artisan spécialisé dans cet art. Mari a déjà livré les restes d'un atelier du même genre dans une salle du palais.

20,2 x 10,5 x 7 cm   19079 (TH97.138)

299
Récipient rectangulaire
Albâtre

Sur une des largeurs de ce récipient rectangulaire au fond plat, on peut voir un protome de bovidé à deux cornes et aux yeux incrustés, à l'origine, d'après les traces de bitume encore en place dans l'orbite de gauche. Une rainure verticale court le long de la paroi et s'étend de la tête jusqu'au bord, puis se termine par une perforation verticale le long de la tête elle-même.

14,6 x 7,7 x 5 cm   19074 (TH97.133)

300/301
Empreintes de pieds d'enfants
Terre cuite
~1200

Un contrat de vente trouvé avec ces empreintes de pieds d'enfants nous apprend qu'un père de famille dut se résoudre à vendre ses quatre enfants pour payer une dette. Le devin qui les acheta, les trouvant encore trop jeunes, en confia la garde à leurs propres parents jusqu'à ce qu'ils aient l'âge de le servir. En attendant, il conserva les empreintes d'un des pieds des enfants comme preuve d'une possession différée. Chaque empreinte porte le nom de l'enfant et l'impression des sceaux de deux témoins.

TELL MESKÉNÉ, ANCIENNE EMAR : SACRISTIE DU TEMPLE M1
13,5 x 6 x 3 cm/10,9 x 5,8 x 3 cm
MUSÉE NATIONAL D'ALEP   M10561/M8649
SMC 165 ; *L'EUFRATE* 351

302
Modèle de foie
Terre cuite
~1800

Au moment des sacrifices d'animaux, les prêtres procédaient à l'examen du foie des bêtes sacrifiées en partant du principe que la pensée de la divinité à laquelle était offert l'animal migrait dans le foie de ce dernier, organe considéré au Proche-Orient ancien comme le siège de la pensée. L'observation des signes sur cette viscère était ainsi susceptible d'apporter des réponses venues des dieux à des questions concernant des événements terrestres à venir. Il va de soi que cette méthode de divination par l'examen du foie — du mouton surtout — était réservée au roi. Une fois l'examen terminé, l'observation et l'interprétation des signes étaient enregistrées sur des modèles de foies en argile. Ces modèles de foies étaient en quelque sorte des aide-mémoire pour les prêtres.

TELL HARIRI, ANCIENNE MARI   6,3 x 5,8 x 3,1 cm
MUSÉE NATIONAL D'ALEP   M5157   *L'EUFRATE* 262

303
Élément d'incrustation
Ivoire, coquille, calcaire rouge et schiste
~2500

Des sacrifices d'animaux faisaient partie des cérémonies rituelles qui se déroulaient dans les temples ou dans leurs cours. Ici, deux officiants se préparent à égorger un bélier qu'ils plaquent au sol, tête renversée, la gorge déjà offerte. Des personnages plutôt passifs, les mains jointes dans une attitude de prière, observent la scène. Ce panneau n'est qu'un parmi plusieurs qui furent retrouvés en fragments dans les temples de la cité-État de Mari.

TELL HARIRI, ANCIENNE MARI: TEMPLE DE SHAMASH
30 x 21,5 x 5 cm
MUSÉE NATIONAL DE DAMAS   M1922   *BAAL* 101

304
Peinture murale
Fresque sur plâtre
~1800

Fragment d'une peinture appliquée sur une épaisse couche de plâtre qui recouvrait le mur de la plus importante cour intérieure du palais royal de la cité-État de Mari. La scène représentée est celle d'un sacrifice: un personnage masculin, la tête coiffée d'un bonnet appelé polo et le corps vêtu d'une tunique à rebords garnis de festons, conduit au sacrifice un taureau qu'il maintient de sa main gauche et semble calmer. L'extrémité des cornes est recouverte d'un plaquage de métal précieux, sans doute d'argent.

TELL HARIRI, ANCIENNE MARI: COUR DU PALAIS   52 x 47 cm
MUSÉE NATIONAL D'ALEP   M10119   *BAAL* 125

305
Bas-relief
Basalte
300

Ce linteau de basalte montre un personnage debout, vu de face, vêtu d'une tunique, tenant de la main gauche l'oreille d'une grosse tête de taureau, tandis que de la main droite il tire par la bride son cheval, suivi d'une chèvre et d'un chien. Les représentations sont disproportionnées, mais non sans raison. Cette scène viserait en effet à commémorer le sacrifice d'un bœuf à une divinité, une offrande très importante signifiée par la grosseur du crâne. De plus, ce rituel fut commandé par un membre de la noblesse, symbolisée par un cheval harnaché. Enfin, la richesse de ce propriétaire terrien devait reposer sur la possession d'un troupeau évoqué par la chèvre de mêmes dimensions que le cheval. L'auteur du sacrifice a donc cherché à l'immortaliser dans un bloc de pierre qu'il a dû faire placer de manière à le rappeler à ses pairs.

AIN AZ-ZAMAN   123 x 24 x 30 cm
MUSÉE DE SWEIDA   44/231   *LE DJEBEL AL-'ARAB* 3,08

306

Croix enkolpion

Bronze

900

Enkolpion est une expression grecque qui signifie littéralement « sur le fond ». On l'utilise ici pour qualifier une croix sur laquelle une représentation de saint Georges — selon l'inscription grecque (O HAGIOC GEOPGIOC) au sommet de la branche supérieure — a été ciselée sur l'une des faces. Cette façon de faire fut adoptée par les chrétiens dès le IVe siècle et resta en usage dans l'ensemble de l'empire pendant toute l'ère byzantine. Le terme *enkolpion* peut s'appliquer à une foule d'objets, comme les eulogies [**313** et **314**] et les amulettes dans la mesure où l'on porte au cou ces objets qui comprennent une image à caractère religieux ou une inscription. Un *enkolpion* peut aussi être une petite boîte, toujours suspendue au cou, dans laquelle est placée une relique sacrée. L'*enkolpion* était destiné à protéger son porteur.

INCONNUE 11,1 x 4,7 cm
MUSÉE NATIONAL DE DAMAS 29389
SYRIEN 93

307

Croix

Bronze

Époque byzantine

Comme il s'agit d'une découverte fortuite, il est impossible de dater cet objet avec précision. En souvenir du châtiment qui fut infligé au Christ, les premiers chrétiens ont vite adopté la croix comme symbole de leur appartenance à la communauté — du mot grec *ecclesia* qui signifie « église » — de croyants en ce Dieu. En 313, l'empereur Constantin reconnaîtra cette communauté comme institution, sous la désignation d'Église « catholique », ce dernier terme étant issu d'un adjectif grec qui signifie « universel ». Ici, on peut voir une croix grecque, car les branches de la croix sont d'égales longueurs ; et cette croix est dite pattée, car ses extrémités sont évasées. Elle était faite pour être portée en pendentif comme l'indique la présence d'une bélière à son sommet.

AIN DARA 8,5 x 2,2 x 0,2 cm
MUSÉE NATIONAL D'ALEP C2115

308/309

Lampes chrétiennes

Terre cuite

Époque byzantine

Les premiers chrétiens prirent l'habitude d'utiliser des lampes comme celles-ci lorsque, au moment des persécutions, ils étaient contraints de se réunir, la nuit venue, dans les obscures catacombes. De plus, ils allumaient des lampes autour des défunts lors des cérémonies d'inhumation. Mais la lampe demeure un objet d'usage domestique à l'époque romaine et les chrétiens ne l'ornent d'abord d'aucun symbole qui aurait pu révéler à leur entourage leur foi. Ce n'est que plus tard, quand le christianisme est déclaré religion d'État à la fin du IVe siècle, que des emblèmes apparaissent sur les lampes dites chrétiennes. Ces lampes étaient même vendues aux pèlerins à l'entrée des catacombes.

INCONNUE 10 x 5,5 cm/8,5 x 5,5 cm
MUSÉE NATIONAL D'ALEP C1894A-B

310
Autel
Terre cuite
800

D'après le plateau peu profond en son sommet, il s'agit ici d'un petit autel ou d'une table d'offrandes ayant la forme d'un modèle architectural d'un lieu de culte byzantin, tel qu'indiqué par le type de croix placé en médaillon sur l'un des côtés.

TELL BI'A, ANCIENNE TUTTUL   19,5 x 19,5 x 17 cm
MUSÉE DE RAQQA   750 (24/50:76)   *MDOG* 121 (1989), p. 6-7

311
Fonts baptismaux
Terre cuite
Époque byzantine

Dans les rites de l'Église catholique, l'introduction d'un nouveau croyant à la communauté chrétienne se faisait par le baptême — d'un mot grec qui signifie « immerger » — en l'immergeant dans l'eau ; il se lavait ainsi du péché originel. Au départ, cette cérémonie se déroulait dans des plans d'eau dans la nature, à l'instar de Jésus-Christ qui s'était fait baptiser dans le Jourdain par saint Jean-Baptiste. Par la suite, avec la construction d'églises pour la pratique du culte, une pièce fut annexée au bâtiment principal, le baptistère qui abritait une grande cuve aménagée dans le sol. À partir du VIᵉ siècle, l'usage se répandit de baptiser par effusion seulement, d'où le recours à de plus petits bassins, posés sur un socle, appelés fonts — du mot latin *fons*, qui signifie fontaine — baptismaux. Ces fonts portent en relief une inscription en syriaque, langue que les chrétiens d'Orient réservaient aux rites religieux ; cette langue est encore en usage de nos jours chez les chrétiens de Syrie.

INCONNUE   39 x 50 cm   MUSÉE NATIONAL D'ALEP   C1606

312
Plaque de chancel : l'Adoration des Mages
Pierre
600

Le chancel est cette clôture qui séparait la nef du chœur, dans les églises des premiers chrétiens. Très souvent, il est constitué de plaques en pierre où l'on a sculpté une scène biblique. Ici, c'est l'Adoration des Mages, scène qui a été reproduite à maintes reprises dans l'art byzantin et paléochrétien. Pourtant, la représentation ne correspond pas tout à fait à ce qui fut rapporté par saint Matthieu dans son Évangile, car la scène sur cette représentation ne se déroule pas dans une crèche ni ne survient juste après la naissance, l'enfant Jésus n'ayant pas ici les traits d'un nouveau-né. Les trois Mages portent des vêtements persans et tendent leurs offrandes — en l'occurrence des coffrets qui ne permettent pas de distinguer l'or, l'encens et la myrrhe qui furent offerts. Au-dessus du premier Mage plane l'étoile de Bethléem qui les a guidés.

RASM EL-QANAFIZ   110 x 80 x 23 cm
MUSÉE NATIONAL DE DAMAS   5297
SYRIA 38 (1961) 35-53 ; *SMC* 282

313 a-c
Eulogies
Verre
600

Ces petites plaquettes en verre moulé, représentant
saint Syméon, sont d'autres formes que peuvent prendre
les eulogies.

INCONNUE   5 x 2 cm/5,2 x 1,8 cm/6 x 2,7 cm
MUSÉE NATIONAL DE DAMAS   4010/8799, 4016/8805, 4010/8806
SYRIEN 53

314 a-b
Eulogies
Terre cuite
500

Les eulogies sont des souvenirs que les pèlerins rappor-
taient de leurs visites aux lieux saints. C'étaient souvent
des médaillons figurés en terre cuite ou en métal. Qalat
Seman, au nord d'Alep fut un lieu de prédilection pour les
pèlerinages, car c'est à cet endroit que saint Syméon
(390-459) vécut en ermite au sommet d'une colonne.
C'est la raison pour laquelle des eulogies comportaient la
représentation du saint debout sur sa colonne, le capu-
chon de son costume de moine sur la tête. Seul le buste
dépasse la balustrade qui borde la plateforme à laquelle il
accède par une échelle. Sa tête est surmontée d'une croix
et entourée de deux anges tenant des couronnes, symboles du triomphe des martyrs ou des saints. L'autre eulogie met en scène l'Adoration des Mages, thème iconographique très répandu dans le monde chrétien.

QALAT SEMAN   3 x 0,9 cm/3 x 1,1 cm
MUSÉE NATIONAL DE DAMAS   8867/4047 et 8866/4046
SMC 286; *BAAL* 311; cf. *SYRIEN* 50-51

315
Estampe pour le pain
Terre cuite
600

Les premiers chrétiens ont développé une habitude qui
consistait à estamper diverses images à la surface du
pain, aussi bien celui qu'ils consommaient aux repas quotidiens que celui qui était destiné à être partagé avec les
autres fidèles lors de la célébration de l'Eucharistie pendant une messe. Ce genre de pain ainsi imprimé en relief
ou en creux d'un motif à caractère religieux pouvait aussi
être remis aux pèlerins en guise de souvenir de leur visite
— c'est-à-dire comme eulogie [313 et 314] — dans un
sanctuaire. Le motif ici reproduit a été répété à plusieurs
reprises sur les mosaïques de Syrie et dans les arts
mineurs. Les deux cerfs symboliseraient les âmes des
croyants, tandis que le cyprès au centre de la composition
ferait allusion à l'éternité.

SYRIE DU NORD   6,7 x 4,5 cm
MUSÉE NATIONAL DE DAMAS   8864/4044
BAAL 312

328

Gourde au lys

Céramique

1300

Le décor moulé sur les faces de la panse de ce vase, dit « gourde de pèlerin », présente une fleur de lys stylisée, motif qui fut utilisé à plusieurs reprises comme emblème sur des pièces de monnaies ayyûbides et mameloukes avant d'apparaître sur le blason de la famille du sultan mamelouk Qalâ'ûn. Cependant, dans le monde islamique, la fleur de lys est représentée pour la première fois sur le *mihrâb* — niche à prière — de l'école coranique que le calife Nûr al-Dîn fit construire à Damas entre 1154 et 1173. Mais ce thème est très ancien au Proche-Orient, car il était déjà en usage au temps de Ramsès III en Égypte.

PRÈS D'ALEP   22 x 16,5 cm

MUSÉE NATIONAL DE DAMAS   1415A   *SMC* 325

329

Gourde aux épées

Céramique

1300

Ce type de gourde, destiné à conserver une petite quantité d'eau, est généralement appelé « gourde de pèlerin », car il était utilisé par les voyageurs, notamment ceux qui faisaient des pèlerinages à la Mecque dans le monde islamique. De fabrication locale — un atelier et un four contenant des amoncellements de rebuts de telles gourdes a été retrouvé sur les pentes du mont Qâsiyûn à Damas —, cette gourde n'est pas enduite d'une glaçure et ce, afin de garder à l'argile sa porosité qui conserve à l'eau contenue à l'intérieur sa fraîcheur. Le décor moulé de celle-ci est remarquable, car il comporte deux écus comprenant chacun une paire d'épées franques. Les longues épées droites des Francs faisaient l'objet d'un commerce actif dans le monde islamique, car elles étaient bien appréciées des Arabes.

INCONNUE   30 x 21,5 cm

MUSÉE NATIONAL DE DAMAS   9771A   *SMC* 350

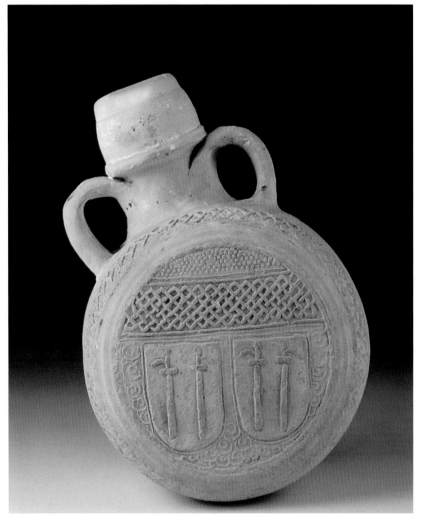

330
Bas-relief funéraire
Calcaire
150

De forme semi-circulaire, ce bas-relief, représentant un
homme dans un médaillon central supporté de chaque côté
par deux Victoire ailées (*nike*), prenait place dans une niche
en forme d'arc, aménagée au sommet d'une série de *loculi*
dans un hypogée — tombe souterraine. Le personnage
masculin personnifie peut-être la divinité familiale.

TADMOR, ANCIENNE PALMYRE : NÉCROPOLE DU SUD-EST,
TOMBE C   86,6 x 44 cm
MUSÉE DE PALMYRE   B2710/9119
TOMBS A AND C p. 78-82, pl. 51

331
Bas-relief : scène de banquet funéraire
Calcaire
240

Les grands reliefs qui représentent une scène de banquet
regroupant une famille entière et leurs serviteurs con-
nurent un important développement au cours du IIe siècle
et surtout du IIIe siècle dans les hypogées et les
tombeaux-tours de Palmyre où ils occupaient en général
le fond des travées. La figure principale d'un tel banquet
est toujours constituée par un homme représenté à droite,
à demi allongé sur un lit de banquet ; accoudé sur des
coussins, il tient une coupe à boire ; à gauche du relief, sa
femme ou sa mère est assise sur la couche du banqueteur.
Deux ou trois banqueteurs peuvent aussi être installés
côte à côte sur le lit. L'épouse est habituellement
représentée derrière l'épaule de son mari. Des serviteurs,
des enfants et d'autres membres de la famille peuvent
aussi être placés derrière le sujet principal ou en dessous.

TADMOR, ANCIENNE PALMYRE : TOMBEAU DE FAMILLE
DE 'ALAINÊ   225 x 114 cm
MUSÉE DE PALMYRE   B2285/8277
PALMYRE VII p. 77-95 ; *SCULPTURES FUNÉRAIRES* p. 172-176 ;
SCULPTURES OF PALMYRA I p. 405-415

332
Bas-relief funéraire d'un prêtre
Calcaire dur
137

Les tours funéraires et les hypogées — tombeaux souterrains — de Palmyre ont livré un nombre impressionnant de petites dalles rectangulaires, sculptées, qui fermaient les *loculi*, ces cases dans lesquelles les corps étaient placés. Elles présentaient en relief les visages des défunts. Si les bustes sont très répandus dans le monde romain, l'idée de placer ce buste sur une dalle fermant un *loculus* semble au contraire être une particularité palmyrénienne. Ici, le personnage masculin sculpté sur ce bas-relief porte la coiffe cylindrique comportant la couronne végétale propre aux prêtres. À droite, à la hauteur de sa tête, six lignes d'inscription palmyrénienne nous apprennent que nous regardons : « Le regretté Mokimo fils de Breiki Amricha, le treizième jour d'août 449 » (449 au calendrier grégorien = l'an 137 de notre calendrier). À gauche, le même texte est écrit en grec.

TADMOR, ANCIENNE PALMYRE : TOMBE DE BREIKI
57 x 44 x 25 cm   MUSÉE DE PALMYRE   B2687/9088   *SMC* 234

333
Bas-relief funéraire d'un jeune homme
Calcaire dur
137

L'inscription gravée sur le fond plat du relief à la droite de la tête du personnage nous révèle qu'il s'agit d'un certain : « Amrisha, fils de Malik, fils de Amrisha, Alas ». Selon une tradition romaine, il porte un anneau à l'auriculaire gauche. En effet, chez les Romains, les bagues étaient portées aussi bien par les hommes que par les femmes. Cet usage s'est développé surtout après l'an 150. Les bagues romaines étaient faites de larges anneaux sertis d'une pierre ronde ou ovale. Initialement, elles n'étaient portées qu'au petit doigt de la main gauche puis, vers 200, elles le furent à chaque main. Sur des sculptures de cette époque, on voit aussi deux bagues à un même doigt.

TADMOR, ANCIENNE PALMYRE : TOMBE DE BREIKI
58 x 43 x 24 cm   MUSÉE DE PALMYRE   B2696/9098

334

Bas-relief funéraire d'une femme

Calcaire dur

150

Cette dame porte une coiffure romaine typique au chignon haut placé, dite « à côtes de melon », qui est apparue au milieu du IIe siècle et qui a persisté jusqu'au IIIe siècle. Les bijoux de ce bas-relief étaient couverts de dorures. Certaines parties du bas-relief étaient rehaussées de peinture dont on peut encore voir des traces ici et là. Les dorures et les éléments peints exprimaient la richesse de la défunte, étroitement liée au rang social qu'elle et sa famille occupaient dans la société palmyrénienne. Selon l'inscription, c'est : « Aqma, fille de Atelena Hajeuja, Alas ».

TADMOR, ANCIENNE PALMYRE : TOMBE DE BREIKI

65 x 46 x 29 cm

MUSÉE DE PALMYRE   B2666/8967

335

Bas-relief funéraire d'une femme

Calcaire dur

137

Le nom de la dame représentée sur ce bas-relief est « Huba betta, fille de... », d'après l'inscription à sa droite. Elle porte des vêtements traditionnels ainsi que beaucoup de bijoux, comme c'était la coutume. Les broches, ou fibules, étaient utilisées par les hommes aussi bien que par les femmes pour agrafer les manteaux sur l'épaule gauche. Cependant, les broches portées par les femmes avaient des formes plus variées : jusque vers 150, elles furent presque toujours de forme trapézoïdale, ornées d'une tête d'animal, d'une rosette ou d'une feuille. Puis elles cédèrent la place à des fibules rondes, polygonales ou dentées. Quant aux bracelets, ils sont normalement réservés aux femmes et ont des formes très diverses. Ils ne sont devenus courants qu'à partir du IIe siècle.

TADMOR, ANCIENNE PALMYRE : TOMBE DE BREIKI

60 x 43 x 23 cm

MUSÉE DE PALMYRE   B2667/8968

Cf. IRAQ 11 (1949), p. 160-187

336

Bas-relief funéraire d'une jeune femme

Calcaire dur

137

À partir du milieu du Ier siècle, le vêtement féminin devint plus complexe : une ample pièce de tissu, le manteau, était drapée au-dessus de la tunique et agrafée par une broche sur l'épaule gauche ; un long voile très souple recouvrait la tête, les épaules et les bras. C'est ce voile que les femmes retiennent ou écartent de leur visage sur les bas-reliefs funéraires comme celui-ci. À part quelques exceptions, il n'est pas posé directement sur la tête, mais sur un épais turban drapé dont les extrémités se croisent généralement par-devant. Il est rare que les femmes ne portent pas de voile. Ici, une petite fille est représentée debout, à la gauche de la dame. À sa droite, une inscription se lit comme suit : « Aqua, fille de Wahballat, fils de Nasha et Salma, sa fille Alam ».

TADMOR, ANCIENNE PALMYRE : TOMBE DE BREIKI

54 x 43 x 22 cm   MUSÉE DE PALMYRE   B2703/9105

337

***Bas-relief funéraire d'une femme
et son enfant***

Calcaire dur

150

Il est permis de penser, faute d'inscription pouvant nous le confirmer, que cette dame a été représentée portant de la main gauche son enfant qu'elle aurait perdu en couche. La sobriété de ce personnage contraste avec l'exubérante richesse étalée sur d'autres bas-reliefs représentant des personnages féminins.

TADMOR, ANCIENNE PALMYRE : TEMPLE D'ALLAT

58 x 40 x 25 cm   MUSÉE DE PALMYRE   B2326/8527

338
Buste de femme couvert de bijoux
Calcaire
200

Le nombre et l'importance des bijoux représentés sur les sculptures funéraires de Palmyre sont allés croissant avec l'enrichissement des Palmyréniens au cours des trois siècles de l'apogée de leur cité durant l'ère romaine. Les colliers ont commencé à apparaître au IIᵉ siècle, et tout le IIIᵉ siècle est marqué par la profusion. L'austérité romaine résista longtemps à cette forme de luxe voyant. Au début de notre ère, Pline l'Ancien dénonce l'abondance des bijoux portés par les femmes de son temps en demandant qu'au moins elles ne mettent pas de bracelets à leurs chevilles (*Histoire Naturelle* XXXIII, 12).

TADMOR, ANCIENNE PALMYRE   43 x 31x 15 cm
MUSÉE DE PALMYRE   B552/1755
SCULPTURES OF PALMYRE I p. 394 ;   *Cf. IRAQ* 11 (1949), p. 160-187

339
Broche
Or et rubis (?)
200

Grande broche en or de forme ovale, dont le pourtour est crénelé ; les crénelures sont serties de rubis (?) et de pierres céramiques incrustées. Des grènetis, ces cordons constitués de petits grains, forment une petite bordure surélevée sous l'ensemble du pourtour. Au centre, sur une pierre verte entourée d'une série de cercles concentriques formés de granulations et de motifs géométriques en relief, est gravée en creux — intaille — une figure de jeune homme nu, debout, tenant une Victoire dans la main droite. Le rubis est une pierre rouge, très dure, qui vient immédiatement après le diamant, la plus dure des pierres précieuses, mais qui ne fut pas utilisée dans l'Antiquité. Il existe des gisements de rubis en Afghanistan et au Pakistan. Elle est généralement d'origine alluvionnaire, donc relativement facile à trouver.

DOURA-EUROPOS   8,8 x 7 x 2 cm
MUSÉE NATIONAL DE DAMAS   3250/7008
ANTIQUITÉS GRÉCO-ROMAINES pl. 7

340
Broche
Or, rubis, grenat et émeraude
Époque romaine

Cette très belle broche en or, enrichie de cabochons de rubis, de grenat et d'émeraude, témoigne du rang élevé de sa propriétaire et de son goût pour les beaux bijoux. Entre les pierres précieuses, on peut noter un décor fait de petites bulles d'or, des granules — d'où le terme granulation pour désigner cette technique de décoration en joaillerie — soudées les unes aux autres. Au milieu, un personnage, peut-être une déesse, est représenté en relief, probablement fait au repoussé. L'émeraude est une pierre précieuse verte dont on exploitait des gisements en Égypte à cette époque, tandis que le grenat partage sa couleur avec celle du fruit dont lui vient son nom, la grenade.

HAMA   6,5 x 3,6 x 0,9 cm
MUSÉE NATIONAL DE DAMAS
2854/5937
MUSÉE NATIONAL p. 110 et p. 141

341/342/343
Paires de boucles d'oreilles
Or et cristal de roche
Époque byzantine

Le cristal de roche est une variété incolore de quartz qui a l'apparence de la glace ; du reste, le mot cristal lui-même dérive d'une racine grecque qui signifie « froid glacial ».

INCONNUE
MUSÉE NATIONAL D'ALEP   C1847/1851/1848

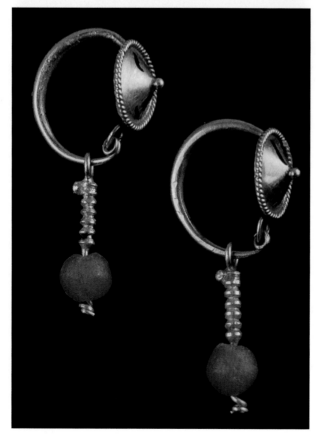

344/345/346
Collier/Bracelet/Broche
Or et agate
Époque romaine

C'est en or que sont faits la plupart des bijoux antiques, car ce métal, bien que précieux, est facile à trouver : en effet, il existe à l'état natif sous forme de pépites transportées par les rivières. À partir de l'époque romaine, on commença à l'extraire de certains minerais. Les mines les plus près de la Syrie sont situées dans la région du Caucase. Mais les artisans syriens ont sûrement joué un rôle important dans la transformation de l'or en parures, car Pline l'Ancien attribue aux Phéniciens l'invention de l'or et des procédés pour le traiter. L'une des qualités de l'or qui le rend attrayant en bijouterie est qu'il est très ductile : on peut l'étirer sans le casser.

L'agate est une pierre précieuse formée de la superposition de bandes de formation rocheuse de couleurs différentes. Au Proche-Orient, l'agate provient de l'Inde.

INCONNUE   23 x 2,6 cm/5,4 x 2,1 cm/4,1 x 3,3 x 0,4 cm
MUSÉE NATIONAL DE DAMAS   6014-13839/13224/7885

347
Bracelet
Or
Époque romaine

L'or est le métal précieux le plus malléable, il se travaille donc facilement. Le procédé le plus simple est le martelage. Cependant, il est tellement mou qu'il est préférable de l'allier à un autre métal, comme l'argent (ce qui donne de l'électrum) ou le cuivre, pour accroître sa dureté et être ainsi capable d'obtenir des parois rigides et des surfaces suffisamment résistantes pour pouvoir y ciseler des motifs.

INCONNUE   6,5 x 6,5 cm
MUSÉE NATIONAL DE DAMAS   7014/743
AAAS 13 (1963), p. 71

348/349
Miroirs
Gypse et verre
Époque romaine

Ustensile de prédilection pour la toilette personnelle, les miroirs étaient initialement en bronze : leurs utilisateurs devaient se mirer tant bien que mal dans une surface polie. Ceux-ci sont faits de verre étamé, c'est-à-dire d'une surface de verre dont la face interne est masquée par une couche d'étain et l'autre bien polie.

INCONNUE/HOMS   13 x 13 x 0,9 cm/12 x 11 x 1,5 cm
MUSÉE NATIONAL DE DAMAS   24001/15351
AAAS 20 (1970), p. 9

350
Figurine d'Aphrodite à la sandale
Bronze et pièces rapportées en or
200

Durant les périodes hellénistique et romaine en Syrie, les artisans-bronziers multiplient les figurines représentant la déesse Aphrodite. À l'époque, c'est la divinité la plus fréquemment figurée du panthéon. Selon une tradition développée à Alexandrie, on la montre nue en train d'accomplir des gestes liés à une toilette rituelle : elle se regarde dans un miroir, se coiffe, soulève sa chevelure ou détache sa sandale. Selon des témoignages rapportés par des auteurs anciens, certaines dévotes répétaient ces gestes rituels devant les statues de la déesse afin de l'honorer. Aphrodite, la déesse de l'amour et de la beauté, cache son sexe de la main gauche, tandis que de la droite elle brandit une sandale.

KHISFINE   26 x 9 x 7,4 cm
MUSÉE NATIONAL DE DAMAS   4309
ANTIQUITÉS GRÉCO-ROMAINES p. 138 et pl. 54:1

351
Buste de jeune fille
Céramique émaillée
Époque romaine

Le personnage féminin représenté en relief sur ce vase enduit d'un émail vert serait la déesse Koré — mot grec qui signifie « jeune fille » —, plus couramment appelée Perséphone. Fille de Zeus et de Déméter, la déesse de la terre, elle fut enlevée par Hadès et devint la reine des Enfers. Cependant, chaque année, avec les premières pousses printanières, elle remonte à la surface de la terre rejoindre sa mère au ciel et ne retourne à son monde souterrain qu'au moment des semailles. Aussi longtemps qu'elle reste séparée de sa mère, le sol est stérile : c'est l'hiver. Cette légende visant à expliquer le rythme des saisons s'attache aussi au thème de la vie et de la mort.

HOMS   26,5 x 19 x 10,8 cm
MUSÉE NATIONAL DE DAMAS   7619
MUSÉE NATIONAL p. 98 et fig. 37

352
Pièce de tissu
Coton
100

Il est très rare de trouver des pièces de tissu en coton à Palmyre, ce qui ne représente que 3 % de tous les textiles identifiés à ce jour. Aux époques postérieures, la culture du coton fut largement répandue en Syrie, mais à l'époque romaine, ce tissu est importé de l'Inde. Le jeu de couleur de cette pièce indique que nous sommes en présence d'une technique de tissage très avancée. La fibre a été teinte avec de l'indigo, extrait des feuilles de l'indigotier, et de la garance (rouge), tirée des racines de la plante herbacée qui porte ce nom ; ces deux plantes poussent aussi en Inde. Nous sommes donc autorisés à voir dans ce fragment la preuve d'une relation commerciale avec l'Inde.

TADMOR, ANCIENNE PALMYRE : TOMBES 71-73, 97   31 x 41 cm
MUSÉE NATIONAL DE DAMAS   V22 (T71-73.97)

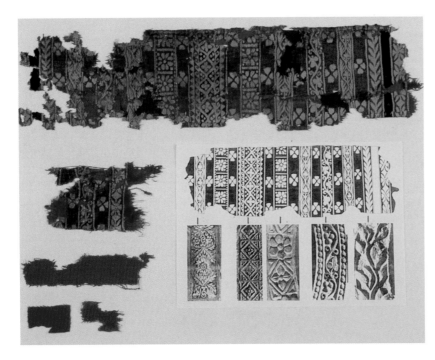

353
Pièce de tissu
Laine
40

Les textiles découverts à Palmyre nous donnent un aperçu de ce que devait être la richesse de cette ville comme centre des échanges commerciaux entre l'Est et l'Ouest. Les morceaux de vêtements découverts sur les corps momifiés ont été bien conservés en raison du climat sec de cette région désertique et de la noirceur absolue dans les tombeaux souterrains. La laine était la fibre la plus répandue dans la fabrication des textiles à Palmyre. Elle a le grand avantage d'absorber facilement la teinture. Il est très intéressant de noter que les motifs peints sur ce fragment se retrouvent aussi dans la sculpture funéraire palmyrénienne.

TADMOR, ANCIENNE PALMYRE : TOUR KITOT   30 x 40 cm
MUSÉE DE PALMYRE   1/9230

354
Pièce de tissu
Laine
100

Les tissus les plus riches sont ceux teints en pourpre, car cette teinture est extraite, après une longue opération, d'un mollusque méditerranéen, le murex. Il en faut des milliers, car chaque mollusque ne donne que quelques gouttes de cette précieuse teinture. Les tissus pourprés de Palmyre proviennent sûrement de Tyr ou de Sidon, villes réputées pour la fabrication de cette teinture. À un certain moment durant l'ère romaine, les tissus pourprés se vendaient au même poids que l'or ! C'est à Palmyre plus que partout ailleurs en Méditerranée que l'on trouve des textiles pourprés, ce qui démontre bien la richesse de la ville. On ne peut trouver meilleur symbole de luxe à l'époque romaine qu'un vêtement teint de cette couleur.

TADMOR, ANCIENNE PALMYRE   25 x 33 cm
MUSÉE DE PALMYRE   3/9238

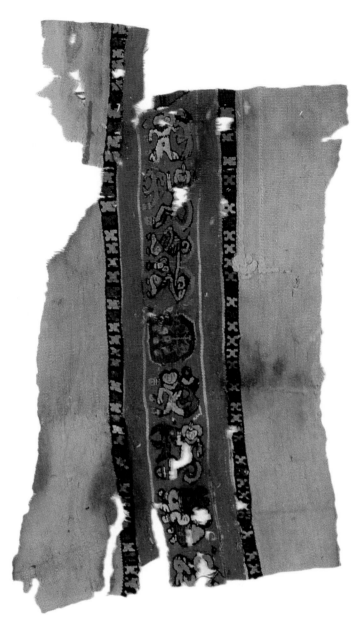

355
Pièce de tissu copte

Coton

1000

Copte est le terme en usage pour désigner la communauté de chrétiens qui s'est formée en Égypte aux alentours de 300. Ce fragment appartenait probablement à une tunique, type de vêtement très populaire à cette époque, avec lequel le corps d'un défunt chrétien a été habillé. Il était très fréquent d'enrichir la tunique d'étroites bandes verticales tissées à même le tissu, de part et d'autre de l'encolure. Ces bandes s'arrêtent habituellement à la taille.

INCONNUE   27 x 45 cm
MUSÉE NATIONAL DE DAMAS   6059

356
Morceau de tunique

Lin et laine

103

Difficile à teindre, le lin est utilisé écru, c'est-à-dire ni teint ni blanchi. Très tôt dans l'Antiquité, cette plante qui croît dans la région de Palmyre servit à la fabrication des vêtements. Même si c'est un textile plutôt sobre, les modes de tissage en sont très développés, car cette tunique-ci fut tissée d'une seule pièce sur un métier qui devait avoir 250 centimètres de largeur. Les motifs décoratifs sont en laine teinte et ont été ajoutés à la tunique. C'est le plus ancien spécimen de tunique ornementée de Syrie.

TADMOR, ANCIENNE PALMYRE : TOUR-TOMBEAU D'ELAHBEL 20
41 x 51 cm
MUSÉE NATIONAL DE DAMAS   V20 (T20)

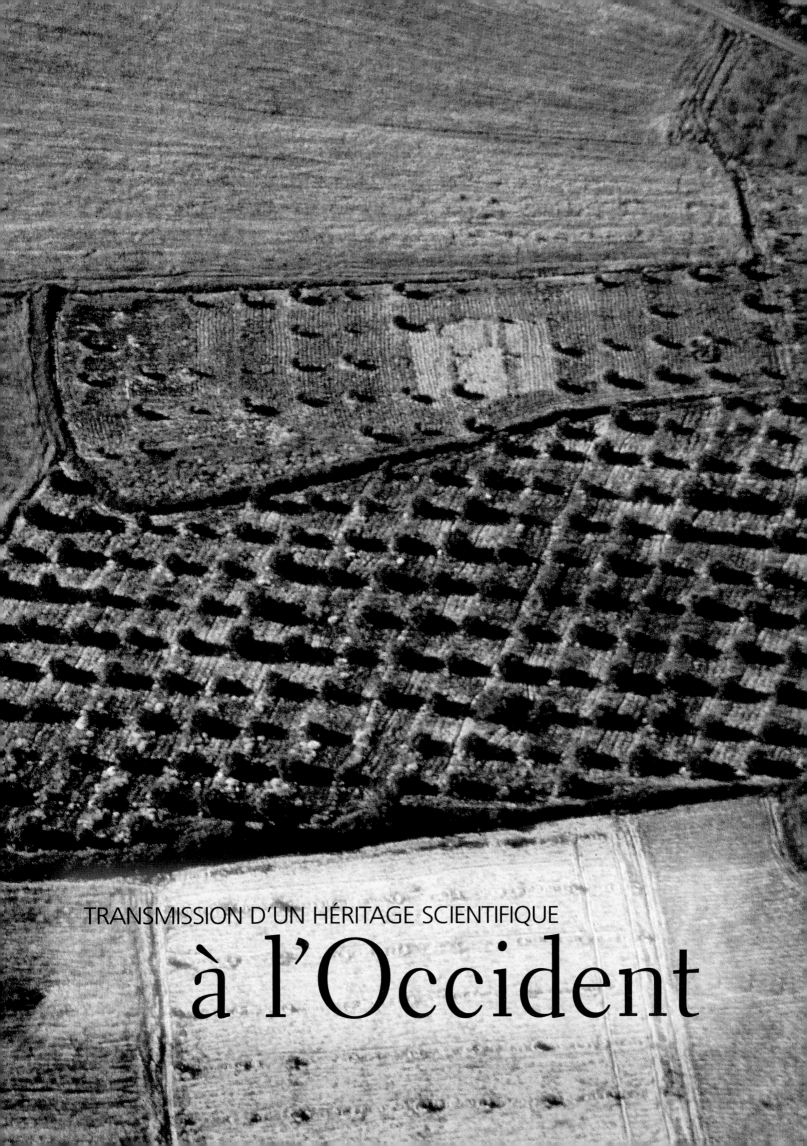

TRANSMISSION D'UN HÉRITAGE SCIENTIFIQUE

à l'Occident

TRANSMISSION D'UN HÉRITAGE SCIENTIFIQUE
à l'Occident

Du IXe au XVe siècle, les savants musulmans, particulièrement ceux qui vivent en Syrie, se distinguent dans la plupart des domaines de la connaissance scientifique. Le monde islamique a longtemps été considéré comme le dépositaire de l'héritage gréco-romain dans le domaine des sciences. En réalité, il a également beaucoup contribué au développement des sciences et à leur diffusion. Par la suite, il sera responsable de la transmission au monde occidental de bien des connaissances nouvelles dans un grand nombre de disciplines scientifiques.

Il est intéressant de faire observer que, dès le départ, la science et la religion islamique se sont harmonieusement accordées, le mot science lui-même apparaissant dans 160 versets du Coran. Plus encore, le Coran incite à la connaissance. Le Prophète Muhammad ne disait-il pas : « l'encre du savant est plus sacrée que le sang du martyr », « la science est plus méritoire que la prière » et même « peu de savoir vaut mieux que beaucoup de culte » ?

Heurtoir de porte
d'une madrasa.
Cat. 385

PRÉSERVATION DE LA TRADITION GRÉCO-ROMAINE

Pendant toute l'Antiquité, Athènes a conservé sa réputation de patrie des arts et des lettres ainsi que de foyer des études philosophiques et scientifiques, et ce, jusqu'à ce que l'empereur byzantin Justinien ferme son Académie en 529. Mais, auparavant, à la faveur des conquêtes d'Alexandre le Grand, Athènes avait répandu sa langue et sa culture en Orient où plusieurs villes avaient ouvert des centres d'études calqués sur le sien.

**Page
précédente :**
Astrolabe.
Cat. 382

L'un de ces centres est Alexandrie, en Égypte, qui possède une bibliothèque célèbre, comportant entre 400 000 et 700 000 manuscrits — selon des estimations modernes —, tous recopiés sur papyrus dans les ateliers de copistes de cette institution. La ville d'Alexandrie devient la métropole du savoir scientifique et philosophique où tous les savants du monde hellénistique séjournent. Lorsqu'elle est intégrée à l'Empire islamique en 642, sa riche bibliothèque n'existe plus, mais plusieurs manuscrits ont été sauvés de la destruction, et Alexandrie est toujours un grand centre d'études et de recherches. Cependant, avant sa destruction complète, des savants syriens, tel Sergius (mort en 536), médecin-chef de la ville de Ras al-'Ayn qui se trouve aux sources de la rivière Khabour au nord-est de la Syrie, vont y étudier. Sergius n'en rapporte pas seulement des connaissances scientifiques qui lui ont permis de pratiquer la médecine de retour dans son pays d'origine. Il en rapporte aussi et surtout une trentaine de traités médicaux de Galien et des textes philosophiques d'Aristote qu'il traduit en syriaque, sa langue maternelle issue de l'araméen — langue internationale parlée dans tout l'Orient de l'Empire assyrien (~800) jusqu'à celui des Achéménides de Perse qu'Alexandre le Grand a conquis (~332). Sergius est un chrétien, ce qui explique qu'il parle le syriaque, langue utilisée par les communautés chrétiennes de Syrie et du nord de la Mésopotamie à partir de 400 de notre ère, soit à partir du début de l'Empire byzantin.

Reconstitution de la bibliothèque d'Alexandrie.

Aussi curieux que cela puisse paraître de prime abord, sa foi chrétienne n'est pas non plus étrangère à la transmission de la tradition scientifique gréco-romaine au monde musulman. En effet, les grandes crises hérétiques chrétiennes qui secouent l'Empire byzantin dès sa fondation aboutissent, en 431, après le concile d'Éphèse, à l'excommunication des membres d'une secte, les nestoriens. Ces derniers appuient Nestorius, un prêtre d'Antioche, qui propose une interprétation considérée comme non conforme de la nature du Christ. Plusieurs des savants de cette communauté, et parmi eux beaucoup de médecins, fuient, en emportant leurs manuscrits en territoire perse sassanide. Ils s'en vont continuer leurs recherches dans un ville appelée Jundîshâbûr, au sud-ouest de l'Iran, où se trouve un grand centre d'études et de recherches. En outre, lorsque Justinien ferme l'école d'Athènes en 529, plusieurs des savants, surtout des médecins, qui y travaillaient se réfugient, eux aussi, avec leurs manuscrits, dans d'autres écoles, notamment à Jundîshâbûr. En 636, cette ville, alors un grand centre de recherches et d'enseignement de la médecine, est incorporée à l'Empire islamique. En 765, lorsque le calife abbasside al-Mansur souffre de maux d'estomac, il fait venir à Bagdad, la nouvelle capitale du monde islamique, des médecins chrétiens nestoriens de Jundîshâbûr pour le soigner. Ces derniers s'installent à la cour du calife, puis ouvrent dans la capitale un hôpital et une école de médecine qui vont vite acquérir une réputation enviable dans tout le monde islamique. L'enseignement se fait à partir de la pratique, mais aussi de l'étude des traités médicaux de savants grecs et romains qu'ils avaient recueillis et traduits en syriaque. Par la suite, ils en font des traductions en arabe afin de les faire connaître au reste de l'empire.

Les médecins Hippocrate et Galien en train de discuter. Fresque de la cathédrale d'Anagni, XIIIᵉ siècle.

Une tradition arabe, rapportée par un historien du XIVᵉ siècle, Ibn Khaldûn, nous explique d'une manière un peu différente, mais pas contradictoire, comment les savants d'expression arabe eux-mêmes pensent que leurs prédécesseurs ont préservé la science gréco-romaine de l'Antiquité en recueillant des manuscrits grecs qu'ils traduisent : « Lorsque les empereurs [byzantins] adoptèrent le christianisme, ils abandonnèrent les sciences rationnelles pour obéir aux Écritures et aux doctrines de la religion ; et les sciences qui étaient consignées dans les manuscrits furent enfermées dans les coffres impériaux. Quand les empereurs byzantins conquirent la Syrie, les ouvrages scientifiques des Grecs étaient encore en existence. Alors Dieu apporta l'islam et les musulmans remportèrent de remarquables victoires, conquérant les Byzantins ainsi que les autres nations. En premier, les musulmans étaient des gens simples qui ne cultivaient pas le savoir, mais comme le temps passait et que les dynasties islamiques fleurissaient, les musulmans développèrent une culture urbaine qui surpassa celle des autres nations. Ils commencèrent à souhaiter étudier les diverses branches de la philosophie dont ils connaissaient l'existence par leur contacts avec les évêques et les prêtres chrétiens. De toute manière, l'homme a toujours un penchant vers la spéculation intellectuelle. En conséquence, le calife al-Mansur (vers 765) envoya un ambassadeur à l'empereur byzantin, lui demandant de lui envoyer des traductions de livres sur les mathématiques. L'empereur lui envoya les *Éléments* d'Euclide et quelques ouvrages en physique. Les savants musulmans étudièrent ces livres et leur désir d'en obtenir d'autres fut aiguisé. Quand al-Ma'mun (813-833), qui avait des connaissances scientifiques, assuma le califat, il souhaita faire quelque chose pour améliorer le progrès de la science. Pour cette raison, il envoya des ambassadeurs et traducteurs dans l'Empire byzantin afin de chercher des ouvrages sur la science grecque et de les faire traduire en arabe. À la suite de ses efforts, une grande quantité de manuscrits furent recueillis et préservés. »

Façade actuelle de l'hôpital al-Nûri à Damas.

MOYENS DE DIFFUSION DE LA SCIENCE ARABE

Bien qu'assez élogieux sur la contribution des savants musulmans à la sauvegarde de la tradition gréco-romaine, Ibn Khaldûn passe sous silence deux faits qui ont joué un rôle déterminant dans le développement de la science du monde islamique.

D'une part, le calife abbasside Harûn al-Rashîd (786-809), père d'al-Ma'mun cité dans le texte plus haut, crée à Bagdad un véritable centre de traduction appelé « Maison de la Sagesse » où des manuscrits en grec et en latin sont systématiquement traduits en syriaque, au début, puis en arabe qui devient ainsi la langue scientifique du Moyen Âge.

D'autre part, c'est aussi à Bagdad, après la victoire des armées arabes sur les Chinois à Samarkand en 751, que l'on commence à fabriquer du papier, grâce aux prisonniers chinois qui en livrent le secret, jalousement gardé depuis son invention en 105. Plus solide que le papyrus, mais surtout moins cher à produire que le parchemin, le papier est à l'origine d'une vraie révolution intellectuelle dans le monde islamique dès son invention, car il permet le développement d'un véritable marché du livre : en moins d'un siècle, des milliers de manuscrits se répandent à travers les pays islamiques qui, autre caractéristique pertinente, partagent tous la même langue dont la transcription est uniformisée dès le début de l'empire. La seule ville de Bagdad comporte, au IXe siècle, une centaine d'ateliers pour la fabrication du papier et, au moment de son invasion par les Mongols en 1258, plus de 36 bibliothèques publiques sans compter les bibliothèques privées qui sont presque toutes détruites. Pour la première fois dans l'histoire de l'humanité, les connaissances scientifiques et philosophiques sont mises à la portée de toute personne sachant lire.

La médecine
et les premiers hôpitaux

Même si une tradition contestée attribue la construction du premier hôpital — *bîmâris-tân* en arabe — à un sultan omeyyade de Damas entre 705 et 715, il est davantage accepté que c'est le sultan Nûr al-Dîn qui, après avoir pris Damas en 1154, y a construit la célèbre institution qui porte son nom, l'hôpital al-Nûri, et y a invité les plus grands médecins de l'époque. Avec lui débute véritablement en Syrie une vie scientifique qui se manifeste par la construction d'hôpitaux et d'écoles — *madrasa* en arabe — à Damas, à Alep et dans d'autres villes.

L'édifice où se trouvait l'hôpital de al-Nûri existe encore de nos jours dans le vieux quartier de Damas; il abrite maintenant le « Musée d'histoire de la médecine et des sciences ». Il est composé de quatre ailes entourant une cour rectangulaire comportant un grand bassin au centre. Sur trois de ses côtés, la cour donne sur un iwan, un espace voûté qui sert de salle d'enseignement. Les frais liés à la fondation et au fonctionnement des hôpitaux, tout comme des

écoles et des bibliothèques publiques, sont assumés par les revenus générés par des donations privées, *waqf*. Ces hôpitaux étaient-ils ouverts à tous les malades, aux cas les plus difficiles à traiter ou aux plus

Portes des chambres de l'hôpital d'Arghûn à Alep.

Cour intérieure de l'hôpital d'Arghûn à Alep.

Manuscrit médical.
Cat. 361

le régime qu'il avait prescrits par écrit pour chacun d'entre eux étaient exécutés sans retard ni négligence. Une fois ceci terminé, il montait à la citadelle pour s'informer de l'état des notables qui y étaient malades, puis il revenait et s'asseyait dans un grand iwan de l'hôpital, garni de tapis, afin d'y étudier. Nûr al-Dîn avait, en effet, constitué en *waqf* au profit de cet hôpital un grand nombre d'ouvrages de médecine rangés dans deux armoires qui ornaient le centre de l'iwan. Là, tous les médecins et étudiants venaient auprès de lui ; on discutait de questions médicales et les élèves apprenaient sous sa direction. Après avoir travaillé, discuté et lu pendant trois heures, il rentrait à son domicile. »

Plus loin dans son ouvrage, ce même auteur nous apprend aussi qu'un médecin damascène, après avoir visité ses malades à l'hôpital, a l'habitude de réunir ses étudiants à son domicile. Là, il fait faire la lecture par l'un des étudiants, tandis qu'il suit sur une autre copie, interrompant la lecture à haute voix afin de corriger certaines fautes, d'expliquer des passages ou de soulever des discussions sur des questions ponctuelles. Vers la fin de ses jours, ce médecin transforme sa maison en école et fonde un *waqf* pour l'entretien de cette école et le paiement des enseignants et des étudiants. Plusieurs médecins de cette époque rédigent des abrégés ou des résumés commentés de traités antérieurs, utiles pour rendre ce savoir accessible à leurs étudiants.

L'enseignement et les connaissances médicales, aussi bien en Orient qu'en Occident, reposent alors sur l'encyclopédie préparée par Ibn Sînâ (980-1037), l'Avicenne des Occidentaux, appelée *Canon — Qânûn* en arabe. Sous son influence, la médecine musulmane atteint

démunis ? Quoi qu'il en soit, le nombre d'hôpitaux nouvellement créés indique bien le souci de Nûr al-Dîn et de ses successeurs d'encourager le développement de la pratique de la médecine, mais aussi la diffusion des connaissances médicales en Syrie.

La médecine arabe s'appuie sur les *Douze livres* du fameux médecin grec Hippocrate (de ~460 à ~377) et sur les *Seize livres* de Galien (129-216), un autre médecin grec ayant pratiqué à Pergame et à Rome. Ces œuvres sont traduites en arabe dès le IXᵉ siècle. Ces traductions sont par la suite complétées par des commentaires de grands savants arabes et par des observations en clinique, ce qui fait de la médecine arabe un heureux mélange de théorie et de pratique [360]. Au XIIIᵉ siècle, l'auteur d'une *Compilation de biographies de médecins* de son époque, une espèce d'histoire de la médecine arabe, rapporte : « Quand Nûr al-Dîn fonda le grand hôpital, il en confia la (responsabilité) médicale à Abû al-Majd ibn al-Hakam, et pour cela lui accorda appointements et revenus. Celui-ci s'y rendait assidûment pour soigner les malades… il s'informait de l'état des patients et examinait leur cas en présence de surveillants et du personnel affecté au service des malades. Le traitement et

son sommet. Ibn al-Nafîs (mort en 1288), un médecin syrien formé à l'hôpital al-Nûri de Damas, est un commentateur rigoureux d'Avicenne dont il fait, selon la tradition du milieu médical oriental médiéval, un des résumés les plus connus; il va cependant plus loin que son maître à penser en décrivant, notamment, trois siècles avant sa découverte en Europe, la circulation pulmonaire du sang.

PHARMACIE ET BOTANIQUE VONT DE PAIR

En marge de la médecine, la pharmacopée se développe, car la préparation des médicaments nécessite l'utilisation de plantes de toutes sortes. Plusieurs médecins sont donc également des botanistes. Par des descriptions sur les vertus et les propriétés des plantes locales, ils s'affairent à compléter le traité *Sur la matière médicale*, en cinq livres thématiques, dans lequel Dioscoride — un médecin grec du Ier siècle — inventorie, décrit et analyse les substances, végétales surtout, mais aussi minérales et animales, avec lesquelles les médicaments de son temps étaient préparés. Un botaniste se fait même accompagner d'un artiste lorsqu'il va herboriser dans les environs de Damas afin d'illustrer son traité de botanique de dessins en couleurs des plantes et de leurs différentes parties, en des moments choisis de leur croissance. Malheureusement, son œuvre ne nous est pas parvenue; nous en avons seulement une mention dans un autre ouvrage.

L'illustration des manuscrits médicaux est largement répandue dans les dictionnaires de remèdes et les traités sur la chirurgie. Même s'ils n'ont pas été très illustrés dans leurs traités, plusieurs types de récipients sont fabriqués par les médecins arabes afin de préparer les médicaments dont ils ont besoin dans le traitement des malades: pilons et mortiers [365], vases sphéro-coniques [370], vases de pharmacie, albarelles [362] et ventouses.

L'ASTRONOMIE, LA SCIENCE ARABE PAR EXCELLENCE

L'astronomie — que les auteurs musulmans appellent la «science de l'aspect de l'univers», car son but est d'étudier les mouvements des astres dans le ciel et d'en fournir une représentation géométrique — et les mathématiques, notamment la géométrie, sont des disciplines scientifiques qui connaissent un grand essor dans le monde arabe. Cette situation est tributaire de certaines dispositions de la religion islamique.

En effet, le calendrier musulman est lunaire, et le début de chaque mois est déterminé par l'observation ou, mieux encore, par la prévision de la première

Intérieur d'une pharmacie tel que représentée dans un des manuscrits *Sur la matière médicale* de Dioscoride (New York, Metropolitan Museum of Art).

apparition du croissant de lune. Chaque jour, tout au long de l'année et peu importe l'endroit dans le monde musulman, les heures des prières sont établies en fonction de phénomènes astronomiques, que ce soit le lever ou le coucher du soleil, ou encore les ombres projetées au sol pendant le jour. Du reste, au XIIIᵉ siècle, apparaît dans les grandes mosquées la fonction de *muwaqqit*. Il s'agit d'un astronome professionnel qui a pour principale tâche de fixer les heures des prières. Et ce, pour que le muezzin d'une mosquée puisse faire l'appel à la prière du haut du minaret au moment approprié à l'endroit où il se trouve dans le monde musulman. En outre, les fidèles de ce vaste Empire islamique doivent obligatoirement prier en direction (*qibla*) de la Kaaba sacrée à La Mecque ; c'est aussi une des fonctions du *muwaqqit* que de fournir avec exactitude cette direction pour la mosquée qui l'emploie.

En conséquence, les astronomes musulmans mettent au point des instruments d'observation afin de résoudre les problèmes que leur posait la pratique bien réglée de la religion islamique : l'astrolabe, le quart de cercle ou quadrant, le cadran solaire et la boussole. Près d'un millier de ces instruments nous sont parvenus. L'astrolabe [382], instrument d'origine hellénistique, est une représentation en deux dimensions de la sphère céleste par rapport à l'horizon en un endroit donné, ou, si l'on veut, un globe céleste aplati simulant la rotation journalière des cieux pour un lieu précis. La partie céleste de l'astrolabe, appelée araignée, est une carte du ciel avec projection de l'écliptique ; la position du Soleil ou d'un astre peut y être repérée. La partie terrestre, nommée le tympan, est formée par la projection de l'horizon et du méridien d'une latitude géographique déterminée ; cette partie doit

donc être changée à chaque latitude. Le tympan comporte des cercles disposés de façon à représenter des intervalles de quelques degrés au-dessus de l'horizon ainsi que des cercles indiquant des azimuts ou directions autour de l'horizon. En somme, l'astrolabe permet de simuler le mouvement de la sphère céleste par rapport à un observateur. Une variante arabe de l'astrolabe possède un tympan qui peut être utilisé pour toutes les latitudes ; il est donc universel. Les mêmes opérations, mais pour une seule latitude donnée, peuvent être faites avec un quart de cercle ou quadrant, autre invention arabe datant probablement du XIᵉ ou du XIIᵉ siècle. Le quadrant porte sur un flanc les repères astrolabiques pour une latitude spécifique et, sur l'autre, une grille trigonométrique sur laquelle on peut résoudre de multiples problèmes pour toute latitude à condition de connaître la formule trigonométrique qui convient.

D'origine gréco-romaine, le cadran solaire a commencé à être modifié par les Arabes dès le IXᵉ siècle. La version la plus courante est horizontale et porte des repères indiquant les heures inégales du jour. La longueur du jour est divisée en 12 parties dont la durée varie selon les saisons. Les musulmans y ajoutent des repères pour les heures des prières déterminées selon les ombres.

Cependant, la contribution la plus importante des scientifiques musulmans à l'astronomie et aux mathématiques est la rédaction de milliers de traités manuscrits sur le sujet. À ce jour, on en a dénombré quelque 10 000 exemplaires, qui ne représentent qu'une petite partie de l'ensemble des ouvrages scientifiques qui furent écrits et recopiés [375 et 378]. Les astronomes musulmans mettent rapidement à la disposition des fervents pratiquants de l'islam des tables, connues sous le nom de *Zîj* — 200 exemples ont été recensés jusqu'à maintenant —, qui contiennent des renseignements sur la mesure du temps du jour et de la nuit en fonction du Soleil et des étoiles, sur les positions du Soleil, de la Lune, des planètes et des étoiles, sur la chronologie, sur les éclipses et même sur l'astrologie.

Ces tables astronomiques peuvent comporter des milliers d'entrées — jusqu'à 250 000 — donnant l'heure à partir de la hauteur du Soleil le jour ou d'une étoile donnée la nuit. S'inspirant, pour la forme, du grand traité astronomique rédigé par Ptolémée, lors de son séjour au fameux Musée d'Alexandrie entre 127 et 141, et traduit en arabe à la fin du VIIIe siècle sous le nom d'*Almageste*, les manuels d'astronomie des hommes de science arabes sont novateurs, car nombre d'observations nouvelles y sont

incluses. Ces observations sont faites à partir de modèles géométriques ptoléméens, modifiés de manière à tenir compte du fait que les mouvements célestes sont des mouvements circulaires uniformes. Plusieurs de ces modèles sophistiqués sont mis au point à Damas.

La Syrie est associée au développement de l'astronomie dès le début du IXe siècle grâce à une opération scientifique des plus empiriques. En effet, c'est dans le désert entre Raqqa et Palmyre qu'une équipe d'astronomes détermine la distance terrestre qui correspond à un degré de latitude en se déplaçant le long d'un méridien solaire jusqu'à ce que la hauteur du soleil de midi ait varié d'un degré. Entre-temps, au sommet du Djebel Qâsiyûn, la montagne qui domine Damas, on construit un observatoire muni d'instruments astronomiques

Le Djebel Qâsiyûn à Damas ayant servi d'observatoire pour les savants musulmans.

volumineux comprenant un quart de cercle d'un rayon de 5 mètres et un gnomon — sorte de cadran solaire — de 5 mètres de long afin de constituer une nouvelle série de tables astronomiques pour Damas.

Un astronome élabore alors une table d'observations astronomiques basée sur des observations nouvelles réalisées à Damas : c'est le célèbre *Zîj de Damas*, considéré comme une œuvre très perfectionnée en matière de chronologie, de trigonométrie et d'astronomie sphérique, solaire, lunaire et planétaire. Habash, son auteur, y développe entre autres un mode de calcul des éclipses que les auteurs attribuent généralement à l'astronome allemand Johannes Kepler (début du XVIIe siècle). Il propose enfin une solution rigoureusement mathématique pour déterminer la *qibla*, la direction sacrée de La Mecque pour les prières.

Un dénommé al-Battâni se rend célèbre par l'élaboration d'un *Zîj* dans lequel il intègre les résultats d'observations qu'il fait à Raqqa entre 877 et 918. Son modeste récapitulatif de l'astronomie de Ptolémée a le grand mérite d'être l'un des deux seuls connus dans l'Europe médiévale ; il influencera de grands astronomes européens comme Copernic, Kepler et Galilée. Al-Battâni est aussi celui qui a refait le cal-

cul de l'obliquité de l'écliptique par rapport à l'équateur, un des fondements du calcul astronomique dont la valeur n'avait pas été remise en doute depuis son établissement par le savant grec Ératosthène en ~230.

Durant les règnes des sultans ayyûbides, aux XIIe et XIIIe siècles, plusieurs astronomes vivent à Damas, mais ils se consacrent davantage à l'enseignement qu'à la rédaction de traités. Au XIVe siècle, sous les Mamelouks, ce groupe gravite autour de l'équipe de *muwaqqit*, employés à la Mosquée des Omeyyades. En 1371, Ibn al-Shâtir, le principal *muwaqqit* de la Mosquée, installe sur le minaret le plus important de la Mosquée des Omeyyades un cadran solaire qui est considéré par les spécialistes comme le plus sophistiqué à avoir été élaboré avant la Renaissance européenne. On trouve encore à cet endroit une copie du XIXe siècle d'un cadran solaire. Il invente aussi une boîte pouvant servir, avec son couvercle et les instruments qu'elle contient, à faire des calculs avec toute une série de latitudes terrestres ; l'instrument peut être aligné sur les points cardinaux au moyen d'une aiguille magnétique. Outre un *Zîj* pour Damas conservé en plusieurs exemplaires, il propose, dans un livre intitulé *La quête finale de la rectification des principes*, des modèles solaire, lunaire et planétaire différents de ceux de Ptolémée, mais mathématiquement identiques à ceux que Copernic utilisera en Europe quelque 150 ans plus tard, à la seule différence que dans le système de Copernic, le soleil est au centre de l'univers, tandis que dans celui de Ibn al-Shâtir, c'est la terre qui est le centre de l'univers. Copernic aurait-il été influencé par les modèles de l'astronome damascène ?

Copie du XIXe siècle du cadran solaire d'Ibn al-Shâtir installé en 1371 sur le minaret principal de la Mosquée des Omeyyades à Damas.

L'astrologie, une pseudo-science liée à l'astronomie

L'observation scientifique des étoiles par les astronomes musulmans, à des fins religieuses au départ, a aussi comme conséquence le développement d'une astrologie d'allure scientifique dans le monde islamique où cette pseudo-science connaît une grande popularité. L'astrologie est basée sur le principe que l'univers est un tout et que le monde terrestre est influencé par les mouvements des astres, mouvements qui peuvent être décodés comme des indications d'événements terrestres, passés et surtout à venir. L'astrologie arabe profite du formidable essor apporté par les astronomes dans leur collecte de données stellaires et de la précision de leurs observations qui permettent de prédire les mouvements célestes, donc les positions des astres dans la voûte céleste. Certains érudits qui écrivent sur le sujet considèrent l'astrologie comme l'aspect théorique d'une discipline scientifique dont les applications pratiques sur terre sont fournies par l'astronomie. Des médecins ont aussi recours à l'astrologie dans leurs traités pour les aider à fixer les moments propices à l'exercice de certains actes médicaux. L'astrologie est cependant grandement critiquée par les hommes de religion et les philosophes en raison de son déterminisme fataliste.

Chimie et alchimie où sciences et pratiques magiques se côtoient

L'alchimie [379] est une autre pseudo-science pratiquée par les savants musulmans du Moyen Âge. Un certain Djâbir ben Hayyân, le Geber des Latins, en établit les fondements théoriques dans une série de traités dont beaucoup sont traduits en latin par la suite et ainsi diffusés en Europe. Bien que son but soit de concocter des élixirs qui

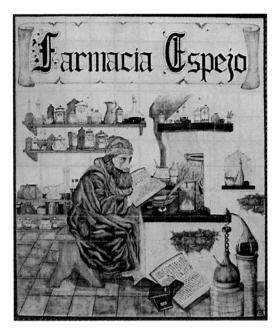

Savant arabe dans son laboratoire.

puissent corriger la composition de métaux impurs afin de les transformer en or — ce métal considéré comme pur et parfait —, Djâbir fait œuvre scientifique en classant méthodiquement tous les métaux connus et en décrivant les propriétés de chacun. Dans certains de ses traités il décrit, par exemple, des procédés pour préparer l'acier, préserver le fer de la rouille, raffiner les métaux, teindre le tissu et le cuir, fabriquer des vernis rendant imperméables les vêtements et la céramique, améliorer le verre par l'ajout de bioxyde de manganèse et obtenir de l'acide nitrique en distillant du vinaigre. Il décrit aussi des opérations chimiques comme la calcination, la cristallisation, la dissolution, la sublimation et la réduction.

Cette forme de chimie appliquée est encore plus développée chez al-Râzî (865-925) — Rhazès pour les Occidentaux —, médecin qui a découvert la variole. Dans ses 21 traités d'alchimie et dans ses 41 traités de médecine (véritable encyclopédie médicale), il décrit les appareils de son laboratoire et les opérations chimiques qu'il y pratique et il fait la classification systématique des produits qu'il emploie. En rejetant les pratiques magiques et astrologiques, et en s'attachant plutôt à l'expérimentation en laboratoire, cet alchimiste-médecin, chercheur acharné de grand talent, se fait le précurseur de la chimie comme discipline scientifique. Du reste, les deux termes chimie et alchimie viennent étymologiquement du même mot arabe : *al-kîmiyâ*.

LE SAVOIR ARABE DANS D'AUTRES DISCIPLINES SCIENTIFIQUES

Beaucoup d'autres disciplines scientifiques ont largement bénéficié de l'apport des savants musulmans. La traduction latine de l'ouvrage sur l'optique arabe d'Ibn al-Haytham (965-1039), transcrit Alhazen par les traducteurs, reste en usage en Europe jusqu'au XVIIᵉ siècle, tant ses travaux sont

Préparation d'un vin aromatique pour la toux ; d'une traduction arabe de *Sur la matière médicale* de Dioscoride (New York, Metropolitan Museum of Art).

novateurs. Se démarquant de ses prédécesseurs qui avaient toujours lié la lumière et l'œil, il construit une théorie de la lumière indépendante de celle de la vision dans laquelle il pose le principe de la propagation rectiligne, définit le concept de rayon et l'indépendance des rayons d'un faisceau. Il établit la loi de la réflexion et s'approche de celle de la réfraction.

Le premier ouvrage de mécanique connu dans le monde islamique, le *Livre des artifices*, écrit en 860 par trois frères, présente une multitude d'inventions qui vont des élévateurs de charge jusqu'à une série de jouets automates si appréciés des cours princières. Préoccupés par la mesure du temps, les « mécaniciens » arabes mettent au point des horloges à eau qui supposent une bonne connaissance des théories de l'hydraulique. Dans un but plus utilitaire, l'ingénieur Qaysar (mort à Damas en 1251) construit pour le prince de la ville de Hama des *noria*, roues d'irrigation qui sont encore visibles aujourd'hui dans cette ville traversée par l'Oronte.

Finalement, dans le domaine des mathématiques, entre 813 et 830, apparaît pour la première fois, dans le titre d'un ouvrage, le terme « algèbre » qui devient dès lors une discipline mathématique distincte et indépendante. Par la suite, des savants arabes s'occupent à appliquer ce nouveau concept à d'autres disciplines mathématiques, transformant ainsi cette science en profondeur.

Les recherches menées par les hommes de science musulmans eurent des retombées technologiques que nous pouvons encore apprécier de nos jours dans les céramiques, les tissus, les étoffes, les tapis, les teintures, les métaux, la joaillerie et la damasquinerie. Les artisans ont su profiter des inventions de certains savants.

COMMENT LES CONNAISSANCES SCIENTIFIQUES ONT ÉTÉS TRANSMISES À L'OCCIDENT

Comme on l'a constaté, les savants arabes ne se sont pas contentés de mettre en pratique les enseignements que contenaient les manuscrits d'auteurs scientifiques et philosophiques grecs et latins qu'ils avaient traduits en syriaque d'abord et en arabe ensuite. Ils se sont mis à les résumer pour mieux les faire connaître, mais aussi à les commenter, à les critiquer et à les compléter à la lumière de leurs propres expérimentations. Enfin, après cette phase d'apprentissage, normale dans toute démarche scientifique, plusieurs hommes de science musulmans se sont démarqués de leurs prédécesseurs et, mettant à profit leurs recherches personnelles, ont innové dans les mêmes disciplines scientifiques. Il est regrettable de constater que ces œuvres scientifiques furent très peu diffusées, en traduction latine, la langue scientifique en usage en Europe jusqu'au XVIIIe siècle : par exemple, en médecine, une quarantaine de textes seulement furent connus sur le millier recensé à ce jour. Il en est de même des autres disciplines scientifiques.

Ce n'est pas tant grâce au contact avec les croisés venus au Proche-Orient du XIe au XIIIe siècle que la science arabe se propage en Europe, mais plutôt par l'entremise des dynasties, qui ont dirigé l'Espagne islamique entre le XIe et le XIVe siècle, les Almoravides, puis les Almohades, qui avaient installé leur capitale à Cordoue. L'Espagne de cette époque regorge de manuscrits scientifiques d'origine grecque ou latine traduits en arabe. Ces manuscrits sont analysés et commentés par des savants musulmans comme le philosophe cordouan du XIIe siècle Ibn Rushd — Averroès pour les Occidentaux —, qui est considéré comme le plus grand commentateur d'Aristote et qui a en outre laissé des traités de médecine, de grammaire, de droit et d'astronomie. À Tolède, au XIIe siècle, il y a même un bureau de traduction des manuscrits de l'arabe en latin afin de s'assurer de leur diffusion en Europe. En 1277, une compilation en espagnol est rédigée sous l'égide du roi de Castille afin de mettre les connaissances arabes en astronomie à la disposition des savants espagnols. La même année, les secrets de la fabrication du verre sont transmis à Venise en vertu des clauses d'un traité entre le prince d'Antioche et le doge. Il y a de nombreux autres transferts technologiques qui s'effectuent alors et qu'il serait fastidieux d'énumérer ici.

Il convient aussi de se rappeler que la technique de fabrication du papier, acquise comme on le sait des Chinois par les Arabes en 751, avait permis le développement dans le monde islamique d'un véritable marché du livre qui avait ainsi naturellement favorisé la diffusion des connaissances scientifiques. Cette technique capitale fut transmise aux Occidentaux à partir du XIIe siècle, en Espagne d'abord depuis l'émirat de Cordoue, puis en Italie, plus précisément à Fabriano (1276), où aurait été construite la première fabrique de papier d'Europe. D'autres suivront au XIVe siècle, notamment à Troyes (France) en 1348 et à Nuremberg (Allemagne) en 1390. À son tour, ce type de support matériel de l'écriture transmis par les Arabes facilita la diffusion des idées en Europe où, vers 1450, une nouvelle invention, celle de l'imprimerie, viendra parachever ce processus de diffusion des connaissances qui caractérise encore notre monde scientifique moderne.

357
Statuette
Calcaire
Époque romaine

Représentation d'un médecin en train de traiter un patient : par succion, il essaie de lui extraire du bras une substance quelconque, vraisemblablement du venin.

INCONNUE   36 x 24 x 11 cm
MUSÉE NATIONAL DE DAMAS   23999

358 a-g
Instruments chirurgicaux
Bronze
100

Voici une sélection de quelques instruments chirurgicaux d'époque romaine : scalpels à lame lancéolée, crochets, spatules, cautères et sondes. Grâce à l'ouvrage *De arte medica* du médecin romain Celse — surnommé le « Cicéron de la médecine » —, qui pratiqua son art au début de notre ère, nous avons des descriptions complètes d'interventions chirurgicales accompagnées de celles des instruments médicaux nécessaires à leur réalisation. Bien que ce soit le plus important recueil de renseignements sur les instruments chirurgicaux anciens, la brièveté et l'imprécision des descriptions de Celse ne nous permettent pas d'attribuer un rôle spécifique à chacun des instruments chirurgicaux que les fouilles archéologiques nous ont révélés par centaines.

SUD DE LA SYRIE
MUSÉE NATIONAL DE DAMAS
7265, 7263, 9499, 13965, 9498, 12722 et 10337

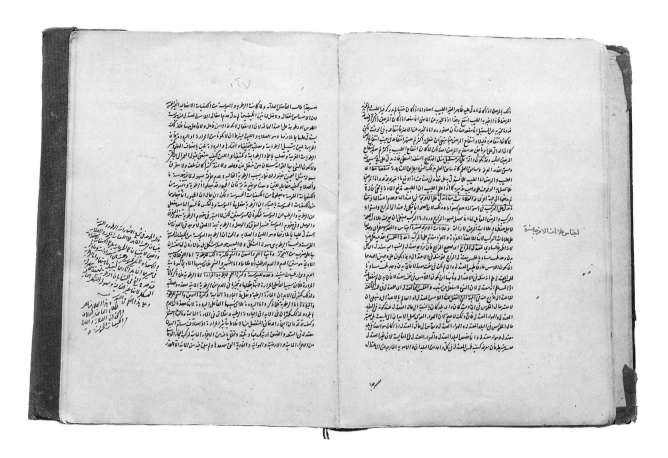

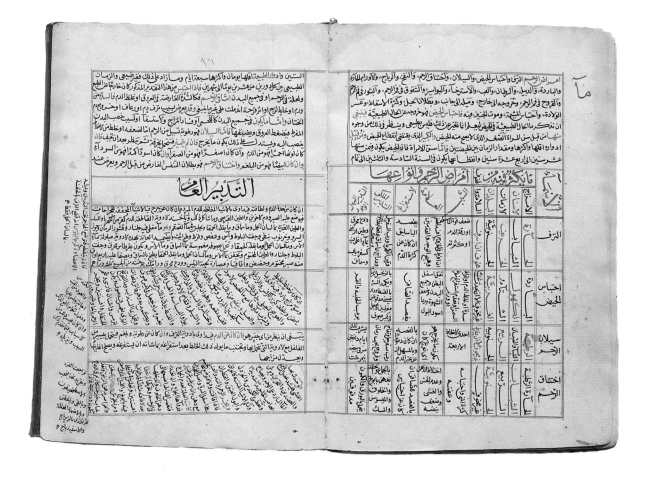

359

Manuscrit de Nafis Ibn 'Iwad Al-Kirmani:
Shark mûjiz al-qanun aw shark al-mûjiz fi al-
thibb (Commentaire sur un abrégé du Canon
d'Avicenne)
Papier, 338 ff.
1438 (original), 1483 (copie)

Nous avons peu de renseignements sur l'auteur de ce
manuscrit (mort après 1438), si ce n'est qu'il fut le
médecin personnel du grand sultan Ulug Beg (mort en
1449) à Samarkand. Il était très courant, chez les
médecins arabes, de rédiger des études analytiques, dites
« commentaires », d'importants ouvrages considérés
comme fondamentaux dans leur discipline scientifique.
Ainsi, ce commentaire-ci, écrit par un médecin peu connu,
porte sur l'ouvrage d'un auteur célèbre, puisqu'il s'agit
d'un abrégé du *Canon* — *Qânûn* en arabe — médical
d'Ibn Sînâ, Avicenne (980-1037) pour les Occidentaux,
c'est-à-dire la somme des connaissances médicales de
son époque.
Le manuscrit proprement dit fut copié en 1483 et a été
retrouvé dans l'école Al-Ahmadiya fondée en 1750 à Alep
par Ahmad Taha Zada, surnommé Al-Halaby (mort
en 1764).

ALEP, BIBLIOTHÈQUE AL-AHMADIYA 25 x 17,5 cm
BIBLIOTHÈQUE NATIONALE HAFEZ AL-ASSAD 14577

360

Manuscrit de Ibn Jazlah: Taqwîm al-abdân fi
tadbir al-insan (Diagnostic et traitement des
maladies)
Papier, 98 ff.
1577 (985 H)

Originaire de Bagdad, l'auteur fut un chef de file de la
médecine à son époque en composant plusieurs ouvrages
pour un calife abbasside. Outre le traité dont une copie
manuscrite, réalisée en 1577, est ici exposée, il a rédigé
toute une épître sur les bienfaits du sucre, extrait de la
canne à sucre, à qui les médecins arabes attribuaient des
propriétés curatives; les apothicaires s'en servaient dans
la préparation de sirops, pâtes et poudres pour soigner
les malades.
On aura remarqué que le texte se présente sous forme de
tableaux: les maladies y sont classées, accompagnées de
leurs particularités et de leurs traitements. Cette façon de
faire s'explique par le fait que les médecins musulmans ne
cherchaient pas tant à être originaux dans leurs écrits
qu'à trouver des moyens de transmettre de la manière la
plus claire possible les enseignements disponibles dans
leur discipline dans les écrits de leurs prédécesseurs.

ALEP, BIBLIOTHÈQUE AL-AHMADIYA 26,5 x 18,5 cm
BIBLIOTHÈQUE NATIONALE HAFEZ AL-ASSAD 14579

361

Manuscrit: ouvrages médicaux
Papier, 408 ff.
XIVe siècle (les deux premiers volumes) et XVIe siècle (le
troisième)
Al-Hamathami (le premier),
Najibe al-Dîn al-Samarcandi (le deuxième),
Abi al-Hassan al-Maukhtar Ibn Abdoun (le troisième)

L'intérêt de ce manuscrit, qui comporte trois livres de
médecine, est qu'il présente plusieurs illustrations très
explicites de parties anatomiques. Le premier livre est un
ouvrage de pathologie divisé selon les organes du corps
humain. Le deuxième décrit les médicaments selon les
maladies qui peuvent attaquer les divers organes de
l'homme. Le dernier classe les nourritures selon différents
genres d'aliments.
Plusieurs ouvrages de médecine arabes sont ainsi illustrés.
Sans avoir cherché à reproduire fidèlement la réalité, les
artistes qui ont illustré ce type de manuscrits médicaux
ont plutôt voulu fournir des représentations schématiques
destinées à servir de supports visuels à l'énumération de
termes descriptifs et spécialisés. Par conséquent, ces
dessins ont donc réellement un caractère didactique.

INCONNUE 20 x 10 x 3 cm
MUSÉE NATIONAL DE DAMAS 13581A

362
Albarelle
Céramique
1300

Ce type de vase connu sous le nom d'albarelle servait à
transporter les épices et les produits pharmaceutiques. Il
se développa surtout en Syrie au cours des XIIe et
XIIIe siècles au point qu'il fut considéré comme une spécialité des potiers de Damas. Les inventaires des XIVe et
XVe siècles en Italie, en Espagne et en France font état du
succès remporté par ces « vases de Damas », grâce au
commerce des épices en Méditerranée dans lequel la Syrie
a joué un rôle très actif, particulièrement Damas dont les
marchands contrôlaient ce commerce. Le décor peint sous
glaçure, habituellement très sobre, car produit en grande
quantité, n'autorise pas l'identification de son contenu,
quoique des inscriptions poétiques placées sur quelques
albarelles nous portent à croire que ces vases auraient pu
contenir des produits aphrodisiaques. Les plus beaux
exemples ont été fabriqués à Raqqa durant la période
ayyûbide (XIIe-XIIIe siècles).

INCONNUE   26,5 x 6,9 cm
MUSÉE NATIONAL D'ALEP   S163
BAAL 364

363
Aspersoir
Verre bleu soufflé
1200

Ce type de flacon, caractérisé par une panse bulbeuse et
un long goulot effilé aminci vers l'ouverture, servait à
asperger d'eaux parfumées les mains et le visage des
hôtes. Ce geste n'était pas seulement une marque d'accueil et d'hospitalité, il était aussi destiné à chasser les
mauvais esprits de la maison visitée. Parmi les eaux parfumées en usage en Syrie, c'était l'eau de rose qui était la
plus populaire ; Damas en fut un célèbre centre de production au point que la rose devint l'emblème de la ville.
À cause de ses propriétés anti-inflammatoires et astrin-
gentes, l'eau de rose était aussi employée comme médica-
ment dans le traitement des maladies de l'œil. Encore de
nos jours, un tel objet domestique est un signe d'hospitalité et l'expression d'un statut social.

INCONNUE   19,1 x 11 cm
MUSÉE NATIONAL DE DAMAS   3978A
MTC 119

364
Présentoir à épices
Céramique
1200

Ce plat à sept cupules servait à ranger les épices dont les
musulmans furent très friands dans la préparation de leur
nourriture, non seulement pour en rehausser le goût, mais
surtout pour obéir à certains conseils diététiques des
médecins. Dans son traité intitulé *Correctif des aliments,* le
médecin Al-Râzî (865-925), le Rhazès des traducteurs
latins, affirme que c'est aux condiments et épices que
revient le rôle de corriger les effets nocifs de certains aliments. Les épices apparaissaient parfois dans des traités
de médecine aux côtés des drogues douces et, naturellement, dans les livres de recettes qui, chez les musulmans,
renfermaient des conseils diététiques de médecins. Le
commerce caravanier des épices avec l'Extrême-Orient
passait par la Syrie et était contrôlé par Damas.

INCONNUE   37 x 12 cm
MUSÉE NATIONAL D'ALEP   S434
L'EUFRATE 445; *Cf. MTC* 133

365 a-b
Mortier et pilon
Alliage quaternaire
900

Le broyage de substances solides en vue de leur inclusion sous forme de poudre dans la préparation de médicaments fut pratiqué couramment par les pharmaciens arabes. Ils avaient surtout recours à des pilons fabriqués en différents matériaux: pierre, bois, ivoire et verre. Mais ce sont surtout ceux en métal qui ont été conservés, alliage dans lequel dominent le cuivre, le zinc et le plomb; l'étain n'est présent qu'en très faible pourcentage (2 à 3 %) en raison de sa rareté et de son coût. En revanche, le plomb, étant bon marché, entre en forte proportion dans la composition des lourds mortiers coulés et moulés comme celui-ci dont les parois sont épaisses. Cependant, le plomb en diminuait la dureté et pouvait même être toxique lors de la préparation de sirops à base de jus comme la pomme ou la grenade.

RESAFA, ANCIENNE SERGIOPOLIS   25 x 6,8 cm/14,5 x 11 cm
MUSÉE NATIONAL DE DAMAS   13269A   *MTC* 44

366
Flacon
Verre soufflé
1300

Il était courant chez les pharmaciens de remettre à leurs patients leurs médicaments dans de semblables petits flacons de verre, car même si ce matériau est fragile, il résiste aux effets de la plupart des produits chimiques, ne conserve pas les odeurs et se nettoie facilement. Le long goulot facilitait le versement en petites quantités des liquides contenus dans la panse du flacon.

INCONNUE   4,2 x 2,7 cm
MUSÉE NATIONAL DE DAMAS   665/2506A
Cf. MTC 58

367
Coupelle
Verre soufflé
1300

Ce très petit récipient était peut-être destiné à y mélanger des produits pharmaceutiques en très petites quantités.

INCONNUE   5 x 2,2 cm
MUSÉE NATIONAL DE DAMAS   667/2517A

368
Gobelet
Verre soufflé
1300

Ce profond récipient en verre aurait pu avoir servi de cucurbite sur laquelle était posé le chapiteau de l'alambic dans le processus de distillation, notamment pour la production de l'eau de rose. Un liquide était chauffé dans la cucurbite jusqu'à son ébullition; la vapeur qui s'en dégageait s'accumulait dans le chapiteau placé au-dessus; une fois ce gaz condensé, le distillat s'écoulait ensuite dans le bec verseur latéral en forme de gouttière relié à un flacon. C'est de cette manière que les essences parfumées étaient fabriquées dans le monde musulman à partir de plantes aromatiques.

INCONNUE   7 x 7 cm
MUSÉE NATIONAL DE DAMAS   13479A   *Cf. STM* 13

369
Coupelle
Verre soufflé
900

Ce petit récipient en verre peut être considéré comme l'ancêtre des boîtes de Pétri de laboratoire, car il était utilisé dans les officines des pharmaciens. On s'en servait lors de la préparation de médicaments quand il fallait mélanger des substances liquides ou pâteuses.

RAQQA   8,4 x 3,6 cm
MUSÉE NATIONAL DE DAMAS   16880A   *MTC* 62

370 a-c
Vases sphéro-coniques
Céramique
1300

Ces petits vases de forme plutôt particulière, fort répandus dans tout le monde islamique du Xe au XIIIe siècles, ont fait l'objet d'une multitude d'interprétations. D'abord considérés comme des grenades incendiaires, ces vases furent tour à tour décrits, en général, comme des contenants à mercure, des bouteilles de bière, des flacons à parfums, des bouteilles pour les pipes à eau (narguilé) et des éolipiles (remplis d'eau et placés sur les braises d'un foyer, ils projetaient un jet de vapeur qui activait la combustion). La plus récente et plus plausible théorie en fait des vases utilisés dans des opérations chimiques ou alchimiques, notamment pour la distillation. Ils auraient pu avoir servi de cucurbites ou même de vases collecteurs du distillat.

INCONNUE   12,5 x 11 cm/13 x 9,5 cm/12 x 8,5 cm
MUSÉE NATIONAL DE DAMAS   1146, 842 et 4451A
MTC p. 138; *STM* p. 324-332;
MEDELHAVSMUSEET BULLETIN 30   (1997) p. 55-72

371
Alambic
Verre
Époque islamique

Type d'alambic aux parois à godrons qui était destiné à recevoir des vapeurs lors de la distillation. Ces vapeurs se liquéfiaient dans le bec tubulaire latéral.

INCONNUE   17 x 3,8 cm
MUSÉE NATIONAL DE DAMAS   15979A

372
Cornue
Verre
Époque islamique

En chimie, cornue est le terme employé pour désigner un instrument servant à la distillation; elle fut mise au point par les savants musulmans qui l'appelaient « l'appareil qui est courbé et tordu », d'après une inscription — découverte dans un manuscrit du XVIe siècle — en syriaque et en arabe. La nouveauté de cet instrument est que la cucurbite, dans lequel étaient chauffés les liquides devant être distillés, et l'alambic, dans lequel les vapeurs s'accumulaient, ne forment plus qu'un seul et même contenant. En revanche, il est encore doté d'un tube latéral qui recueille le distillat afin de le déverser dans un récipient, mais il est plus long pour assurer un meilleur refroidissement à l'air qui procure une plus grande quantité de distillat. Nous n'avons ici que la partie tubulaire d'une cornue.

INCONNUE   21 X 4,2 cm
MUSÉE NATIONAL DE DAMAS   10418/2488A

373
Jarre à couvercle
Céramique
1200

Il est rare d'avoir des jarres qui ont conservé leurs couvercles comme dans ce cas-ci. Ce type de vase a dû servir en pharmacie pour conserver des préparations médicinales liquides ou semi-solides à l'abri de facteurs d'altération comme la lumière, la chaleur ou l'humidité. L'argile cuite des parois du vase lui donne son opacité et conserve la fraîcheur à l'intérieur. L'étanchéité est assurée par la glaçure translucide appliquée à la surface dans la composition de laquelle entrait du plomb comme fondant. Si cette glaçure se craquelait, elle pouvait rendre le contenu du vase toxique par dissolution d'une certaine quantité de plomb. Les boutiques des pharmaciens étaient visitées par des inspecteurs, et les manuels de pharmacopée conseillaient de laver les jarres tous les jours et de les remplacer à l'apparition de la moindre anomalie.

RAQQA   22,3 x 18 cm
MUSÉE NATIONAL DE DAMAS   6789/15032A   *MTC* 77

374
Flacon
Verre soufflé
1300

Le court et étroit goulot cylindrique au rebord étalé nous porte à croire que ce contenant aurait pu avoir servi à verser en petites quantités un liquide quelconque, phamaceutique ou parfumé, contenu dans la panse globulaire.

INCONNUE   12 x 10,5 cm
MUSÉE NATIONAL DE DAMAS   2776A

375

***Manuscrit de Abîr al-Hasayn : Kitab as Suwar
(Manuel d'astronomie)***

Papier, 266 ff.

960 (original), 1663 (copie)

Le titre de ce manuscrit en arabe désigne un manuel d'astronomie. Les hommes de science musulmans ont excellé dans la production de ce genre d'ouvrage scientifique : on

a recensé à ce jour plus de 10 000 manuscrits arabes traitant d'astronomie et de mathématiques, ces deux disciplines scientifiques allant de pair dans le monde islamique, car les auteurs musulmans classaient l'astronomie — la « science de l'aspect de l'univers » — parmi les sciences mathématiques. Le but de cette science était d'étudier les mouvements apparents des astres et d'en donner une représentation géométrique. Cependant, l'intérêt des savants musulmans pour l'astronomie vient

du fait que leur religion les obligeait dans la pratique à respecter scrupuleusement certaines contraintes temporelles, telles les heures des cinq prières canoniques quotidiennes ou les fêtes religieuses.

INCONNUE   27 x 17 x 3,5 cm
MUSÉE NATIONAL DE DAMAS   7389A

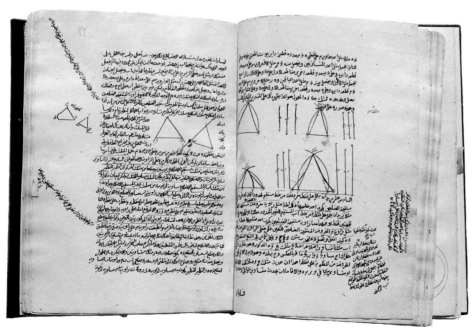

376

***Manuscrit de 'Imâd al-Mashhadî : Shark
Ashkâl al-Ta'sîs (Commentaire sur Ashkâl al-
Ta'sîs)***

Papier, 202 ff.

1203 (original), inconnue (copie)

Ce manuscrit est en réalité un recueil de sept ouvrages écrits par différents auteurs et recopiés par divers copistes. Il est ouvert au deuxième livre qui est un « commentaire » sur un ouvrage — *Ashkâl al-Ta'sîs* — compendium de géométrie, modelé sur les *Éléments* d'Euclide, écrit vers 1203-1204 (600 de l'Hégire). La traduction de l'ouvrage d'Euclide, mathématicien grec fondateur de l'école de mathématique d'Alexandrie au ~IIIe siècle, a inspiré al-Khwârizmî dans la préparation de son livre d'algèbre — *Kitâb al-jabr* — paru à Bagdad entre 813 et 830. C'est l'une des grandes inventions des mathématiciens arabes.

DAMAS, BIBLIOTHÈQUE AL ZAHIRIA   19,5 x 15 cm
BIBLIOTHÈQUE NATIONALE HAFEZ AL-ASSAD   5428

377
Manuscrit d'al-Kâtî: Shark Isâghûdjî
(Commentaire sur l'Isâghûdjî)
Papier, 34 ff.
Inconnue

L'auteur, Husâm al-Dîn Hasan al-Kâtî, est mort en 1359 (760 de l'Hégire).
Il a rédigé un commentaire sur le fameux ouvrage de logique intitulé *Isâghûdjî* qui est une adaptation de l'*Isagoge* — ou *introduction aux Catégories d'Aristote* — de Porphyre (234-305), un philosophe néo-platonicien d'origine syrienne qui a surtout vécu à Rome et commenté les œuvres d'Aristote et de Platon. Nous savons que les philosophes d'expression arabe connaissaient bien les œuvres de plusieurs philosophes grecs pour les avoir traduites en arabe très tôt. Le grand traducteur Sergius de Ras al-'Ayn (mort en 536) avait même traduit en syriaque des traités de logique d'Aristote avant la formation de l'Empire arabe islamique.

378
Manuscrit de Ibn al-Shâtir: al-Zîj al-jadîd
(Les nouvelles tables astronomiques)
Papier, 183 ff.
Inconnue

Ibn al-Shâtir (1305/6-1375), le plus célèbre astronome arabe ayant vécu en Syrie, a occupé de 1360 à 1375, le prestigieux poste de *muwaqqit* principal à la Mosquée des Omeyyades. Il devait déterminer — à la suite de l'observation des mouvements du soleil, de la lune et des étoiles — les heures exactes des cinq prières quotidiennes. Il devait aussi fixer la direction de La Mecque — la *qibla* — et finalement réguler le calendrier musulman, car ce calendrier est lunaire et non solaire. En 1371, il fit dresser sur le minaret principal un grand cadran solaire qui resta en usage jusqu'au XIXe siècle. Sa plus importante contribution fut sa théorie du mouvement des planètes qui contredisait celle de Ptolémée et qui annonçait celle de Copernic. Il a calculé, pour Damas, des tables (Zîj) afin de déterminer les heures directement de l'observation de la hauteur du soleil le jour et d'une étoile donnée la nuit.

379

Manuscrit d'al-Jildaki: Nihâyat al-Talab fi shark al-muktasab fi zîrâ'at al-dhahab al-Sîmâwî
(Commentaire sur Les acquis dans la production de l'or d'al-Sîmâwî)

Papier, 213 ff.

1341 (original), 1515 (copie)

Ce manuscrit est le commentaire qu'a rédigé al-Jildaki, un médecin et chimiste, en 1341 à propos d'un ouvrage en alchimie écrit forcément plus tôt par un certain al-Sîmâwî, dont le titre est *Les acquis dans la production de l'or*. En voyant le titre, on comprend que l'auteur a dressé un état des connaissances sur les moyens de produire de l'or par la transformation d'autres métaux. L'alchimie fut très populaire chez les chercheurs arabes. Plusieurs ouvrages ont été écrits pour décrire les élixirs qui pourraient remédier à l'impureté qui se trouve dans les métaux et rétablir l'équilibre entre les éléments constitutifs afin de créer le plus parfait des métaux, l'or.

DAMAS, BIBLIOTHÈQUE AL ZAHIRIA   25,5 x 17,5 cm
BIBLIOTHÈQUE NATIONALE HAFEZ AL-ASSAD   3924

380
Support triangulaire
Céramique
1300

La fonction exacte de ce type de support triangulaire, formé de plaques d'argile rassemblées, puis recouvertes d'une glaçure de couleur turquoise, nous échappe encore. Les pattes qui le supportent nous portent à croire que c'est une imitation d'un meuble en bois. Une copie d'un manuscrit de Dioscoride, ce médecin grec du Iᵉʳ siècle, montre des médecins mélangeant des potions dans des jarres posées dans les orifices au sommet d'un support semblable à cet objet-ci. Une autre explication veut que les trois ouvertures circulaires étaient destinées à recevoir des plumes de copistes de manuscrits — des petites longueurs de tiges de roseau évidées au centre et taillées en biseau à l'extrémité avec lesquelles ils écrivaient après les avoir trempées dans de l'encre. Un encrier comme celui en **381** devait aussi être posé dans l'un des orifices du plumier.

INCONNUE   29 x 20,5 cm
MUSÉE NATIONAL D'ALEP   S165

381
Encrier
Faïence
1300

L'encre noire utilisée par les copistes de manuscrits arabes était faite avec de la suie délayée dans de l'eau, additionnée de gomme arabique, c'est-à-dire de résine d'acacia, pour l'empêcher de pâlir. Pour obtenir de l'encre rouge, on pulvérisait de l'ocre.
Étant donné la forme de la base annulaire et l'absence d'enduit lustré sur la surface, cet encrier était fait pour être placé sur un support semblable à celui que l'on peut voir en **380**. La base de l'encrier peut être déposée dans les orifices circulaires pour retenir l'encrier sur le support. Un autre godet du même type aurait pu contenir de l'eau pour délayer l'encre, au besoin, durant les longues sessions de copie.

DAMAS   10,5 x 10 cm
MUSÉE NATIONAL DE DAMAS   2730A

382
Astrolabe
Alliage quaternaire : cuivre, zinc, plomb et étain
1500

L'astrolabe est l'instrument d'observation le plus représentatif de l'astronomie arabe. Les plus anciens astrolabes connus sont islamiques et remontent au IXᵉ siècle. Plus de 1200 exemplaires ont survécu. Il servait à déterminer la direction de La Mecque et à déterminer les heures des prières quotidiennes. L'astrolabe est constitué d'une plaque circulaire sur le pourtour de laquelle est soudé un bandeau surélevé et gradué. Gravées à la surface de la plaque se trouvent des lignes d'azimuts et d'altitudes en fonction de l'endroit où est situé l'observateur. Par-dessus tourne un ensemble d'anneaux, sur les rebords desquels de petits poignards indiquent la direction des principales étoiles dont les noms sont inscrits sur l'épaisseur des anneaux. L'arc de cercle dans la partie inférieure représente l'équateur. La barre transversale rectiligne au centre indiquant l'écliptique du soleil tourne autour d'un point représentant l'étoile polaire.
Sur le dos, la surface est divisée en quatre cercles concentriques où sont inscrits les mois de l'année, une graduation par lettres et lignes, les signes du zodiaque et, sur le cercle le plus excentrique, une graduation mobile en lettres arabes et en lignes. Au centre, on trouve des indications sur la façon de tenir l'astrolabe.

INCONNUE   15,3 x 2,5 cm
MUSÉE NATIONAL DE DAMAS   6858A   *Cf. SMC* 331

383
Bouche de fontaine

Bronze

1200

Étant donné les relations commerciales entretenues avec
l'Extrême-Orient, notamment la Chine, durant tout l'empire musulman, il n'est pas surprenant que cette bouche
de fontaine ait la forme d'un dragon, thème très populaire
dans l'art chinois. L'eau jaillissait par une grande ouverture qui tient lieu de gueule à l'animal dont les traits sont
représentés d'une manière très stylisée. Du reste, l'ensemble du cou est recouvert de motifs décoratifs.
Cette fontaine se trouvait dans une école — madrasa —
célèbre de Damas.

DAMAS : AL-MADRASA AL-KHAYDARIYYAH 46 x 18 cm
MUSÉE NATIONAL DE DAMAS 1266/4245A
SMC 321 ; *MUSÉE NATIONAL* p. 261

384
Fil à plomb

Plomb

1300

Le fil à plomb est habituellement associé à la construction, car il permet de déterminer la rectitude d'un mur.
Celui-ci a appartenu à un maître maçon du nom de
Muhammad bin Amran Al-Moalan, comme nous l'apprend
l'inscription gravée à la surface. Toutefois, un tel instrument a aussi été employé dans le monde islamique par les
géomètres lors d'opérations d'arpentage sur des terrains
accidentés exigeant une droite verticale. Il a également
été utilisé par les astronomes qui le tenaient bien droit
afin d'avoir une référence verticale sur laquelle ils
basaient leurs calculs de mesures angulaires au moyen
d'instruments d'observations astronomiques. Étant donné
la présence d'un décor à la surface de ce plomb, il
est permis de croire que ce n'était pas un instrument
des plus communs ; il devait avoir une fonction
utilitaire très estimée.

DAMAS 13,5 x 7,5 cm
MUSÉE NATIONAL DE DAMAS 3654A

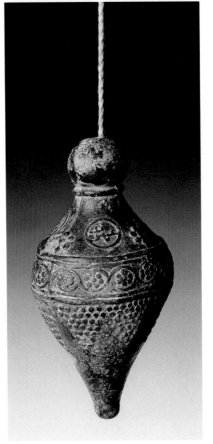

385
Heurtoir de porte

Bronze

1200

L'inscription qui se détache en relief sur l'anneau mobile
aux rebords polylobés de ce heurtoir de porte nous
apprend qu'il a été fabriqué « durant les jours d'al-Malik
al-Zâhir avide de la miséricorde de Dieu Shad Bakht
affranchi d'al-Malik al-'Adil Nûr al-Dîn que la miséricorde
de Dieu soit sur eux ». Lorsqu'il fut gouverneur d'Alep
sur le règne de Nûr al-Dîn Mahmûd, Jamâl al-Dîn Shad
Bakht al-Hindî al-Atabibî ordonna en 1193 la construction
dans cette ville d'une école coranique associée à la
mosquée, dite Al-Shadha bakhtiyya, qui existe encore de
nos jours, sous le nom de Jâmi'al-Shaykh Ma'rûf.

ALEP : AL-MADRASA AL-SHADHA BAKHTIYYA 15,5 cm
MUSÉE NATIONAL DE DAMAS 2798A
SMC 322 ; *MUSÉE NATIONAL* p. 261

ÉPILOGUE

À l'aube d'un nouveau millénaire, d'après le calendrier occidental universellement en usage maintenant, il est tout à fait approprié, pour nous Occidentaux, de nous tourner, dans une réflexion rétrospective, vers le monde oriental ancien et d'essayer de le comprendre dans ses développements culturels. Bien que cet exercice risque d'être qualifié par certains de forme d'égocentrisme culturel, il nous apparaît aussi fort instructif d'en reconnaître les innombrables contributions à notre monde occidental qui a contracté bien des dettes culturelles envers les civilisations qui l'ont précédé, son histoire étant relativement jeune.

CRÉDITS DES PHOTOGRAPHIES ET ILLUSTRATIONS

Toutes les **photographies** des objets ont été prises par Jacques Lessard, photographe au Musée de la civilisation, sauf les photos suivantes qui ont été fournies par :

Mohamad Al-Roumi: 22, 24, 28, 36-37, 66 (en haut), 67, 72, 82, 85, 128-129, 132, 137 (en haut), 138-139,140 (en haut), 141-142, 151, 154 (en haut), 159, 162 (en haut), 232-233, 249-250, 255-257, 265 (en bas), 308-309, 314, 315 (en bas), 315 (en haut), 319-320, 337;

Ali Al-Souki, *Dura Europos. Al-Salhieh*. Damas, 1990, p. 54 et 56: 253 et 254 (en haut);

Patricia Anderson: 135;

Bibliothèque nationale de France: 173;

Michel Fortin: 33 (en haut), 35 (en haut), 134, 144;

Klaus Freyberger: 248;

Georg Gerster: 30-31, 33 (en bas), 34, 51, 55, 60, 62-65, 68, 70, 73, 75, 77, 79, 81, 83-84, 86, 161, 163, 164 (en haut), 247, 252;

Hassan Hatoum: 78;

Kay Kohlmeyer: 68 (en bas);

Jean-Marie Le Tensorer: 146;

Jean-Claude Margueron: 245 (en bas);

Metropolitan Museum of Art: 317, 322;

Miguel Molist: 238;

MTC, p. 44: 313; p. 49: 321;

Sultan Muhesen: 42 et 259;

Joan and David Oates: 152 (en haut);

Alain Saint-Hilaire: 87, 158 (en haut), 171;

Danielle Stordeur: 47;

François Tremblay: 165, 167, 260, 264.

Les **dessins** proviennent de :

W. Andrae, *Das wiedererstandene Assur*, Leipzig, 1938, p. 74: 244 (en haut);

Baal p. 109: 57; p. 202: 66;

Catherine Breniquet, dans H. Gasche et B. Hrouda, éds, *Collectanea Orientalia. Histoire, arts de l'espace et industries de la terre. Études offertes en hommage à Agnès Spycket*, Neuchâtel-Paris, Recherches et Publications, 1996, p. 51: 29; *Orient-Express* 1998/2, p. 43: 137;

Giorgio Buccellati: 170;

Olivier Callot: 61 et 243;

J.-M. Dentzer et W. Orthmann, éds, *Archéologie et histoire de la Syrie II: La Syrie de l'époque achéménide à l'avènement de l'Islam*, Saarbrücker, Saarbrücker Druckerei und Verlag, 1989, p. 341: 246 (en bas); p. 343: 247 (en haut); p. 454: 261;

Ebla p. 391: 246 (en haut); p. 107: 54;

L'Écriture p. 65-67: 169;

ESEA, p. 45: 13; p. 132: 140; p. 53: 158;

Eric Guerrier, d'après une esquisse de Jean-Marie Le Tensorer: 45;

Michael C.A. Macdonald, *Arabian Archaeology and Epigraphy* 1:1 (1990), p. 24: 162;

Jean-Claude Margueron: 157;

Miguel Molist: 238;

Andrew Moore, *Abu Hureyra*, New York, Oxford University Press, sous presse: 46;

P.R.S. Moorey, *Ancient Mesopotamian Materials and Industries. The Archaeological Evidence*, Oxford, Clarendon Press, 1994, p. 145: 148 et p. 204: 153;

MTC, p. 24: 312;

André Parrot, *Assur*, Paris, Gallimard, 1969, p. 103: 69;

Peter Schmid, Museum der Anthropologie, Zurich: 44;

Andreas Schmidt-Colinet, dans J.-M. Dentzer et W. Orthmann, éds, *Archéologie et histoire de la Syrie II: La Syrie de l'époque achéménide à l'avènement de l'Islam*, Saarbrücker, Saarbrücker Druckerei und Verlag, 1989, fig. 144: 261;

Tetsu Tsukamoto et Yusuke Yoshino, dans *Excavation of a Sunken Ship Found Off the Syrian Coast. An Interim Report*, pl. 5: 164.

Les **cartes** ont été préparées par la firme Korem: 25, 32, 48 (d'après Michael Roaf, *Cultural Atlas of Mesopotamia and the Ancient Near East*. New York, Facts on File, 1990, p. 24-25), 52, 59, 74, 155 (d'après Michael Roaf, *Cultural Atlas of Mesopotamia and the Ancient Near East*. New York, Facts on File, 1990, p. 35)

ABRÉVIATIONS UTILISÉES DANS LE CATALOGUE

Revues

AAAS	Les annales archéologiques arabes syriennes. Revue d'archéologie et d'histoire.
AJA	The American Journal of Archaeology.
CAJ	The Cambridge Journal of Archaeology.
DAM	Damaszener Mitteilungen.
IRAQ	Iraq. Journal of the British School of Archaeology in Iraq.
MDOG	Mitteilungen der Deutschen Orient-Gesellschaft zu Berlin.
MEDELHAVSMUSEET	Museum of Mediterranean and Near Eastern Antiquities Medelhavsmuseet Bulletin.
PALÉORIENT	Paléorient. Revue pluridisciplinaire de préhistoire et protohistoire de l'Asie du sud-ouest.
SEMITICA	Semitica. Cahiers publiés par l'Institut d'études sémitiques du Collège de France.
SYRIA	Syria. Revue d'art oriental et d'archéologie publiée par l'Institut français d'archéologie du Proche-Orient.

Catalogues de musées et d'exposition

ANTIQUITÉS GRÉCO-ROMAINES
ABDUL-HAK, S. et A. ABDUL-HAK. *Catalogue illustré du département des antiquités gréco-romaines au Musée de Damas,* Damas, Publications de la Direction générale des antiquités de Syrie, 1951, 179 p.

BAAL
AMIET, P. et coll. *Au pays de Baal et d'Astarté,* Paris, Musée du Petit Palais, 1984, 320 p.

EBLA
MATTHIAE, P. (éd.) *Ebla. Alle origini della civiltà urbana,* Milan, Electa, 1995, 542 p.

ED
WEISS, H. (éd.) *Ebla to Damascus. Art and Archaeology of Ancient Syria,* Washington, Smithsonian Institution, 1985, 542 p.

ESEA
Exposition syro-européenne d'archéologie. Miroir d'un partenariat, Damas, Éditions de l'Institut français d'Études arabes de Damas, 1996, 212 p.

L'ÉCRITURE
TALON, Ph. et K. Van LERBERGHE (éds). *En Syrie aux origines de l'écriture,* Turnhout, Brepols, 1997, 301 p.

LE DJEBEL AL-'ARAB
DENTZER, J.-M. et J. DENTZER-FEYDY (éds). *Le djebel al-'Arab. Histoire et patrimoine au Musée de Suweida,* Paris, Éditions Recherche sur les civilisations, 1991, 193 p.

L'EUFRATE
ROUAULT, O. et M.G. MASETTI-ROUAULT. *L'Eufrate e il tempo. Le civiltà del medio Eufrate e della Gezira siriana,* Milan, Electa, 1993, 485 p.

MTC
La médecine au temps des califes, Paris, Institut du monde arabe, 1996, 329 p.

MUSÉE NATIONAL
AL-'USH, Abu-al-Faraj, JOUNDI, A. et B. ZOUHDI. *Catalogue du Musée national de Damas,* Damas, Direction générale des antiquités et des musées, 1976, 283 p.

SCEAUX-CYLINDRES DE SYRIE
HOMES-FREDERICQ, D. et coll. *Sceaux-cylindres de Syrie,* Bruxelles, Musées royaux d'art et d'histoire, 1981.

SMC
CLUZAN, S. et coll. (éds). *Syrie. Mémoire et civilisation,* Paris, Flammarion-Institut du monde arabe, 1993, 487 p.

STM
MADDISON, F. et E. SAVAGE-SMITH. *Science, Tools & Magic,* Londres-Oxford, Azimuth Editions-Oxford University Press, 1997.

SYRIEN
RUPRECHTSBERGER, E.M. (éds). *Syrien. Von den Aposteln zu den Kalifen,* Mayence, Verlag Philipp von Zabern, 1993, 520 p.

Ouvrages spécialisés

AIN DARA
ABU ASSAF, A. *Der tempel von Ain Dara,* Mayence, Philipp von Zabern, 1990.

BOUQRAS
ROODENBERG, J.J. *Le mobilier en pierre de Bouqras. Utilisation de la pierre dans un site néolithique sur le Moyen-Euphrate (Syrie),* Istanbul, Nederlands Historisch-Archaeologisch Instituut te Istanbul, 1986, 207 p.

EXCAVATIONS AT TELL BRAK 1
OATES, J. et D., et H. McDonald. *Excavations at Tell Brak 1,* McDonald Institute for Archaeological Research, 1997, 296 p.

FESTSCHRIFT STROMMENGER
HROUDA, B. et coll. (éds). *Von Uruk nach Tuttul. Eine Festschrift für Eva Strommenger. Studien und Aufsätze von Kollegen und Freunden,* Munich-Vienne, Profil Verlag GmbH, 1992, 206 p. et 85 pl.

FIGURINES ANTHROPOMORPHES
BADRE, L. *Les figurines anthropomorphes en terre cuite de l'âge du bronze en Syrie,* Paris, Geuthner, 1980, 439 p. et 67 pl.

HAMA IV: 2
RIIS, P.J. et V.H. POULSEN. *La ville islamique de Hama. Les verreries et poteries médiévales,* Copenhague, The National Museum of Denmark-Nationalmuseet, 1957.

PALMYRE VII
SADURSKA, A. *Palmyre VII: Le tombeau de famille de 'Alainê,* Varsovie, Éditions scientifiques de Pologne, 1977.

SCULPTURES FUNÉRAIRES
SADURSKA, A. et A. BOUNNI. *Les sculptures funéraires de Palmyre,* Rome, Giorgio Bretschneider Editore, 1994.

SCULPTURES OF PALMYRA I
TANABE, K. (éd.). *Sculptures of Palmyra I,* Tokyo, The Ancient Orient Museum, 1986.

TOMBS A AND C
HIGUCHI, T. et T. IZUMI. *Tombs A and C Southeast Necropolis Palmyra Syria,* Nara, Research Center for Silk Roadology, 1994, 169 p. et 74 pl.

UGARITICA II
C.F.A. SCHAEFFER, *Ugaritica II. Nouvelles études relatives aux découvertes de Ras Shamra (1949).*

INDEX CHRONOLOGIQUE DES PIÈCES

~5800	Fragment de vase	Céramique	154
	Fragment de vase	Céramique	155
	Sceau	Pierre	226
~5500	Tesson peint : bœuf	Céramique	99
	Gabarit en forme de pied	Calcaire	122
~5200	Récipient et son scellement	Pierre et argile	227
~5000	Tesson peint : poisson	Céramique	100
	Tesson peint : gazelles	Céramique	101
	Fusaïoles	Terre cuite	125 a-f
	Bol	Céramique	157
	Figurine féminine	Terre cuite	264
	Figurine féminine	Terre cuite	265
	Figurine féminine	Terre cuite	266
~4000	Dévidoir	Terre cuite	123
	Bol profond	Céramique	156
~3500	Balles de fronde	Terre cuite	103 a-e
	Bloc	Obsidienne	202
~3400	Jarre	Céramique	198
~3200	Vase en forme de porc	Terre cuite	110
	Poids de métier à tisser	Calcaire	126 a-c
	Écuelle au rebord biseauté	Terre cuite	158
	Sceau en forme d'animal	Pierre	228
	Sceau en forme d'animal	Pierre	229
	Jetons-calculi	Terre cuite	232 a-e
	Bulle-enveloppe	Argile crue	234
	Tablette numérale	Terre cuite	235
	Cônes	Terre cuite	280
	Cônes	Terre cuite	281 a-c
	Idoles aux yeux	Albâtre	284 a-h

Cités-États IIIe millénaire (de ~3000 à ~2000)

~3000	Récipient sculpté en forme de tête de bélier	Albâtre	111
	Herminette	Bronze	171
	Stèle cultuelle	Albâtre	295
	Vase	Albâtre	296
	Vase	Albâtre	297
	Ustensile à libation	Coquillage	298
	Récipient rectangulaire	Albâtre	299
~2800	Lames	Silex et bitume	118 a-f
	Dévidoir	Terre cuite	124
	Hache	Bronze	172
~2700	Bol à piédestal	Céramique	159
~2600	Sceau-cylindre et son empreinte	Columelle et plâtre	30
	Sceau-cylindre et son empreinte	Columelle et plâtre	31
	Sceau-cylindre et son empreinte	Columelle et plâtre	32
	Collier	Cristal de roche	208
~2500	Épingle	Or et argent	8
	Collier	Lapis-lazuli et cornaline	10
	Collier	Lapis-lazuli et cornaline	11
	Perle	Lapis-lazuli	12
	Pectoral	Lapis-lazuli, or, cuivre et bitume	13
	Plaquette incisée	Calcaire	38
	Figurine de hérisson	Terre cuite	107
	Figurine animale	Terre cuite	115
	Épingles à chas	Bronze	127 a-c

~2500	Parure en forme de taureau	Coquillage	145
	Vase tronconique	Stéatite	204
	Chariot	Terre cuite	214
	Chariot	Terre cuite	215
	Chariot	Terre cuite	216
	Chariot	Terre cuite	217
	Ancre	Gypse	219
	Sceau-cylindre	Fedspath	223
	Taquet de porte	Terre cuite	230 a
	Taquet de porte	Terre cuite	230 b
	Jetons-calculi	Argile crue	233 a-q
	Tablette numérale	Argile crue	236
	Statuette	Gypse	285
	Statuette	Gypse	286
	Statuette	Gypse	287
	Statuette	Gypse	288
	Élément d'incrustation	Ivoire, coquille, calcaire rouge et schiste	303
~2400	Statuette	Gypse	7
	Sceau-cylindre et son empreinte	Albâtre et plâtre	29
	Élément d'incrustation	Coquille, schiste et bitume	37
	Élément d'incrustation	Marbre	39
	Élément d'incrustation	Marbre	40
	Élément d'incrustation	Marbre	41
	Élément d'incrustation	Marbre	42
	Statuette d'un couple enlacé	Gypse	199
	Tablette : liste de rations alimentaires	Terre cuite	242
	Tablette : liste de rations alimentaires	Terre cuite	243
	Tablette : texte administratif relatif à l'élevage	Terre cuite	250
	Maquette de maison circulaire	Terre cuite	282
	Brûle-parfum	Céramique	292
~2350	Collier	Fritte	178
~2300	Morceau	Lapis-lazuli	203
	Collier	Cornaline, lapis-lazuli, cristal de roche, turquoise et fritte	209
	Sceau-cachet	Terre cuite	225
	Scellements	Argile crue	231 a-o
	Tablette : exercice mathématique	Terre cuite	237
	Tablette : liste de professions	Terre cuite	238
	Tablette : compte rendu annuel de métaux	Terre cuite	239
	Tablette : dépenses mensuelles en textiles	Terre cuite	240
	Tablette : exercice scolaire	Terre cuite	241
	Tablette : texte administratif	Terre cuite	251
~2200	Statue d'un roi de Mari	Diorite	1
	Figurines animales	Terre cuite	113 a-b
	Figurine masculine	Terre cuite	271
	Taureau à tête humaine	Calcaire, ivoire et bitume	272
~2150	Plaque de fondation avec son clou	Bronze	283
~2000	Tête de lance à douille	Bronze	46
	Figurine féminine	Terre cuite	267
	Figurine féminine	Terre cuite	268
	Figurine féminine	Terre cuite	269
	Figurine masculine	Terre cuite	270

Cités-États IIᵉ millénaire (de ~2000 à ~1000)

~1900	Sceau-cylindre	Cornaline et or	224
~1850	Statue d'un haut dignitaire	Basalte	14
~1800	Sculpture de lion	Cuivre	9
	Statuette du dieu Baal	Argent et or	27
	Sceau-cylindre	Stéatite	28
	Moule et son empreinte	Terre cuite	33
	Moule et son empreinte	Terre cuite	34
	Moule et son empreinte	Terre cuite	35
	Moule et son empreinte	Terre cuite	36
	Tête de lance	Bronze	45
	Poignard	Bronze	47
	Figurine du dieu Teshub	Bronze	51
	Tour de potier	Basalte	165
	Hache « fenestrée »	Bronze	169
	Moule bivalve	Calcaire	170
	Scie	Bronze	173
	Colliers	Cornaline	206 a-b
	Tablette : rapport de mission	Terre cuite	246
	Stèle d'Ishtar	Basalte	276
	Brûle-encens	Basalte	293
	Modèle de foie	Terre cuite	302
	Peinture murale	Fresque sur plâtre	304
~1750	Masse d'arme cérémonielle	Marbre, ivoire, argent et or	15
	Élément cylindrique	Or	16
	Collier	Or, améthyste et lapis-lazuli	17
	Collier	Or	18
	Épingle	Or	19
	Anneau	Or	20
	Boutons	Or	21 a-f
	Collier orné de deux pendentifs	Or, cristal de roche et pierre translucide gris-vert	22
	Bracelet	Or	23
~1700	Tablette scellée dans son enveloppe	Argile crue	244
~1500	Hache d'apparat	Fer et cuivre incrusté d'or	26
	Pelle	Calcaire	116 a
	Pelle	Calcaire	116 b
	Pilon et mortier	Basalte	119
	Meule circulaire	Basalte	120
	Bol	Fritte	180
	Poids en forme d'animaux	Bronze et plomb	255 a-f
	Trésor	Argent	256
	Pendentif d'Athirat	Or	273
	Pendentif d'Astarté	Or	274
~1400	Fragments de vase portant un cartouche égyptien	Albâtre	210 a-b
	Tablette : portée musicale	Terre cuite	247
~1300	Coupe	Or	24
	Poignard d'apparat	Or	25
	Arme d'apparat, dite « harpé »	Bronze	44
	Poignard	Bronze	48
	Hache à collet	Bronze	49
	Hache à collet	Bronze	50
	Chope en forme de tête de lion	Céramique	160
	Moule à haches et poignards	Calcaire	167
	Poignard	Bronze	168

~1300	Moule à bijoux	Chlorite	174 a-b
	Moule à bijoux	Chlorite	175
	Vase à piédestal	Faïence	179
	Collier	Ambre	207
	Vase avec une représentation de char	Céramique	211
	Tablette dans son enveloppe	Terre cuite	245
	Tablette : texte lexical	Terre cuite	248
	Tablette : abécédaire	Terre cuite	253
	Statue du dieu El	Calcaire	275
	Figurine du dieu Baal	Bronze et or	277
	Maquette architecturale	Terre cuite	289
	Maquette en forme de tour	Terre cuite	290
	Maquette en forme de tour	Terre cuite	291
	Vase circulaire	Céramique	294
~1250	Tablette : testament	Argile crue	252
~1200	Épée	Bronze	43
	Piège à animal	Terre cuite	117
	Bague	Coquillage	143
	Bague	Coquillage	144
	Collier	Or, lapis-lazuli, agate et pâte de verre bleue	176
	Empreinte de pied d'enfant	Terre cuite	300
	Empreinte de pied d'enfant	Terre cuite	301

Royaumes araméen, assyrien et néo-hittite (de ~1000 à ~538)

~900	Statue d'un roi araméen	Basalte	52
	Stèle commémorative	Basalte	254
~850	Vase de Salmanazar III	Albâtre	59
~800	Plaquette ornée d'un sphinx	Ivoire	53
	Plaquette montrant des génies liant des tiges de papyrus	Ivoire	54
	Stèle : deux hommes sur un chariot	Basalte	58
	Vase en forme d'autruche	Céramique	109
	Flacons	Verre	181 a-c
	Vache allaitant son veau	Ivoire	194
	Vase avec tamis	Céramique	196
	Tablette : un contrat en araméen	Argile	249
~750	Peinture murale : deux dignitaires assyriens	Fresque sur enduit de terre	57
~700	Tête de statue	Basalte	56
	Stèle du dieu Sin	Calcaire	60
~600	Frise de personnages sculptés	Ivoire	55

Empire perse (de ~538 à ~333)

~500	Sarcophage	Terre cuite	61
	Couvercle de sarcophage	Terre cuite	213
~400	Pièce de monnaie	Argent	257

Empire hellénistique (de ~333 à ~64)

~200	Ustensiles pour le maquillage	Ivoire	149 a-c
	Flûtes	Ivoire	150 a-b
~100	Bol	Verre	182
	Bol	Verre	183
	Bol	Verre	184

Empire romain (de ~64 à 395)

40	Pièce de tissu	Laine	353
50	Casque à visage	Argent et fer	62

TABLE DES MATIÈRES

نقل الموروث العلمي إلى الغرب

برع العلماء المسلمون، ولا سيما أولئك الذين عاشوا في سورية، منذ القرن التاسع وحتى القرن الخامس عشر، بأغلب مجالات المعارف العلمية. ولقد عد العالم الإسلامي، لمدة طويلة، المؤتمن على الإرث اليوناني والروماني في مجال العلوم. ولقد ساهم فعلا، بتطور العلوم وبانتشارها. وتبعا لذلك، فلقد كان العالم الإسلامي، المسؤول عن نقل المعارف الجديدة للعالم الغربي، وفي عدد كبير من الفروع العلمية.

من المهم أن نؤكد منذ البداية، بأن العلم والدين الإسلامي متوافقان بانسجام تام، حتى أن كلمة << علم >> نفسها وردت في ١٦٠ آية من القرآن الكريم، ونجد أيضا، أن القرآن الكريم والحديث الشريف، قد حثا على المعرفة بشكل كبير.

ولم يكتف العلماء العرب، باستخدام العلوم التي تحتويها مخطوطات العلماء والفلاسفة اليونانيين واللاتينيين، التي ترجموها إلى السريانية أولا ثم إلى العربية، بل، لخصوا هذه المخطوطات لمعرفتها بشكل أفضل، وعلقوا عليها، ونقدوها، وأكملوها على ضوء افتراضاتهم التجريبية.

وأخيرا، بعد هذه المرحلة من التعلم، التي تعد مرحلة ضرورية في أية مسيرة علمية، تميز كثيرا من رجال العلم المسلمين عن سابقيهم، واضعين بحوثهم العلمية ليستفيد منها الناس من جهة، وقاموا بالتجديد والابتكار في المجالات العلمية نفسها من جهة أخرى. ومن المؤسف بأن هذه الكتب العلمية قليلة الانتشار، فما هو مترجم إلى اللاتينية، التي هي لغة العلم المستعملة في إوروبا حتى القرن الثامن عشر، في مجال الطب مثلا، لا يتعدى أربعين نصا معروفا فقط من آلاف النصوص المحصاة إلى يومنا هذا. وهذا ينطبق أيضا على باقي مجلات العلوم.

وجدير بالذكر أيضا، أن تقنية تصنيع الورق، التي اكتسبها العرب من الصينيين عام ٧٥١ م، قد سمحت بتطور حقيقي لسوق الكتاب في العالم الإسلامي، الذي ساعد أيضا بشكل طبيعي، على انتشار المعارف العلمية. ولقد انتقلت هذه التقنية الهامة إلى الغربيين، بدءا من القرن الثاني عشر، أولا إلى إسبانية، خلال عهد إمارة قرطبة، ثم في أيطالية، وبالتحديد في منطقة فابريانو عام ١٢٧٦ م ، حيث أنشيء أول مصنع للورق في أوروبا، ثم تبعها الآخرون في القرن الرابع عشر ميلادي، ولا سيما في منطقة ترويز في فرنسا عام ١٢٤٨ م، ومن ثم منطقة نورمبرغ في المانية عام ١٣٩٠ م. وبدورها سهلت مصانع الورق هذه، التي تعد القاعدة المادية للكتابة المنقولة عن العرب، انتشار الأفكار في أوروبا، بحيث توج الإبتكار الجديد، أي الطباعة، عام ١٤٥٠ م ، تطور انتشار المعارف، السمة التي ما زالت تميز عالمنا العلمي الحديث.

خاتمة

من المناسب لنا، نحن الغربيين ، ونحن على أبواب بزوغ فجر قرن جديد ، حسب التقويم الغربي المستعمل عالميا في الوقت الحالي، أن نعيد الإلتفات نحو العالم الشرقي القديم، وأن نحاول فهمه بتطورات الثقافية. ولكن، نخشى أن يحمل هذا الإجراء، بعض أشكال الأنانية الثقافية، إلا أنه من المفيد لنا، معرفة المساهمات التي لا حصر لها لهذا العالم، في تاريخ عالمنا الغربي، الحديث نسبيا، الذي يدين بالكثير من معارفه الثقافية، للحضارات التي سبقته.

كما اقتضى، تعدد النشاطات المتعلقة بالتبادلات التجارية وتنوعها، وضع أشكال للمراقبة والإدارة بشكل مبكر، وذلك، بالإعتماد على وسائل بسيطة، كاستعمال الأختام لمهر المنتجات المتبادلة، وهي طريقة متبعة خلال كل العصور، إضافة إلى وسائل أكثر تعقيدا وتطورا. ففي البداية، استخدمت قطع صغيرة من الطين للقيام بحساب البضائع، ونتيجة لذلك تحول هذا النظام فيما بعد، بحيث أصبح بالإمكان، بالإضافة إلى التحقق من كمية البضائع المتبادلة، التعرف إليها أيضا، وهذا ما انبثق عنه، أول أشكال الكتابة.

إن عدة مدن سورية، قد قدمت عددا مدهشا من الأرقام المسمارية، تحمل قوائم لمنتجات تجارية، ومعلومات عن نشاطات إدارية وسياسية وقضائية أيضا. وتماشيا مع تطور احتياجاتهم، بسَّطوا الكتابة المسمارية وطوروها، حتى أنه اعتمد نظام أبجدي، وبالتحديد في أوغاريت، المدينة الساحلية السورية، وأعقب ذلك أيضا، على مر القرون، ظهور نظم أخرى للقياس كالوزن والعملة.

التنظيم الفكري

إن المجتمعات الإنسانية في سورية، منذ الجهود الأولى التي بذلتها في مجالات البناء، وبالتوازي مع تطورها الاقتصادي والاجتماعي، أدركت العالم المحيط بها، ودور كل فرد في هذا المحيط الاجتماعي والاقتصادي الجديد. وقد كون أفرادها، شيئا فشيئا، رؤية عن العالم، وصولا الى العقلنة؛ فلقد أدركوا بطريقة منطقية،، ما يحيط بهم من القوى الطبيعية، وما وراءها. كما اشتركوا، بأيدولوجية جماعية، تعبيرا عن تطلعاتهم، وعن مخاوفهم المكبوتة، وعن تفسيراتهم لهذه القوى الكلية الوجود؛ فكانوا يحاولون فهم الظواهر التي تحدث معهم،، ويقدمون لها تفسيرا منطقيا، وفقا لطريقتهم، وبحسب معارفهم.

لقد اتخذت المظاهر الإلهية، سمات إنسانية، أنثوية بخاصة، ولم يكن مدلولها واضحا دائما، فطريقة التقديم للأفكار المجردة، بشكل مجسد، ارتبطت بقوة، مع ظهور الأشكال الأولى للتعبير الفني. ومع مرور الوقت، أطلقت على هذه الآلهة المؤنسة، تسميات، بهدف تجسيدها بشكل أفضل. وكانت القصص الميثولوجية، تقوم بتوضيح العلاقات المتبادلة، بين الواقع الأرضي والقوى الإلهية المهيمنة. وإن المشاركة مع العالم الآخر، بالعقلانية نفسها التي عبر عنها في الثقافة المادية، من خلال مجموعات مختلفة من الأشياء الرمزية، ظهرت أيضا ضمن الجماعات، وذلك، من خلال طريقة تنظيم معابدها، التي احتوت على آثار معبرة عن ممارسات ثقافية تطورت من عصر لآخر.

وبدءا من عصر ما، كانت ضخامة أماكن العبادة، سمة حاسمة، ودالة على تأسيس بعض أنظمة المعتقدات الجماعية. فلقد عرفت سورية على أرضها، الديانات التوحيدية الهامة في العالم. وإنها لمقدرة عظيمة، أن تجتمع هنا، هذه الديانات التوحيدية، المرتكزة على فكرة الإله الأوحد، وقد تتجاوز هذه المقدرة أحيانا المظهر الديني. ونستطيع الإحاطة، من خلال معالجة القيم الروحية في مختلف العصور، ببعض عناصر الثقافة المادية، وبمظاهر اللاوعي الجمعي، التي يعبر عنها، بشكل خاص، مفهوم الموت والتحضير للحياة في العالم الآخر.

وانطلاقا من هذا التنظيم السياسي والإجتماعي، توضحت البنى الاجتماعية ضمن قرية زراعية، لا تضم أكثر من عدة عائلات. شهدت تلك المرحلة، نشوء القرية التجارية والمأهولة بشكل أكبر، التي يديرها رئيس واحد، يعتمد في ممارسة سلطته على طبقة من الموظفين. وسيطرت بعض المدن، مثل ماري وإبلا، على الأرض المجاورة لها، واستثمرتها بهدف تأمين حياة مواطنيها المنكبين على مهام مميزة ومتخصصة في الإنتاج الزراعي. حينها، ظهرت هذه المدن « مدن ، دول » وحققت ازدهارا بفضل التجارة التي تطلبت إدارتها جهودا جماعية أكبر.

وفيما بعد، ضمت الأراضي السورية، أو بشكل أدق أجزاء منها، لهذه الممالك بالقوة أحيانا. وقد جرت العادة أن تحكم هذه الممالك جماعات عرقية مهيمنة ، مثل: العموريين، الآشوريين، الحوريين، الحثيين والآراميين، لم تكن غريبة عن المناطق التي تحكمها، بل احترمت المصالح المحلية لتلك المناطق.

وألحقت على أثر ذلك، سائر الأراضي السورية، بتنظيمات سياسية واسعة تضم عدة مناطق، امبرطوريات متعددة. وقد فرض كل من الحكام الهلنستيين والرومان والبيزنطيين والمسلمين تباعا، توجيهاتهم على السياسة والاقتصاد، وفقا لنهج الدولة المركزية، إلا أنهم، كانوا يعرفون التأقلم مع الواقع المحلي أيضا.

تنظيم الإقتصاد

إن كل مجتمع إنساني، قلما يعير اهتماما لطبيعة بنيته الاجتماعية، ولكنه يسعى لتأمين قوته الغذائي، الذي يلعب دورا أساسيا في بقاء واستمرار الجنس البشري. فمن هنا، تنبع الحاجة الملحة بالنسبة لهذه الجماعة الإنسانية، التي ترغب بزيادة نشاطاتها وتنويعها، وذلك بابتكار أعمالها الزراعية وزيادتها، بدلا من الإكتفاء بأعمال الصيد، واستنفاد مصادر الغذاء المتوفرة في بيئتها المحلية.

إن الإنسان في سورية، ولأول مرة في العالم، قام بزراعة النباتات الموسمية وبتربية الحيوان، الشرطان الأوليان لتشكل وظهور حضارة مزدهرة. لقد نما بشكل سريع وبالقدر نفسه المردود والفائض، الذي كان الهدف منه في بادىء الأمر، تأمين إعادة إنتاج سنوي للنباتات والحيوانات، التي كانت تحد منها الظروف الموسمية. وهذا ما سمح أيضا، بإعادة التوزيع للأعمال، في إطار تخصصي، كالأعمال التي لا تمت للزراعة بصلة من جهة، والحصول على منتجات غير زراعية من جهة أخرى. ولقد بقي الإنتاج الزراعي في سائر العصور، حتى في ظل الأنظمة السياسية المتطورة والمعقدة، هو أساس الاقتصاد.

لقد قدمت الأرض موادا أولية مثل الصوان والطين والجبس، اذ أمكن بواسطتها تصنيع الأدوات والمعدات والأواني، التي سهلت بدورها بعض الأعمال، وعلى الأخص، تلك المتعلقة بالإعاشة الغذائية للمجتمع. وهنا، لا تتوفر لدينا، إلا بعض الأدوات، التي استعملها القرويون السوريون الأوائل. لقد اهتموا سريعا بالأدوات الفاخرة التي صنعوها من مواد محلية، وفيما بعد، من مواد جلبت من مناطق أخرى، إذ تعلموا على استثمارها على مر القرون، وبدأت بذلك تظهر فكرة الملكية.

ولقد تم الحصول على هذه الأدوات الفاخرة من خلال مبادلتها مع بضائع أخرى، كالواردات الزراعية مثلا، التي تكثف إنتاجها، بهدف خلق فائض لأغراض تجارية. وإن موقع سورية الجغرافي في الشرق الأدنى، وعلى وجه الخصوص، بفضل طريقها النهري، الفرات، قد جعل منها منطقة عبور، لا مناص منها للتجارة البعيدة.

ما هي << الحضارة >>؟

حسبما نعرفه حتى الوقت الراهن، فإن الحضارات الكبرى ظهرت في أوقات مختلفة من التاريخ القديم للإنسانية، وفي أماكن مميزة من الأرض. وهذه الحضارات، شكلتها طبقات اجتماعية واقتصادية، استندت إلى إنتاج الفائض الزراعي المنظم والمتحكم به، من خلال أنظمة إدارة معقدة تديرها طبقة حاكمة صغيرة. وقد كانت النخبة السياسية تستخدم فائض الإنتاج هذا للاستئثار بالخيرات. وبفضل التبادل التجاري مع المناطق البعيدة، فإن تلك النخبة لجأت، من جهة، لامتلاك بضائع الرفاهية لتعبر بها عن وضعها الإجتماعي، ومن جهة أخرى، قامت بتأسيس وابتكار العمارة الضخمة والأعمال الفنية المعبرة عن التعايش الاجتماعي، وذلك بفضل ورشات متخصصة في هذا النوع من الأعمال. أما الدين، المصدر المؤثر على العلاقات الاجتماعية، فقد كانت الدولة تتحكم به. وبطريقة أكثر تحديدا، اعتاد الباحثون على دراسة الحضارات الكبرى الأولى ضمن ثلاثة مظاهر رئيسية هي المجتمع والإقتصاد والفكر، وهذا المنهج هو ما اتبعه هذا المعرض أيضا.

إن عدة خصائص جغرافية للأراضي السورية جعلتها مناسبة لظهور المجتمعات الأولى في العالم، التي اعتمدت على الرعي والزراعة. وهكذا، ومنذ نحو حوالي ١٠٠٠٠ سنة خلت، اختارت مجموعة من الناس ضمن أماكن بيئتها، الطبيعة الملائمة جدا لمعيشتها الغذائية، ثم أقاموا فيها بطريقة دائمة. وقد قدمت هذه المجموعات الإنسانية باكرا، صيغة لآلية عمل جماعية.

كانت هذه النشاطات الإقتصادية للمجموعات الأولى، تهدف في البداية، لتأمين حياة أفرادها، ثم، الحصول على فائض زراعي، يسمح لبعض أفراد المجموعة بأن تتخصص بمهام مختلفة كالحرف اليدوية مثلا، وبدوره، سيسمح هذا الفائض أيضا، بالقيام بتبادل مع منتجات ليست متوفرة في محيطها المباشر. وهكذا، فقد تطورت شيئا فشيئا الممارسات الإدارية المتعلقة بذلك.

إن العيش ضمن جماعة يفرض تقاسم نظام القيم نفسه من قبل كافة أعضائها، وكذلك الأيدولوجية وطريقة التفكير. وهذا سيلاحظ بشكل خاص في العرض غير العادي، وفي التعبير الملموس لمفهوم العناصر المجردة ضمن نظام مؤسس للمعتقدات كما في الديان.

فسورية اذا، هي إحدى أقدم الأماكن في العالم التي قامت فيها تجمعات إنسانية بتجريب صيغة جديدة للحياة، يدعوها الباحثون بالثورية.

ونستطيع أيضا أن نكتشف في سورية، وبفضل بعض الأدوات التي صنعها الإنسان الذي سكن هذه الأرض، ظهور الحضارة، وأن نكتشف الأشكال المختلفة التي اتبعها، خلال قرون حتى المرحلة الصليبية، المرحلة التي كان فيها الشرق المسلم والغرب المسيحي في حالة تصادم.

تنظيم المجتمع

تتميز الحضارة، بدءا وقبل كل شيء، بتنظيم اجتماعي منظم ومعقد، يقوم في أساسه على نظام طبقات هرمي تقوده النخبة السياسية، التي يحكمها شخص أو رئيس واحد، يستأثر بكافة السلطات السياسية.

في الأصل، استند التنظيم الإجتماعي للحياة القروية على الزراعة وتدجين الحيوانات، إذ ارتبط أعضاء المجموعة بعلاقات عائلية تتمتع بنظام نخبوي. وكما أن تبني نظام اجتماعي منظم لدرجة كبيرة، هو نواة لنظام سياسي محتمل، ربما أملته ضرورة تأمين الغذاء لجميع أفراد المجموعة، التي يتزايد عددها كلما تطورت التقنيات الزراعية، بينما يرعى مصالح المجموعة حاكم أو طبقة حاكمة مرتبطة عادة بالعائلة نفسها.

سورية أرض الحضارات

البروفسور ميشيل فورتان
المستشار العلمي في جامعة لافال في مدينة كيبيك

الانتقال من ألفية إلى أخرى حدث نادر، علينا التعرف إليه بشكل جيد، فهذا الانتقال ملائم للتفكير بعمق حول المسار الذي سلكته الإنسانية منذ أن اختار بعض أفرادها العيش ضمن جماعات واسعة وبصيغة عمل مناسبة لها. فكيف ظهرت بعض هذه المجتمعات الإنسانية الأولى؟ وكيف نظمت نفسها؟ وكيف تطورت؟

علينا العودة إلى أصول الحضارة، أي إلى بداية إقامة نظام يتحكم حتى الآن بتطورنا الاجتماعي وتحولاتنا الاقتصادية وارتقائنا الثقافي. لنرى كيف تم ذلك وبأية وسائل؟ .. فمنذ اللحظة التي حصلت فيها المجموعات على وسائل فعالة وناجحة لتأمين عيشها، مرت بمراحل مختلفة قادتها في النهاية للتطور.

وبسبب قدم هذه الظواهر الحضارية، التي نلاحظها بفضل الأشياء التي خلفتها المجتمعات الإنسانية، دون أن تعي أنه في يوم ما، بعيدا جدا عن وقت ظهورها، بأنها قد تستخدم لتفسير بعض أنماط الحياة. إن هذه الأشياء شواهد حقيقية على تاريخ متطور للإنسانية، فهل تطورت حقا؟ .. نحن لا نعيش حتى الآن إلا امتدادا لهذه التجارب الإقتصادية الأولى للجنس البشري.

كانت أرض سورية، أكثر من أي مكان آخر في العالم، ومنذ أكثر من ١٢٠٠٠ سنة، موطنا وملتقى لعدة حضارات،. لعبت دورا حاسما في تاريخ الإنسانية. وبسبب غناها الثقافي الخاص وعلاقاتها مع الشعوب المجاورة، فقد شكلت سورية بوتقة لا نظير لها في نشوء الحضارات القديمة في الشرق الأدنى، التي ، كما سنلاحظ ، أن لها آثارا واضحة على العالم الغربي. إن المرحلة التي يشملها هذا المعرض، تبدأ بالمحاولات الأولى لتحضُّر القرى في الأراضي السورية، وهي الأقدم في العالم؛ وتنتهي مع قدوم الفرسان الصليبيين إلى سورية، وهي اللحظة الرمزية، التي تعبِّر بوضوح، عن الإحتكاك العنيف الطابع بين الغرب والشرق، ولكنها كانت أيضا نقطة إنطلاق لتبادل ثقافي مع الغرب. وسنستعرض لكل ما سبق هذه المرحلة بالذات.

ومع انبثاق فجر الألفية الثالثة، يبدو من المناسب أيضا إلقاء نظرة استذكارية على اثنتي عشرة ألف سنة سابقة من تاريخ المغامرة الإنسانية. حيث أن هذا المعرض لا يهدف فقط لإعطاء معلومات عن المظاهر المختلفة للتطور الثقافي، التي ندعوها << بالحضارة >> ، بل ليقدم معلومات عن الحضارات الكبرى التي تعاقبت في قسم من أراضي الشرق الأدنى أيضا. كما ويرمي هذا المعرض، على وجه الخصوص ، للتعريف بالعناصر المتعددة التي تشكل مفهوم الحضارة نفسه. وإننا نأمل أن يساهم هذا المعرض في تحريض فكر الزائر لفهم سمات وأسس الحضارة التي يشكل هو نفسه أحد ممثليها.. ولم لا؟.. ومن جهة أخرى لدفعه للتطلع نحو المستقبل، وليتساءل عما ستؤول إليه حضارة المستقبل.

مقدمة

د. سلطان محيسن
المدير العام للآثار والمتاحف

لا نبالغ إذا أسمينا هذا المعرض << سورية أرض الحضارات >>، فالأبحاث الأثرية والتاريخية، أظهرت أن سورية، قد سكنت في بداية العصر الحجري القديم، منذ حوالي مليون سنة خلت، ولدينا من ذلك العصر مكتشفات أنتروبولوجية وأثرية ذات قيمة فريدة. كما تبين أيضا، بأن الخطوات الأهم نحو الحضارة الإنسانية، قد أتت من سورية. ففي سورية، حصلت << الثورة الزراعية >> عندما بنيت القرى الأولى، ومورست الزراعة وتدجين الحيوانات منذ الألف التاسع ق.م. ولقد تطورت هذه الإبداعات عبر الزمن، فكانت سورية، في الألف الرابع ق.م. أيضا، مركز << الثورة العمرانية >> التي أحدثت تغيرات عميقة، تميزت بظهور المدن الأولى المحصنة، والمعابد والقصور، وغير ذلك من الأبنية العامة. وتابعت سورية، وعلى امتداد الألف الثالث والثاني والأول ق.م.، تطورها الحضاري، الذي دلت عليه المدن والدول والإمبراطوريات السومرية والأكادية والعمورية والآرامية، التي بلغت سوية اجتماعية واقتصادية وروحية عالية، في ميادين العمارة والفنون والتعدين والتجارة والدين والأدب وابتكار الكتابة وغير ذلك.

ومع نهاية الألف الأول ق.م. وبداية الألف الأول الميلادي، كانت سورية جزءا هاما من الامبراطوريات اليونانية والرومانية والبيزنطية. وفي مطلع القرن الثامن الميلادي، غدت مركز أول امبراطورية أموية، عربية، إسلامية. ومن ثم، ظلت سورية تلعب دورا حضاريا متميزا كملتقى للحضارات على امتداد العصور الوسطى.

يرغب المعرض في أن يسلط الضوء على هذه الحقائق، ويهدف إلى تتبع ظهور وتطور الخطوات الحضارية الإبداعية الكبرى، كما دلت عليها المكتشفات الأثرية، القديمة والحديثة، ذات القيمة التاريخية الإستثنائية. وإن هذا المعرض، الذي سيجوب سويسرا وكندا وأمريكا، يعكس اهتمامنا المشترك، ورغبتنا الصادقة في كسر المسافات بيننا، وفتح أبواب الحوار والتعاون بين شعوبنا. كما أن القطع الأثرية المشاركة في المعرض، المتضمنة في هذا الدليل، تظهر بوضوح، بأن في جذور ومعتقدات كل واحد منا، شيئا من سورية؛ وهكذا، فنحن جميعا نتقاسم حضارة واحدة وتراثا مشتركا، وهذه هي الرسالة التي نود أن نوجهها، عبر هذا المعرض، إلى العالم قاطبة وهو يدخل الألفية الثالثة.

كلنا فخر واعتزاز، أن يرعى هذا المعرض، السيد الرئيس حافظ الأسد، الذي اهتم شخصيا بتشجيع الثقافة وحماية التراث، والذي حققنا في عهده الميمون إنجازات كبرى على أكثر من صعيد. كما ونشكر، السيدة وزيرة الثقافة، الدكتورة نجاح العطار، التي تتابع عن كثب جميع نشاطاتنا، وتقدم لنا مختلف أشكال الدعم اللامحدود. ومن الواضح أن المعرض والدليل المرافق له، هما ثمرة جهود مشتركة بين المديرية العامة للآثار والمتاحف ومتحف الحضارة في مدينة كيبيك، بمشاركة مؤسسات وأفراد من كندا والولايات المتحدة الأمريكية وسويسرا، عملوا جميعهم في جو من التصميم والتفاهم والاحترام المتبادل. فلهم جميعا، وبخاصة للسيد رولان أربان، مدير متحف الحضارة في مدينة كيبيك، كل الشكر والامتنان، ولهم أوجه التهنئة القلبية بنجاح معرض <<سورية أرض الحضارات>>، الذي سوف يكون، وبالتأكيد، أحد أبرز الأحداث الثقافية العالمية في مطلع القرن الحادي والعشرين.

والثروة والحرية، ويعمل للسلام العادل والنزيه، وينتصر فعلا لحقوق الإنسان، ولمنطق العدالة والحق، لا لمنطق القوة مهما كانت غاشمة، وللأخوَّة الإنسانية، تلك التي مجّدها الشاعر السوري القديم << ملياغر >> ابن مدينة جدرة القديمة، حين قال: << لا تظنوني غريبا، كلنا من وطن واحد هو العالم >>.

ترى، هل آن لنا أن نحلم بعالم يلغي الحواجز بين الشعوب، ولا يلغي الشعوب، ويلغي الحدود بين الحضارات والثقافات، على أسس من المساواة والندية، ولا يسعى إلغاء الحضارات والثقافات (والإلغاء متعذر بالتأكيد) لإحلال ثقافة الوجه الواحد، ذي اللون والملامح الواحدة ؟

في ختام هذه الكلمة المخصصة لدليل المعرض، يسعدني أن أنقل إلى القراء والمشاهدين والزائرين، وعلماء الآثار ورجالها ومحبيها والمنقبين عنها، وواضعي الدراسات حولها، وإلى المتاحف المستضيفة للمعرض، وكل العاملين فيها، وإلى كل الذين أسهموا في الإعداد لهذا المعرض الهام بفكرهم وجهودهم، وحسن تنظيمهم، تحيات الرئيس حافظ الأسد، رئيس الجمهورية العربية السورية، الذي يولي الآثار، تنقيبا وترميما وحفظا وصونا، وافر عنايته، وأن أوجه الشكر والتقدير الكبيرين لرؤساء ومسؤولي الدول المضيفة، وأن أشيد بجهود علماء الآثار والبعثات الأثرية العاملة في سورية، على اختلاف أوطانهم، لما حققوه في أعمال التنقيب والكشف، وفي مجال الدراسات المدققة المتأنية الواعية والأمينة، مقدمين، بذلك، الأمثولة النبيلة للتواصل الحضاري، في أرقى أشكاله إنسانية وبهاء.

نيميزيس، والمنحوتات التدمرية المترفة، إلى جانب تماثيل الأباطرة السوريين في العصر الروماني، ونخص بالذكر منهم: التمثال الرخامي لإمبراطور روما، فيليب العربي، المكتشف في مدينة شهبا في جبل العرب.

إنني لا أحصي بل أشير، فتلك كانت حياة كاملة، جسَّدتها الفنون المختلفة، بشتّى صياغاتها، عبادة وعمارة، وإبداعات على شكل زجاجيات وحلي وجداريات وفسيفساء ورسوم ونقوش، وألحان وأشعار، ورقم لا تكاد تحصى بما فيها من إشراقات للفكر، واستراتيجيات للحرب، وللإقتصاد، وسبحات الوجدان الخ... والمعرض الراهن، «سورية أرض الحضارات»، يرمز بالضرورة ولا يستوفي، وهو يضم حوالي ٤٠٠ قطعة أثرية اختيرت من بين أهم المكتشفات السورية القديمة والحديثة، المرتبطة بالإمبرطوريات والممالك التي نهضت واستعلت ثم اندثرت، على امتداد عصور موغلة في القدم، على أمل أن يعطي لزائريه، في البلدان الصديقة، فكرة واضحة عن تاريخ سورية وحضارتها الإستثنائيين في أهميتهما، التي لا شبيه لها، من الناحية العلمية والأثرية، والتي تقدم كشوفها المتواصلة، كل يوم، إضافات جديدة للتعريف بتاريخ البشرية الذي يعنينا جميعا، ويعني بشكل خاص، علماء الآثار والمؤرخين والأنتروبولوجيين ودارسي الحضارات، في نشوتها والإرتقاء.

ويبقى الهدف الأشد أهمية لهذا المعرض وأمثاله، من بين الأهداف الكثيرة الأخرى، هو تحقيق التواصل الإنساني والثقافي الذي نعتبره رسالة حضارية وأخلاقية، ترتبط بمفهومنا للتراث والموروث، في شموليتهما العالمية، والتي علينا أن ننهض بها بجدارة، فسورية بلد عريق، يؤمن قولا وفعلا، بالحوار بين الحضارات، ويجهد في سبيل ذلك، بذلا وعطاء، وينبذ على قاعدة معرفية، فكرة صراع الحضارات التي تؤدي إلى التدمير بدل التطوير، وإلى التباعد بدل التقارب، وإلى التناقض بدل التكامل. ومن شبه المعروف، وهذا ما يدعو إلى الإستغراب في عصرنا هذا، أن الأمم الكبيرة تكاد لا تعرف عن الأمم الصغيرة، في الحجم لا في العراقة، ما ينبغي أن تعرف، بالرغم من كل الإمكانات الضخمة التي يتيحها عصرنا، عصر الفضاء والمعلوماتية والطائرة والباخرة وكل وسائل الإتصال السريع. من أجل ذلك، والأمة العربية ذات المكانة المرموقة تاريخا وحضارة، وذات الجذور المعرفية، في سائر العلوم الطبيعية والإنسانية، والتي انتقلت منها إلى أوروبا عن طريق الأندلس، سعت وتسعى حريصة، بدأب لا كلل فيه، إلى جانب غيرها من الأمم والشعوب، إلى سدّ هذا النقص في المعرفة، وإرساء التواصل الحضاري، على قاعدة متينة ثابتة، شأنها في ذلك، اليوم، شأنها فيه بالأمس، بين ماضيها والحاضر. وقد عمل الأجداد العرب، منذ سحيق الأزمنة، على إقامة مثل هذا التواصل والتبادل والتفاهم، لإغناء الثروة المعرفية، حضارة وثقافة، بالأساليب التي كانت متاحة، رغم بساطتها وغناها. ويكفي في هذا المجال، أن نذكّر بالفينيقيين، الذين أقاموا وشادوا أرقى الحضارات على السواحل السورية بخاصة، ثم حملوها إلى سواحل المتوسط بعامة. كما يكفي أن نذكر، أن الثقافة العربية، بما هي محصّلة ثمينة من العلوم والفنون، وفي مرحلة تالية، قد نقلت علومها وفنونها إلى شواطىء أفريقيا وأوروبا، ثم جنوب أمريكا، بسخاء وإجادة وتأصيل يذكره التاريخ.

إن هذا المعرض هو تقدمة عزيزة وغالية، من الألفين المنصرمين، إلى الألف الثالث القادم، الذي نقرع بابه بقبضة رجاء في أن يكون الأحسن والأفضل والأعم خيرا للبشرية جمعاء، وأن نواصل جميعا عملنا خلاله لصالح الحضارة والثقافة الإبداعية ذات السمات الإنسانية، « ثقافة السلام »، على أساس مفهومها الأوفر سمّوا وتألقا، بالنسبة لشعوب ترزخ تحت القهر، وتحاول أن تدفع عن نفسها العدوان بأشكاله العسكرية والإقتصادية والثقافية، احتلالا أحيانا، واستيطانا وحصارا وتهديدا، مفهومها الذي لا يعني الإستسلام والرضى، بل يتجه إلى وضع حد للعدوان واغتصاب الأرض

سورية أرض الحضارات ... كانت وستبقى

الدكتورة نجاح العطار
وزيرة الثقافة
الجمهورية العربية السورية

الشمس في بهائها، والنجمة في عليائها، تعطيان دنيانا ما هو أكثر من النور والدفء، فدورة الأفلاك، في الفضاء المتناهي، تجسيد لسرمدية الأزل والأبد، هذه التي تغزل لنا الحياة منحة سماء، نتلقاها والأيدي مرفوعة إلى الأعالي ابتهالا، لأننا، ونحن أبناء هذه الأرض، نعرف كيف نلغي هذه المنحة، ونعرف، أيضا، كيف نتجاوزها الى ما هو أرفع منها، بفضل السر الكامن فينا، سر الإنسان، هذا الملك الأكبر، والجبار الأعظم، الذي يخاف الطبيعة، وتخاف منه الطبيعة، لسبب بسيط جدا، هو أن الإنسان، في زهو إنسانيته، وفائق قدرته، يتخلق من نطفة، ليجعل هذه النطفة، في مسيل الزمن، نطفة أخرى، أكرم، أنبل، أجمل، كونها نطفة الذراري، جيلا بعد جيل، وكونها، في الزمن، زمنا آخر، للخلود هذه المرة، بما تبدع أنامل هذا الإنسان من آثار باقية على الدهر، باعتبارها آثارا يسمو الإبداع فيها بغير حد، ويشمخ بغير قياس، حتى لا يدانيه في سموه وشموخه، شيء من أشياء عالمنا هذا.

وعندما نتحدث عن الآثار، يكفي بالنسبة للقاصي والداني، أن يقال: سورية وكفى! بعد هذا يصبح كل شيء في الضوء، كل شيء بارقا كما آنية الكريستال، كل شيء خاطفا كالوميض، كل شيء ساطعا كالشمس، كل شيء دافئا كاللهب القدسي الذي تتسربل به الملائك في أفياء الجنان، وهي تخطر ماسة في رياض الخلد الذي وعدنا به جميعا، وعلى إسمه تغدو أعز الأماني في سعة الأفق البعيد، وكل جميل، كما نعلم، أو يحسن بنا أن نعلم، في البعيد يكون أو لا يكون.

يصف البارون «فون أوبنهايم» سورية بأنها فردوس علماء الآثار، وفي معرض آثارنا الجوّال هذا الذي عنوانه << سورية أرض الحضارات >> لا نكلف العلماء والباحثين وكل الأصدقاء المعنيين، مشقة السفر إلينا، بل نأتي نحن إليهم، حاملين على بساط الريح، كما في ألف ليلة وليلة، كنوزنا الأكثر فخامة، والأشد إبهارا، والأروع مثالا، والأعزُّ منالا، كي يطَّلعوا، من خلالها، على الحضارات الأقدم في التاريخ، وبينها، على سبيل التمثيل، لُقى أثرية تعود إلى مليون عام قبل الميلاد، وبينها، أو في المدوّن منها، الهيكل العظمي لطفل نياندرتالي، يرقى تاريخه إلى مئة ألف عام، عثر عليه المنقّبون في كهف الديدرية، في منطقة عفرين شمالي شرق سورية. لهذا، فإن الديمومة الحضارية في سورية، عبر العصور الغابرة، تجعل منها، بحق، موسوعة حضارية تاريخية لا غنى عنها لكل من يدرس نشوء الحضارات وتطورها، عن الإفادة منها كثيرا أو قليلا.

لقد أسهمت سورية في مختلف ميادين الحضارة، مما جعلها الوطن الثقافي الآخر لكل مثقف في أربع جهات كرتنا الأرضية، ففي هذا البلد اكتشفت أول أبجدية في العالم في مدينة أوغاريت، على الساحل السوري، في القرن الرابع عشر قبل الميلاد، إضافة إلى ما اكتشف فيما بعد، منذ عامين، من رقم اعتبرت رموزها أصلا للكتابة، إذ يعود تاريخها إلى الألف التاسع قبل الميلاد. وكانت معابد حضارة ماري وأوغاريت وإيبلا وتدمر وبصرى، من أقدم المعابد المعروفة تاريخيا، وفيها ظهرت أيضا أقدم المنحوتات الحجرية والفخارية والعاجية والعظمية والبرونزية. ومن بين هذه المنحوتات الفائقة الشهرة والذائعة الصيت، تمثال ربّة الينبوع، وتماثيل ملوك ماري وإيبلا، وأرباب أوغاريت وملوكها، وتماثيل الآلهة، وأرباب الميثولوجيا مثل: فينوس، مركور، زيوس، ليدا، كيوبيد، ومنحوتة ربّة العدالة والإنتقام

سورية أرض الحضارات

معرض أثري يقام برعاية
السيد الرئيس حافظ الأسد
رئيس الجمهورية العربية السورية

والسيد لوسيان بوشار   والسيد جان كريتيان

رئيس وزراء كيبيك   رئيس الوزراء الكندي

نظم المعرض بالتعاون بين
متحف الحضارة في مدينة كيبيك
ووزارة الثقافة، المديرية العامة للآثار والمتاحف
في الجمهورية العربية السورية

CALVERT VAUX
ARCHITECT & PLANNER

Calvert Vaux (1824–1895)

CALVERT VAUX

ARCHITECT & PLANNER

William Alex

with an Introduction by George B. Tatum

INK, INC. NEW YORK: 1994

for Joan Davidson

INK, INC. 821 BROADWAY, NEW YORK 10003

ISBN 0-964065-0-2

Contents

Calvert Vaux's field drafting set.

Acknowledgments

THE GENESIS of this publication occurred in August of 1980, when the architectural scholar Dennis Steadman Francis visited the office of the Olmsted Association to open discussion on several subjects of interest to us. Primary among these was Calvert Vaux, on whom Francis had been conducting research toward a monograph for some years past. Francis had just completed the monumental *Architects in Practice, New York City 1840–1900* for the Committee for the Preservation of Architectural Records. During the meeting it was agreed that the Olmsted Association would support his work on Vaux as best it could in that recognition for Olmsted's partner was very long overdue.

One month after this meeting Dennis Francis died. The idea of a Vaux monograph languished for several years although we sporadically tried to free his research material and documentation for publication. To help gain the recognition so richly deserved of Vaux's contribution to architectural thought and practice, we decided to bring together a group of scholars whose interests related in some way to an understanding of Vaux's accomplishments, each of whom agreed to contribute an essay on a particular aspect of his work. Although most of these were not forthcoming, by 1988, George B. Tatum completed a comprehensive narrative of Vaux's career for this introductory volume, which, it is hoped, will be the first step in a process of further study, discovery, and understanding.

Acknowledgment and appreciation is due to many people and institutions who over the years have provided materials and encouragement for this publication. Professor Tatum has kindly made available picture material from his own collections. Dr. Arthur Channing Downs, who is at this time preparing a detailed study on Vaux that may one day serve as a companion volume to this publication, has provided picture material and information on Vaux's early years in England, a subject in which Dr. J. M. L. Booker, archivist of Lloyds Bank, London, has also been most helpful. The exchange of materials, information and opinions with Dr. Downs has been of mutual benefit. Special credit is due to inhabitants or, more properly, curators of Vaux edifices, keepers of original drawings and institutions that have made available photographs and reproductions: Katherine Delano Ryan Aldrich, Barrytown, N. Y.; Ray Armater, Margaret Partridge, and Joanne Lukacher, Wilderstein Preservation, Rhinebeck, N. Y.; Elizabeth Banks, Frederick Law Olmsted National Historic Site, Brookline, Mass.; Phyllis Barr, Trinity Church, New York, N. Y.; Mary F. Bell and Clyde H. Eller, Buffalo and Erie County Historical Society, Buffalo, N. Y.; Richard L. Champlin, Redwood Library and Athenaeum, Newport, R. I.; Kenneth R. Cobb and Evelyn Gonzalez, Municipal Archives of the City of New York, N. Y.; Thomas Daley, Gardner, N. Y.; Suzanne Davis, J. M. Kaplan Fund, New York, N. Y.; Robert Elwall, British Architectural Library, Royal Institute of British Architects, London, U. K.; Stephen Garmey, New York, N. Y.; Dr. Robert W. Gibson, Sheppard and Enoch Pratt Hospital, Baltimore, Md.; Edmund V. Gillon, Jr., New York, N. Y.; M. M. Graff, Brooklyn, N. Y.; Janet Graham, Rhinebeck, N. Y.; Christopher Gray, Office of Metropolitan History, New York, N. Y.; Jonathan P. Harding, The Century Association,

New York, N. Y.; Mrs. Gregory Henderson, West Medford, Mass.; James S. Hodgson, Harvard Graduate School of Design, Cambridge, Mass.; Marguerite B. Hubbard, Franklin D. Roosevelt Library, Hyde Park, N. Y.; James P. Hurley, Landmarks Preservation Commission, New York, N. Y.; Prof. James L. Kettlewell, Skidmore College, Saratoga Springs, N. Y.; John A. Kouwenhoven, Dorset, Vt.; Thomas Kyle, Historical Society of Newburgh Bay and the Highlands, Newburgh, N. Y.; Ethel Lambert, Children's Aid Society, New York, N. Y.; Bertram Lippincott III, Newport Historical Society, Newport, R. I.; Nancy S. McKechnie, Vassar College Library, Poughkeepsie, N. Y.; Suzanne Noel, Takoma Park, Md.; Jane W. Rehl, Museum of the Historical Society of Saratoga Springs, Saratoga Springs, N. Y.; H. Merrill Roenke, Jr., and Eleanor R. Clise, Geneva Historical Society, Geneva, N. Y.; Lu W. Rose, Reeves-Reed Arboretum, Summit, N. J.; James Ryan, Olana State Historic Site, Hudson, N. Y.; Janet St. Louis, Ashcroft, Geneva, N. Y.; Helen Scollon, Arnot-Ogden Memorial Hospital, Elmira, N. Y.; Edward P. Straka and Dorothy Unger, Riverside Historical Commission, Riverside, Ill.; Dorothy Lee Tatum, Ammadelle, Oxford, Miss.; Mary Wall, Architectural Association, London, U. K.; Elizabeth White, Brooklyn Public Library; Allis Wolfe, The Bank of New York, N. Y.; and Frederic C. Zanetti, Newburgh, N. Y.

Special thanks are due the officials and staff of the New-York Historical Society, the New York Public Library, Astor, Lenox and Tilden Foundations and the Library of Congress for material assistance provided from their rich and important collections. Substantial basic research was conducted by Esther Brumberg; photographer Peter Goldberg transformed indifferent images into good ones; Paula Porter transcribed much of the text material; and Elaine Desautels was kind enough to review the manuscript material. This publication is supported by a grant from the National Endowment for the Arts in Washington, D.C., a federal agency.

Contributions have been received as well from the Graham Foundation for Advanced Studies in the Fine Arts, Chicago, Ill., the Eva Gebhard-Gourgaud Foundation, New York, N. Y. and Joseph E. Seagram and Sons, Inc., New York, N. Y.

Appreciation is due The J. M. Kaplan Fund, an abiding force in the cultural life of New York, which provided the initial impetus and support some twenty years ago for what has become the giant presence of Frederick Law Olmsted in our midst, and now again has substantially implemented the revelation of Calvert Vaux's contribution to the historic patrimony of New York and the nation. These things would not have been possible but for the Kaplan Fund.

William Alex, *President*
Frederick Law Olmsted Association
New York, N. Y.

Preface

THE NAME CALVERT VAUX is about to emerge from the shadows of American history just as did the name Frederick Law Olmsted some years ago. Vaux, the one professional in nineteenth-century America who combined in himself the talents of landscape designer, architect and planner, was directly responsible for initiating the process that resulted in the two seminal park designs of this nation, designs that became of crucial importance in forming the urban face of American cities. Central Park in New York and Prospect Park in Brooklyn, the great prototypical country parks in the city, and the interconnecting parkways that Olmsted and Vaux proposed for them, became the focus for related planning concepts and methods basic to the future of city building in the United States.

It was Vaux who succeeded in getting the Central Park commissioners to set aside the mediocre plan for Central Park, convincing them to establish a competition for its design. He then persuaded Olmsted to join him in creating their winning "Greensward" plan. It was Vaux who devised the preliminary plan for Prospect Park and persuaded Olmsted to return from California so that together they could perfect and execute the plan. The result in Brooklyn is probably the most admired of their creations. And finally, Vaux convinced Olmsted that he was not merely an administrator or manager of men in a species of public works, but that he was an artist, the two combining literally to create vast green earth sculptures in the midst of the city grid.

Vaux would have gained direct experience in landscape work in England as an apprentice to Lewis Nockalls Cottingham who, although noted for his restoration work on Gothic cathedrals, also designed country manor estates. In 1851, when President Fillmore asked A. J. Downing, for whom Vaux was now working in the United States, to lay out the public grounds in Washington between the Capitol and White House, Vaux, already assisting Downing in the planning of estate grounds along the Hudson Highlands, would now gain valuable experience in landscape design on a larger scale. In the Downing and Vaux domestic architecture designs, as Professor Tatum shows in his narrative, the architecture is strengthened, conception and plan are clearly rationalized, details are surer and elements of European form are more apparent, presumably due to a combination of Vaux's English training and Downing's visits to Europe.

Vaux was fully committed to his adopted country. The year after he became an American citizen, he was moved to write in his *Villas and Cottages,* "There has not, indeed, been, from the commencement of the world till this moment, an opportunity for the advance of the fine arts so replete with the material of true success as now exists in America; this advance is a question of choice, not time; of purpose, not ability; of direction, not force; there is *capacity* enough spread over all the country, and being wasted daily: it is *conviction* and *will* that is needed."

Conviction and will were indeed qualities Vaux demonstrated in his successful campaign to overturn the existing Central Park plan. Following their competition victory, Vaux and Olmsted proceeded to implement the "Greensward" plan, inspiring *Harper's Monthly* to write in 1862, "The Central Park is the finest work of art ever executed in this country . . . the exquisite forms of the ground in every direction—the perfection of the roadwork and gardening—the picturesque and beautiful bridges—the lovely sweeps of water contrasted with lawn banks—the pictorial effect of the terrace upon the water, so that you drive out of the city into the landscape. . . . "

While many important commissions followed, the Olmsted-Vaux relationship was not always a smooth one, even as Vaux embellished their parks with bridges, buildings, terraces, rustic shelters, boathouses, refectories and other necessary amenities. A state of inequity was established just after they won the Central Park competition when Olmsted, already serving as park superintendent, was, with a certain illogic, appointed architect-in-chief of the work, while Vaux, the professional, assumed what he understood to be a temporary secondary position. Despite supervisory experience of his own in site planning and architecture, Vaux accepted this arrangement in the belief that strong individual leadership was necessary for the success of the effort. But with Olmsted generally serving as spokesman and publicist then, and later in joint work as Olmsted, Vaux and Company, the public impression that Olmsted was primary in the partnership was one that Vaux came to resent deeply, despite the fact that Olmsted continually maintained their coequality. In the writing of their various reports, Olmsted clearly depended on Vaux as intricate points at issue were resolved or clarified—both spending much time in this sort of discussion, according to their associate at the time, the architect A. J. Bloor.

Early in his career Vaux had enunciated principles and beliefs by which he abided until the end, long after society in America took pathways he could or would not follow. An early sign of his determination was one of the reasons for his resignation from the American Institute of Architects, of which he was a founding member; the institute insisted on architectural exclusivity, while Vaux felt that certain new categories of membership might recognize associated arts and crafts he believed were inseparable from the creative building effort.

In his book *Villas and Cottages* Vaux observed the driving force in America toward "money-making" for its own sake, regrettably noting that the fruits of wealth were not directed toward the increase of excellence in "literature, science and art" for the general benefit of a democratic society. Whether or not Vaux anticipated the achievement of a "higher national excellence" in his adopted country, he was motivated by his beliefs and convinced of the basic validity of his principles which he strongly maintained in his fields of endeavor. Writing in 1865 to Olmsted, who was preparing to return to New York to join him in the Prospect Park job, Vaux characterized him as a vital partner "in regard to the main point,—the translation of the republican art idea into the acres we want to control." The art idea had many things within it, including the concept of uplifting social reform. A short time later Vaux writes again as they are both reappointed landscape architects to Central Park, in the belief that they might actually exercise control over its construction and management. "You are, and I am, and several other people are necessary to this work, and it can be successfully carried through in an artistic spirit to a real end, both as a constructed work and as a vital organism; but it depends on you—and the spirit in which you now approach it—whether this result is to be arrived at or not. I am willing to contribute all I can. Are you content to do the same?"

Most of the local New York politicians had little inkling of "artistic spirit" or indeed of any art in their parks at all. Vaux was to spend most of his time thereafter in New York battling to protect his and Olmsted's parks against shortsighted and venal municipal officials intent on misusing city parklands. His creative energies were being vitiated, but his idealism kept him going. Apart from his professional work, he participated in the civic, artistic and cultural life of the city. As a member of the Century Association and as clubman, he mixed with the intellectual elite of New York. He was closely involved with *The Fraternity Papers,* a literary publication that he and Mrs. Vaux helped edit and to which he contributed essays, poems and drawings.

Vaux's early years were perhaps his most satisfying, when he designed Hudson Valley residences for the urban rich who preferred to travel up to country estates that were named, in reflection of a certain Victorian sentiment of the times, Algonac, Springside, Idlewild and Olana or elsewhere Ammadelle and Ashcroft. Vaux's comfortable use of the Rural Gothic and Italianate villa styles in his early domestic architecture evolved into the Victorian High Gothic when it came to his large urban commissions, but at a time when others had taken up expedient, eclectic ideals and were producing the kind of classic, imperial architecture that better represented the success and pride of the money-makers. Vaux, although respected for his artistic, technological and sociological achievements, was not called on in later years. In 1895, the same year that Olmsted, his mind failing, retired from active practice, Vaux's career ended in death. His legacy, soon forgotten as was the case with Olmsted, is nevertheless secure, and here introduced, can begin to be understood and appreciated in our time.

In the illustrative material that follows Professor Tatum's narrative, the reader will find that the extended text captions occasionally elaborate on statements in the narrative in order to provide a more complete understanding of the specific pictures they accompany. The illustrations of Vaux's work are presented, not in a chronological mix, but separated into the major aspects of his professionalism so that each may be more easily apprehended: architecture, planning and landscape architecture. Each of these sections is introduced by a short general introduction. Beyond these design preoccupations, Vaux found time to work closely with the best heating and ventilation engineer of the day, Louis W. Leeds, with whom he took out patents for advanced systems of this sort.

THE PICTURE of Calvert Vaux's drafting set at the beginning of this book is a poignant reminder of the loss of his papers and records. Apart from the hundred or so items donated in 1929 to the New York Public Library by his daughter-in-law, Mrs. Calvert Bowyer Vaux—letters, newspaper clippings, a few park documents and several handwritten pages of lists of his works that Vaux compiled toward the end of his life—almost everything that relates to Vaux's life and career is dispersed or lost. The acquisition of his drafting set by the Museum of the City New York is the result of an unusual and unfortunate circumstance. It was donated to the museum by Leonard Grime, an actor in the Shakespearean troupe led by James L. Hendrickson of New York, who was married to Vaux's daughter Marian. Grime lived in the same West 49th Street Manhattan apartment building as the Hendricksons. Hendrickson died suddenly; Marian was in a nursing home at the time. Relatives and lawyers came to remove the contents of the apartment, which had to be vacated. Except for the drafting set, which no one seemed to want and which Grime brought to the museum, all of the Vaux-related items in his daughter's possession were scattered without record.

Hopefully, works by Vaux as yet unknown can be revealed as a result of this publication. One such tantalizing possibility arises from an entry by Vaux's brother-in-law, Jervis McEntee, in his diary entry for April 3, 1886: "Went to the Century [Association] monthly meeting . . . Calvert's model of the Great Monument was there and elicited a good deal of interest. . . . " Another vanished project is mentioned by Vaux's son Downing in an article in the 1906 *Transactions of the American Society of Landscape Architects:* "the Port Morris plan for the 1883 exhibition in New York City, by Vaux and Radford, my father's firm (and on which I did some work myself), laid great stress on the waterfront. . . . " Still another unknown work is mentioned in passing by Vaux's friend James Morse, who visited the family in New Jersey where Vaux had moved to undertake what was clearly a major town planning project. In his diary entry for October 31, 1875, Morse not only mentions the project, but also gives us a rare glimpse of the Vauxes at home.

"A week ago yesterday, it being Saturday, I went up to spend Sunday with the Vauxes in their experiment home on the Palisades. . . .   I reached an opening sloping down to the edge of the Palisades, where a magnificent scene lay under the eye—the river, the hills beyond, and, if it had not been the late twilight hour, a glimpse of the sound and of far-off Long Island. Here in the midst of the opening in a semi-wild region, was the house which Mr. Vaux has hired for three years, repaired, renewed, almost made over, and already furnished and adorned with the accumulated luxuries of his city home. Here were delicate vases, rich hangings, quaint woodwork and bronze furniture, landscapes by our dearest American artists, books and all the objects of taste and refinement which made the country the city and the city the suburb of heaven. Miss Marian was at the door holding the horse which was to be sent down to the ferry to fetch Bowyer and his father. They arrived late and it was after dark when we sat down to dinner. Next morning . . . all sallied out into the woods . . . keeping along the cliff, to whose projecting points we were frequently summoned by Mr. Vaux to note some unusually beautiful opening. Under his supervision a boulevard is being constructed a thousand feet behind the front of the plateau, from which boulevard will radiate walks and equestrian paths toward the finer points over the river. The land will be drained and laid out in sections, and probably built up with gentlemen's country houses. At least this is the expectation of the company that owns the property, and this is the point of view that brings the V's here. Certainly a more picturesque scenery than that formed by the gigantic rocks with these fine forests and a more beautiful view than is to be had from the pinnacled front could not be found with[in] a circle of fifty miles from the city. We spent the entire afternoon in rambling about, picking autumn leaves and fringed gentian which grew in abundance, while Mr. V. was keeping an eye on the landscape features over which his mind is always mulling. It was quite dinner time when we returned to the house, laden with gorgeous things. At five o'clock I took leave and rowed with Bowyer across the river to Yonkers."*

In his work with Olmsted, Vaux had expected recognition to come equally to himself, but this was not the case. Their association over the years was characterized by a mixture of bitterness and affection, of misunderstanding as well as extraordinary accomplishment. A great part of their correspondence is preserved in the Olmsted Papers collection at the Library of Congress, however, and study of this material will ultimately provide a better understanding of the relationship between the two. After the dissolution of his partnership with Olmsted, Vaux was to continue for almost a generation longer in architecture and with occasional landscape architecture work, alone or in partnership with his various associates, but not on the scale as with Olmsted. This body of later work waits to be examined in depth.

W. A.

---

* Diary of James H. Morse (1866–1911), Manuscript Department, The New-York Historical Society.

Design for a Rustic Shelter.—C. Vaux, Architect.

"Restawhile [on] the Palisades, C V July 11, 18[67]." Design for a Rustic Shelter.—C. Vaux, Architect.

Introduction

CALVERT VAUX'S numerous and varied contributions to the domestic, institutional, and landscape architecture of the United States deserve to be better known. His introduction to his adopted country was as the architectural assistant, and later as the partner, of Andrew Jackson Downing, probably the most personable, popular and influential arbiter of taste America has produced. His greatest successes as a designer of parks were achieved in partnership with Frederick Law Olmsted, whose commanding figure dominates the second half of the nineteenth century. And from time to time throughout his career Vaux's fortunes were inextricably linked with such talented, if less well-known, contemporaries as Frederick Clarke Withers, Jacob Wrey Mould, Thomas Wisedell, George Kent Radford and Samuel Parsons, Jr. For much of the twentieth century Vaux not only shared in the general disapproval with which one period is apt to regard the accomplishments of its immediate predecessors, but in this case his reputation also suffered from the greater visibility of a number of those with whom he collaborated. Fortunately, history teaches that in matters of taste what was once valued is likely to find favor again in due course. The 1989 exhibition "Calvert Vaux: Architect and Planner," held at the Museum of the City of New York, began such a reassessment of Vaux's career, a function this monograph continues and to which it now gives more permanent form.

EARLY YEARS: VAUX IN ENGLAND

35*

VAUX was born December 20, 1824, at his parents' home on Pudding Lane, a short, narrow street leading to the Thames near London Bridge. Although of French origin, the Vaux family had long before established itself in England and anglicized the pronunciation of its name (pronounced like "Vawks"). Calvert shared his given name with his father, Calvert Bowyer Vaux, who followed his forebears into the medical profession. His father's death when he was only nine might easily have jeopardized young Calvert's education had it not proved possible for his family to secure places for both him and his younger brother Alfred at the well-endowed Merchant Taylors' School nearby. In an age when only a small minority of school graduates went on to university, young Calvert chose a career in architecture, and at

38–41

the age of fifteen was articled to Lewis Nockalls Cottingham (1787–1847), a respected London architect more often remembered for his scholarly knowledge of the Gothic style than for the originality of his designs.

During the nineteenth century long hours and little pay characterized the lot of the average apprentice, who was usually indentured for from five to seven years, and so, while in Cottingham's office, Vaux sought to augment his income by lettering railroad maps in his free time. Besides providing good training, this paid sufficiently well that by the mid 1840s he could contemplate a walking and sketching tour

39

through France and Germany. His companion in this adventure was George Truefitt (1824–1902), a young architect only a few months his senior, whom he had come to

Numbers denote illustration pages

know when they were both apprentices in Cottingham's office. In later years numerous sketches served as a reminder of this European odyssey from which both men

I

derived continuing benefit in a variety of ill-defined but nonetheless enduring ways.[1]

At this point Vaux's career seemed likely to develop as much as did that of True-fitt, who went on to establish a solid reputation as a Gothicist in the tradition of their teacher, Cottingham. But then, quite suddenly, in the summer of 1850 Vaux was offered a new opportunity from a totally unexpected quarter. Through the good offices of the secretary of the recently formed Architectural Association, he was introduced to Andrew Jackson Downing (1815–1852), the American landscape gardener and writer on architectural and gardening subjects, who had come to London in search of a competent architect who would join him in the professional office he was in the process of establishing at his home in Newburgh, New York. Through his books, as well as through his essays in *The Horticulturist*, for which he had served as editor since 1846, Downing had already achieved a national reputation. Now, with a notable improvement in the American economy under way, Downing saw an opportunity to garner for himself some of the commissions he had earlier passed along to his friend and informal collaborator, the talented New York architect Alexander J. Davis (1803–1892).[2] When Davis had not taken up his suggestion that they form a "closer alliance," Downing had decided to look for a competent architect in Europe to assist him in an expanded practice. Almost from the moment of their meeting in London, Downing and Vaux realized they could work well together. "I was in a settled position surrounded by friends," Vaux later recalled, "but I liked him [Downing] so much, his thoughts and observations were so apparent . . . that without a fear I relinquished all and accompanied him. . . ."[3] Downing was then approaching his 35th birthday, and Vaux would not turn 26 for another five months.

For valuable aid and criticism the coauthor is indebted to William Alex, president of the Frederick Law Olmsted Association, and to David Schuyler, professor of American studies at Franklin and Marshall College and one of the editors of *The Papers of Frederick Law Olmsted.*

1. Before his untimely death, Dennis Steadman Francis had projected a much needed monograph on Vaux, for which he is understood to have collected a wealth of material, some of which was used by Joy M. Kestenbaum for a brief article in the *Macmillan Encyclopedia of Architects* (New York, 1982). Other details of Vaux's career are supplied by David W. Matzdorf, "Calvert Vaux: 1824–1895," unpublished thesis, Architectural Association School of Architecture, London, 1977; and by John David Sigle, "Calvert Vaux: An American Architect," unpublished thesis, School of Architecture, University of Virginia, 1967. Also by Sigle is the "Bibliography of the Life and Works of Calvert Vaux" published in vol. 5 of the *Papers* of the American Association of Architectural Bibliographers, William B. O'Neal, ed., Charlottesville, 1968. Several of the details of Vaux's early life in England are based on the unpublished research of Arthur Channing Downs, Jr., and are included here with his permission. Vaux's own biographical notes, which include a list of his commissions, are in the Rare Books and Manuscripts Division of the New York Public Library, Astor, Lenox and Tilden Foundations, New York City, together with various miscellaneous items relating to his career.

2. The most complete discussion of Downing's career is that provided by the papers presented at the two-part symposium sponsored by the Athenaeum of Philadelphia and Dumbarton Oaks, Washington, D. C., in the spring of 1987 and published by Dumbarton Oaks in 1989 under the title *Prophet with Honor* (George B. Tatum and Elisabeth Blair MacDougall, eds.). In his own time Downing would have been called a "landscape gardener;" as explained more fully in note 22, below, the modern title of "landscape architect" did not become current until after the Civil War.

3. Memorandum prepared by Vaux at the request of Marshall P. Wilder, president of the Massa-

A. J. Downing

DOWNING AND VAUX'S DOMESTIC ARCHITECTURE

DOWNING'S AMBITIOUS PLANS for his "Bureau of Architecture" proved well founded. In fact, so numerous were the clients that in little more than a year it became necessary to add another trained architect to the staff. Through an advertisement placed in one of the English periodicals, Downing engaged Frederick Clarke Withers (1828–1901), who was currently employed in the London office of Thomas Henry Wyatt (1807–1880), brother of Matthew Digby Wyatt and himself a prolific practitioner of the Victorian Gothic style.[4] When Withers arrived in New York in February 1852, his future and that of his employer appeared promising indeed. But just five months later Downing was dead, a victim of the burning of the Hudson River steamer *Henry Clay*.

Most of the principal commissions received while Downing was still active in the Newburgh office—about a dozen in all—are identified in the so-called "pattern book" that Vaux brought out in 1857 with Harper and Brothers as publishers. This was titled *Villas and Cottages* and offered designs that ranged from a local plumber's "Simple Suburban Cottage," to cost about $1,500, to an unnamed client's "Villa on a Large Scale," to cost at least $60,000. Its dedication to Downing and to his wife, Caroline, was the more appropriate because Vaux's book so clearly represented an effort to continue the form and character of Downing's earlier publications. In being addressed to the client as well as to the craftsman, and in providing not only plans and details but also complete elevations shown in their appropriate landscape settings, Downing's *Cottage Residences* (1842) and *The Architecture of Country Houses* (1850) had marked a clear departure from the previous "builders' guides." Of course Vaux was not alone in following Downing's lead in this regard; the English emigrants Richard Upjohn (1802–1878) and Gervase Wheeler (ca. 1815–1870)—both of whose designs Downing had praised and illustrated—were among his most notable competitors. But despite such competition, after seven years there was still sufficient demand for *Villas and Cottages* to justify a second, somewhat enlarged edition, and this, in turn, was reprinted at least four times within the next ten years.[5]

---

chusetts Horticultural Society, who was planning a memorial address on Downing to be delivered before the American Pomological Congress, of which he was president; Collection of the Library Company of Philadelphia, now on deposit at the Historical Society of Pennsylvania.

4. For an account of Withers' life and work, see Francis R. Kowsky, *The Architecture of Frederick Clarke Withers and the Progress of the Gothic Revival in America after 1850*, Middletown, 1980.

5. Henry-Russell Hitchcock, *American Architectural Books*, Minneapolis, 1962, 108–109. A condensed version of the text of *Villas and Cottages*, with a foreword by Edward Steese, was published in one of the early numbers of the *Journal of the Society of Architectural Historians*, vi (1947) 1–12. Modern reprints include one of the second edition by Dover (1991) and that of the first edition by Da Capo (1968), for which Henry Hope Reed, then curator of Central Park, contributed an introduction. In the second edition of *Villas and Cottages* the long introduction remains essentially unchanged, but there is a second preface, seven new numbered designs are added (nos. 11, 12, 27, 28, 29, 36, 38) and three vignettes from the first edition are dropped and ten are added. As a frontispiece for the second edition, "A Family Cottage in the Mountains" is substituted for the view of the N. P. Willis residence, which is moved to the text. In the present account, when two figures are given for a numbered design the first refers to the 1857 edition of *Villas and Cottages* and the second to the 1864 edition. In the Table of Contents of the first edition Vaux identifies a number of clients whose names are omitted from the second edition.

In bringing out a new architectural pattern book Vaux enlarged upon the article he had written in 1855 for *Harper's New Monthly Magazine* as well as two articles in *The Horticulturist* in which may be found many of the ideas developed in greater detail in the introduction to *Villas and Cottages*.[6] And though some criticized Vaux for including a discreet advertisement on one of the back pages to call attention to his practice, most of his readers were pleased to be informed about the charges that could be expected were they to engage an architect, a profession then in its infancy, in addition to, or in lieu of, a builder. Certainly modern historians can be grateful for such clear evidence of the fees a successful American architect might expect to receive on the eve of the Civil War: 2½ percent of the cost of construction for plans and specifications; 1 percent for drawings of details; 1½ percent for supervision of construction. For all services, this made a total of 5 percent, but supervision of construction was customarily provided for only the largest commissions. In many instances, after preparing the drawings—usually limited to floor plans, elevations and a few details—many nineteenth-century architects had no further association with domestic structures they designed.

Of the thirty-two houses featured in the first edition of *Villas and Cottages*, ten bear the designation "D & V," indicating they were produced by Downing and Vaux in collaboration. As in the case of the "Picturesque Square House" (Design 16/18)[7] the partners designed for David Moore of Newburgh, many of these employed a repertory of decorative features—bargeboards, window hoods, brackets, bay windows and the like—and were less innovative in their style than in their "modern improvements." These might include gas, running water, speaking tubes, a hot air furnace, ventilators and in the case of the Moore house an "outhouse, and necessary" concealed beneath the pavement of the side entrance and approached from the basement. The last was a feature described at some length in the introduction to *Villas and Cottages* and apparently used in several of the firm's commissions. About half the designs identified as by Downing and Vaux are related in varying degrees to those Downing had favored earlier; the remainder are sufficiently unlike anything he had published before that they may be assumed to reflect either the hand of Vaux or the influence of Downing's recent European visit—perhaps both. And of course all differ from a majority of the models Downing had advanced previously in having been commissioned by actual clients for erection on a specific site. For a variety of

6. Calvert Vaux, "Should a Republic Encourage the Arts?," *The Horticulturist,* vii (1852) 73–77; "American Architecture," *The Horticulturist,* viii (1853) 168–172; "Hints for Country House Builders," *Harper's New Monthly Magazine,* xi (1855) 763–778.

7. Originally, the word "picturesque" had meant simply "like or suitable for a picture," but in answer to the question of what, exactly, makes an object or a landscape appeal to picture makers, late in the 18th century Sir Uvedale Price (1747–1829) and others identified those qualities that are "rough, irregular" and marked by "sudden variation" (Uvedale Price, *Essays on the Picturesque*, London, 1810, i, 50–51; first published 1794). By this more limited definition, any house that had a free plan and an irregular silhouette might be described as "picturesque" and was thought to be especially suited to sites similarly characterized by roughness and irregularity. Among Americans, Downing had taken the lead in promoting awareness of the specific qualities of things picturesque, and it was in this later and more precise sense that Vaux and his contemporaries usually employed the word.

reasons, only six of the ten designs prepared by Downing and Vaux were executed, and of these five survive at last count.[8]

Continuity with Downing's earlier architecture is best evidenced by the new firm's designs in three different styles. First are the nearly identical houses for Francis and Robert Dodge (Design 17/19), two brothers who planned to live near each other in Georgetown, District of Columbia, and the design for Algonac, the house originally about two miles north of Newburgh that was remodeled in 1851 for Warren Delano, who had made a large fortune in the Oriental export trade.[9] With their towers, bracketed eaves, loggias, arched openings, and asymmetrical plans, all three houses are more ambitious and assured versions of the Italian villa style to which Downing had introduced American readers in his earlier books.[10]

Another design in *Villas and Cottages* for which antecedents may be found in Downing's previous work is the Newburgh residence erected for W. L. Findlay (Design 12/14), which was fortunately well photographed before its demolition in the mid-twentieth century. This belonged to a type of Gothic villa made popular by

54–55
52–53

70–73

8. The five are: Design 16/18 for David Moore, 55 Broad Street, Newburgh; Design 17/19, two similar houses for the brothers Robert and Francis Dodge at 28th and Q streets and at 30th and Q streets, Georgetown, District of Columbia (both now considerably altered); Design 20/22 for Dr. W. A. M. Culbert, 120 Grand Street, Newburgh (later enlarged to serve the City Club and badly damaged by fire in 1981); and Design 30/35 for Daniel Parish, Bellevue Ave., Newport, R.I. (burned 1855 and rebuilt by Vaux on the same site but closer to the sea). In counting ten as the total of the numbered designs by Downing and Vaux illustrated in *Villas and Cottages*, Design 17/19, which includes a similar but not identical house for each of the two Dodge brothers, is given double weight. In his text Vaux associates with Francis Dodge the design in fact executed for his brother Robert. Daniel D. Reiff (*Washington Architecture 1791–1861: Problems in Development*, U. S. Commission of Fine Arts, Washington, D. C., 1971, 122–130) discusses the Dodge houses in relation to the Washington scene and in that context mentions as contemporary and almost certainly by Downing and Vaux the more symmetrical Italian villa of Cornelius Barber, which until its demolition about 1890 stood on the west slope of Observatory Hill in the District of Columbia. In addition to the thirty-two numbered designs in the first edition of *Villas and Cottages*, there are several vignettes that need to be taken into account in assessing the art of Downing and Vaux in partnership.

9. Algonac, which burned early in the 20th century, is not mentioned in *Villas and Cottages*, but is discussed briefly by Matzdorf (pp. 18–19), who refers his readers to Kenneth S. Davis, *FDR: The Beckoning Destiny, 1882–1928*, New York, 1971, 39–40, and to Clara and Hardy Steeholm, *The House in Hyde Park*, New York, 1950, 10.

10. Its low, squat tower, stuccoed walls and free plan, mark Algonac as belonging to a type of Italian villa sometimes referred to as "Tuscan." Of this the first American example is usually considered the house, no longer standing, that was erected in 1839 from designs of John Notman for Bishop George Washington Doane at Burlington, N. J. (Constance M. Greiff, *John Notman, Architect, 1810–1865*, The Athenaeum of Philadelphia, 1979, 63–68). Called Riverside, Doane's villa was illustrated and described at some length in all editions of Downing's *Treatise on the Theory and Practice of Landscape Gardening Adapted to North America* published during the author's lifetime. With their somewhat higher and more slender towers placed in the corner formed by the meeting at right angles of their two principal axes, the Dodge houses belong to a distinctive type of Italian villa that Downing appears to have been the first to publish in America. Although not without English antecedents, Design VI in his *Cottage Residences* seems to have been, in fact, peculiarly the work of Downing without, in this case, any substantive assistance from Davis.

the New Bedford house Davis designed for William J. Rotch in 1845 and illustrated, in turn, by Downing in *Country Houses,* along with several variants of his and Davis's devising.[11] In common with other of the new firm's designs, the Findlay house betrayed its mid-Victorian date in the striped pattern of its slate roof and in the increased sense of verticality created by the steeper roofs and raised foundations then coming into vogue. The hand of Vaux may perhaps be seen in the concave profile of the roofs, the turreted ventilator (proposed but not executed) and in the bargeboards that appear to emphasize their solid plane, the pattern being produced either by perforations or by applied ornament—details not found to the same degree in Downing's earlier work, but which Vaux favored both in his introduction to *Villas and Cottages* and elsewhere.[12]

Yet a third style treated earlier by Downing and still recognizable among the designs produced by the new firm is that which the period somewhat loosely termed "Elizabethan."[13] While warning against the "confused melange" to which their use might all too easily contribute, Downing had occasionally favored the multi-curved gables that are the most prominent features of a style still too medieval to be called Renaissance and too classical to be considered medieval. Although not so identified in the descriptive text, here surely is the inspiration for Matthew Vassar's villa (Design 25/30)[14] as well as two other unexecuted designs: that for a Mr.

48–51

11. In all houses of this type the details are clearly intended to be Gothic, and it would appear, in fact, that the architect needed to do little more than add verandas to adapt for American use a late Tudor residence like that illustrated in P. F. Robinson's *Rural Architecture* (London, 1823), a point first made by Edna Donnell in her seminal article, "A. J. Davis and the Gothic Revival," *Metropolitan Museum Studies,* v (1934–36) 210. The Findlay residence (Design 12/14) stood at 379 Powell Avenue, Newburgh, and is No. 878 in the collection of architectural subjects photographed by the late Wayne Andrews. Vaux illustrates a simple "Rustic Outbuilding" designed for W. L. Findlay in both the first (p. 132) and second (p. 144) editions of *Villas and Cottages.*

12. Downing does use curving roofs for one of the last designs in *Country Houses,* an illustration (no. XXXI in the first edition and in the Da Capo reprint; no. XXXII in later editions and in the Dover reprint) that also bears the initials "AJD," presumably identifying it as one of the comparatively rare published examples of Downing's draftsmanship, unaided by Davis. Vaux preferred to speak of "verge-boards" rather than "bargeboards," to designate the ornamental board placed along the projecting rafters of a gable, a feature that originated during the late Middle Ages.

13. Downing's own Newburgh residence was occasionally, if incorrectly, called "Elizabethan," and he himself so labeled the architectural example he first published as figure 55 in the second edition of his *Treatise on the Theory and Practice of Landscape Gardening* (New York, 1844). Because there was no easily defined or generally recognized Elizabethan style of architecture, in the course of the 19th century both English and American authors felt free to use the word in describing structures of widely differing character. Moreover, insofar as architecture is concerned, the reign of the first Elizabeth (1558–1603) slipped so easily into that of the first James (1603–1625) that modern historians have coined the adjective "Jacobethan" to refer to the period as a whole. Although perhaps not a "revival," as that word is customarily applied to architecture of the 19th century, Anthony Salvin's spectacular use of Jacobethan forms for the designs of Harlaxton (begun 1834) in Lincolnshire must have attracted widespread notice, including perhaps that of Downing and Vaux. For a discussion of Jacobethan forms and Salvin's use of them, see Henry-Russell Hitchcock, *Early Victorian Architecture in Britain,* New Haven, 1954, 18.

14. His increasing commitment to the college that bears his name as well as to the Civil War and

S. D. Dakin (Design 31/37) and the enormous pile that serves as the final illustration in both editions of *Villas and Cottages*.

Of the designs in *Villas and Cottages* that appear to have little in common with either Downing's earlier taste or Vaux's later work, several must owe a good deal to contemporary European practice. Although labeled simply a "Suburban House with Curved Roof," its small scale, distinctive roof and classical details give the combined office and residence the firm designed for Dr. W. A. M. Culbert (Design 20/22) a decidedly "French" air, while Daniel Parish's "Marine Villa" (Design 30/35) is clearly in the Italian Renaissance style made popular in England by Charles Barry (1795–1860). Probably never again would historical sources be so clearly evident in architectural designs with which Vaux was closely involved. Neither the Romanesque we associate with H. H. Richardson (1838–1886) nor the Second Empire forms favored by such architects as Alfred B. Mullett (1834–1890) and John McArthur, Jr. (1823–1890), seem to have held much appeal for him. And if the "Design for a Church" that serves as a tailpiece for the introduction to *Villas and Cottages* is fair evidence of his skill in this category, he was well advised to leave ecclesiastical designs to Withers, who over the next two decades would emerge as one of the most talented designers of churches.[15] In common with numerous other architects of his generation, Vaux usually avoided references to a specific style, preferring instead a blend of motifs inspired by the past but imaginatively reinterpreted to create a distinctive style that he believed to be peculiarly adapted to contemporary American use and which later generations have found it convenient to call "Victorian."

LATER DOMESTIC ARCHITECTURE

DOWNING'S UNTIMELY DEATH brought to an end the first phase of Vaux's American career. For about ten months, or until he was ready to begin extensive alterations, the purchaser of Downing's residence permitted Vaux and Withers to carry on their practice in the offices that had been added for that purpose. A notice published in *The Horticulturist* for June 1853 not only gives Broadway as the firm's Newburgh address but also suggests by its failure to mention Withers that at this point he was still serving as a draftsman and assistant rather than as a full partner. However that may be, it is significant that the new owner of Downing's Tudor villa passed over Vaux and Withers in favor of A. J. Davis as architect for the extensive alterations he had in mind; and to judge from the designs in *Villas and Cot-*

the inflation that followed it doubtless contributed to Vassar's decision not to build the large mansion he had earlier contemplated and which may still be studied in the architects' drawings now preserved in the Vassar College Library. Among these are conceptual sketches that appear to be by Downing, as well as finished drawings that are clearly the work of a trained draftsman, presumably Vaux or Withers. A later design for Vassar's villa incorporates a number of features that have been identified as characteristic of Vaux's work.

15. The wood engraving in *Villas and Cottages* appears to represent Vaux's only surviving attempt at church design. An engraving of Withers' handsome design for the First Presbyterian Church, which still stands at 210 Grand Street in Newburgh, was included in the second edition of *Villas and Cottages* at the end of the table of contents. In 1873 A. J. Bicknell & Co. published Withers' *Church Architecture*, which contained 51 plates illustrating 21 churches and two schoolhouses.

tages, the commissions of the successor firm were somewhat less ambitious than those received while Downing was the senior partner.

Of the nine principal designs identified in *Villas and Cottages* as products of the partnership of Vaux and Withers, only two survive: the simple "Suburban House" designed for the Rev. E. J. O'Reilly at 55 Grand Street (Design 5/5) and the "Suburban House with Attics" for Halsey R. Stevens at 182 Grand Street (Design 10/10). In each case the bargeboards are of a type mentioned earlier as characteristic of Vaux, but the relative simplicity of both designs may have as much to do with a restricted budget as with what has been seen by some as the restraining hand of Withers.[16] Because architectural drawings taken to the building site have a way of being worn out in use, the survival at the New-York Historical Society of a clean set suggests that the brick villa Vaux and Withers designed for J. W. Fowler (Design 13/15) was   58–59 never built. Nor, apparently, were Daniel Ryan's cottage (Design 1/1) and the "Irregular Brick Villa" for Nathan Reeve (Design 22/24), both intended for sites in New-burgh. Further afield, clients in the vicinity of Worcester, Massachusetts, seemed to have looked with particular favor on the work of the new firm: the "Suburban House with Curvilinear Roof" (Design 23/25) for an unnamed client in that city may never have been built, but though no longer standing, the "Picturesque Villa with Wings and Attics" (Design 28/33) for Thomas Earle probably was. And until its demolition in 1966 the "Irregular Wooden Country House" (Design 19/21) for H. H. Chamberlain served as the residence of the president of Clark University.[17]   82–83

For about two dozen designs in *Villas and Cottages*, Vaux acknowledges no association with either Downing or Withers, and these must therefore be assumed to represent his individual style when practicing alone. Of the houses in this category, one of the most successful—as well as one of the very few to survive in essentially its original form—is that built about 1857 for W. E. Warren at 196 Montgomery Street,   84–85 Newburgh (Design 14/16).[18] Although the general form of the Warren house may be

16. Kowsky, *Withers*, 30. The facade of the Stevens house is not unlike that of the house at 264 Grand Street, Newburgh, that Withers designed in 1865 for Eugene Brewster. In addition to the numbered designs that are offered as the work of Vaux and Withers in collaboration, about eight of the incidental vignettes in *Villas and Cottages* bear the initials "V & W" and must therefore be counted as part of the total production of the partnership, which seems to have been dissolved sometime in 1855–56 (Kowsky, *Withers*, 164), only to be reestablished in later years.

17. The Chamberlain house stood at 160 Woodland Street (earlier numbered 96), now the site of the Robert H. Goddard Library. When constructed about 1855, Chamberlain's residence lay outside the more thickly settled portions of Worcester and was surrounded by extensive gardens. According to Kowsky (*Withers*, 203) when the house was demolished miscellaneous fixtures were preserved by the Worcester Historical Society and the Smithsonian Institution in Washington, D. C.

18. Another of Vaux's early designs is the Rural Gothic house (Design 26/31) commissioned by Lydig and Geraldine Hoyt for a site overlooking the Hudson, near Staatsburg. Together with its extensive grounds, the Hoyt house was acquired by New York State in 1962 for a park that has not yet   80–81 materialized. Despite years of neglect, the grounds of The Point, as the Hoyt estate is known, retain much of their picturesque character, while the house designed by Vaux about 1853 was in poor but stable condition when last seen in early 1990. The author is indebted to the landscape architect Robert Toole for information concerning the more recent history of The Point.

late Gothic in inspiration, the prominent balcony over the central doorway appears to owe most to Italianate sources—a reminder that the Gothic and Italian were the two styles Vaux believed most adaptable to American use, as well as further evidence of the willingness of mid-Victorian architects to seek a contemporary style through the imaginative combination of architectural elements chosen from several different cultures and periods.[19] In this case the flaring eaves, projecting central gable, hooded windows, truncated gables and distinctive bargeboards, when used in combination, are vintage Vaux and so appealing that they survived the earlier 20th-century aversion to ornament that caused the R. L. Case house (Design 8/8) at 333 Grand Street to be stripped of its Victorian details. At the rear of the Warren house the sloping site permitted verandas on three levels from which to enjoy spectacular views of the river.

Among commissions that gave Vaux most satisfaction was the picturesque cottage he designed for the prominent American author Nathaniel Parker Willis. Idlewild—as Willis called his estate at nearby Cornwall—serves as the frontispiece for the first edition of *Villas and Cottages* and was discussed at some length as Design 21 in the text that followed. Now altered almost beyond recognition, Willis' cottage was described in contemporary accounts as being of brick painted a quiet yellow. Immediately behind was a deep ravine through which ran a fast flowing stream, while in front beyond a broad meadow lay Newburgh Bay with Storm King Mountain in the distance. Predictably, for so picturesque a site Vaux turned to the Rural Gothic style, which Downing—in association with Davis—had helped to popularize and of which a simpler version had been used for the Findlay house, noted previously. But whereas the latter had been rigidly symmetrical, Vaux here and in other contemporary designs seeks greater picturesque asymmetry through the use of bays and verandas. The better to accommodate the house to its site, the kitchen at Idlewild was placed in the basement, an arrangement Vaux occasionally favored despite its apparent inconvenience. And as with a number of Vaux's designs, here considerations of expense again led the owner to omit his architect's favorite ventilator disguised as a turret or cupola.

74–77

MARRIAGE, NEW YORK
AND THE MOVE INTO LANDSCAPE ARCHITECTURE

VAUX ADAPTED readily and happily to life in America. In 1854 he married Mary Swan McEntee, sister of the landscape painter Jervis McEntee, and two years later he became an American citizen. Increasingly he found his attention turning from Newburgh to New York City. There the success of the partners' design for the Fifth Avenue house of John A. C. Gray (Design 29/34) led to a commission for the Bank of New York, of which Gray was a director.[20] In late 1856 Vaux, by now the father of two boys, moved permanently to New York, initially to a house on 18th

94–95
184

---

19. *Villas and Cottages*, 1st. ed., 34; 2d ed., 46.

20. Demolished long ago, the Gray house stood at 40 Fifth Avenue and is pictured as Design 29/34 in *Villas and Cottages*. Essentially Renaissance in style, the Bank of New York was located at Wall and Williams Streets, and although ostensibly designed in 1856 under the firm's name, Kowsky

Street, and later to Stuyvesant Apartments, which had been built in 1869 from
designs of Richard Morris Hunt (1827–1895). Although Stuyvesant Apartments is usually considered the first building of its kind in the United States, twelve years earlier
Vaux had himself proposed such a multistoried city dwelling based on European
practice, the "Parisian Buildings for City Residents." This was in a paper read in 1857   92–93
before the newly formed American Institute of Architects, which he and Withers
had been among the first of their profession invited to join.[21]

Vaux's move to New York effectively ended his first partnership with Withers,
but unfinished commissions had to be seen through to completion, and the firm
continued to be listed in the New York City directory until at least 1858. One such
commission was certainly for the Bank of New York, noted earlier; another was for
John W. Burt, who proposed to build the first house in Llewellyn Park (called Mountain Park in the first edition of *Villas and Cottages*) in what is now West Orange, New
Jersey. No longer standing, the Burt house was described by its architects as being of
wood, with simple, unpretentious lines and a picturesque exterior. In 1858 Vaux and
Withers were also architects for a stone mansion that until its demolition in 1948
must have been among the most imposing residences in West Medford, Massachusetts. Designed in a simplified Italianate style, Point of Rocks was commissioned by   64–67
Peter Chardon Brooks, Jr., whose father was reputedly the richest man in New England. Withers, for his part, elected to remain a British subject for the rest of his life,
and his decision to continue to practice in Newburgh after the dissolution of his
partnership with Vaux may well have been influenced by his marriage in 1856 to
Emily DeWint, youngest of Caroline Downing's numerous sisters and a member of
a prominent Hudson Valley family.

In several respects, 1857 proved pivotal for Vaux's career. Not only did it see the
publication of the first edition of *Villas and Cottages* and the ending of its author's formal ties to Withers and to Newburgh, it also marked new opportunities in a profession he was the first to call "landscape architecture."[22] The story of how Vaux invited
Frederick Law Olmsted to join him in developing the winning design for New York's
Central Park is well documented but has often been overlooked by a generation that
has usually credited Olmsted with the leading role.[23] Beginning as early as July 1844,

---

(*Withers*, 164–165) considers it to be entirely the work of Vaux. So pleased were the clients with the
design of the bank, they increased the architects' regular fee by $1,500 (Arthur Channing Downs, Jr.,
"Correspondence," *Journal of the Society of Architectural Historians*, i [1977] 61).

21. Under the title "Parisian Buildings for City Residents," Vaux's paper, illustrated with a front
elevation, a section, and two floor plans, was published in *Harper's Weekly*, December 19, 1857, 809–810.

22. As early as April 7, 1860, when the New York State Legislature created a commission to lay
out Manhattan streets north of 155th, Vaux and his partner, Frederick Law Olmsted, were referred to
as "Landscape Architects & designers" (*The Papers of Frederick Law Olmsted*, Charles Capen McLaugh-
lin, editor in chief; iii, *Creating Central Park 1857–1861*, Charles E. Beveridge and David Schuyler, eds.,
Baltimore, 1983, 257 [4]). Later, on June 3, 1865, Vaux wrote Olmsted: "I felt that L[andscape] A[rchi-
tect] must be the title I must fight under if I fought at all" (Matzdorf, "Calvert Vaux," 139 [69], quoting
a letter from Frederick Law Olmsted, Jr., to C. Bowyer Vaux, February 18, 1921, and now among the
Vaux Papers in the New York Public Library). Olmsted was never comfortable with the term.

23. Although the son of a well-to-do Hartford merchant, Frederick Law Olmsted (1822–1903) had

William Cullen Bryant, editor of the *New York Evening Post*, had repeatedly stressed the need for a large public park in New York City, a cause that Downing enthusiastically supported in *The Horticulturist*. In an editorial written a year before his death, Downing had not only heaped scorn on those who thought a park of less than 500 acres would be sufficient for a city the potential size of New York, he also envisaged for it the site between 39th Street and the Harlem River. Moreover, Downing proposed many features later incorporated in the final plan. Prominent among these were "the breadth and beauty of green fields," the large distributing reservoirs "formed into lovely lakes of limpid water" and an opportunity for "excursions in carriages and on horseback;" in short he envisioned the park as a place where "pedestrians would find quiet and secluded walks when they wished to be solitary and broad alleys full of happy faces, when they wished to be gay."[24] Had Downing lived, it is likely that he would have been commissioned to design the New York park as a matter of course.

As it turned out, when the 1856 plan prepared by Egbert Viele, chief engineer of the park, was perceived as inadequate, Vaux was prominent among those who urged that an open competition be held to select a better one; and when on October 13, 1857, the park commissioners announced such a competition, he was quick to recognize the opportunity.[25] Not only was Vaux one of the few Americans who could claim any training in landscape design, he doubtless expected some advantage to accrue from his former association with Downing, as well as from his friendship with John A. C. Gray, for whom he had recently designed a house and who was currently serving as vice president of the Park Commission. Olmsted, too, brought important strengths to their collaboration. His friends on the Park Commission included Charles Wyllys Elliott, who earlier had studied with Downing and who is

106

---

been obliged to forgo a college education when a bout of sumac poisoning had threatened his eyesight. After a brief stint as a surveyor and a voyage to the Orient as a seaman, he had turned to farming—first in Connecticut and later on Staten Island—and to writing. His first book, *Walks and Talks of an American Farmer in England* (1852), was sufficiently well received that he agreed to undertake further travels through the Southern states as a correspondent for *The New York Times*. *A Journey in the Seaboard Slave States* appeared in 1856, followed the next year by *A Journey through Texas*. Encouraged by the success of these literary ventures, Olmsted entered into a partnership with Dix, Edwards and Company, publishers of his books, and when this failed, was left with burdensome debts he felt morally obligated to repay. Vaux had first met Olmsted at Downing's house in 1851 (*Papers of FLO*, iii, 65; Vaux Papers, New York Public Library).

24. A. J. Downing, "The New York Park," *The Horticulturist*, vi (1851) 345–349. For a public park for New York City, Bryant had in mind a picturesque tract of about 160 acres that extended along the East River in the area variously described as between 64th and 75th streets and between 68th and 77th streets, then known as Jones Wood. For a fuller discussion of the circumstances that led up to the creation of Central Park, see David Schuyler, *The New Urban Landscape*, Baltimore, 1986.

25. *Papers of FLO*, iii, 116 (4). Concerning his part in promoting an open competition as a means of selecting a design for the New York park, Vaux later recalled: "I pointed out, whenever I had a chance, that it would be a disgrace to the City and to the memory of Mr. Downing . . . to have [Viele's] plan carried out. I was also familiar with the advantages offered by a public competition and I discussed the subject not only with [the] commissioners but with any other interested persons who cared to listen to my remarks" (Vaux Papers, New York Public Library).

thought to have been the person who persuaded Olmsted to initiate his successful application for the position of superintendent of the park, a post to which he had been appointed the preceding September. As superintendent, Olmsted could be expected to have a greater familiarity than most with the 776 acres that then comprised the site selected for development.[26]

For several months after each working day Olmsted and Vaux met at the latter's house and there, with the help of a few friends, delineated their scheme for the park in time to meet the April first deadline.

CENTRAL PARK

ON APRIL 28, 1858, it was announced that "Greensward"—as Vaux and Olmsted called their plan—had received the first of the four prizes offered, and the following month Olmsted was promoted from his position as superintendent to that of architect-in-chief. Vaux was named as his "assistant"—a designation that laid the foundation for the persistent but erroneous belief that Olmsted was principally, if not solely, responsible for the design of Central Park. The truth, as Olmsted himself was later at some pains to point out, was very different.[27] In fact, those commissioners who earlier had opposed Olmsted's appointment as superintendent had done so largely on the grounds that he was a popular literary figure without practical experience, and certainly at the outset he viewed his new post as an administrative challenge rather than as a problem in the design of open space. In their analysis of the events surrounding the creation of Central Park, the editors of Olmsted's papers

108–111

Frederick Law Olmsted

26. As described by Olmsted in the article on the "Park" he wrote for the *New American Cyclopaedia*, Central Park originally contained 776 acres, to which were added approximately 68 acres when the park was extended to 110th Street in 1863 (*Papers of FLO,* iii, 178 [2], 354).

27. On May 17, 1858, Olmsted was appointed "Architect-in-Chief" of the park (*Papers of FLO,* iii, 192), and in January 1859 Vaux was named "Consulting Architect." Four years later, Olmsted put in writing his estimate of the part contributed by each of the partners to the creation of the park:

There are several properties in the park held or properly belonging to us. 1st the general design, in which our property is mutual, equal and indivisible. 2d Detail of General design from which can not be separated something of "superintendence" and in which also there is equality of property between us. 3d Architectural design & superintendence in which I have no appreciable property—which is wholly yours. 4th Organization & management of construction force in which you have very little property, though more than I have in the last. 5th Administration & management of the public introduction to and use of the park, in which you have very little property and which I hold to be my most valuable property in it (Olmsted to Vaux, November 26, 1863, Vaux Papers, New York Public Library).

Vaux appears to have endorsed readily enough this estimate of his role, but from time to time others continued to ascribe to Olmsted sole responsibility for the design of Central Park. A letter implying this and published in the New York *Daily Tribune* for January 11, 1878, brought an angry reply from Vaux (Laura Wood Roper, *FLO: A Biography of Frederick Law Olmsted*, Baltimore, 1973, 361). To his credit, on more than one occasion Olmsted went out of his way to ensure that his partner received the recognition due him: "I hope you will not fail to do justice to Vaux," he admonished one admirer, "and to consider that he and I were one. I should have been nowhere but for his professional training" (Roper, *FLO,* 291). Oh this same point, see also Olmsted's letter to *The American Architect and Building News*, ii (1877) 175.

have concluded that "not until 1865 did Calvert Vaux convince Olmsted to consider himself as much an artist as an administrator."[28] Even then Vaux was obliged to admit that it was more for his administrative experience than for his skill in landscape design that he sought to have Olmsted join in the planning of Brooklyn's Prospect Park, begun in that year. Olmsted's chief interest was the park's potential as an agent for social reform. His earlier travels in monarchical Europe and in the slaveholding states of the South had served to reinforce his own republican views; now he saw the park, in which Americans from all walks of life might share equally, as a "democratic development of the highest significance."[29]

108–129   To create a serene oasis in the midst of a city they correctly anticipated would one day be among the largest in the world, the designers of Greensward planned a barrier of trees and plants around the periphery of the park, while a series of ingenious cuts and tunnels prevented the four roads required to carry crosstown traffic from interfering with the interior walks and drives. Groves of trees judiciously dispersed on gently rolling terrain gave the area above the new reservoir and the 97th Street transverse road much the character of an English landscape park and provided a portion of the greensward from which the winning design took its name. In contrast, the uneven terrain and outcroppings of the lower or southern portion of the park suggested lusher vegetation and more picturesque effects. Here, along with a pond and lake, Vaux and Olmsted placed the popular Ramble—"a series of walks carried, in constantly changing grades and directions, through 80 acres of ground of very diversified character"—as well as the play areas and the parade ground required by the conditions of the competition.[30] Creation of such features represented a formidable undertaking that called for extensive blasting and the moving of over four million cubic yards of earth and stone. And to supply the drainage necessary for the park to be used in all seasons of the year, work crews installed over sixty miles of terra-cotta pipe, the need for which Olmsted had been introduced in the course of his European travels. Time has amply proved the wisdom of this provision.

At the outset, both Vaux and Olmsted agreed that natural scenery should domi-

---

28. Beveridge and Schuyler, *Papers of FLO*, iii, 11.

29. Ibid., 200-201. Although Vaux was always anxious to stress the importance of the park as a work of art, he also recognized fully its social implications. In the introduction to *Villas and Cottages* he had written: "even here [in America] the man of small means may be almost on the same footing as the millionaire, for public baths, gymnasiums, theaters, music halls, libraries, lecture-rooms, parks, gardens, picture-galleries, museums, schools, and everything that is needed for the liberal education of an intelligent freeman's children, can be easily obtained by the genuine republican if he will only take the trouble to want them."

30. F. L. Olmsted, "Park," *New American Cyclopaedia*, 1861, as quoted in the *Papers of FLO*, iii, 355. As to the originator of the distinctive and much praised plan to isolate the crosstown traffic from the roads and drives of the park, Vaux wrote: "The idea of keeping the transverse roads for city traffic clear of the Park roads designed for pleasure driving was gradually developed by a close study of the actual topography and of the imperative future needs of the City, and its importance as an elemental feature being recognized before the plan was completed, it was tacitly agreed between the two partners that no individual claim should be made by either designer in regard to that particular feature" (Vaux Papers, New York Public Library).

nate their design and that any artifacts introduced should be as unobtrusive as possible. This principle applied to the more than 40 bridges Vaux designed—or the design of which he supervised—that were eventually required to keep the many miles of walks, carriage drives and bridle paths from interfering with each other, as well as to such structures as the "prospect tower," called for by the terms of the competition. The better to blend with their surroundings, many of the first bridges, shelters and benches were conceived as being fashioned from rough logs, but as the concept of the park developed, so did the importance of its architectural components. As pictured in the presentation drawings, such structures as Glade Arch, designed for a site west of Fifth Avenue at 77th Street, or Denesmouth Bridge, which was intended to carry the 65th Street Transverse, appeared so effective as works of art and so well suited to their function that it is easy to understand why neither their monumental form nor their costly materials deterred the commissioners from accepting them.[31] But perhaps most surprising was the extent to which such designs favored the Renaissance canons then championed by the French Ecole des Beaux-Arts instead of the Victorian Gothic usually associated with Vaux. Both Glade Arch and Denesmouth Bridge were built of cut stone, but at the southern end of the play area (Ball Field) the designers of Greensward introduced a delightful iron bridge—its structural features wrought and its decorative details cast—that until its demolition in 1934 was one of the picturesque features most often selected for comment in descriptions of the park. Completed in 1862 and named for the outcropping of schist to which one side was anchored, the Spur Rock span's destruction was a serious loss, although the contemporary Bow Bridge, which leads into the Ramble, and Pine Bank, near the Columbus Circle entrance, are notable as two of the earliest surviving iron bridges in the country.

115

122
123

126

But no architectural element in Central Park—or perhaps in any public park—was so ambitious as the stone terrace that at its upper end terminates the Promenade (Mall), the most formal element in the Greensward design and one that had been introduced in the southern portion of the park as a kind of foil for its more picturesque surroundings. A major function of the Terrace is to permit the footpath at the northern end of the Promenade to pass under one of the principal carriage drives, but instead of a simple underpass, Vaux's design called for a broad flight of stone steps leading to a large chamber located under the carriage drive and overlaid on floor and ceiling with Minton tiles in a variety of colors. Beyond the underground hall and connected to it lies the lower terrace, which can be reached from the north side of the same carriage drive mentioned earlier by two flights of stone steps, the balustrades of which are richly ornamented with carved decoration. Concerning this aspect of the Terrace, Clarence Cook observed in his 1869 guide to the park: "On no public building in America has there yet been placed any sculpture so rich in design

116–117

114

31. Some 1,400 drawings relating to Central Park are now preserved in the Municipal Archives of New York City. For color illustrations of several of the best of these, together with a brief account of their discovery and subsequent conservation, see *The Central Park: An Historic Preservation Project of the Frederick Law Olmsted Association*, text by William Alex, published by the Frederick Law Olmsted Association, 1980.

. . . or so exquisitely delicate in execution. . . . All the sculpture on the walls of the new Houses of Parliament in London is not worth . . . these four ramps of the great stairs of the Terrace.ʺ[32] Later critics have generally agreed that Vaux was justified in considering the Terrace his most successful design, but its decoration was largely the work of Jacob Wrey Mould, a young architect who had recently emigrated from England and who now became the fourth talented designer whose professional career was closely linked with that of Vaux.[33]

Mould's arrival in New York in the spring of 1853 was at the invitation of Moses Hicks Grinnell, a wealthy New Yorker who hoped thereby to obtain a suitable design for All Souls' Unitarian Church, of which he was a prominent member. Mould claimed to have been a pupil and later an assistant of Owen Jones, the English designer whose theories concerning the use of color had brought him appointment as superintendent of the works for the Great Exhibition of the Industry of All Nations held in London in 1851, an assignment with which Mould is also thought to have been associated.[34] In one of the few quotations attributed to him, Mould described himself as being "hell on color," and if his design for All Souls' introduced Americans to constructional polychromy, its alternating horizontal bands of yellow Caen stone and the reddest of red brick inevitably led to the irreverent nickname "Church of the Holy Zebra."[35]

Perhaps through the good offices of clients such as Moses Grinnell or John A. C. Gray, who were either members of the park commission or in a position to influence it, in December 1858, Mould began a 30-year association with the New York City Department of Parks, first as assistant to Vaux and later in a variety of other capaci-

32. Clarence C. Cook, *A Description of the New York Central Park,* New York, 1869; reprinted by Benjamin Blom, New York, 1972, 55. Cook was an influential art critic and journalist.

33. A year younger than Vaux, Jacob Wrey Mould (1825–1886) was not only an architect but also a successful designer of interiors, a song writer and an opera translator. While admitting that he was something of a "universal genius," the diarist George Templeton Strong described Mould as "ugly and uncouth" with an unfortunate propensity for shady business dealings. For these and other details of Mould's career, see David T. Van Zanten, "Jacob Wrey Mould: Echoes of Gwen Jones and the High Victorian Styles in New York, 1853–1865," *Journal of the Society of Architectural Historians,* xxviii, (1969) 41–57. Except for the Terrace and most of the bridges, the majority of the park structures on which Vaux and Mould collaborated have been demolished.

34. Born in London, Owen Jones (1807–1874) was educated privately before being apprenticed to the architect Lewis Vulliamy (1791–1871). In the course of extensive travels in the Mediterranean area, Jones applied the same careful study to the Alhambra in Spain as had hitherto been accorded the antiquities of Greece and in the process identified what he considered to be certain universal laws of form and color. Among other strong opinions, Jones held that, instead of being applied, the color of buildings should result from the inherent character of their materials, a principle that came to be referred to as "constructional polychromy." The notice accorded his *Plans, Elevations, Sections, and Details of the Alhambra (1836–1845),* produced jointly with the French architect Jules Goury (d. 1834), led to Jones' appointment as superintendent of works for the international exhibition of 1851. In 1856 he published his *Grammar of Ornament,* for which he is best known. David T. Van Zanten, *Macmillan Encyclopedia of Architects,* New York, 1982, ii, 513–515.

35. Van Zanten, *JSAH,* 45.

ties, including briefly, from 1870 to 1871, as architect-in-chief.[36] A superb draftsman and gifted designer of ornament, Mould signed many of the surviving drawings related to the park and has been credited with the design of the fanciful Music Stand that originally stood at the northern terminus of the Promenade. Like similar structures elsewhere, this was intended to be vaguely Moorish, a style with which Mould must have been especially familiar, if, as he claimed, he had earlier assisted Owen Jones with his publication of the Alhambra. Mould also designed the Sheepfold, which now serves as the Tavern on the Green restaurant.

As an entity created by the state legislature in 1853 and after 1857 managed by a board of commissioners, appointed by the legislature but dependent upon the Common Council of the city for its funding, it was inevitable that the new park would soon become embroiled in politics. When it came time to select the winning design from among 33 submitted, the board had voted largely along party lines, and all prizes but the fourth went to persons who, like Olmsted, were already in the employ of the commission.[37] In fact, to many it appeared that service as a Republican or a Democrat, rather than experience or skill, should decide who was hired to work on the project—a perception that was only aggravated by the severe financial panic of 1857. Undoubtedly conflicts with the commission delayed the progress of construction, markedly increased its cost, and on several occasions seriously affected Olmsted's health. But however viewed by politicians, from the outset the park was popular with New Yorkers; more than anything, it was their enthusiastic support that assured its continuing development in accordance with the general principles first laid down in Greensward and later modified.

NEW COMMISSIONS AND THE COMING OF WAR

WHILE WORK on the New York park progressed, beginning about 1860 its designers sought to extend their collaboration to other commissions. Among the firm's first clients were the ship owner E. K. Collins of New Rochelle, New York, and William Cullen Bryant's son-in-law Parke Godwin, whose country seat was at Roslyn, Long Island. But in some ways the two most interesting commissions were for the grounds of the Hartford Retreat for the Insane in Connecticut and the Bloomingdale Asylum in New York City, both reflections of the growing humanitarian concerns of a period firmly committed to an environmental interpretation of human behavior. Of all environments the most deleterious was considered to be that of the city, widely regarded as a cause of mental disorder.[38] Well before the physical

190–191

36. *Minutes*, New York City Board of Commissioners of the Department of Public Parks, May 19, 1870, 34.

37. *Papers of FLO*, iii, 27.

38. Ibid., 31–32. When the Connecticut state asylum was opened in 1868, Vaux and Withers were engaged to remodel extensively the Hartford Retreat (Kowsky, *Withers*, 175 [45]), which as the Institute of Living still stands at 400 Washington Street. As part of his illustration of the design of "Retreat Park" (plate XVIII), Jacob Weidenmann, in his *Beautifying Country Homes* (New York, 1870; reprinted, with an introduction by David Schuyler, by the American Life Foundation, Watkins Glen,

or psychological basis for insanity had begun to be seriously investigated, it was proposed to help, if not cure, the insane by changing their environment. On this basis, Downing had earlier been called upon to provide landscape settings for asylums at Utica, New York, and at Trenton, New Jersey. Indeed, the desirability of offering city dwellers some of the benefits of a rural environment had helped support the arguments of Downing and others who had urged the creation of a large public park for New York City.

But before the new firm was fairly launched, on April 12, 1861, the country was plunged into war with the shelling of Fort Sumter. Though not an American citizen, Withers, who the year before had agreed to help work out the details of the park plan, promptly volunteered for the army. Olmsted, now permanently lame from a serious carriage accident the previous year, accepted the position of executive secretary of the United States Sanitary Commission, the voluntary organization charged with monitoring the health of the Union forces and the medical care accorded them. Despite the demands made on his time by the work of the Sanitary Commission, Olmsted retained nominal supervision of the park, while leaving its day-to-day direction to Vaux, whose 4 ft. 10 in. height rendered him unsuited for military service. On May 14, 1863, the commissioners finally adopted the additional plan that Olmsted and Vaux had developed for the upper park and its extension above 106th Street. At the same time Vaux, unhappy in his relationship with the board, resigned on behalf of the firm.[39] After 1865 both Olmsted and Vaux again served the park commission in a number of capacities, but their later efforts were principally directed at preserving or executing as much of their earlier designs as the exigencies of New York City politics would permit.

While supervising work on the New York park, Vaux also undertook a number of architectural commissions elsewhere. To the period 1859–1860 belongs the Rural Gothic house erected for Levi P. Stone at Llewellyn Park, New Jersey, as well as the

56

Italian villa designed for Thomas Pegues of Oxford, Mississippi. Other commissions conformed essentially to prototypes introduced by Downing and later developed further in the designs illustrated in *Villas and Cottages*. Much the same thing might be

86–89

said of the remodeling of Ashcroft, the Rural Gothic house in Geneva, New York, for which Vaux's plans are dated 1862.[40] Not only are the bargeboards and turret (here not a ventilator) of a type noted previously as especially favored by Vaux, but the studied asymmetry of its numerous bays, gables, chimneys and verandas give Ashcroft a more varied and picturesque silhouette than had most of Downing's earlier designs, which in most respects may be considered its predecessors. Here again, as with the Warren house, noted earlier, the overall design of Ashcroft may be said to be in the Rural Gothic vein, but the use of Italianate forms—specifically the

1978), also includes a sketch of Vaux's design for a small museum on that site. Swiss by birth, Jacob Weidenmann (1829–1893) had emigrated to the United States in 1856 and thereafter played an important role in the development of American landscape architecture in the second half of the 19 century.

39. *Minutes*, Board of Commissioners of the Central Park, May 14, 1863, 5.

40. The author is indebted to Michele D. DeAngelus for first bringing Ashcroft to his attention.

round-topped windows—is consistent with mid-Victorian architects' deliberate disregard of historic or regional consistency.

Because of his English training, throughout his career Vaux preferred masonry construction over that in wood, a preference Downing also stressed when cost was not the determining factor. As a consequence, neither Downing nor Vaux took any interest in the new balloon frame that was beginning to play so large a part in the burgeoning cities of the Midwest. And in common with their English predecessors, Vaux also shared with Downing an aversion to white houses, especially when accompanied by green blinds. At Ashcroft the smooth brick walls are said to have originally been painted an ochre hue that would effectively complement brown wooden trim and darker brown blinds, while above the cornice the red brick of numerous chimneys formed a pleasant contrast to the gray of the slate roofs. Old photographs show the gardens at Ashcroft to have been in the mid-Victorian style—   89
sometimes called "gardenesque"—that depended for its effect on an asymmetrical arrangement of flower beds, garden ornaments and specimen plantings. Possibly because the grounds of the private residences he designed were often of limited extent, Vaux appears to have been more willing to accept gardenesque elements than was Olmsted, who seldom wavered in his preference for plant materials arranged so as to create deceptively natural effects that, in the idiom of the day, were considered to be either "pastoral" or "picturesque."

In the same year he planned the remodeling of Ashcroft, Vaux also designed the Moses Sheppard Asylum (now The Sheppard and Enoch Pratt Hospital) in Balti-   182, 186–189
more. Olmsted and Withers were both engaged with the Union war effort at the time, but for this commission Vaux had yet another collaborator, the superintendent, Dr. D. Tilden Brown, whose views on asylum architecture had been formed in the course of a recent European trip.[41] To this period belongs also the symmetrical red-brick mansion on fashionable Bellevue Avenue in Newport, Rhode Island, that Vaux designed for Federico L. Barreda, the Peruvian ambassador, and illustrated as   60–63
Design 38 in the second edition of *Villas and Cottages*.[42] Set on a high balustraded terrace, Beaulieu betrays its Italian sources by its central tower, round-topped windows and bracketed eaves, but the steep slope of the roof is evidence of the growing popularity of French Second Empire forms and specifically of the revival of the distinctive type of roof associated with the work of the French architect François Mansart (1598–1666).[43] With Vaux what one critic called the "mansard madness" seems to have passed quietly enough but not before it left its mark on a number of his domestic designs, including the house commissioned by Francis Tomes in Greenwich, Connecticut, and illustrated in the second edition of *Villas and Cottages* as Design

41. Kowsky, *Withers*, 176 (46).

42. Antoinette F. Downing and Vincent J. Scully, Jr., *The Architectural Heritage of Newport, Rhode Island: 1640–1915*, Cambridge (Mass.), 1952; reprinted 1967, 138–139. Scully dates the house to 1856–1859, but does not name the architect. Vaux also designed the additions Barreda made to his New York City residence at the corner of Fifth Avenue and 31st Street (*Papers of FLO*, iii, 321 [25]).

43. John Maass, "The Mansardic Era," *The Gingerbread Age*, New York, 1957, 117–134.

184   29.[44] A mansard roof was also a prominent feature of the two-story addition that in 1879 Vaux and Radford provided for the Bank of New York, a building that, together with the John Gray house, may be said to have launched Vaux's New York career some twenty years earlier.

PROSPECT PARK AND OTHER POSTWAR COMMISSIONS

MEANWHILE, by dint of long days and little sleep, Olmsted succeeded in improving the sanitary conditions of the Union forces and the delivery of medical assistance to them. Finally, however, what the diarist George Templeton Strong called his "monomania for system and organization on paper (elaborate, laboriously thought out and generally impracticable)"[45] led to conflicts that could only be resolved by his own resignation from the Sanitary Commission. This was in the winter of 1863, and a few months later, worn out and low on funds, Olmsted was glad to accept the position as resident manager of the Mariposa Mines in California. But any hope that his work there might prove financially rewarding was soon dashed when it became apparent that the worth of the mines had been misrepresented to the new owners. At this point Olmsted considered returning to a career in journalism and might well have done so had he not received word from Vaux that they had been offered reappointment as landscape architects of Central Park and that Brooklyn was planning a large park worthy of his interest, on the design of which his collaboration would be welcome. In November 1865 Olmsted returned to New York and to his association with Vaux, the person who had first introduced him to landscape architecture and who was now responsible, at a time when he was moving in a wholly different direction, for inducing him to make it his life's work.

The popular success of New York's Central Park inevitably encouraged similar projects in other American cities, including nearby Brooklyn (then an entirely separate municipality), where James S. T. Stranahan, one of its richest and most influential citizens, had for some years been agitating for a system of parks and parkways.

131   Once again the civil engineer Egbert L. Viele was first approached to plan a park for somewhat more than 300 acres adjacent to Mount Prospect, whereon was located the city reservoir, and which were bisected by Flatbush Avenue. Recognizing the shortcomings of Viele's proposal, on June 13, 1865, Stranahan and his associates

131–132   retained Vaux to draw up an alternate plan. By the time Olmsted returned from California, Vaux had persuaded the commissioners to exchange the land north-east of Flatbush Avenue for a large tract on the southwest in order that the prospective park could be treated as a unit without being cut in half by a public highway. Olmsted had earlier concurred in the wisdom of this change, which now enabled the two partners to design promptly the coherent plan they presented to the board in January 1866,

44. After narrowly escaping sale to developers about 1980, the 22-room Tomes-Higgins house on East Putnam Avenue in Greenwich today serves as the rectory of Christ Church, its owner. The house is surrounded by three acres of fine gardens, which some would attribute to Vaux.

45. As quoted in *Frederick Law Olmsted's New York*, text by Elizabeth Barlow, illustrative portfolio by William Alex, New York, 1972, 28.

and which earned the firm of Olmsted, Vaux & Co. appointment as landscape architects of the new park the following May.[46]

When it came time to summarize the principal features of the park they were proposing for the Brooklyn Common Council, the commissioners singled out three for special comment: the large open meadow, which they believed would provide abundant space for play; the picturesque hilly area filled with shaded rambles; and the 60-acre, spring-fed lake, which would offer good opportunities for boating and skating.[47] As they had for Central Park, the architects provided for numerous rustic structures that in this case included shelters, an arbor over 100 feet long, positions from which to view the sunset over the water and of course seats of sassafras and cedar—more than fifty of them. Because of their masonry construction, a number of the distinctive and highly original bridges Vaux devised to separate the pedestrian walks from the carriage drives have survived, but less solid structures like the picturesque Dairy and the fanciful Concert Grove House (which housed a restaurant and comfort station) have been demolished. Fortunately, the Concert Grove Pavilion, with its delightful cast-iron supports in the Hindu style, escaped a similar fate. After being partially destroyed by fire while serving as a snack bar, the Pavilion was restored in the mid-1980s to something approaching its original appearance. In the design of the Pavilion, as with a number of the other structures in Prospect Park, Vaux was assisted by Thomas Wisedell (1846–1884), an English immigrant who would later establish an architectural practice in New York City.

131–141
137
138
139

As finally constituted, the Brooklyn park contained over 500 acres, but Prospect Hill, from which the park takes its name, lay outside its boundaries. Although Central Park is the better known, Prospect Park proved the more consummate work of art. For this the reasons are obvious: its designers had almost a decade of experience behind them; its compact, arrowhead shape lent itself to a coherent plan far better than did the long, narrow plot with which the designers of Greensward were obliged to contend; and finally, the Brooklyn park commission under Stranahan was much more understanding and sympathetic than had been its New York counterpart.

While engaged in working out the details and supervising the construction of both the New York and Brooklyn parks, Olmsted and Vaux found time to undertake a number of other projects. Moreover Vaux, doubtless wishing to place himself in a favorable position to accept major architectural commissions, once again established a partnership with Frederick Clarke Withers, who had moved from Newburgh to New York in 1864, his first wife having died the previous year. Since his earlier association with Vaux, Withers had been won over to many of the views of John Ruskin, the popular English architectural critic whose writings had served to shift attention from the drab Gothic forms of northern Europe to the more polychromatic ones of Italy.[48] When he designed the Dutch Reformed Church for Fishkill Landing (now Beacon,

46. For a discussion of the circumstances leading to the appointment of Vaux and Olmsted as landscape architects for Prospect Park, see Schuyler, *New Urban Landscape*, 115–117.

47. Clay Lancaster, *Prospect Park Handbook*, New York, 1967, 28.

48. Inasmuch as John Ruskin (1817–1900) was essentially a critic and theorist, it remained for such

New York) in 1859, Withers was among the first architects practicing in America to use contrasting materials—light and dark brick in this case—for the banding of walls and to mark alternating voussoirs in the arches, but soon Ruskin's views were enthusiastically endorsed by numerous others. The zebra striping of Mould's All Souls' Unitarian Church of 1853 was remarked upon earlier, and, it seems to have been the lively polychromy of its Italian Gothic forms that led the judges to prefer the design of the relatively unknown Peter B. Wight over such established architects as Leopold Eidlitz (1823–1908) and Richard Morris Hunt in 1861 when it came time to select the architect for the new building of the National Academy of Design.[49] Now, in partnership with Vaux, Withers adapted the Ruskinian Gothic style—hitherto used largely for churches and public buildings—for the Brooklyn townhouse of Charles Kimball, designed in 1865 and no longer standing. Some would also find a part for Vaux in such commissions of the mid-1860s as the Brewster house in Newburgh (1865), the Newburgh Savings Bank (1866–1868), the Monell house in Beacon (1867), and the Hudson River State Hospital for the Insane at Poughkeepsie (1867–1872); but the Ruskinian Gothic features of each point to Withers as the principal designer.[50] And though perhaps no longer representative of the latest architectural fashion, Venetian Gothic was still sufficiently popular in the early '70s that Vaux and Withers felt free to use a particularly uncompromising version for the Hall Building that still stands on River and First Streets in Troy, New York. Indeed the insistent banding of the Rice Building (as the Hall Building is now known) makes it in some respects a kind of commercial counterpart to Mould's All Souls.'

Of the principal projects in which Vaux, Olmsted and Withers all had some part during the 1860s, two are of special interest: the plan and public buildings of Riverside, a new suburb being planned for a tract along the Des Plaines River nine miles west of Chicago; and the campus and buildings for the Columbia Institution for the Deaf and Dumb in Washington, D. C., now known as Gallaudet University. The latter commission was undertaken in the spring of 1866 at the request of Olmsted's friend Edward Miner Gallaudet, the youthful president of the college. But despite the importance of Vaux's role as the apparent link between Olmsted and Withers, the six Ruskinian Gothic buildings erected at Gallaudet in the course of the next 20 are usually considered principally the work of Withers and to be, in fact, among the

---

contemporary English architects as William Butterfield (1814–1900), George Edmund Street (1824–1881), and George Gilbert Scott (1811–1878) to translate his theories into brick and stone.

49. Sarah Bradford Landau, *P. B. Wight: Architect, Contractor and Critic, 1838–1925*, The Art Institute of Chicago, 1981, 16. The National Academy building, which stood on the northwest corner of 23rd Street and Fourth (now Park) Avenue in New York City, was demolished in 1901. Although the style of the whole was more Renaissance than Gothic, as early as 1856 Vaux and Withers had used alternating bands of brownstone and brick in their design for the principal floor of John Gray's New York residence (*Villas and Cottages*, 29/34).

50. In their article for the *Macmillan Encyclopedia of Architects*, Francis and Kestenbaum mention Vaux in connection with several of these commissions; Kowsky (*Withers*, 60, 61, 64, 71–73) gives all four exclusively to Withers.

most successful of his designs.[51] Vaux's part in the final design of Riverside is, if anything, even more ambiguous. In 1868, when Olmsted was approached by the Riverside Improvement Company, Vaux was in Europe, and although he is the architect for several of the delightful Gothic and Swiss cottages pictured in the promotional literature on Riverside, the Ruskinian Gothic block of stores and offices that serves to anchor the commercial area is thought to be largely the work of Withers, who was certainly responsible for the community chapel nearby.[52] Unfortunately the new suburb encountered financial problems from the outset, and in the fall of 1870 Olmsted and Vaux terminated their association with its promoters. Later, the Chicago fire of 1871 and the economic panic of 1873 further delayed development, but today its park along the river, its effectively placed Long Common, and its rows of houses set well back along tree-lined streets make Riverside an outstanding example of many of the principles its designers were among the first to introduce and for which they fought so hard.[53]

163

But if in the short term their association with the Riverside Improvement Society proved unrewarding, Olmsted and Vaux could take more satisfaction in other commissions undertaken about the same time, especially their work for Chicago and Buffalo. For the latter, beginning in 1868, they developed Delaware Park, which—together with the parkways that connect it to a series of outlying squares and circles—forms one of the principal attractions of the modern city. Alas, a less congenial fate awaited other contributions of the partners. As with the flamboyant pavilions he and Withers provided Saratoga Springs in time for the centennial celebration of 1876, the large wooden boathouse and the festive refectory Vaux designed for Buffalo in 1874 have unfortunately fallen prey to fire, decay and the vagaries of public taste.

152

158–161
154–155

In Chicago on business associated with Riverside, during the fall of 1869 Vaux was approached concerning a plan for what was known as South Park, an area that had Lake Michigan as its principal natural feature. Realizing that the growing city would surround any park they could devise, Olmsted and Vaux sought to provide Chicago with many of the advantages they had earlier secured for New York and Brooklyn. Accordingly, their plan called for an open green space of 100 acres—then the largest of its kind in the country—a more formal mall where groups might assemble, and of course a Ramble with rustic seats and arbors. For those who sought active recreation there would be swimming and boating; for more passive visitors there would be concerts and appropriate places to picnic. In the end, not all

165–169

51. Kowsky, *Withers*, 75–86. Incorporated in 1857, the Columbia Institution for the Deaf and Dumb was renamed Gallaudet College to honor Thomas Hopkins Gallaudet (1787–1851), a pioneer in education for the deaf in America and the father of Edward Minor Gallaudet (1837–1917), president of the college from 1864 to 1911.

52. Kowsky (*Withers*, 95) cites parallels with another of Wither's designs in support of the view that he was the principal architect of the business block at Riverside. Withers appears to have served as the representative of Olmsted, Vaux & Co. at Riverside.

53. For a fuller account of Riverside and its relationship to other suburban developments of the period, see Schuyler, *New Urban Landscape*, 149–166.

the amenities their designers envisioned were realized, of course, but today Jackson and Washington Parks, together with the Midway, Drexel Boulevard and South Parkway (now Martin Luther King Drive), are counted among Olmsted and Vaux's most successful and enduring contributions.[54]

COLLABORATIONS WITH WITHERS

WHATEVER part Vaux may have had in the design of Riverside or in the buildings of Gallaudet College, while the latter were under construction, he and Withers were associated on several other projects. During 1870 they provided professional assistance for the painter Frederic Edwin Church in the planning of Olana, his spectacular Oriental villa overlooking the Hudson River, near Hudson, New York.[55] And although the firm of Vaux, Withers and Co. is not listed in the New York City directory after 1871–72,[56] the design of the Jefferson Market Courthouse, begun in 1874 on a triangular site at the corner of Sixth Avenue and West Tenth Street, was credited in contemporary accounts to both men. Admittedly the "Study for a City Prison and Courts," published in *The New-York Sketch-Book of Architecture* for April 1874 and there identified as by "Messrs. C. Vaux, and F. C. Withers," does not much resemble the combined market and courthouse as finally built, but a later illustration in the *Sketch-Book* is much closer to the executed design, and for this the authors—now with a significant reversal in the order of their names—are given as "Messrs. Frederick C. Withers and C. Vaux, Architects."[57] Although Withers may have had the major role in the final design, modern historians are not being entirely fair to Vaux when they omit his name from their discussion of what by common consent has been judged among the country's most successful Victorian buildings.

THE METROPOLITAN MUSEUM OF ART
AND THE AMERICAN MUSEUM OF NATURAL HISTORY

TO PREVENT them from intruding on the pastoral or picturesque moods they sought to create for Central Park, Olmsted and Vaux proposed to place any concert halls or museums mandated by the commissioners along its eastern perimeter. A decade passed before anything of this kind was undertaken, but in the winter of 1869 a group of influential citizens began a series of discussions that eventually led to the location of the Metropolitan Museum of Art at its present site on the edge of Central Park at 82nd Street and the American Museum of Natural Histo-

68–69
194–195

54. Victoria Post Ranney, *Olmsted in Chicago*, Chicago, 1972, 25–31.

55. Kowsky, *Withers*, 180 (101). The Frederic Church Papers at Olana contain records of two payments to Vaux, Withers and Co., each for $300, and dated December 8, 1870, and September 21, 1871. On January 7, 1873, Church made a similar payment to Olmsted, Vaux & Co., presumably for professional services in connection with landscaping the grounds. In 1966 New York State purchased Olana for a museum and park.

56. Dennis Steadman Francis, *Architects in Practice, New York City, 1840–1900*, Committee for the Preservation of Architectural Records, [1979], 78; Kowsky, *Withers*, 180 (101).

57. *The New-York Sketch-Book of Architecture II* (June 1875). Handsomely restored, the Jefferson Market Courthouse now houses a branch of the New York Public Library.

ry on land immediately west of Eighth Avenue, facing the park at 77th Street. In the summer of 1872 Vaux was asked to work with Jacob Wrey Mould, who was then serving as architect of the New York City Department of Public Parks, in preparing a suitable master plan for an art museum and detailed drawings for a single block to be erected immediately.[58]

With this and other important architectural commissions in sight, Vaux and Olmsted decided to terminate their partnership as landscape architects in 1872, but not before they had provided Brooklyn with Washington Park (Fort Greene) on the heights above New York harbor and Tompkins Park, a leafy oasis in a residential neighborhood. Both also shared in the creation of Morningside Park in New York (1873–1887) as well as in the drafting of the General Plan for the Improvement of the Niagara Reservation (1887), which succeeded in reclaiming from commercial exploitation the scenic area adjacent to the Falls. Appropriately, among their last joint endeavors was a small park in Newburgh, for which in 1889 they agreed to waive their fee on condition that the area they designed be dedicated to the memory of Andrew Jackson Downing.

144–145
148–149
178–179
176–177

The Metropolitan Museum of Art was opened March 30, 1880, to mixed reviews. Although some found the new building impressive or even magnificent, many agreed with the critic who likened the great hall to a railroad station.[59] Inasmuch as no art museum of this size had previously been built in America, and since the future needs of this one were anything but clear, it was inevitable that the original design would later prove deficient in a number of respects. In any case, there was little disposition to continue with Vaux and Mould's plan, and subsequent additions to the museum so concealed the Victorian Gothic original that almost nothing of it is visible today.

206–209

As in the case of the art museum, the building that Vaux and Mould designed for the natural history museum again favored the type of Venetian Gothic made popular by the writings of John Ruskin. The comparatively modest structure completed in 1877 was only intended to be the interior unit between four courtyards that were to be eventually enclosed by 12 galleries. For its time, the design of the natural history museum made effective use of light and space, but funds for additional construction were not available until the 1890s and by then the trustees had come to prefer the bolder forms of Richardsonian Romanesque over the lively polychromy produced by the contrasting stone and brick of the original.[60]

202–205

INSTITUTIONS: COLLABORATION WITH RADFORD

ALTHOUGH none of the pertinent drawings appear to have survived, one of the first commissions Vaux must have received after the dissolution of his partnership with Olmsted was for the grounds of the Canadian Parliament Buildings in

180–181

58. *Minutes*, New York City Board of Commissioners of the Department of Public Parks, July 17, 1872, 455–456.

59. Matzdorf, "Vaux," 93.

60. Jay Cantor, "Temples of the Art: Museum Architecture in Nineteenth Century America," *The Metropolitan Museum of Art Bulletin*, April 1970, 331–354.

Ottawa.[61] This was in 1873, about the same time he established a professional relationship with yet another English emigrant. Vaux's partner in this case was the civil engineer George Kent Radford, who earlier had assisted Olmsted, Vaux & Co. on the commissions for South Park in Chicago and for the new park in Buffalo, where he served for a time as superintendent. During the 18 years that Vaux and Radford were associated, their professional practice included a variety of commissions, ranging from the Arnot-Ogden Memorial Hospital at Elmira, New York, to the suspension bridge (demolished 1911) across upper Broadway in New York City for the trustees of Trinity Church, but much of their time and attention was occupied with projects for New York citizens engaged in public service. The same humanitarian interest that led some 19th-century reformers to demand more compassionate treatment for the insane caused others to seek better housing for the urban poor, especially children. One such group was the Improved Dwellings Association for which Vaux and Radford designed the block of tenements erected in 1880 between 71st and 72nd Streets on First Avenue. Composed of 200 two to four-room units grouped around a central court, the new "improved dwelling" was praised in one contemporary account for its "pleasant location, the unusual number of windows, the arrangements for ventilation and draft, the fire-proof stairways, secluded [water] closets, shoots for ashes, [and the] public laundries," which combined to make the new structure, in the opinion of the author, "the most attractive and wholesome residence for laboring people in the city."[62]

At about the same time they were planning their model tenement, Vaux and Radford began the first of more than a dozen buildings they designed between 1879 and 1892 for the Children's Aid Society, an organization founded some years earlier under the leadership of the prominent welfare worker Charles Loring Brace (1826–1890) to educate and care for homeless children. In addition to living quarters and appropriate provision for an "industrial school," a number of the houses erected by the society had spaces that could be made to serve as a gymnasium, as a large gathering room and even as a conservatory. Each of the society's buildings was given by a private donor and each was of a different architectural design, although in deference to the Dutch origins of the city a number were characterized by a prominent stepped gable. Other features such as the segmental arch, diminutive columns that seemed too slight to support the load they were asked to carry, contrasting panels of lavish ornament, stone corbels and the like suggest that Vaux and Radford had been favorably impressed by the distinctive interpretation of the northern Gothic style made popular by the writings of Eugène Emanuel Violet-le-Duc (1814–1879), the influential French architect, and most particularly by its principal American exponent, the talented Frank Furness (1839–1912) of Philadelphia.[63]

230–231

196–197

210–213

215–227

Charles Loring Brace

61. John J. Stewart, "Notes on Calvert Vaux's 1873 Design for the Public Grounds of the Parliament Buildings in Ottawa," *Bulletin of the Association for Preservation Technology*, viii (1976) 1–28.

62. *Twenty-ninth Annual Report of the Children's Aid Society*, New York, 1881, 7.

63. James F. O'Gorman, *The Architecture of Frank Furness*, Philadelphia Museum of Art, 1973. Furness shared his love of rich ornament with Jacob Wrey Mould, to whose work he may have been

The majority of buildings for the Children's Aid Society were located in New York City and all were competent designs in the High Victorian style, but historians are most likely to associate Vaux and Radford with their entry in the 1873 competition for a building to house the Centennial Exhibition that was to open in Philadelphia in 1876. Called by one modern critic "a Xanadu of bewildering scale,"[64] the exterior elevation of the Vaux and Radford entry is known only through contemporary drawings, but that of the interior presented a building so arresting in concept and so beautifully rendered that it was selected for preservation when a majority of the other drawings were discarded or left uncared for.[65] Because it failed to conform to the conditions of the competition, Vaux and Radford's entry was not premiated, but the jury nonetheless recommended its adoption for the gigantic structure that would be required to house the projected international exhibition. In the end, however, considerations of time and expense led the commissioners to abandon plans for a single building in favor of a number of smaller ones that could be designed by local architects and engineers and that could be erected simultaneously.[66]

199–201

LATER WORK

BECAUSE of the structural problems involved, Radford's knowledge of civil engineering must have figured prominently in the design he and Vaux entered in the Philadelphia competition. His contribution was not apt to be so important for the domestic commissions the firm undertook during the 1870s and 1880s, however, and occasionally Vaux may even have accepted commissions on his own account, as he had earlier while in partnership with both Withers and Olmsted. Presumably this was the case when about 1880 he produced for Raphael Pumpelly, a geologist and entrepreneur, one of his rare designs in wood. As befitted the holiday mood of a vacation retreat at Newport, the lacy decorations of the verandas of Pumpelly's "cottage" may have had a vaguely Moorish cast, as the profiles of the dormers certainly did an Elizabethan one, but the exterior expression of its wooden frame linked the whole design with what modern historians have elected to call the "stick style."[67] The practice of emphasizing the wooden members—whether structural or essentially decorative—doubtless had its origins in such earlier forms as the so-called Swiss cottage and the half-timber structures of the late Middle Ages, the latter involving a type of construction Vaux had just finished adapting for the pretentious house and outbuildings erected for Henry Baldwin Hyde at Islip, Long Island, between 1876 and 1878. Because as a peculiarly American expression the stick style had reached the height of its popularity during the 1870s, Vaux could hardly claim to be in the van-

90

---

introduced through his father, William Henry Furness, a Unitarian minister undoubtedly familiar with All Souls' Unitarian Church, the commission that is said to have brought Mould to New York.

64. Cantor, "Temples," 345.

65. For a full description of the Vaux and Radford entry, see *The New-York Sketch-Book of Architecture* (September 1874) 1–5. In this account the perspective drawings are described as the work of "Thomas Wisedell, principal assistant to Messrs. Vaux and Radford."

66. John Maass, *The Glorious Enterprise*, Watkins Glen, 1973, 32–33.

67. Vincent J. Scully, Jr., *The Shingle and the Stick Style*, New Haven, 1955; rev. ed., 1971.

91

96–99

100–105

guard of taste when about 1885 he used it to such good advantage for the residence he designed for R. S. Bowne at Flushing, Long Island.[68]

The idiosyncratic interpretation of medieval forms often associated with the work of Frank Furness and mentioned earlier in connection with several of the designs for the Children's Aid Society was again employed by Vaux for the combined house and office planned about 1875 for George T. Bull of Worcester, Massachusetts.[69] In this case constructural polychromy was achieved through the use of red granite for the walls and contrasting gray granite for the banding, window trim and other decorative details. But the incised ornament around the doorway and the sharp and linear character of the metal decoration of the Bull residence owe less to John Ruskin or Frank Furness than to another contemporary approach to the arts that went by the name Neo-Grec.[70] Much as Violet-le-Duc had been intent on demonstrating that medieval principles of design could be used to solve architectural problems of his own day, other Frenchmen sought inspiration in what they believed to be the spirit— as opposed to the specific forms—of Greek art. Occasionally furnishings might be produced in what passed for the pure Neo-Grec idiom, but in the hands of Victorian architects its forms were likely to be combined with those of the neo-Gothic, a style with which, after all, it shared a somewhat similar philosophical basis.

Dr. Bull's house must be counted among Vaux's most satisfactory designs, but the commission that attracted the most attention from contemporaries was the remodeling of the house at 15 Gramercy Park South for Samuel J. Tilden, for whom Vaux had earlier designed the grounds of Greystone, Tilden's country estate in Yonkers, north of New York City. As a successful corporation lawyer, a power in the Democratic Party and a former governor and candidate for president, Tilden had the means to permit his architect considerable latitude in the selection of materials, and the resulting color harmonies and contrasts established by the use of red sandstone, darker brownstone and polished black granite were praised as "admirable" by no less an architectural critic than Montgomery Schuyler.[71] On the interior, a number of the rooms remodeled earlier by the New York architect Griffith Thomas (1820–1879) were

68. *Building*, iv (1886) 78. Although the firm of Vaux and Radford was the architect of record for the Bowne house, it seems doubtful that Radford contributed much to the final design. At the same time, he must have played the major role in developing other designs like that which figured in the firm's unsuccessful bid to be the designers of the Harlem River Bridge (*Building*, v [1886] 49–41).

69. *American Architect and Building News*, i (1876) 117, as noted by Matzdorf, "Vaux," 106.

70. Kenneth L. Ames, "What Is the Neo-Grec?"in *Nineteenth Century*, Summer 1976, 13–21. Vaux's contemporaries, Detlef Lienau (1818–1887) and Richard Morris Hunt, both of whom had French training, helped to popularize Neo-Grec forms in America. Because it was economical to incise, the characteristic hard, linear Neo-Grec ornament, based on abstract floral motifs, was widely used for speculative housing in New York and Boston. Other motifs associated with the style include rondells, parallel channels ("Neo-Grec fluting"), akroteria and pediments.

71. Schuyler was contrasting favorably the High Victorian work of men like Vaux with the popular "Queen Anne" style, which he suggested that "analysis finds absurd and Vitruvius condemns . . . as incorrect." Schuyler's comments were first published in "Recent Building in New York," *Harper's Magazine*, 67 (1883) 557–578, and more recently reprinted in *American Architecture and Other Writings by Montgomery Schuyler*, William H. Jordy and Ralph Coe, eds., Cambridge (Mass.), 1961, ii, 453–487.

left more or less intact; it was on Tilden's new library and dining room that Vaux concentrated his major efforts. To house his client's extensive collection of books and manuscripts, he devised a handsome room covered by a stained glass dome that could be illuminated at night by a series of gas jets. Even richer in its detailing, the dining room was praised in contemporary accounts for its wainscotting of black walnut and its walls of satinwood ornamented with carved birds amid foliage; the ceiling—some 31 feet square—glowed with blue tiles framed in satinwood.[72]

105

While engaged in architectural practice, either alone or in partnership with Radford, Vaux also accepted landscape commissions under the name "Vaux and Company." During this phase of his work, which occupied the period from about 1880 until his death, he was associated with Samuel Parsons, Jr. (1845–1923), who had previously supervised the planting in Central Park, and toward the end of his career with his son Downing Vaux (1856–1926). Although called upon to design nothing of the size and complexity of the earlier parks in New York or Brooklyn, Vaux and Company was responsible for a number of university campuses, cemeteries, private estates, and the like—most reflecting the English landscape style Vaux had learned with Downing which he and Olmsted had developed and refined.[73] Nor did Vaux sever completely his ties with the New York Department of Public Parks. From late in 1881 until early 1883, and again from 1888 until his death, he held the post of landscape architect. In this capacity, beginning about 1889, many of his efforts were directed at turning the long, narrow strip of land along the Hudson River into Riverside Park, a project he and Olmsted had begun during the 1870s.

146–147

RENEWING YEAR BY YEAR

V AUX died November 19, 1895. In some respects his death was surrounded by many of the uncertainties and ambiguities that had marked much of his professional career. When he failed to return from his morning walk, his elder son Bowyer, whom he had been visiting in Bensonhurst, Brooklyn, notified the police. Two days later his body was found in Gravesend Bay, and for want of any evidence to the contrary, the coroner's jury ruled his death an accidental drowning. The fog

---

Montgomery Schuyler (1843–1914) served on the staff of *The New York Times* and was one of the founders of the *Architectural Record*.

72. Vaux's remodeling of Tilden's house—really two contiguous houses—was carried out between 1881 and 1884. After Tilden's death in 1886, his will was successfully contested by collateral heirs, but in 1895 his books and a considerable portion of his estate were combined with the Astor and Lenox libraries to form the New York Public Library. After doing duty for a few years as a rooming house, in 1906 the mansion on Gramercy Park was acquired as the headquarters of the National Arts Club, a function it continues to serve. When Tilden's dining room was enlarged to provide an exhibition gallery, Vaux's decorations were removed, but the library with its glass dome survives. Stephen Garney, *Gramercy Park: An Illustrated History of a New York Neighborhood,* New York, 1984, 93–103.

73. Among the notable commissions of Vaux and Company were the grounds of Grace Church, New York (1886); Trinity Cemetery grounds in Upper Manhattan (1881–1889); grounds of Wilderstein, Rhinebeck, N. Y. (1890–1891); Isaac Gale Johnson grounds (1891); New York University grounds (1894); and the New York Botanical Garden (1895). Matzdorf, "Vaux," iii; Francis and Kestenbaum, *Macmillan Encyclopedia,* 304.

on the morning of the 19th was shown to have been unusually dense, so dense, in fact, that it might possibly have caused a man past 70 and unfamiliar with his surroundings to have blundered off the end of one of the piers.[74] On the day following the inquest Vaux was buried at Kingston, New York, not many miles from where he began his life in America and near the river wherein his first American partner, Downing, had met his death by drowning.

Vaux's last years cannot have been entirely happy. There were aspects of his personal life, to be sure, that must have brought him satisfaction. His two sons, Bowyer and Downing, became landscape architects like their father; his two daughters married well and had children of their own. Although for some obscure reason back in 1869 both Vaux and Withers had resigned their memberships in the American Institute of Architects,[75] Vaux continued his regular visits to the Century Association, a citadel of the arts, of which he had long been a member. And while his architectural and landscape practice had declined, there is no reason to suppose that finances were a matter for serious concern.[76]

Vaux's professional life, however, presented quite a different picture. The general public was clearly coming to prefer the Beaux Arts classicism of such architects as Stanford White (1853–1906) and Richard Morris Hunt to the High Victorian style for which Vaux was known. Had he lived another six years he would have seen Downing's picturesque park in Washington give way to the straight *allée* (the present Mall) we know today, and elsewhere the growing popularity of the formal over the pastoral and the picturesque was all too obvious. For George W. Vanderbilt, Olmsted himself had designed the grandiose gardens of Biltmore (begun 1888) in the formal French style. What Vaux thought of this or of Olmsted's acclaimed classical design for the Columbian Exposition of 1893 we can only guess; we do know that in his later years many of his own efforts as landscape architect for the New York Department of Public Parks had been directed at preventing unsuitable intrusions—many of them classical—that he believed would endanger the integrity of the Greensward plan.[77] In Brooklyn, too, the political tide had turned against James Stranahan, who for so long had championed the original goals of Prospect Park; in his place were new leaders like Frank Squires, president of the Brooklyn Park Commission, who spoke disparagingly of "that peculiar style of architecture which

74. *The New York Times*, xlv (November 21, 1895) 1; xlv (November 22, 1895) 1.

75. Kowsky, *Withers*, 90–91. Leopold Eidlitz also resigned from the AIA at the same time. Vaux's wife had predeceased him by several years.

76. Matzdorf, "Vaux," 118–119.

77. It is perhaps worth noting in this context that Frederick Law Olmsted, Jr., was a prominent member of the McMillan Commission that in 1901 recommended the abandonment of what remained of Downing's Washington Park and in its place the return to L'Enfant's concept of the mall or esplanade we know today. The late-19th-century shift in taste from the medieval and the picturesque toward the classical and the formal is discussed by Schuyler, *New Urban Landscape,* 180–195. Vaux's specific objections to the monumentality and the classical style of Hunt's proposed additions to the park are the subject of Francis R. Kowsky's "The Central Park Gateways: Harbingers of French Urbanism Confront the American Landscape Tradition" in Susan R. Stein, ed., *The Architecture of Richard Morris Hunt,* Chicago, 1986, 79–89.

was in vogue in the days of Mr. Vaux. "[78] Nor was Riverside Park free from interference from Tammany Hall. Not content with locating Grant's tomb within its boundaries, the park had hardly been completed when a group of politicians sought to promote legislation authorizing a speedway along the river's edge. Predictably Vaux's opposition to this, as to all proposals likely to subvert the original purpose of the New York parks, only confirmed several of the park commissioners in their desire to dispense with the services of their troublesome landscape architect. In reply, Olmsted, anxious to defend Vaux against those who sought his dismissal, was quick to recall his former partner as "absolutely the most ingenious, industrious, and indefatigable man in his profession of all [he had] known for the study of plans to meet complicated requirements"[79]—praise any architect might envy.

If modern historians have difficulty identifying Vaux the artist, perhaps it is because they have been looking in the wrong places and asking the wrong questions. By definition, surely the most successful collaborations are those in which the contributions of the individual participants are submerged in the unity of the whole. Unlike so many in his profession, Vaux seems to have preferred to work with others and to have been fortunate in finding others to work with him over an extended period of time. Toward the end, Radford may have criticized his partner's qualifications—at least in private—but his harsh words concerning Vaux are called into question by his willingness to continue their professional affiliation for nearly 20 years, and Mould and Vaux were associated, off and on, for a similar period. To be sure, in the collaborative projects he undertook with Vaux, Withers would appear to have contributed rather more than he received, yet even he was willing to preserve an alliance that extended, in one form or another, over a quarter of a century. And if Vaux never evolved a distinctive personal style like that of H. H. Richardson or Frank Furness, it was perhaps not so much from a lack of professional conviction as because he believed that different problems demanded different solutions.

Both physically and philosophically, Vaux provided the link between Downing, the first American-born landscape gardener to achieve an international reputation, and Olmsted, whose name has become virtually synonymous with American park design in the second half of the 19th century. It was Vaux who named the profession we know as "landscape architecture," and without him Olmsted would be remembered—when he was remembered at all—as a journalist and author. In his park structures Vaux gave Americans their first glimpse of what recreational architecture could be and in so doing set a standard that his successors have rarely equaled and probably never surpassed.

Even when allowance is made for the practice of speaking well of the dead, the recollections of Vaux's friends at the Century Association form a moving tribute:

78. Letter to Paul Dana, March 12, 1891, quoted in the *Papers of FLO*, iii, 65. The son of Charles A. Dana (1819–1897), owner-editor of the *New York Sun*, Paul Dana was the park commissioner appointed by the mayor to evaluate Vaux's competence.

79. Quoted by Roper, *FLO*, 440.

... nothing could have induced him to degrade his art or misuse the reputation which secured his employment by consenting to modify his criticism or give sanction of his name to a plan he could not approve. He was a modest and unassuming gentleman, a most genial companion, a loyal and incorruptible public servant. . . . [80]

But the words Clarence Cook used to close his guide to Central Park may have said it best:

... if it be pleasant to man to know that he will not be wholly forgotten, let those who conceived the idea of this pleasure-ground, those who designed its beauties, and those whose public spirit and untired zeal have brought it to perfection, be sure that their memory will not pass away, but will renew itself year by year with the waving trees and blossoming flowers.

As one who had wished to be remembered as a designer of landscapes, Vaux could scarcely have asked for more.

George B. Tatum
Old Lyme, Connecticut

80. Henry E. Howland, "Calvert Vaux," *Reports, Constitution, By-Laws, and List of Members of the Century Association for the Year 1895*, New York, 1896, 18–19.

Vaux in England

WITH FAIR CERTAINTY, the Vaux family in England can be traced back to the mid-16th century and most probably before then to a Robert de Vaux, Lord of Catterlen, Cumberland and Pentney, Norfolk. Later descendants of this branch of the family are recorded to have been physicians and surgeons, as was Calvert Bowyer Vaux, the father of Calvert. Thirty-six Pudding Lane in London, where Calvert was born, housed his father's practice as "Surgeon and Apothecary" plus a large, growing family. Calvert Bowyer was supporting a wife and five children—another on the way—under the increasing strain of a declining medical practice, when in 1831 he suffered a paralyzing stroke, dying soon afterward. Although young Calvert did well in the Merchant Taylors' School where he had been enrolled, he seemed less interested as the years passed and decided not to complete the final schedule of forms for graduation. He left at the age of 14, beginning his architectural apprenticeship a year later in the office of Lewis Nockalls Cottingham. The years seem to have passed uneventfully except for his sketching trip on the Continent with fellow apprentice George Truefitt, both young men 21 years of age at that time. On Cottingham's death, Vaux worked with Cottingham's son, a situation of declining promise until the moment A. J. Downing came to see his drawings exhibited in the galleries of the Architectural Association in London.

Harwood's Map of London, 1813. Map shows the district just north of London Bridge, now the financial center known as "the City."

1. 36 Pudding Lane, birthplace of Calvert Vaux.
2. 7 Jerusalem Court, where Vaux lived when he was registered at the Merchant Taylors' School.
3. Suffolk Lane, site of the Merchant Taylors' School.

Pudding Lane, Seen from Lower Thames Street.

Vaux was born in a house just beyond the upper curve of the lane, at number 36, the second house on the right, south of Little Eastcheap Street, which marked the northern end of Pudding Lane. The photograph dates from about 1900 and shows the street as it appeared from at least the 1820s.

Robert Hooke, Merchant Taylors' School, Suffolk Lane. Built in 1675, demolished in 1875.

Merchant Taylors' School. Schoolroom.

Calvert Vaux entered the Merchant Taylors' School in December 1833 at the age of nine, a few months after the death of his father. Endowed by the Merchant Taylors' Company of London, the school accepted 100 worthy boys without charge and about 150 others at a very small charge. It was characterized by the usual strict educational environment, and included in its curriculum Latin, Greek, geography and writing, but was stronger, however, in mathematics than other similarly endowed schools. In 1838 Calvert was rewarded for the excellence of his studies with a copy of James Rennie's *The Architecture of Birds*. He did not graduate, but left in late 1838 or early 1839. About a year later he was apprenticed to the architect Lewis Nockalls Cottingham.

Lewis Nockalls Cottingham, House-Museum, Waterloo Bridge Road, ca. 1825.
The house-museum was the building at the end of the block, at the far left of the photograph. Its main entrance was around the corner on Boyce Street. Cottingham had designed the entire block—which no longer exists—as part of his work of laying out the extensive Waterloo estate of John Fields.

Calvert Vaux served his architectural apprenticeship with Lewis Nockalls Cottingham in the house-museum Cottingham built for himself on Waterloo Bridge Road, London. Noted and appreciated as a medievalist, Cottingham had a successful career primarily as a restorationist architect of Gothic churches, while occasionally designing secular buildings and country estates in the Gothic style. He published several books on his restoration plans and on Gothic details and ornamentation. The building contained Cottingham's extensive collection of Gothic artifacts: casts of details from demolished buildings including statuary,

furniture, altarpieces, reliquaries, casts of high tombs with recumbent figures and several entire elaborately carved ceilings. In this environment Vaux worked for some 10 or 11 years, occasionally being taken as field assistant to the sites where Cottingham worked. After Cottingham's death in 1847, Vaux continued with his son, Nockalls Johnson Cottingham, an association that lasted until 1850 when Vaux sailed for America. In 1851 the entire Cottingham collection was sold at auction and Nockalls Johnson moved from Waterloo Bridge Road. He was also on his way to America in 1854 when he was lost at sea in the wreck of the steamer *Arctic*.

Cottingham's House-Museum. Ceiling.

George Truefitt (1824–1902).

Truefitt was apprenticed to Cottingham at the same time as Vaux. The two took their walking-sketching trip to the Continent in about 1845. After concluding a successful architectural practice in England and Scotland, Truefitt, according to *The Building News* of August 1, 1890, retired to his home in Worthing, "which is filled with choice curiosities which he has been collecting since he was first a pupil." Truefitt, in friendship, according to an account by Vaux's son Downing, presented his book of sketches to Vaux.

Cottingham designed Snelston Hall for John Harrison, Esq., lord of the manor, in 1827 and provided additional furniture designs for it in 1844. He also designed the grounds, interiors and ornamentation, plus the gates, lodges, farm buildings and other necessary structures. Cottingham designed or improved other estates of this kind, work in which Vaux undoubtedly assisted. Snelston Hall was demolished in 1951.

Lewis Nockalls Cottingham, Snelston Hall, Ashbourne, Derbyshire, 1827.

Snelston Hall. Terrace garden planting plan.

Plants and trees specified by Cottingham included cedars of Lebanon, standard rose trees, yucca *Gloriosa filamentosa,* variegated *Aloe ugare* and choice evergreen trees, arranged in a picturesque plan.

Snelston Hall. Library.

The Gothic penchant for elaborately carved and decorated interior surfaces carried over into Vaux's work when he was provided with this kind of design opportunity. Examples are the Central Park Mineral Springs Pavilion (p. 121) and especially Samuel Tilden's Gramercy Park residence (pp. 104–105). The carved heads over the library bookcases may relate to the medallion busts in the Tilden house facade.

DESIGN FOR AN ARTIST'S STUDIO.

PLAN OF PRINCIPAL FLOOR.

N.E. VIEW.

SHOWING THE COTTAGE COMPLETED.

Domestic Architecture

MANY OF THE EXAMPLES of Vaux's domestic architecture that follow are described and illustrated in his *Villas and Cottages*, first published in 1857. Vaux's first works were of course in collaboration with Downing. Beginning as Downing's assistant, or "pencil," he soon began superintending construction and corresponding with clients of the "bureau of architecture." After Downing's death he worked to finish the commissions on hand, continuing afterward with Frederick Withers, who for a time remained junior to him. Later he worked in partnership with Withers in Newburgh, New York, and then in New York City. Although Vaux designed houses throughout his professional career, his early major accomplishments in the Hudson Valley were clearly the most influential of his designs.

While the majority of house designs in *Villas and Cottages* are in the Hudson Valley, examples are shown elsewhere in New York State as well as in Connecticut, Rhode Island, Massachusetts and the District of Columbia, the distant sites due to the widespread influence of Downing. Photographs of several houses that follow are shown together with their engravings, which are reproduced in the same size as they appear in *Villas and Cottages*. The somber appearance of the engravings is belied by the quality of the original working drawings, which were rendered in fine line and color (p. 80), or the finished appearance of the house itself (p. 81). Various artists or delineators have made the engravings, but just one engraving is signed by Vaux, the vignette "Design for an Artist's Studio," where the overlapping initials C and V are seen in the lower left corner. The drawing for the vignette "N. E. View" shows the initials FCW for Frederick Clarke Withers (see opposite). The studio design was for the Hudson River School painter Jervis McEntee, Vaux's brother-in-law.

The engravings are reproduced from the second, 1864 edition of *Villas and Cottages*. Vaux indicated design credit with initials over the engravings: (D. & V.) for Downing and Vaux, (V. & W.) for Vaux and Withers and no credit when the design is his alone. (The exception is the Chamberlain house, Design 21, which is not marked but is V. & W.)

While the designs of all three have been studied and are discussed in this work, their individual contributions will doubtless be the subject of scholarly concern in the future. Apart from his pertinent observations on art and life in America, Vaux's domestic designs, together with his lessons on practical construction techniques, his architectural detailing and his all-round professionalism, have been influential and extensive, producing offshoots and copies throughout the East Coast and as far as California.

RESIDENCE OF THE LATE A. J. DOWNING. NEWBURGH ON THE HUDSON.

Highland Gardens, Home of A. J. Downing, Newburgh, New York.

The highly respected and successful writer, horticulturist and estate planner Andrew Jackson Downing came to England in 1850, where he engaged Vaux as an architectural assistant for his Newburgh-on-Hudson office. Downing inquired at the Architectural Association in London where the secretary recommended Vaux, whose work was then on exhibition in the association's gallery. Downing and Vaux together went to the gallery where Downing hired Vaux on the spot. Both men sailed for the United States in September of that year.

"Bureau of Architecture" Wing, Drawn by Vaux.

Downing added a small wing to his Highland Gardens residence to house the "Bureau of Architecture" he had established with the arrival of Vaux. Also hired from England came the young architect Frederick Clarke Withers, in 1852. Downing unfortunately died later that year in the destruction by fire of the *Henry Clay* on the Hudson River.

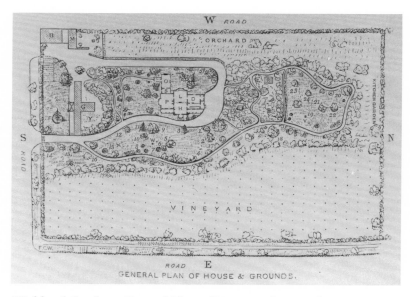

GENERAL PLAN OF HOUSE & GROUNDS.

Highland Gardens, General Plan of House and Grounds.

Highland Gardens, Grounds, ca. 1870. From a rare stereographic view showing the grounds after ownership of the estate had been transferred. The rustic seat appears to date from Downing's time.

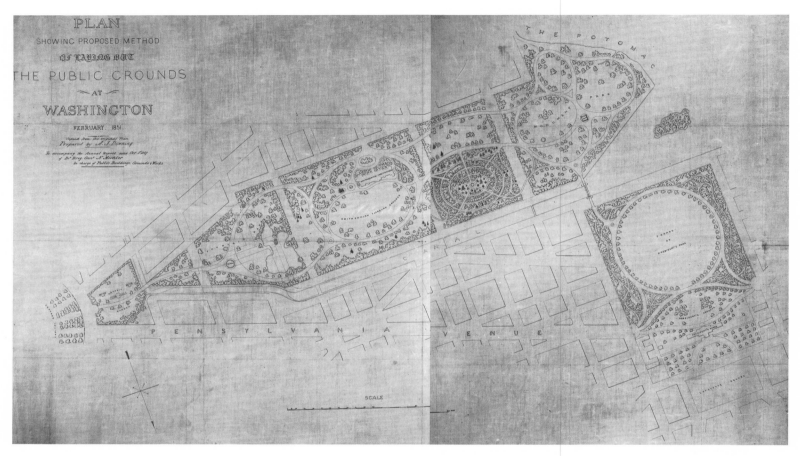

A. J. Downing, Plan for Laying Out the Public Grounds at Washington, D.C., 1851.

Recognizing in 1850 that Downing was the only person then capable of designing a large-scale landscape park for the nation's capital, President Millard Fillmore commissioned him to prepare a plan for the improvement of the public grounds between the Capitol, the Smithsonian Institution and the White House. Downing's design was never fully realized, although portions are still recognizable despite having been basically supplanted by the formal McMillan Plan of 1901. Vaux appears to have assisted in the preparation of the plan and of the accompanying two sketches for the suspension bridge over the canal and the arch for the entrance to the White House grounds, sketches, he noted, "we prepared."

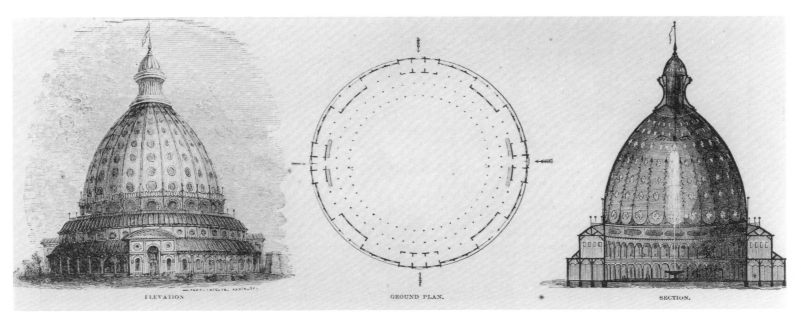

ELEVATION.   GROUND PLAN.   SECTION.

A. J. Downing, Design for the New York Exhibition of Science, Art and Industry, 1852.

Downing's submission for the building to house the first international exhibition of science, art and industry in the United States was to be a structure of wood and canvas, despite the requirement for one of iron and glass. The book of the New York exhibition noted, "The late A. J. Downing also presented for the consideration of the Association a plan of great novelty and bold conception. We are indebted to the kindness of Calvert Vaux, Esq. of Newburgh, New York for drawings of the exterior and interior views, and the ground plan of this design." The colossal outer dome of wood was to be supported by thin wooden ribs, while the inner lining of canvas was to be colored pearl gray at the dome's springing line, gradually shading to intense blue at the crown. A smaller version of Joseph Paxton's London Crystal Palace was eventually built in what is now Bryant Park.

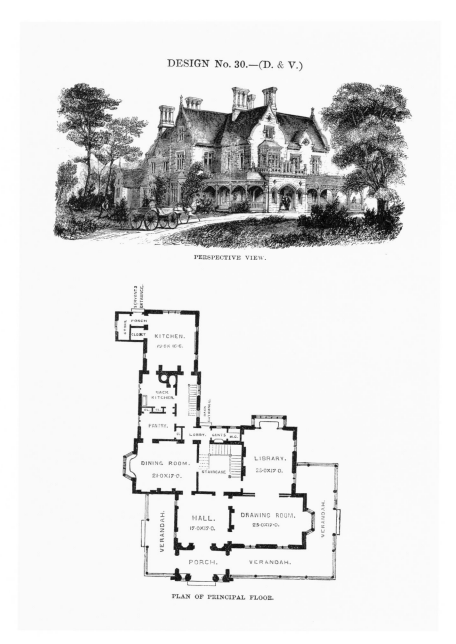

DESIGN No. 30.—(D. & V.)

PERSPECTIVE VIEW.

PLAN OF PRINCIPAL FLOOR.

Downing and Vaux, "Villa of Brick and Stone," Poughkeepsie, New York, 1850.

Matthew Vassar Residence. Pencil sketch.

Springside, the extensive country estate of the wealthy Poughkeepsie, New York, brewer Matthew Vassar, had its full complement of accessory structures, such as a coach house–stable, farmer's and gardener's cottages, summerhouse, conservatory, arbor, vinery, pagoda and much more. What these were to be accessory to was, however, lacking, a house for Vassar himself.

In 1850 a design for his residence was sketched in pencil, probably by Downing, then rendered in a full set of drawings by Vaux, but which carry Downing's initials. The building was not built. The curved gable, one of the principal design elements, tends to characterize the style of the house as Elizabethan or Northern European, which Downing considered not inappropriate for the countryside.

Matthew Vassar Residence. Principal elevation.

Matthew Vassar Residence. East elevation.

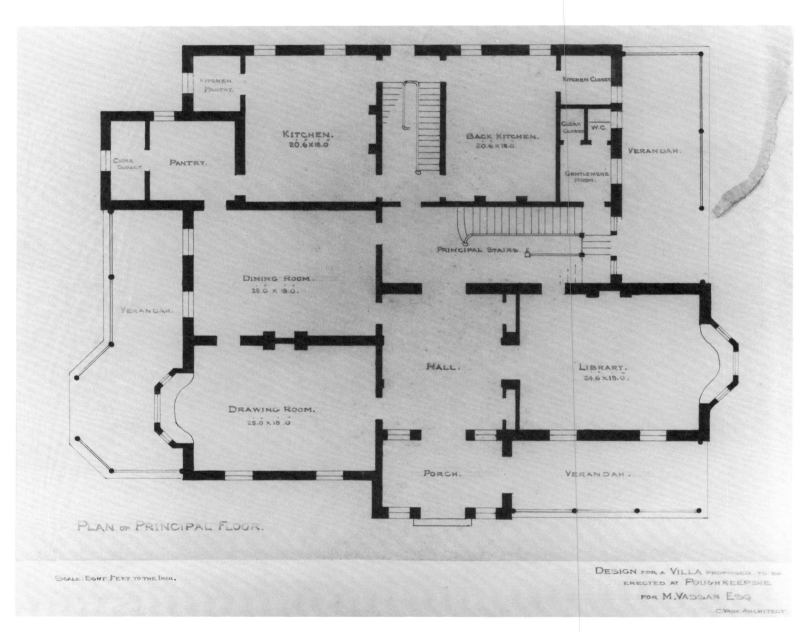

Design for a Villa for Matthew Vassar. Plan of principal floor.

Calvert Vaux, "Design for a Villa Proposed to Be Erected at Poughkeepsie for M. Vassar, Esq.," 1854.

Four years after the first Vassar design, Vaux produced a rather more elaborately detailed exterior in a design that also was not built, nor did Vaux include it in his extended article the next year, "Hints for Country House Builders," in *Harper's New Monthly Magazine.* When at Springside, Vassar stayed in the gardener's cottage.

"Algonac 1851 by Vaux."

Under the rendering appears the notation "Algonac 1851 by Vaux," no doubt
referring to the making of the drawing rather than the design, which is clearly
Downing's developed Italian villa style, here confidently expressed in Vaux's hand.
The "half moon" upper margin is seen frequently in later drawings by Vaux or
drawings supervised by him. Warren Delano wrote at the time to his brother, "Mr.
Downing and his assistant Mr. Vaux are at work devising plans for the
improvement." The "improvement" ultimately resulted in a house of about 40
rooms for the wealthy Delano.

Downing and Vaux, Algonac, Residence of Warren Delano, Newburgh, New York, 1851. Delano is seated at the left side of the veranda with his family, photo ca. 1877.

DESIGN No. 19.—(D. & V.)

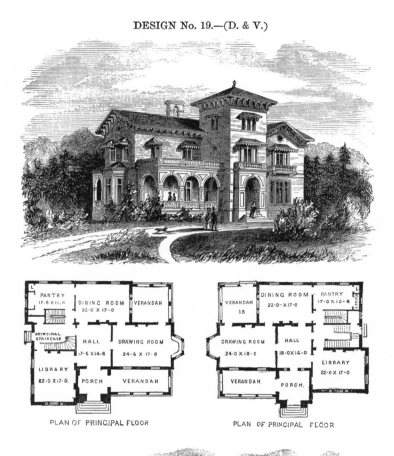

PLAN OF PRINCIPAL FLOOR   PLAN OF PRINCIPAL FLOOR

Downing and Vaux, "Suburban Villa," Georgetown, D. C., 1851.

Downing's Italian villa style characterizes the pair of houses for Robert P. and Francis Dodge, brothers who, in Vaux's description in *Villas and Cottages*, "wished for a general similarity in the two designs, although the situations on which the buildings were to be erected differed somewhat in their local requirements. By reversing the plan, and altering the position of the library, the necessary change was made, and the details also were varied as much as possible, the windows in one design being square and covered by projecting wooden hoods, while in the other they were made with circular heads and stone label mouldings. Minor modifications were also introduced throughout the whole of the exterior and interior; and thus, although these two houses have their principal features in common, neither is a servile imitation of the other." The architects were unable to superintend construction because of the distance from Newburgh, and so Vaux wrote asking about the final cost of the houses. Francis Dodge replied, "We find the cost of our houses to be much beyond what Mr. Downing led us to expect . . . say about $15,000 each; yet we have fine houses, and very comfortable and satisfactory in every respect." Both Dodge houses still exist; the substantially remodeled Robert Dodge house was sold in 1987 for $4 million.

Robert P. Dodge Residence.

Ammadelle, House for Thomas E. B. Pegues, Oxford, Mississippi,
1860. Front facade.

PERSPECTIVE VIEW.

"An Irregular Cottage Without Wing."

Thomas E. B. Pegues Residence. Entry porch.

Vaux was architect for the Pegues house and landscape
architect for its seven-acre site. Commissioned by a
wealthy landowner and railroad magnate, the house, built
of red brick with white Italianate details and set off by
black shutters, has been properly maintained into the
present day. It is considered the finest Italianate villa in
Mississippi, its ambient qualities so attractive as to have
made it a setting for the Hollywood film *Home from the
Hills,* starring Robert Mitchum. Ammadelle's exterior
closely resembles Design 27/32 in *Villas and Cottages,* "An
Irregular Villa Without Wing" proposed to be erected in
Middletown, Connecticut, but apparently not built. The
Mississippi house was, however, built with a wing, and
was completed except for a rear balcony when
construction was halted by the Civil War.

"Mr. Downing knew that Newport was the great social exchange of the country, that men of wealth and taste yearly assembled there, and that a fine house of his designing there would be of the greatest service to his art." So wrote George William Curtis in the edition of Downing's *Rural Essays* he edited in 1853.

Erected in 1852, burned in 1855, and rebuilt 250 feet closer to the ocean in 1857, the house for Daniel Parish became known as Beechwood, the summer home of the Astors when they purchased it from Parish's daughter in 1880. A period of extravagant alterations followed, including the construction of a ballroom by Richard Morris Hunt. The basic Italianate front remains, although Vincent Astor stuccoed over the red brick in the early 1900s. It was also under his ownership that the original Downing and Vaux arch design for the veranda was extended around the house, forming a continuous piazza whose ocean-facing facade presented an especially felicitous appearance.

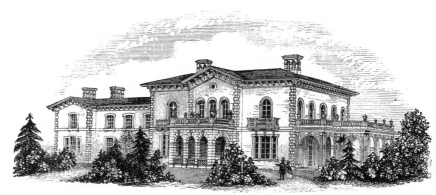

DESIGN No. 35.—(D. & V.)

ENTRANCE FRONT.

Downing and Vaux, "Marine Villa," Newport, Rhode Island, 1852.

Daniel Parish Residence.

Daniel Parish Residence, Remodeled as Beechwood.
View from the northwest.

DESIGN No. 15.—(V. & W.)

PERSPECTIVE VIEW.

*Vaux and Withers, "Brick Villa with Tower, and Without Attics,"
Newburgh, New York, 1854.*

As part of his design justification for the James Walker
Fowler house, Vaux, writing in *Villas and Cottages*,
provides his usual careful analysis of the site, as he does
for each design that has a specific location. The height
and variety of trees concerned him, as did the slope of the
land, the direction of the scenic views and, of special
importance, the impression of the house itself as one
approached. Pride in villa, manor or country seat is
clearly evident. "Considerable judgement is needed in
settling on the exact position for a house like this, so as to
realize all the advantages that the site affords," he wrote.
"It must not seem to overhang or descend or the effect
will be crowded, and will give the idea from the road of a
small, restricted property. Neither should it retreat very
far from the brow of the hill, or the house will be shut
out of sight, and altogether lost on a tolerably near
approach to the premises. A happy medium, both in the
location of the site and in the pitch of the roof, is the
desirable point to aim at under such circumstances." The
Fowler house appears not to have been built.

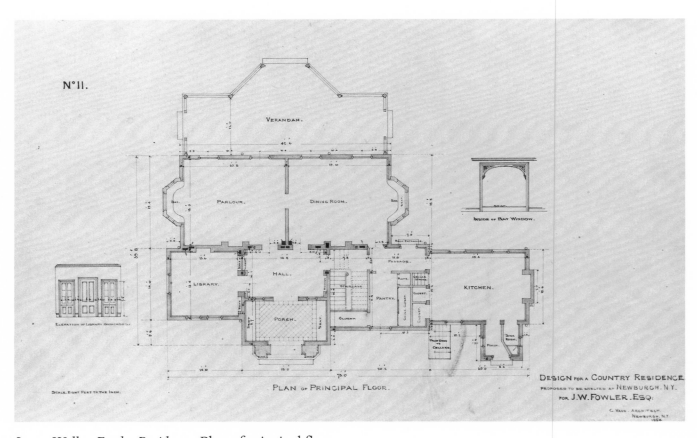

James Walker Fowler Residence. Plan of principal floor.

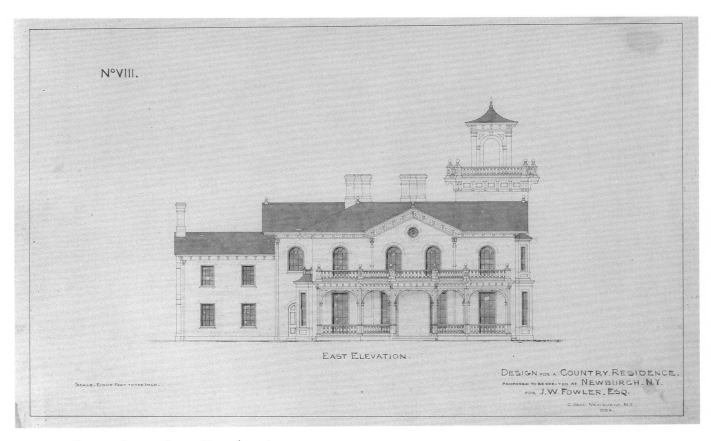

James Walker Fowler Residence. East elevation.

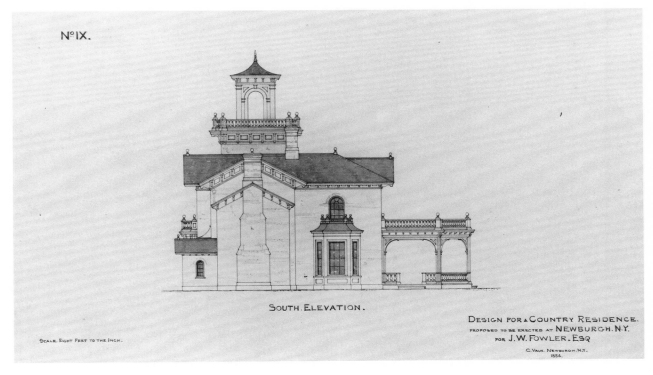

James Walker Fowler Residence. South elevation.

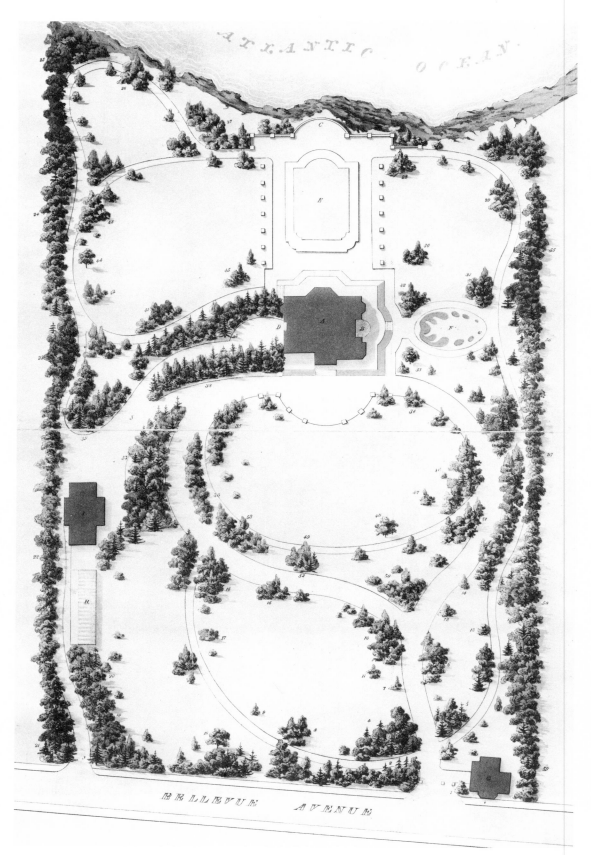

Federico L. Barreda Residence. Site plan.

"The terraces around the mansion and the parterre between them and the sea are very happy combinations of the natural and the artificial style of landscape gardening, and reflect great credit upon the excellent taste of Mr. Eugene A. Baumann, the landscape artist who designed and partly superintended the laying out of the grounds, and Mr. Calvert Vaux, the eminent architect of this princely residence," wrote Jacob Weidenmann in 1870 in *Beautifying Country Homes.*

In contrast to its modest description as Design 30/35 in *Villas and Cottages*, the house for Federico L. Barreda was a large villa-estate for the wealthy Peruvian businessman who also served as his country's minister to the United States. The imposing front facade, first seen by visitors, is dominated by an Italianate central tower and upswept mansard roofs, in the kind of large-scale composition appropriate for a house on Bellevue Avenue. The house was designed for an extended family, guests and servants, with generous interiors suitable for the entertainments held there. It was later owned by members of the Astor and Vanderbilt families and has through the years been one of the settings for the grand balls held at Newport.

Federico L. Barreda Residence, now called Beaulieu.

DESIGN No. 38.

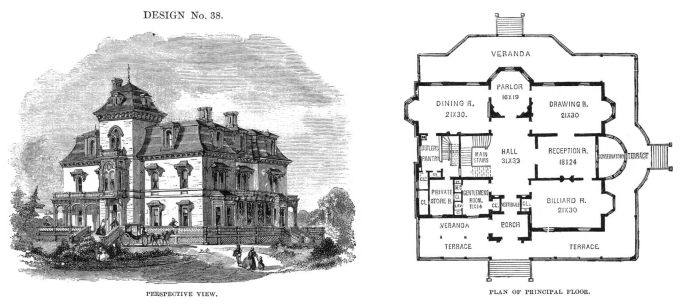

PERSPECTIVE VIEW.

PLAN OF PRINCIPAL FLOOR.

Calvert Vaux, "Marine Villa with Tower," Newport, Rhode Island, 1856–1860.

Federico L. Barreda Residence. View across the east lawn to the seawall.

Federico L. Barreda Residence. West facade detail.

Federico L. Barreda Residence. East facade.

The arches of the veranda, which is 30 feet wide in places, are most prominent in the east facade of the house, which faces the ocean. No fewer than 23 visits to the five-acre estate were billed by Vaux for "plans and superintendence for house, stable, lodge, terrace and gateways for Newport residence."

Peter Chardon Brooks, Jr., Residence, West Medford, Massachusetts, 1858.
Porte cochère, house under construction.

Point of Rocks, one of Vaux's richest and most substantial commissions, was built for Peter Chardon Brooks, Jr., whose father is said to have been New England's first millionaire. The original estate comprised some 300 acres at the West Medford–Winchester town line, northwest of Boston. The house, stable, barn and various outbuildings were built of granite. Elaborate materials were imported from Europe, including chandeliers, interior paneling and grand mantelpieces. The piazza was paved with colored tile from Italy. Inside the huge barn, built of great granite slabs, was an elevator that lifted carriages to the second floor. A stream fed three artificial ponds on the grounds, which also contained costly and exotic plants from around the world which the Brookses had collected during their travels.

Peter Chardon Brooks, Jr., Residence. House seen from the northeast.

Peter Chardon Brooks, Jr., Residence.
Peter Chardon Brooks III on the piazza.

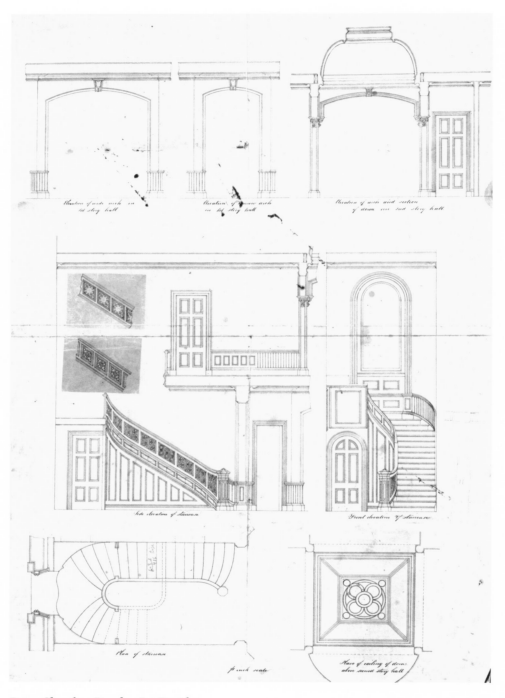

Peter Chardon Brooks, Jr., Residence.
Sheet of interior details drawn by Vaux.

Regrettably, almost nothing remains of this "chief crown of Italianate architecture in the Boston area." By the late 1930s the family had dispersed, and as the property was being transferred to the town of West Medford, the architecture, in its remoteness, had become defenseless, and the processes of vandalization and destruction had begun. But in a sense the house lives on. Almost all of the granite, especially the dressed stone, and entire building segments, such as tall window bays, were removed, simply cannibalized by local contractors, and can now be found incorporated in dozens of West Medford and Winchester houses.

Peter Chardon Brooks, Jr., Residence. View of stable from top of house.

Peter Chardon Brooks, Jr., Residence.
Stable detail: "Irving in cart; Eleanor, Harriette, Lawrence and Barrett."

Vaux, Withers and Co., "Study of a House for F. E. Church, Esq're at Hudson N. Y.," 1870.

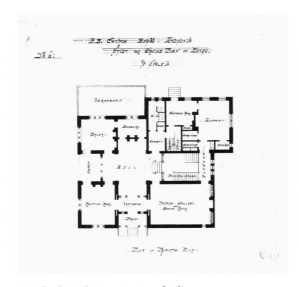

Study for Olana. Ground plan.

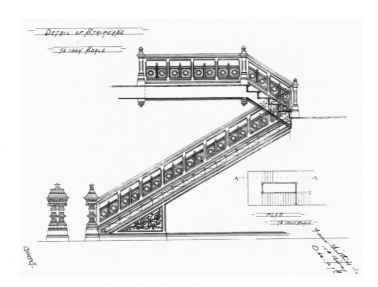

Study for Olana. Detail of staircase.

Before seriously undertaking the architectural enterprise that became Olana, Frederic Church asked Vaux for preliminary design advice. Church was then serving as a Central Park commissioner, an appointment suggested by Vaux. Vaux, Withers and Co. thereupon provided sketches and plans, with the initial construction stages being conducted under the firm's superintendence. Beyond that, the story of Olana is the creation of a palatial villa of Islamic-Moorish delight whose every square exterior and interior inch was subject to Church's artistic-decorative spirit.

Olana. Watercolor sketch by Frederic Church.

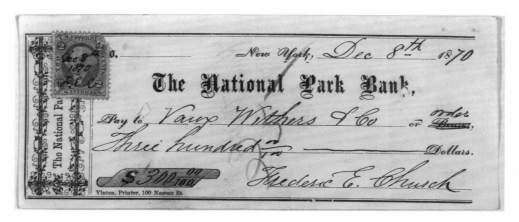

Olana. Payment to Vaux, Withers and Co.

Besides Vaux's preliminary design work, Church had a real need for professional architectural advice. This is shown by a telegram in the Olana archives from Vaux to Church in response to a request for a consultation. Vaux wired: "Your note received shall start Thursday ten to eleven train."

A check for $235. issued by Church to Olmsted, Vaux and Co. would suggest they rendered landscaping advice for his 125-acre estate. From the tower of his villa, Church, it is said, could see Connecticut, Rhode Island and Massachusetts. Olana is now a New York State Historic Site.

William L. Findlay Estate. Panoramic view showing house, orchard and, at far right, the Hudson River.

DESIGN No. 14.—(D. & V.)

PERSPECTIVE VIEW.

Downing and Vaux, "A Symmetrical Country House,"
Newburgh, New York, 1852.

In one of the last Downing and Vaux commissions, brought to completion after Downing's death, Vaux felt keenly the lack of a ventilating turret over the front gable, one of his favorite design elements, in W. L. Findlay's Rural Gothic house, "as the gentleman for whom the plan was prepared preferred to omit it." He put it in the engraving anyway, but in all respects the wishes of the client were followed in the construction of a dual-purpose house of compact plan, airy in summer and cozy in winter. The two front verandas were connected by the open brick porch to form a continuous piazza facing the river view. These rare early photographs appear to have been taken in the 1890s when the estate belonged to the Chadwick family. The house no longer exists.

Out of sight of the house to its rear and left were the outbuildings which Vaux designed. The stable, he writes, "contained accommodations for three horses, a coach-house, a harness room, a coachman's living room, with bedroom over, and a hayloft in the roof" and a ventilating turret.

William L. Findlay Estate. Stable and outbuildings.

William L. Findlay Residence. Dining room.

Vaux's plan was carefully worked out with regard to interior functioning, ventilation and vistas. For example, if seated in the library bay window seat, one could look through the entire length of the house and see the river framed in the arch of the porch. Or if one stood in the center of the house, in the hall just where the table is located in the picture, Vaux notes, "one can see clear through the house, north, south, east and west," signifying, when the house is thrown open, total crisscross ventilation. On the other hand, Vaux arranged the plan so that in winter "the first step should be to inclose the arches of the porch with glazed frames, and the next to close the sliding doors for the season." The small library was entered by conventional sliding doors, but here Vaux provided a favorite Victorian device: "two of the book-cases are hung and fitted with an inconspicuous catch, so as to swing when needed, books and all, and a private communication is thus afforded with a boudoir on one side, and a staircase-hall on the other." Findlay's secret is revealed in the section on library planning in *Villas and Cottages*.

William L. Findlay Residence. Hall, looking toward library.

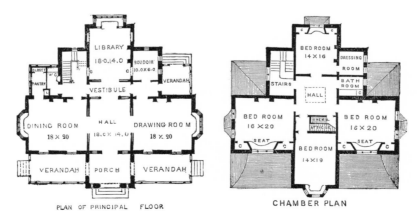

William L. Findlay Residence. Floor plans.

"Idlewild," Residence of the late N. P. Willis.

Nathaniel P. Willis Residence.

"*A class who can afford to let the trees grow* is getting possession of the Hudson; and it is at least safe to rejoice in this, whatever one may preach to the displacement of the laboring tiller of the soil by the luxurious idler. With the bare fields fast changing into wooded lawns, the rocky wastes into groves, the angular farmhouses into shaded villas, and the naked uplands into waving forests, our great thoroughfare will soon be seen (as it has not been for many years) in something like its natural beauty. It takes very handsome men and mountains to look well bald."

The noted journalist, writer and poet Nathaniel Parker Willis wrote the above in 1855 about those who were commissioning the country houses, villas and cottages of Downing and Vaux. And, as a member of that class, Willis engaged Calvert Vaux to design Idlewild, overlooking the Hudson. Although Vaux felt it a privilege to design the house, he hints at some discussion before Willis firmly takes over: "All the lines of the plan were set out under the special direction of Mr. Willis, who seemed to take more interest in accommodating the house to the fancies of the genius of the place than in any other part of the arrangement." Given the aura then surrounding Willis, "fancies" could be equivalent in our day to "romance."

DESIGN No. 23.

PERSPECTIVE VIEW.

PLAN OF PRINCIPAL FLOOR.

"Simple Picturesque Country House," Moodna, New York, 1853.

Nathaniel P. Willis Residence. "The River, East from the Piazza."

Nathaniel P. Willis Residence. "The Cottage, from the Meadow."

And when all was said and done between the two, Vaux's Rural Gothic cottage "was so fitted among the evergreens, and adapted to every peculiarity of the site, that it appears to be almost surrounded by tall, flourishing trees, although broad stretches of distance in every direction, and extensive views of the river and mountain scenery are gained from the various windows, each view being a separated picture set in a frame of unfading foliage."

Residence at Fordham, Highbridge, New York, ca. 1862.

Residence at Fordham. Lodge for gardener.

DESIGN No. 36.

The Fordham house displays Vaux's fully developed ideas for the Rural Gothic stone villa, here located on a rise of land in a then rural area of New York, now the Bronx. The random ashlar rough stone walls, again of stone quarried on the site, are set off by finished quoins of New Brunswick stone which Vaux described as having a soft olive tint, a stone he favored for many of his Central Park bridges. For the interior of this large house Vaux provided a separate children's dining room and schoolroom. He also designed a lodge on the estate grounds for use as a gardener's cottage.

"Irregular Stone Villa," Highbridge, New York.

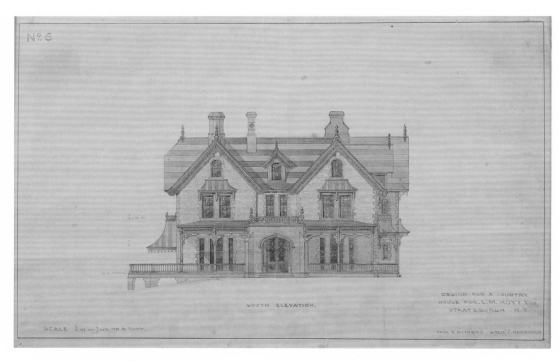

Lydig M. Hoyt Residence, Staatsburg, New York, 1853. South elevation.

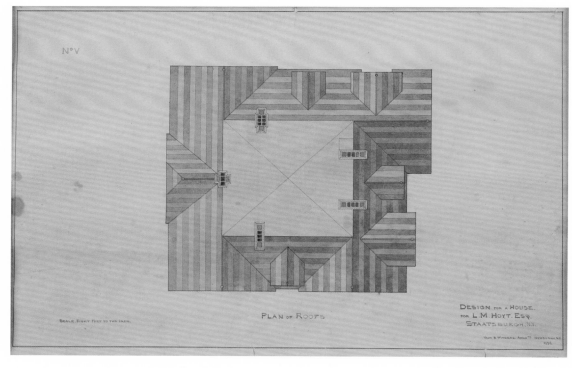

Lydig M. Hoyt Residence. Plan of roofs.

Lydig M. Hoyt Residence.

In *Villas and Cottages*, Vaux devotes the most extensive description of any of his designs to the Hoyt house. The site comprised one of the largest and finest Hudson riverfront settings, also known as The Point. In siting the house, Vaux carefully considered the approach road, beginning a third of a mile away, the preservation of the immediate landscape and the Hudson Valley views to the west and north. As to the house, characteristic of his architectural sensitivity, after opening a quarry on the site, Vaux chose a dark red pointing mortar: "In ten or twelve years this blue stone will begin to change its hue, and then every month will add new beauty to its color…after about fifteen years of exposure it assumes a delicate, luminous gray tint, each stone differing just so much from the one next to it as to give life and brilliance to the general effect in the sunlight."

The estate and house, which is in disrepair, are now part of New York State's Mills Norrie State Park facility and are currently the subject of discussion for restoration and possible adaptive reuse.

DESIGN No. 31.

PERSPECTIVE VIEW.

Vaux and Withers, "Picturesque Stone Country House," Staatsburg, New York, 1853.

DESIGN No. 21.

PERSPECTIVE VIEW.

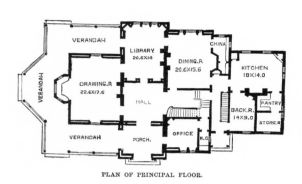

PLAN OF PRINCIPAL FLOOR.

Vaux and Withers, "Irregular Wooden Country House," Worcester, Massachusetts, 1854.

In his description of the Chamberlain house, Vaux took the occasion to express some thoughts at length on the place of women in architecture, inasmuch as "the leading edge of the plan was suggested by the wife of the proprietor, and the disposition of the rooms on the principal floor, with a few slight modifications, is in accordance with a pencil-sketch furnished me, as expressing her wishes on the subject." He writes further, "There can be no doubt that the study of domestic architecture…even if we allow the objections that might be raised by some against the actual practice of architecture by women, such as the necessity for their climbing ladders, mingling with the mechanics and laborers during the progress of the work, and having frequently to attend to the superintendence of buildings during disagreeable weather…we must, nevertheless, see at once that there is nothing in the world, except want of inclination and opportunity, to prevent many of them from being thoroughly expert in architectural drawing, or from designing excellent furniture." Formerly the home of the president of Clark University, the house has been replaced by a library building.

Henry H. Chamberlain Residence.

Henry H. Chamberlain Residence.

Henry H. Chamberlain Residence.
Drawing room, typical Vaux bay
window design.

William E. Warren Residence. West, street facade.

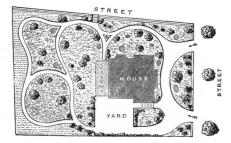

William E. Warren Residence. Plan of grounds.

Vaux exercised considerable care in the design of the Warren house, combining in it a goodly number of his favorite design elements. He devised a characteristic front facade of centered entryway, projecting porch above, and crowning gable with decorative bargeboards. Because the house is located on a steeply pitched corner site, he designed a rear elevation to soften the effect of multiple stories on the slope facing the Hudson. Here wide balconies and verandas afforded views of West Point and the Hudson highlands. The master bedroom's topmost balcony was arranged to be in the cooling shade of evening. It is one of the best preserved Vaux houses.

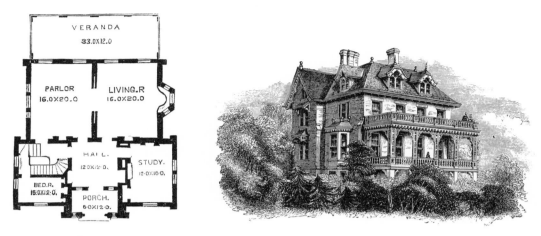

"A Picturesque Country House," Newburgh, New York, 1857.

William E. Warren Residence. South facade.

Ashcroft, Residence for Stephen H. Hammond, Geneva, New York, 1862.

Stephen H. Hammond Residence.

Vaux was commissioned to remodel and substantially enlarge an existing cottage for Stephen Hammond, a successful New York State political figure who, after completing his legal training at Columbia University, went on to become a state senator and deputy attorney general. Ashcroft, which demonstrates a confident, generous example of Vaux's developed Rural Gothic style, appears to have been completed too late to be included in the 1864 edition of *Villas and Cottages*. The house is built of brick with a slate roof, and is consistent with the array of domestic qualities and details that he discusses in the book. One might agree with Vaux now that the turret, or bell cote tower over the front gable, purely ornamental in this case, enhances the design, imparting a proper sense of domestic monumentality for this important rural villa. It is today in need of extensive restoration.

Stephen H. Hammond Residence. Mrs. Hammond and her dog Tiny, 1880.

Stephen H. Hammond Residence. Gardens and greenhouse. A contemporary account credits Vaux with the design of the knot garden, seen in the foreground.

Residence for Professor Raphael Pumpelly, Newport, Rhode Island, 1880.

Raphael Pumpelly Residence.

Vaux was probably introduced to the remarkable Raphael Pumpelly at the Century Association in New York, where both were members. Attaining his wealth by securing a percentage of the natural resources he discovered and claimed—coal, iron ore, commercial forest lands—on assignment from Eastern financiers, Pumpelly, a geologist, explorer, scientist and sociologist among other avocations, asked Vaux to design a house for him in Newport. The result, related to stick-style domestic architecture then current, could be called "chalet" style,

Residence for R. S. Bowne, Flushing, New York, 1885.

a form Vaux had experimented with earlier in some of his houses and park structures. His use of the curved gable and dormer ends recalls the first Matthew Vassar villa design of 30 years before, ostensibly a properly decorative use in a resort area "cottage." Pumpelly's input in the construction may have been considerable; for example, he specified that for certain health reasons the interior walls be made of a special concrete formula which made their demolition exceedingly difficult when the last purchaser of the house decided to build anew.

The Bowne house came about five years after the Pumpelly house in a much plainer version of the "chalet" style. Although Vaux may have preferred to build in stone and brick, he was equally competent in wood construction. The drawings for both houses were made by Vaux's son Downing, a landscape architect in his own right and capable in building architecture as well.

FRONT VIEW.

"Parisian Buildings for City Residents," 1857.

On moving his family to New York from Newburgh, Vaux became aware of the lack of suitable or sensible housing in the city. He therefore proposed the first design for New York City apartment dwellings, or "separate suites of rooms under the same roof" on the "European plan." This was a novel idea for New York of the 1850s where hotels, boarding houses or room rentals, whether for families or individuals, were the norm, except for crowded slum-like tenement buildings with hall or outside toilets. Vaux showed his plans and read his proposal before the June 2, 1857, meeting of the American Institute of Architects. The "Parisian Buildings" design, capped with a Hudson Valley domestic-style gable,

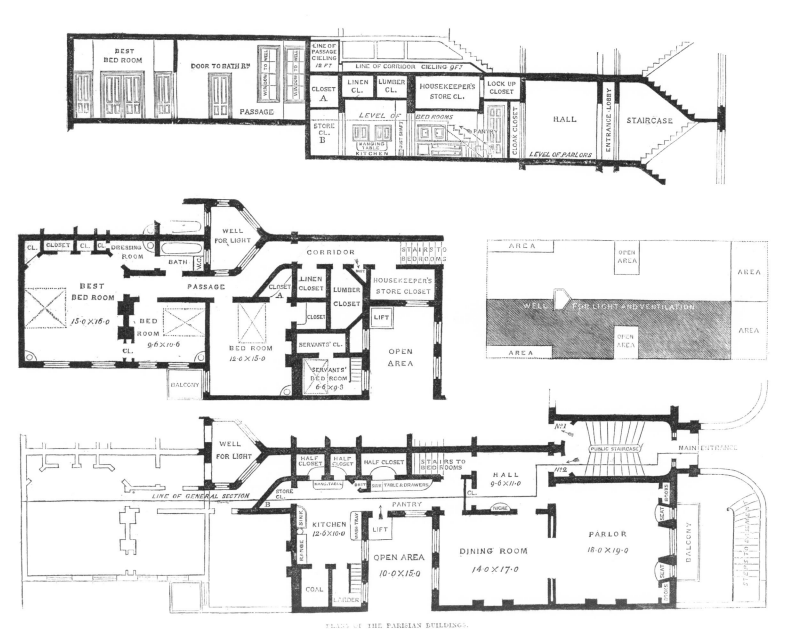

"Plans of the Parisian Buildings."

was a very well-thought-out semi-duplex arrangement for apartment living, albeit on a middle-class income. His full proposal (Appendix, pp. 251–254) considered economics, light, air, sanitation, fireproofing and much more in a practical design for urban living. The first apartment building in New York, however, came 12 years later, designed by Richard Morris Hunt, secretary, coincidentally, of the AIA meeting where Vaux read his paper. This was the Stuyvesant Apartments on East 18th Street in Manhattan. Vaux and his family moved into the building in 1869.

DESIGN No. 34.—(V. & W.)

PERSPECTIVE VIEW.

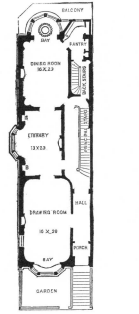

PLAN OF PRINCIPAL FLOOR.

CHAMBER PLAN.

Vaux and Withers, "A Town House," New York, 1856.

The drawing in *Villas and Cottages* differed from the final working drawings, according to Vaux, because the bay window for the library, overlooking the side court of the Church of the Ascension, was not built. Instead a light shaft was indented, anticipating a house alongside in the future. The original row of townhouses has been replaced by an apartment building that now abuts the church at Fifth Avenue and 10th Street in Manhattan. In a September 1858 article, the *Crayon* praised Vaux's design, especially the roof, which it compared favorably with the conventional horizontal cornices of its neighbors. John A. C. Gray, whose house this was, later secured the commission for the new Bank of New York building for Vaux and Withers. Gray also became a Central Park commissioner, which benefited Vaux and Olmsted. A *Crayon* article the next year gave very high praise to the architect Jacob Wrey Mould, Vaux's associate, for his work on the interior painting scheme for the house: "We are well aware that the building was designed by the clever hand of our friend Vaux, but when we entered this time a feeling of Mould came over us which did not originate with the weather, but with the interior painting. Bold as a lion in the selection of his colors, and grave as a judge in their combination, he dazzles with brightness, without offending the most fastidious taste; and as to design, we must pronounce it exquisite. Every line and every leaf betrays the spirit and life of a master hand." The comments seem well justified when one sees the work of Mould in the Central Park Terrace.

John A. C. Gray Residence.

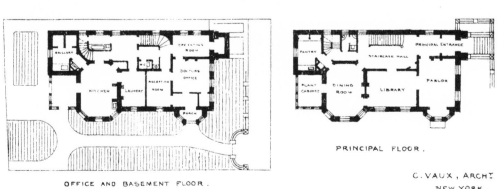

George T. Bull Residence, Worcester, Massachusetts, 1876.

George T. Bull Residence.

Daniel Wesson of Smith and Wesson firearms built this house as a wedding present for his daughter Sarah when she married Dr. George Bull. For them, Vaux created one of his best urban designs, a High Victorian–style mansion. The exterior facades are of random ashlar courses of red granite from Connecticut quarries, accented with horizontal bands and trim of smooth gray granite. The detailing of the stone lintels, brackets and corbels is especially fine and craftsmanlike. Missing now are the iron corbels and roof cresting that completed the design. Despite the loss of these and some cast-iron ornamentation, the building is in very good condition. The granite fence separating the house from the street is said to have cost $10,000 alone. A portion of it was used some 40 years later in constructing the matching facade of the rear addition.

George T. Bull Residence. Front facade detail.

George T. Bull Residence.
Side entrance to medical office.

George T. Bull Residence. Front entrance. Formerly Post 10 of the Grand Army of the Republic, it now houses the Worcester Cultural Commission.

Residence for Samuel J. Tilden, New York, 1881.

Calvert Vaux's most illustrious client was perhaps Samuel J. Tilden, a wealthy corporate lawyer, former governor of New York State, and an "almost" president of the United States. In 1881 Tilden hired Vaux to remodel, and in effect combine, the two adjacent row houses he had previously purchased in the Gramercy Park area. Tilden's greatest pleasure was his collection of books, manuscripts and incunabula which he ultimately donated to the institution that is known as the New York Public Library, Astor, Lenox and Tilden Foundations. There, preserved in his personal scrapbook, is the watercolor sketch of the facade Vaux submitted for approval. It is shown precisely as built, except for details like the carved medallion heads of literary savants in the first-story decorative panel. These are of Shakespeare, Milton, Dante, Goethe and Benjamin Franklin, the latter a particular favorite of Tilden's. Decorative panels of foliage accent the facade whose Gothic quality is manifested by the arched, banded windows and pediment details at the roofline, which rises rather deliberately above the adjacent ones, as Vaux's lettering specifically notes on his watercolor sketch.

Samuel J. Tilden Residence. Watercolor sketch of facade.

Samuel J. Tilden Residence, Gramercy Park South.

When the National Arts Club purchased the Tilden house in 1906, they remodeled it
to their purposes, "sacrificing" the entrance porch, a step that some have come to
regret. During its demolition, the rubble was neatly assembled in front of the house
on Gramercy Park South, as seen in the photograph. The elaborately carved
balcony brackets are visible on the sidewalk at the right. Various interiors were
changed, and although some of the Vaux decoration was dispersed, much of it was
saved and reinstalled elsewhere in the building.

Samuel J. Tilden Residence. Front entrance.

Samuel J. Tilden Residence. Dining room.

While some of the house interiors were not changed, the library and dining room were entirely reconstructed to Vaux's design. They are described in contemporary accounts as two of the most spectacular, if not costly, interiors ever created for a residence in New York City. To speak only of the ceilings, if the stained glass dome of the library was extraordinary—one can see a portion of its bookcase wall through the dining room arch—the ceiling of the dining room may have been even more so. In the precisely 31-foot-square ceiling, each of the eight-inch-square, shimmering, turquoise-hue encaustic tiles, backed to an iron plate, was held in its own carved satinwood frame, the frames then held in a satinwood quadrant whose beams terminated in a half segment of an octagonal panel. The entire octagonal form comprised the carved satinwood center of the ceiling. Vaux's drawing is the merest schematic rendering for the decorative opulence of the actual thing. Below, satinwood wall panels accented with horizontal blue tile bands echoed the ceiling woods and colors. A lotus leaf motif in the ceiling cove recalled such carving in the exterior facade.

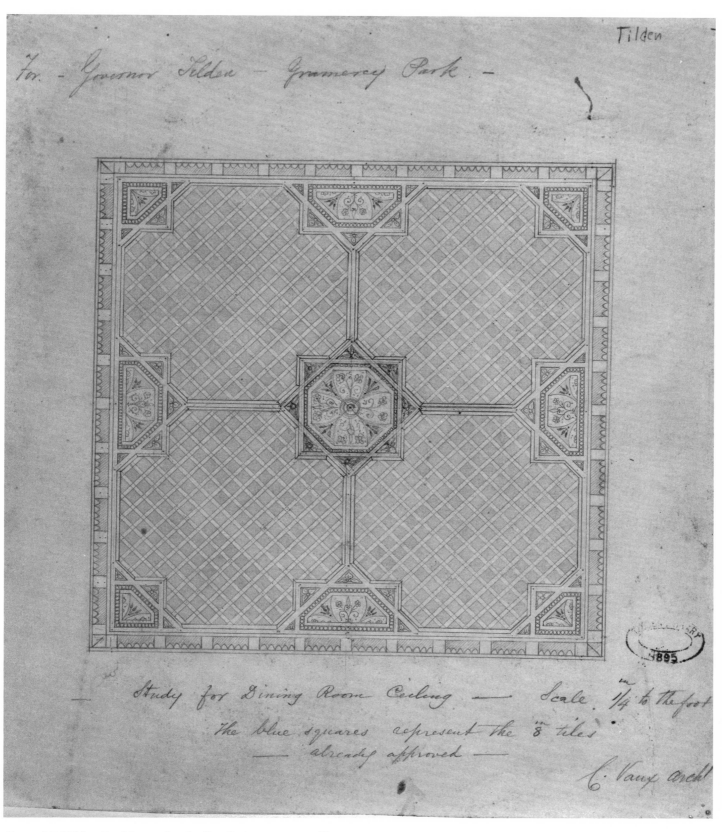

Samuel J. Tilden Residence. Study for dining room ceiling.
The dining room is now the gallery of the National Arts Club, but a small portion of the ceiling remains in the enlarged gallery space. Some of its wood panels have been moved to the club's ground floor.

New York Herald, Friday, October 30, 1857.

Landscape Design and Architecture for Landscape

WHILE it was Downing's initiative that brought him to the United States, the critical event in Calvert Vaux's career came about on his own doing. It was his successful effort to force a competition for the design of Central Park. The opportunity came about first because of the influence of his mentor and partner, Downing, whose continual campaign on the need for a major public park in New York City was shared by some of its most influential citizens, especially the editor and publicist William Cullen Bryant. These two had been pushing hard for over a decade and many others had joined in. Just as he was chosen by President Fillmore to design the nation's most important public grounds in Washington, D.C., Downing, were he alive, would have been the obvious choice to design the park. Secondly, apart from his own professional training in architecture and knowledge of English and Continental parks, estates and landscapes, Vaux came from a notable tradition of architectural competitions, marked, for example, by the enormous publicity that attended that for London's Houses of Parliament, won in 1836 by Sir Charles Barry. And finally, Vaux had previously developed personal and professional relationships, some stemming from Newburgh, especially with two influential New Yorkers. One was John A. C. Gray for whom Vaux and Withers had designed a Fifth Avenue townhouse. Later, through Gray, a director of the Bank of New York, they were awarded the commission for the bank's new building. Gray also happened to be a vice chairman of the Board of Central Park Commissioners. A second commissioner was Charles W. Elliot, who also served as the board's secretary and had been a sometime landscape gardener and former student of Downing's. Vaux, attracted by an anonymously written essay on "Barns," had quoted it extensively in his book, only to discover later that Elliot was the author. This same Elliot had also suggested to Olmsted, at a chance meeting, that he apply for the job as Central Park Superintendent.

The board, lacking funds and uncertain on how to proceed with the creation of the park, had in early 1867 adopted the plan, at this point gratuitously provided, of its engineer-in-chief, Egbert L. Viele. It was based on his topographic survey of the grounds, showed little or no landscape design imagination and had been criticized in the press. Vaux campaigned against it, citing its manifold defects, declaring that were it to be carried out "It would be a disgrace to the city and to the memory of Mr. Downing."

By August of that year the situation had changed. On the 25th of the month, the Central Park commissioners met, Gray and Elliot present, and "Mr. [James] Hogg called up his resolution in regard to advertising for plans, as follows: Resolved that the board do now advertise for plans for laying out Central Park, and that they offer for the best plan chosen $2,000; for the second, $1,000" and so forth. That Vaux had been at work here could be ascertained by the concluding sentence of the meeting, which was reported in the *New-York Daily Times* the next day: "The thanks of the Board were returned to Mr. C. Vaux for a handsome work on Rural Architecture presented some time since." He had obviously taken care to provide the commissioners with copies of his recently published *Villas and Cottages.*

Meanwhile, Olmsted had also been at work. Anxious to secure the job of superintendent, he had canvassed influential men of the day to secure their names on a petition recommending him. Washington Irving and Peter Cooper had signed; Asa Gray had written separately. Success came on September 11 when Olmsted was appointed superintendent under Viele, to begin the work of clearing out the park grounds.

Vaux and Olmsted had first met at Downing's house. Vaux was familiar with *Walks and Talks of an American Farmer in England,* in which Olmsted had demonstrated his intelligent understanding of agricultural practice and sensitivity to landscape design. Satisfied to see the competition publicly announced and the advertisement appear in the press on October 30, Vaux now sought out Olmsted to join in preparing an entry. Olmsted's workaday knowledge of the grounds would be of enormous help, if not essential. Reluctant at first, Olmsted cleared it with his boss, Viele, and agreed. The plan was prepared in Vaux's Manhattan apartment on East 18th Street. "Greensward" won, Central Park was built, and it became the nation's prototypical country park in the city, the urban-environmental focus that provoked the need for related planning concepts and methods that thereafter significantly affected the face of American cities.

Greensward Presentation Study Number 4.

Together with their narrative description of their Greensward plan, the designers submitted 11 studies, ten of them comprising before and after views of an area as it existed and the "effect proposed" in their design—a device used earlier to good effect by English designers, especially Humphrey Repton. The views were keyed to a miniature park plan at the top of each study. Typical of these is Number 4, a view just inside the western edge of the park at about 73rd Street. Vaux's "after" watercolor sketch faces northeast toward Vista Rock, now the site of the Belvedere, across what became the widest part of the Lake. Although the small turreted pavilion at the left, on the spit of land known as the Hernshead, was never built, Vaux bided his time and built one very much like it ten years later in Buffalo's Delaware Park (p. 155).

Greensward Presentation Study Number 4.
Present outlines.
Dimly seen on the left horizon is the fire watchtower on Vista Rock, the highest point in the park, the future site for the Belvedere and its structures.

EFFECT PROPOSED.

Greensward Presentation Study Number 4. Effect proposed.

An added element in the Greensward submission was a small painting by Jervis McEntee, the Hudson River School painter who was Vaux's brother-in-law. It is inscribed "J.M.E. 1858 View from Terrace Site looking toward Vista Rock and showing proposed site for ornamental water." One of Vaux's clients, Raphael Pumpelly (p. 90), took McEntee along on one of his exploratory trips in the West in 1882 to make sketches for his reports. McEntee found subjects like Yellowstone Canyon "too savage," but did make "charming" sketches of milder scenes with Rocky Mountain backgrounds.

Jervis McEntee, View from Terrace Site, 1858.

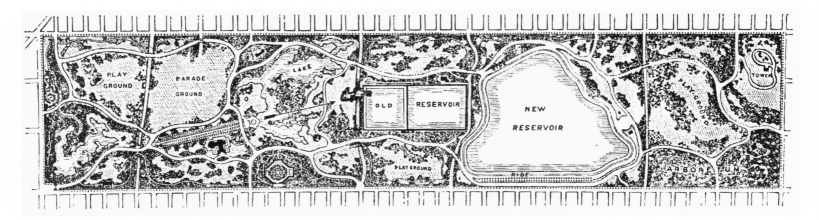

Greensward Plan, 1858.

This schematic version, reproduced in the press immediately after the prizes were announced, was the same as the small key plan at the top of each of the presentation studies. It showed only the few major features of the design, which was fully and richly detailed on the 12-foot-long competition drawing submitted to the commissioners.

Greensward Plan, 1858, Detail. Water Terrace.

Greensward Plan, 1858, Detail. The Avenue, or Promenade.

These details from the original Greensward drawing of 1858 show the two major formal elements of the plan, the Promenade and Water Terrace. Straight rows of American elms line the Promenade, now called the Mall, and lead just north to the Water Terrace, now Bethesda Terrace. This strong diagonal with its line of view was deliberately created by the designers to counter the very long rectangle of the park itself. The line of view was emphasized by a dotted line drawn straight through the center of both the Promenade and Terrace, continuing directly across the Skating Pond, now the Lake, to the highest point in the park, Vista Rock. Here they proposed a martello tower be erected, on the lines of the circular stone forts built along the Irish and English coasts to counter the threat of Napoleon, perhaps a suggestion made by Vaux. In time, the structure evolved into a small castle, on Vista Rock's Belvedere platform. As for the original Water Terrace, Vaux considered its perfected result the best thing he had ever done (p. 114).

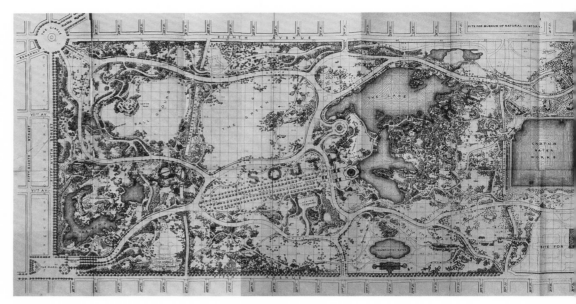

Central Park Map, 1873.

About three years before the park was declared to be "completed," Olmsted ordered a complete horticultural survey. The park was divided into 100-foot squares, seen above, in which every growing plant was tallied and listed. The list even included a giant sequoia (*Sequoia gigantea*, Endl./ *S. giganteum*, Buchholtz) located then at a spot just west of what is now Conservatory Garden at 105th Street. This map was precise and accurate.

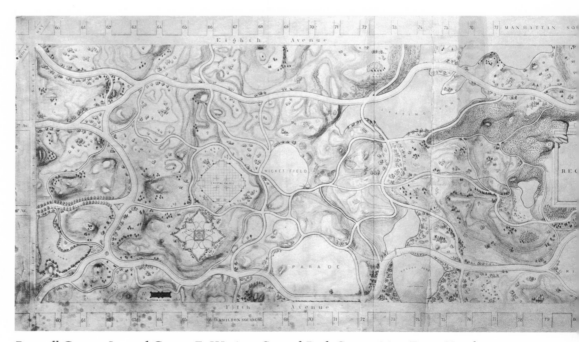

Roswell Graves, Jr., and George E. Waring, Central Park Competition Entry Number 29, 1858.

The only plan drawing known to be in existence, apart from Greensward, of the original 33 Central Park competition entries is Number 29, "Art the Handmaiden of Nature," by Graves and Waring. Their accompanying narrative stressed the importance of drainage, and in their wisdom Olmsted and Vaux later chose Waring to devise the drainage system for their design. Waring went on to become one of the outstanding sanitary engineers of the day.

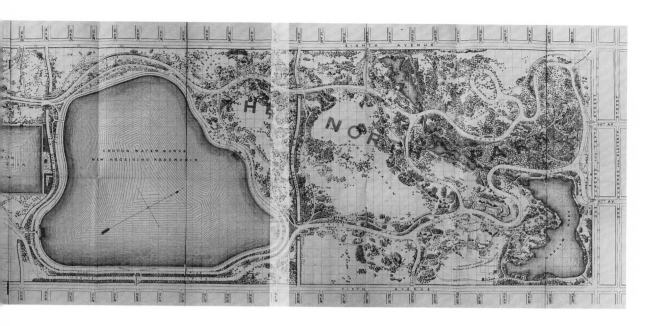

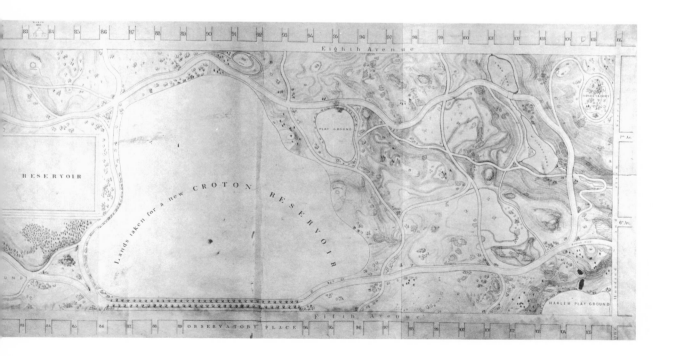

The Water Terrace, 1864.

With his Terrace, Vaux gave New York and America a magnificent composition. In England and the Continent he had seen the work of gardeners and architects practicing the art of transition from the formal to the gardenesque to the natural, from *rampe douce* to stairway to terrace. His Central Park solution, beginning at the termination of the Mall's *allée,* involved a combination of multiple wide stairways, a covered arcade, curving ramps, a generous terrace-esplanade with fountain, seating, a boat landing and pathways into the surrounding landscape. It was surely equivalent in conception to the finest palace, estate or garden designs in Europe. On tall poles, gonfalon pennants, fluttering overhead, completed the setting. *Harper's Monthly Magazine* declared simply: "The Central Park is the finest work of art ever executed in this country."

John Bachmann, View of Central Park, *1875.*

Four major works by Vaux are shown in Bachmann's bird's-eye view: Bethesda
Terrace in the center, Bow Bridge at right center, the Boathouse at left center and, in
the left foreground, drawn far out of place, the Belvedere platform and castle. The
castle was exactly on line with the long axis of the Promenade across the Lake. A
closer look shows some of Vaux's rustic structures, while an even closer look shows
the silent electric boats Olmsted brought in, which circumnavigated the lake. One
could embark or disembark at any of six landings.

Central Park, The Mall, 1906. Summer.

Olmsted and Vaux's set piece, the Mall, with its American elms, formed the majestic
canopy through which sunlight filtered down on a sunny day to create lacy patterns
of light and shade beneath. The Avenue was surely equal to any in Europe. The elms
are now sadly decimated.

Central Park, The Mall, 1906. Winter.

The stone railings define the stairway leading down to the Terrace. The view faces south and shows the ornamental detailing by Jacob Wrey Mould, who also designed the Music Stand, seen at the right in both pictures.

The Dairy, 1870.

Designed to serve children, the Dairy was located in the "Childrens Department" of
the lower park, together with the Carousel, Children's Cottage and Rustic Shelter. It
provided "perfectly fresh pure milk" at "a moderate price." On the greensward in
front were to be kept cows, lambs and chickens for the amusement of the children
seated in the open gallery.

The Boathouse, 1872–1876.

Architectural assistants to Vaux in the detailing of the Boathouse were Mould and Julius Munchwitz. The upper decks offered views over the Lake and landscape. A silent electric boat with its passengers sits alongside the mooring.

Mineral Springs Pavilion, 1868.

If the Dairy was bucolic, the Spa, as it was called, for adults, was flamboyant. It was originally located within a grove of trees which the concessionaire, with the connivance of a parks commissioner, managed to have cut down.

Noteworthy in its elaborate interior detailing is the ceiling design which presages that of the Tilden house of a decade later (p. 104). In the spirit of curative recreation, 30 varieties of mineral water were served here.

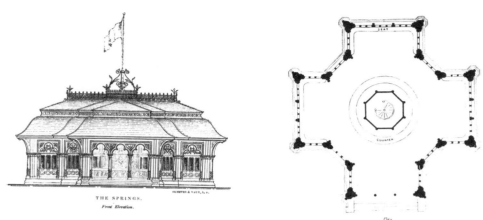

Mineral Springs Pavilion. Front elevation and plan.

Mineral Springs Pavilion. Interior.

Glade Arch, 1860. Constructed of New Brunswick stone except for the vault facing, which is Philadelphia pressed brick.

Forty-six bridges were ultimately built for Central Park, the great majority designed by Vaux or under his supervision. These were integral parts of four separate circulation systems: carriage roadways, pedestrian paths, bridle paths and depressed transverse roads to carry crosstown traffic under the park. They ranged from long tunnels blasted out of solid rock to rustic bridgelets over streams, and they enabled visitors to travel and concentrate on their own specific means of park enjoyment without the danger or distraction of those moving faster or slower.

Denesmouth Bridge, 1859. Watercolor rendering submitted to the Board of Commissioners prior to construction.

Vaux, in charge of architecture in the park, demonstrated his talent for bridge design in three modes: masonry, cast iron and wood. His arches faced with stone tended to present a formal, simplified classic appearance. Long cast-iron bridges came as elegant spans, while short ones were often fancifully decorative. Wood bridges were rustic in spirit and construction, as was an occasional boulder bridge. With Central Park the first of its kind, Vaux was highly conscious of his position and made an especially creative effort in this area.

Rustic Bridge in Ramble, 1863.

Oak Bridge, 1860.

Bow Bridge, 1860.

The photographs on these two and the preceding two pages are part of a special collection at the British Architectural Library of the Royal Institute of British Architects. They were among a large group of photographs brought to England in 1867 by Professor William Ware of Columbia University, representing the work of the then most notable American architects. They were part of his response to current opinions in England denigrating the artistic quality of American architecture (although praising American engineering). Vaux, among those asked to contribute examples, included these five Central Park bridge pictures as part of his group.

Balcony Bridge, 1860.

Terrace Bridge, 1861.

Bridle Path Arch, 1864.

"Shaded Seat." Vaux reproduced this as a vignette in the 1864 edition of *Villas and Cottages.*

The Children's Shelter.

Prospect Park, View from the Reservoir Looking West, before 1861.

The beginnings of Prospect Park were not auspicious. Egbert L. Viele had been
hired in 1861 by the Brooklyn Board of Park Commissioners to make a topographic
study of the intended grounds. This then had evolved into a park plan. Brooklyn,
third largest city in the nation at that time and growing in population and prosperity,
was ready to build a grand public park, matching New York's, but the Civil War
intervened and the plan was shelved. When the park idea was taken up again in 1865,
Vaux, now with some eight years of Central Park experience, was asked to resurvey
the boundaries and report on them. He walked the area, at times with the very
much concerned park board president, James S. T. Stranahan, a wealthy businessman
who had been advocating the idea for many years. When Vaux's recommendations
were reviewed, Viele's plan was set aside, as was his Central Park plan seven years
before. Its greatest and obvious fault was that it was bisected by Flatbush Avenue,
one of Brooklyn's major traffic arteries.

Vaux's plan was a single entity, containing a large greensward, a lake two and a half times larger than Central Park's, with islands, and groupings of pastoral elements enhancing the whole. Writing to Olmsted, who was now in California, Vaux sent along a sketch plan in his letter of January 9, 1865. Olmsted wrote back in March: "Your plans are excellent, of course. You go at once to the essential starting points, and I hope the Commissioners are wise enough to comprehend it." Vaux recommended that the single plot of land be extended west of Flatbush Avenue, as shown by his dotted lines, and the previously purchased property on the east be exchanged for the new land.

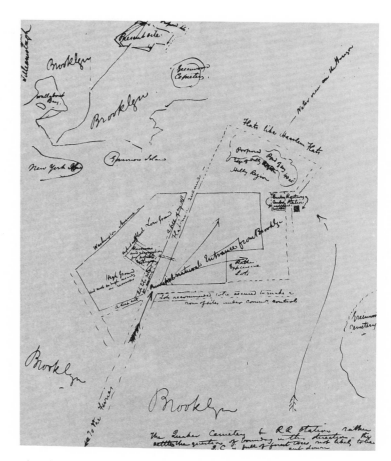

Sketch Plan for Prospect Park, January 9, 1865.

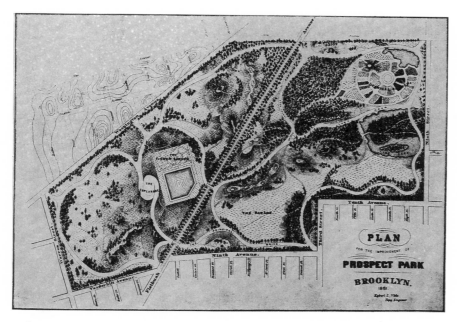

Egbert L. Viele, "Plan for the Improvement of Prospect Park," 1861.
Viele's plan encompassed both sides of Flatbush Avenue. The park was ultimately created on the further, western side.

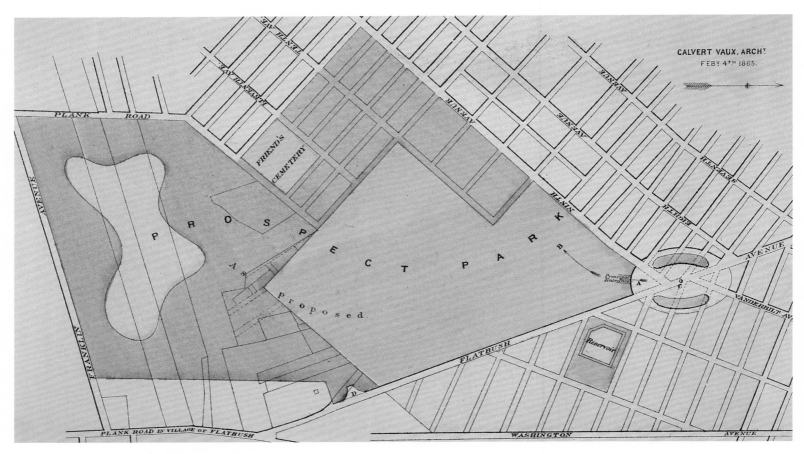

Calvert Vaux, Prospect Park Plan, 1865.

As Olmsted anticipated, the commissioners were wise enough to accept Vaux's plan, assisted by a clear drawing that Vaux had provided them in February 1865. Vaux now embarked on a campaign to persuade Olmsted to return to join him in carrying out the design. He was again successful, and Olmsted arrived in New York in November. In January 1866, one year after the Vaux-Stranahan walkabout, Olmsted, Vaux and Co. formally submitted their plan to the commissioners. Accepted, it was carried out, the work proceeding with relative calm under Stranahan's enlightened protection, and the result, highly satisfying to the designers, is held by many to be their finest work. Further, Vaux's plan enabled the land across Flatbush Avenue later to become Brooklyn's Botanic Garden and Parade Ground, adding substantially to the city's open space preserve.

Olmsted, Vaux and Co., Design for Prospect Park, 1866–1867.

Site for Prospect Park, before 1861.

The Long Meadow, 1902.

Three successive stretches of gently rolling greensward formed the Long Meadow, each area entered through a tree-landscaped "gate," each drawing the visitor along to explore the mystery beyond. The Long Meadow extended for almost a mile.

The Dairy, 1869.

As in Central Park, the Dairy here dispensed milk and other refreshments and provided a private room for child care. In addition to grazing sheep, cows were pastured nearby on the Green, assuring a fresh supply of milk. The building no longer exists.

Rustic Arbor, ca. 1868.

Swiss Thatched Cottage, Prospect Park, ca. 1867.

The Thatched Cottage, one of the park's earliest rustic shelters, could be seen to the left of the pathway soon after entering the grounds through Meadowport Arch. It no longer exists.

Olmsted, Vaux and Co., Concert Grove.

Concert Grove House, 1872.

Concert Grove Pavilion and House, 1906.

Prospect Park's Concert Grove reflects the prevalence of German music societies in Brooklyn and is the one formal element reminiscent of Central Park's Mall and Music Stand. The design here focused on a music stand set on a small island off the eastern edge of the Lake. A system of walks, raised terraces and concourses fanned out from this edge in a concentric pattern. One could listen to music seated in carriages in either of the two carriage concourses, European style, or from the pedestrian concourse situated between them. The ambient qualities of this pleasure ground were enhanced by fountains, sculptured likenesses of famous composers (Mozart, Beethoven, von Weber), decorative posts and railings and trees and plantings. Vaux designed two buildings for the far end, the Concert Grove House, containing a restaurant and comfort station, and the Concert Grove Pavilion, an imaginative "Oriental" structure where one could sit with one's refreshments. The former is gone but the latter has been restored.

Proposed Carriage Concourse Shelter, 1869.

Concert Grove Pavilion, 1874.

The Shelter is counted among the series of experimental, engineered or innovative designs Vaux came up with during his career. He felt this kind of structure was not inappropriate for the festive, relaxed atmosphere of a park setting, as was his example of Victorian orientalia in the Concert Grove Pavilion. He was able to build a smaller version of the Shelter later in Brooklyn's Fort Greene Park (p. 144).

Meadowport Arch, 1868.

Endale Arch, 1867.

Two of the series of bridges that Vaux designed for Prospect Park are located just inside the main pedestrian entrance. Endale Arch is a long, dark tunnel, Meadowport is less so; the former leads southeast into the park, the latter southwest. Both have the specific purpose of providing, just after leaving the city's urban environment, an interlude preparatory to the sudden, dramatic pastoral vista beyond of greensward, as far as one can see. This kind of apprehending experience was specifically intended by the designers. Among other major Vaux bridges are the Cleft Ridge Span,

Cleft Ridge Span, 1871.

Cleft Ridge Span, View in 1911.

Nethermead Arches, 1868.

Terrace Bridge and Nethermead Arches, under which converge a stream, bridle path and pedestrian way, and over which is the carriage drive. He also designed East Wood Arch, of which three drawings, now in the collection of the New York Public Library, appear to be the only known remaining original drawings of Prospect Park. Vaux's original rustic Lullwood Bridge has been replaced by a McKim, Mead and White–designed structure.

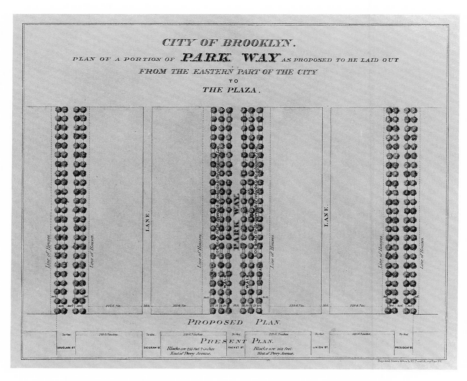

Olmsted, Vaux & Co., Plan for Eastern Parkway, Brooklyn, 1868.

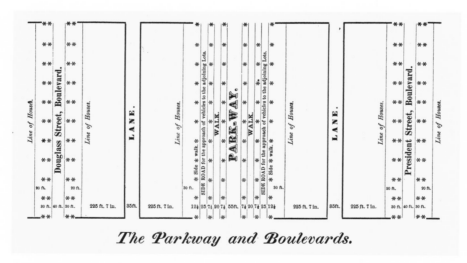

Olmsted, Vaux and Co., Plan for the Parkway and Boulevards, Eastern Parkway, Brooklyn, 1873.

In the idealized mid-1860s conception of Olmsted and Vaux, Prospect Park was to be one node in a system of parks with interconnected parkways that were to spread throughout the city. In Brooklyn they created two versions of their parkway, loosely based on European models, radiating out from Prospect Park. The first, Ocean Parkway, completed in 1868, ends reasonably at a recreational area, Coney Island. Eastern Parkway, the second, whose later developed plan shows it to be the basis for a linear residential community, did not end at a park but stopped at a cross street. This was as far as they got. However, almost simultaneously, Olmsted and Vaux were successfully carrying out this concept of an entire system in Buffalo (p. 151).

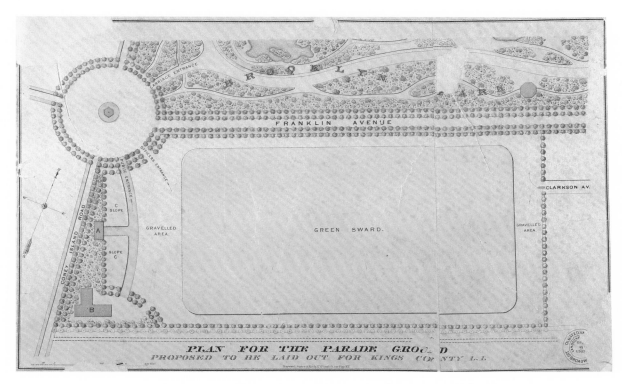

Olmsted, Vaux and Co., Parade Ground for Kings County, Long Island, New York, 1867.

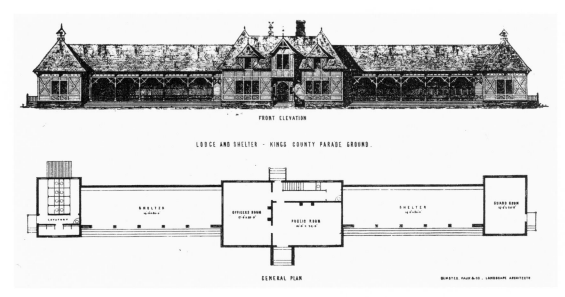

Olmsted, Vaux and Co., Lodge and Shelter, Kings County Parade Ground, 1869.

The parade ground, initially destined for Prospect Park but separated from it as a result of Vaux's judicious recommendation, shared, however, an inviting circular entryway with the southern end of the park. Its rectangular central greensward for drills was surrounded by gravelled areas for watchers, who could also watch from the Lodge and Shelter Vaux designed for its western end. A better spectator view could be had from the raised wings of this pavilion, which was the forerunner of a much larger version he designed for Buffalo a few years later (p. 155).

Olmsted, Vaux and Co., Fort Greene Park, Brooklyn. View in 1904.

Olmsted and Vaux's design for Fort Greene Park combined country elements with
formal public-ceremonial areas on high ground, which afforded wide vistas across
New York's waterways. The park has undergone several changes over time and is now
notable as the site of the Martyrs' Memorial, an underground vault containing the
remains of Revolutionary War soldiers who were taken prisoner and died aboard
British prison ships in nearby Wallabout Bay. Many landscape elements are still extant,
but the site of Vaux's original sheltering structure is now occupied by the memorial's
symbol, erected in 1908 and purported to be the world's tallest Doric column.

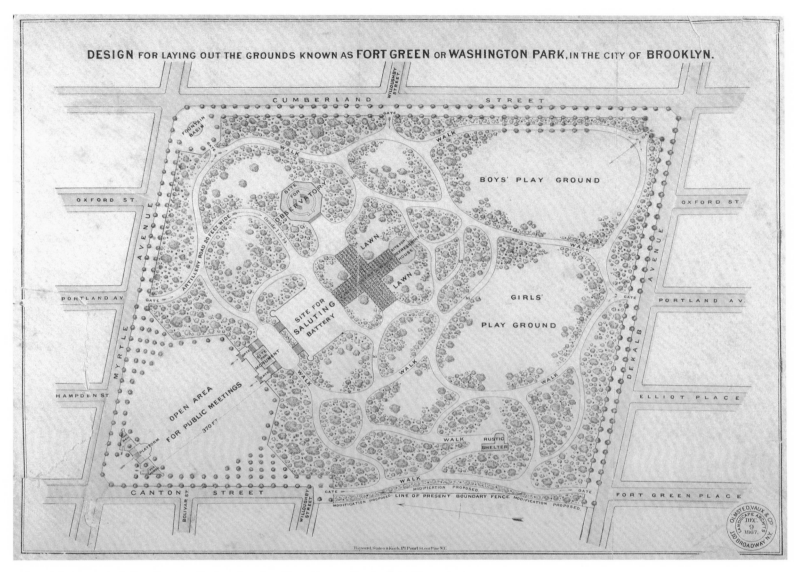

Olmsted, Vaux and Co., Design for Laying Out Fort Greene Park, Brooklyn, 1867.

Frederick Law Olmsted, Calvert Vaux, Riverside Park, New York. View in 1901.

Olmsted himself provided the initial plan for Riverside Park in 1875, three years after the cessation of his partnership with Vaux, who was then occupied with major architectural projects, especially the Metropolitan and American Natural History museums. In 1877 Vaux, also superintending architect of the Department of Public Parks, worked to complete Riverside Park as best he could, although under heavy political pressure at that time because of his efforts to protect Central Park from abuse and encroachment. Ultimately Riverside Park and Drive succeeded in attracting the residential development for which it was intended. The long curving line of apartment buildings along the Drive, following the original 1875 plan, today comprises New York City's most attractive urban face.

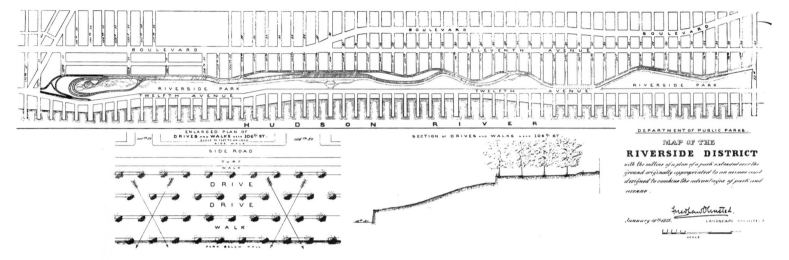

Frederick Law Olmsted, Map of the Riverside District, New York, 1875.

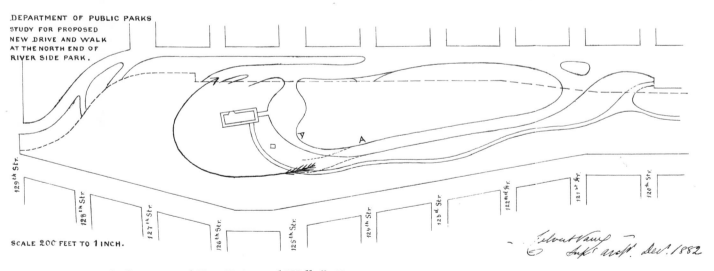

Calvert Vaux, "Study for Proposed New Drive and Walk," 1882.

Olmsted, Vaux and Co., Morningside Park, New York.

Morningside Park, characterized by one of the deepest physical clefts on Manhattan Island, separates Morningside Heights from Harlem. Rocky and precipitous, the area was not capable of being turned into real estate plots in accord with the city's grid plan and was thus turned over to the designers to be formed into a park. They made the best of it, planning an alpine garden and scenery for this "picturesque cliff of rock." Olmsted, who wrote the park report and was ever concerned with connecting parks with parkways, noted that Morningside's southern edge was just "three minutes' walk" from the northeast corner of Central Park. Because the comparative street levels presented something of a problem in the connection between their entrance gates, even a tiny parkway could not be considered.

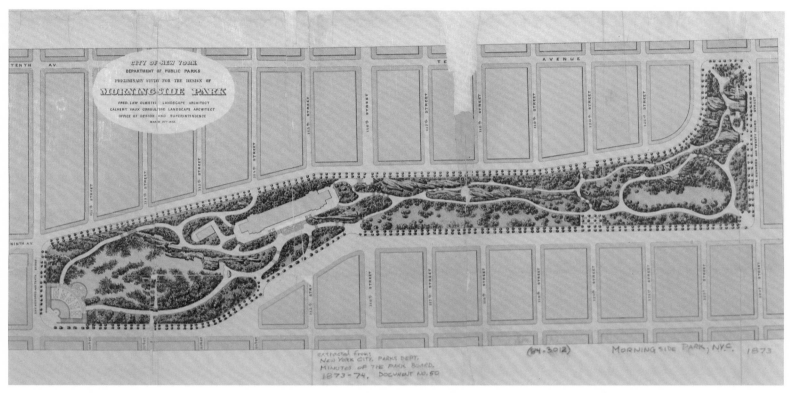

Olmsted, Vaux and Co., Morningside Park, New York, 1873. Revised general plan.

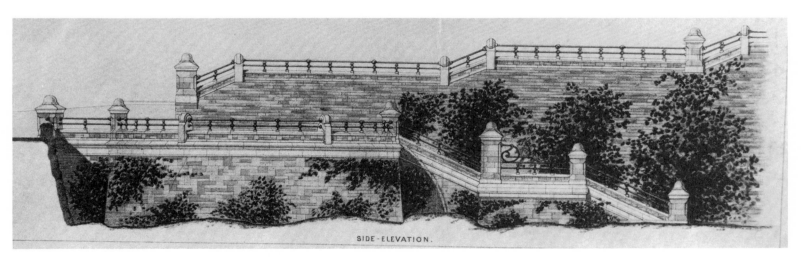

Olmsted, Vaux and Co., Jacob Wrey Mould, Morningside Park, New York. Embankment and stairway design.

Olmsted and Vaux succeeded in Buffalo where in New York they could not. Here they designed a park and parkway system, approaching their ideal of public park grounds designed for a variety of individual recreational uses, connected by 200-foot-wide, tree-lined parkways which in themselves could convey something of a park-like atmosphere to those living in neighborhoods nearby. Indeed, a parkway would even convey the anticipation of a park at its terminus. Delaware Park was the park itself, with pastoral scenery and trees screening out the city, stretches of greensward and a lake, for which swans were imported from Hamburg, as in Central Park. The choice of the park site in north Buffalo was a considered one, between two large adjacent green areas, Forest Lawn Cemetery and the grounds of the State Insane Asylum, intending to preserve for Buffalo an extensive, permanent rural area. Additionally, Parkside, a suburb of "sylvan character," adjoined the park on its north and east sides. The three public grounds are precisely described in the Buffalo Park Reports (p. 153).

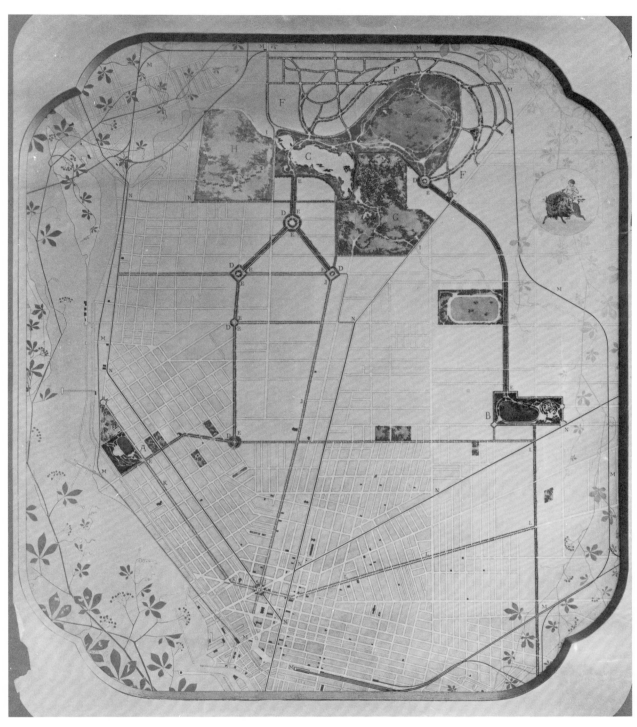

North Buffalo Map, 1876.

This 1876 map, of which a later version became known as "Olmsted's Sketch Map of Buffalo," was the basis for a clear description of the early park system approved and executed by the City of Buffalo beginning in 1868. Successive Olmsted firms expanded the system substantially in later years.

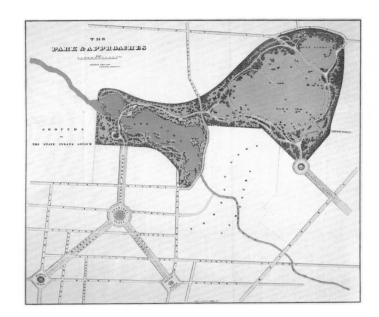

The Park.

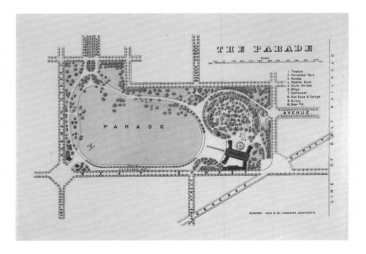

The Parade.

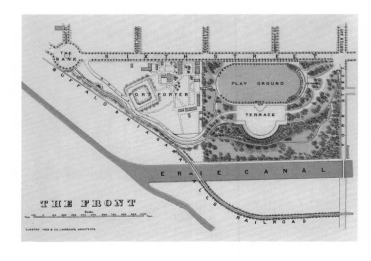

The Front.

"The Park, 3½ miles north of the City Hall, a ground designed to be resorted to solely for quiet rural enjoyment. The more notable features are a grand sweep of undulating turf, one hundred and fifty acres in extent, and containing a goodly number of large, well-grown trees, a body of water of forty-six acres, an open grove suited to picnics, and closer woods offering wilder and more secluded rambles. Area, 350 acres."

"The Parade, two and one-half miles easterly from the City Hall, a smooth gently-sloping lawn designed for military drills, parades, attractive out-door sports, and popular festivities. At the easterly end, a small natural grove and a commodious refectory afford ample opportunity for shade, rest and refreshment. Area, 56 acres."

"The Front, one and one-half miles northerly from the City Hall, a ground in which the use is secured forever to the public of the crest of a steep bluff, from 50 to 60 feet above the level of Lake Erie, which commands a broad prospect over the lake, and an interesting view of the Niagara River and Canadian Frontier. In the summer and autumn months it is fanned by a cool westerly breeze, almost constantly blowing from the lake, which, in warm days is grateful and refreshing to visitors and healthful to invalids. Its area is about 50 acres, including the adjoining military post, which is also open to the public."

Plan for the Refectory, The Parade, 1871.

The largest park structure Vaux ever designed was the Refectory for Buffalo's
Parade. Only the front pavilion and a portion of the adjoining rear wing were built
of this very ambitious structure.

The Refectory, The Parade, 1876.

Vaux's "chalet"-style Refectory pavilion overlooked the parade ground and grove. It was over 270 feet long and 50 feet wide, and could comfortably shelter over 1,000 visitors who came to see the drills and festivities. "Its elevated site will also afford a fine outlook over the city, and the distant hills of Chautauqua are brought prominently into view." It was dedicated on July 4, 1876, burned in August 1877, and reerected for another grand opening on Memorial Day in 1879, but at half its original size. It no longer exists. Vaux built other buildings in this rustic style at about the same time in Central and Prospect parks.

The Tower at the edge of Delaware Park's lake clearly had its genesis in Central Park's Greensward Presentation Study Number 4 (pp. 108–109). Here was the same prospect, an elevated resting place with water view.

The Tower, Delaware Park.

The Boathouse, Delaware Park, 1875.

The Boathouse also housed a refectory on its upper story, which served refreshments to be taken out on the open deck where one could view lake activities and park scenery. In winter boats were slung overhead for storage, and the lower dock area was flooded for ice skating and curling.

Seating for those awaiting pedal-driven transport was carved and colored in a manner reminiscent of Vaux's detailing at his earlier Central Park Boathouse. Ochres, tans and yellows in larger areas were customarily set off by blues, reds and dark browns in the details.

Seating at Boat Landing, Delaware Park.

Delaware Park, ca. 1868. Watercolor, artist unknown.

The Parade, ca. 1868. Watercolor, artist unknown.

Olmsted's original Buffalo Sketch Map was mounted together with a hand-lettered explanation of the plan and a series of small watercolor vignettes showing landscapes and structures, some completed, some proposed. These, among them, show the Tower in Delaware Park and the Refectory in the Parade. Although formally labeled "artist unknown," they closely resemble Vaux's watercolor technique as seen in "after" scenes rendered for the Central Park competition and later Central Park bridge watercolors.

Vaux and Withers, Congress and Columbian Springs Pavilions, Saratoga Springs, New York, 1876.

When the *New York Daily Tribune* reported on Saratoga's season in July 1878, it noted that the "light and graceful buildings designed by Vaux and Withers of New York" were admirably suited for the evening festivals in Congress Park. The park itself was completed in 1875 according to plans by Frederick Law Olmsted and his then associate, Jacob Weidenmann. The next year, the Congress and Columbian Springs Pavilions, actually a continuous structure housing both natural springs, were completed by Vaux and Withers and opened to the public. Gaslighting throughout the park and pavilions served for festive evening events—like music from the bandstand on the island in the park's artificial lake—clearly intended to draw crowds away from Newport or even those contemplating Europe. When three or four bands from the large hotels combined as one to make music in Congress Park, "The scene in the evening" writes Ticknor's 1877 Guide, on the occasion of one of the grand concerts, "is remarkably brilliant."

Congress Park Plan.

Congress Spring Pavilion. Park entrance.

Congress Spring Pavilion. Serving bar, dipper boys and patron.

The pavilion structures display High Victorian timber and wood construction at its most decorative and expressive. Although little expense was spared to make fine pavilions where the waters were free, other available enjoyments, such as the casino across the street, could make a Saratoga visit costly. The stained-glass panels behind the Congress Spring bar would have had their counterpart in the colonettes, beams, arches, pendants and filigree, with major

Congress Spring Pavilion. Promenade to the Cafe.

elements in ochres and browns and details picked out in reds, bright blues and greens. While access to the park and its facilities cost a nominal fee, anyone could enter the pavilions without charge directly from Congress Street or Broadway and partake of the waters, either at the bar or, while seated, served by one of the dipper boys.

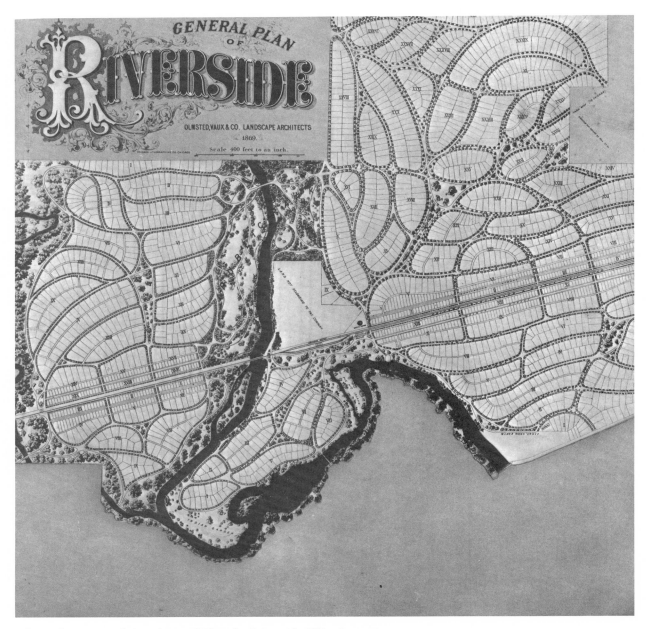

Olmsted, Vaux and Co., General Plan for Riverside, Illinois, 1868.

In 1868, a banner year for the firm, Olmsted, Vaux and Co. was engaged by the Riverside Improvement Company to lay out an entire suburban village at the edge of the Des Plaines River, 12 miles from Chicago. The designers were to be paid in house lots. The preliminary report was followed by the actual plan in 1869. Some good progress was made, with an illustrated brochure appearing in 1871, the year, unfortunately, of the Great Chicago Fire in which the Riverside Company's office was destroyed. In the Panic of 1873 the company went bankrupt. It turned out to be a troublesome and unprofitable venture for Olmsted and Vaux, but their plan was basically completed, becoming in time an exemplar of suburban town planning. It has in fact been held up for singular praise over the years by the nation's planning community and has perhaps never been matched for quality and intelligence. The 1871 brochure showed three houses designed by Vaux among the illustrations of landscape scenes, major structures and improvements.

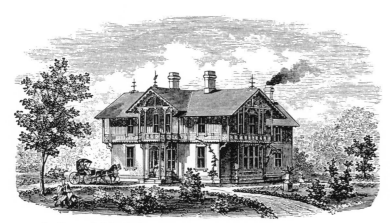

Residence of John C. Dore, Esq., situated on Fair Bank Road, Riverside. Olmsted, Vaux & Co., Architects.

"The house is a low Swiss cottage, the upper story overhanging the lower, with the upper balconies in unexpected places, giving a very picturesque appearance.

"The situation is a very fine one, the Church with its broad grounds on one side—the river and Picnic Island on the other."

"The building is in a plain Gothic style, surrounded by fine grounds, decorated with a summer house, and a swing for the children; while in the rear are the stables, hennery, and the kitchen garden.

"The front veranda commands a fine view of the River, Picnic Island, and the driving on the Fair Bank Road. A beautiful fountain on the front lawn will command attention."

Residence of Geo. M. Kimbark, Esq., situated on Barry Point Road, Riverside. Olmsted, Vaux & Co., Architects.

Residence of E. T. Wright, fronting on Scott's Wood Common, Riverside. Olmsted, Vaux & Co., Architects.

"The house is in a picturesque Gothic style, with steep roof, forming a part of the chamber story.

"There are two verandas, one upon the side towards the common, the other on the lawn. The grounds are large and well shaded with natural growth of fine young forest trees."

The firm's work at Riverside brought Olmsted into contact
with civic leaders and businessmen he had been associated
with as secretary of the Sanitary Commission during the Civil
War. This was in regard to the design of a major park in
Chicago. Vaux, in Chicago on the Riverside job, followed up
on Olmsted's contacts, and in October 1869 he successfully
negotiated for the job of a park and parkway plan for
Chicago's South Park Commission. Their plan, in simple
terms, comprised a two-part park connected by a wide canal.
If their conception had been completed as planned, an
extraordinary series of waterways, lake basins and lagoons
would have enabled one to travel by water from the prairie
edge of the "Lower Division," through the Midway Plaisance
Canal, into the "Upper Division," and out into Lake Michigan.
Again the Great Fire of 1871 intervened, destroying all Park
Commission records and drawings. A later administration
made substantial changes in the plan, not for the better. The
Midway Canal never came into being, but a good deal of the
basic plan was followed, especially that part based on the
preliminary civil engineering recommendations of the
designers. This resulted in the drainage of marshes and
swamps on the site, especially at the lakeshore where the
designers provided a fine, popular promenade. The two
divisions became Washington and Jackson Parks, the latter the
site of the 1893 World's Columbian Exposition whose grounds
Olmsted alone laid out in one of the major undertakings of
his career.

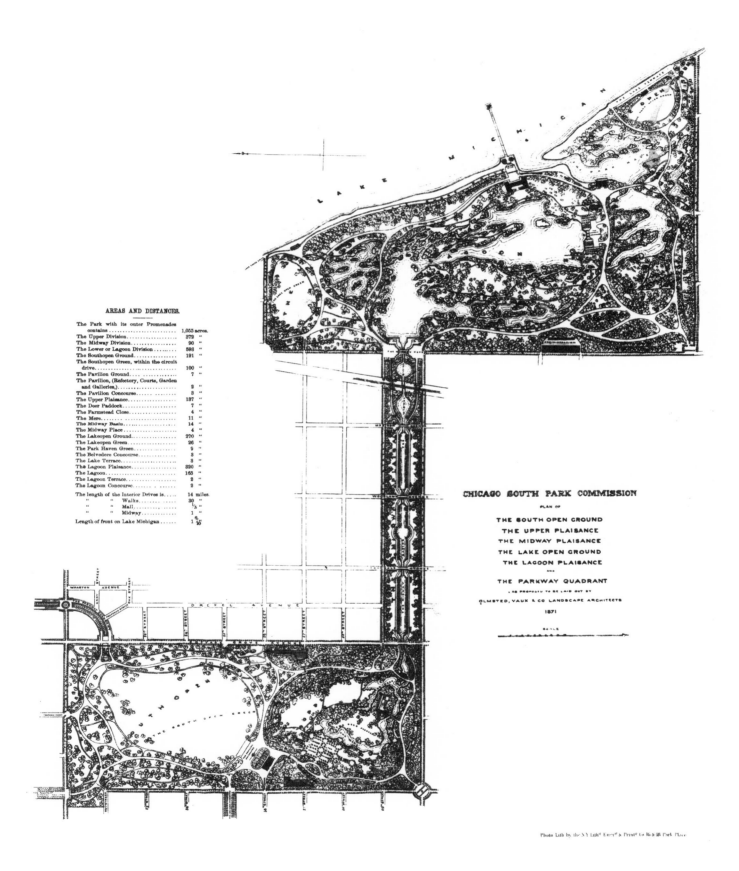

AREAS AND DISTANCES.

The Park with its outer Promenades contains.................	1,055 acres.
The Upper Division.................	372 "
The Midway Division.................	90 "
The Lower or Lagoon Division..........	593 "
The Southopen Ground.................	191 "
The Southopen Green, within the circuit drive.	100 "
The Pavilion Ground.................	7 "
The Pavilion, (Refectory, Courts, Garden and Galleries,).................	2 "
The Pavilion Concourse.............	3 "
The Upper Plaisance.................	137 "
The Deer Paddock.................	7 "
The Farmstead Close.................	4 "
The Mere.................	11 "
The Midway Basin.................	14 "
The Midway Place.................	4 "
The Lakeopen Ground.................	270 "
The Lakeopen Green.................	26 "
The Park Haven Green.................	9 "
The Belvedere Concourse.............	3 "
The Lake Terrace.................	3 "
The Lagoon Plaisance.................	320 "
The Lagoon.................	165 "
The Lagoon Terrace.................	2 "
The Lagoon Concourse.................	2 "
The length of the Interior Drives is.....	14 miles.
" " Walks........	30 "
" " Mall........	1 1/2 "
" " Midway........	1 "
Length of front on Lake Michigan......	1 6/10 "

CHICAGO SOUTH PARK COMMISSION

PLAN OF

THE SOUTH OPEN GROUND
THE UPPER PLAISANCE
THE MIDWAY PLAISANCE
THE LAKE OPEN GROUND
THE LAGOON PLAISANCE
AND
THE PARKWAY QUADRANT

, AS PROPOSED TO BE LAID OUT BY

OLMSTED, VAUX & CO LANDSCAPE ARCHITECTS

1871

SCALE

Photo Lith by the N.Y Lith⁹ Eng⁹ & Print⁹ Co 16 & 18 Park Place

Olmsted, Vaux and Co., South Park, Chicago, 1871.

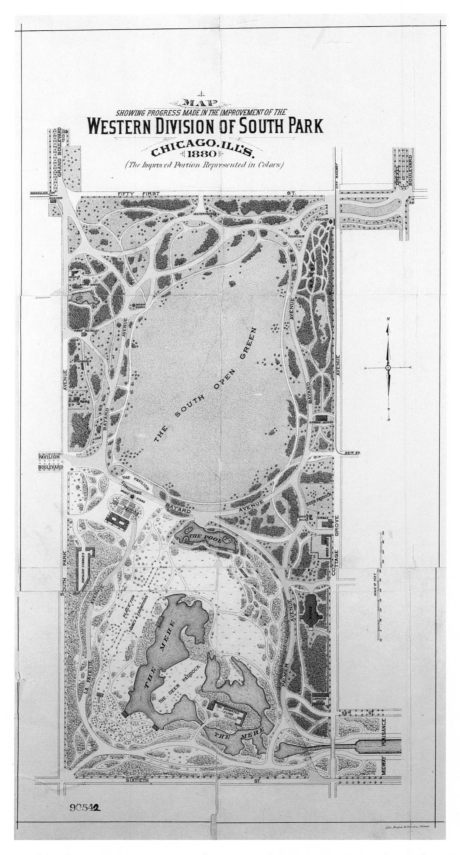

South Park, Western Division, "The Improved Portion Represented in Colors," 1880.

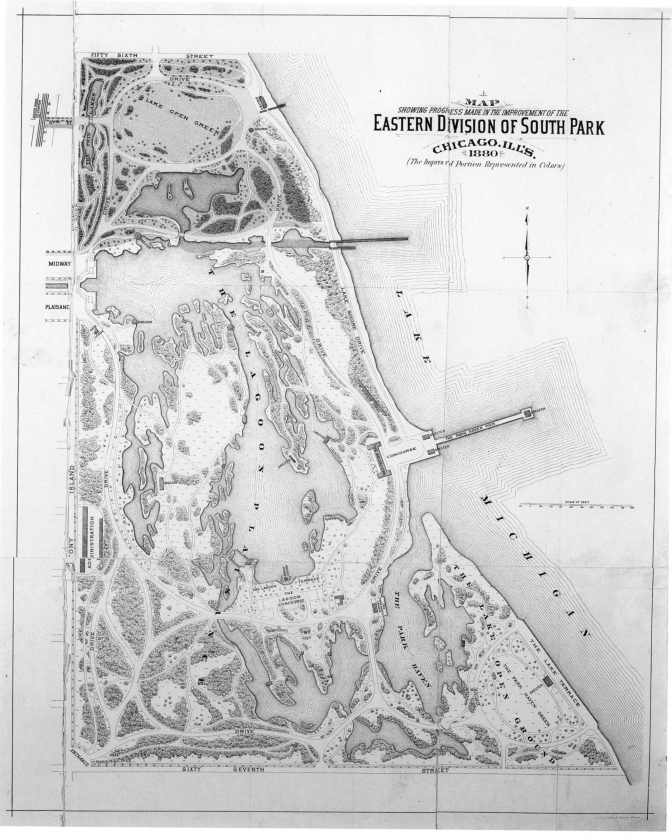

South Park, Eastern Division, 1880.

South Park, Chicago, ca. 1900.

South Park, Chicago, ca. 1900.

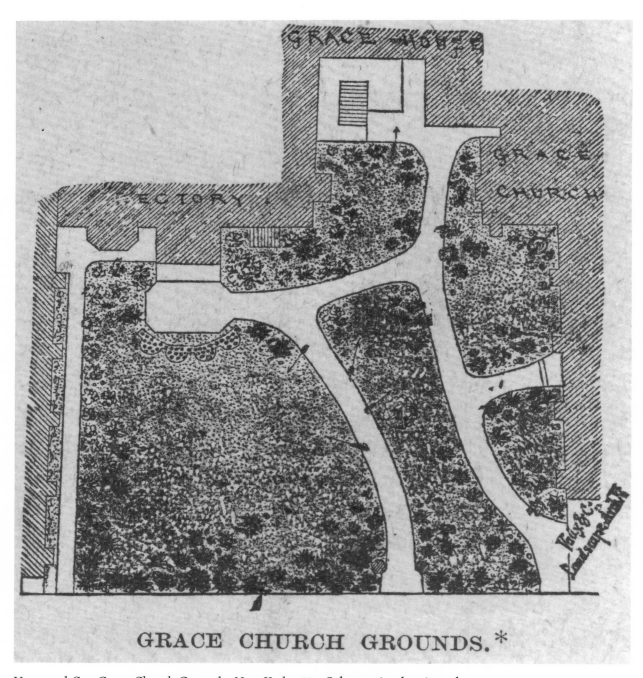

GRACE CHURCH GROUNDS.*

Vaux and Co., Grace Church Grounds, New York, 1887. Schematic planting plan.

In his extended article on the Grace Church grounds in *The Churchman* of June 4, 1887, Vaux gives a detailed analysis of his work. After the formation of a "recognizable leading idea," the rationale is followed through. Beyond techniques and plantings suitable for this urban setting, he considers traffic patterns on the grounds, the relationship of landscape to architecture and views from the street into the grounds. On planting: "The California privet was selected as the most useful for masking the fences. No plant thrives better than this privet in smoke and dust, and under the peculiar stress of the city. The most beautiful background effect . . . depended on the use of ampelosis tricuspidata or Japan ivy, which grew freely and rapidly, clinging by fine rootlets close to the stonework of the church and rectory." With characteristic thoroughness he even details certain railing plantings that can be safely lifted away when painting is necessary.

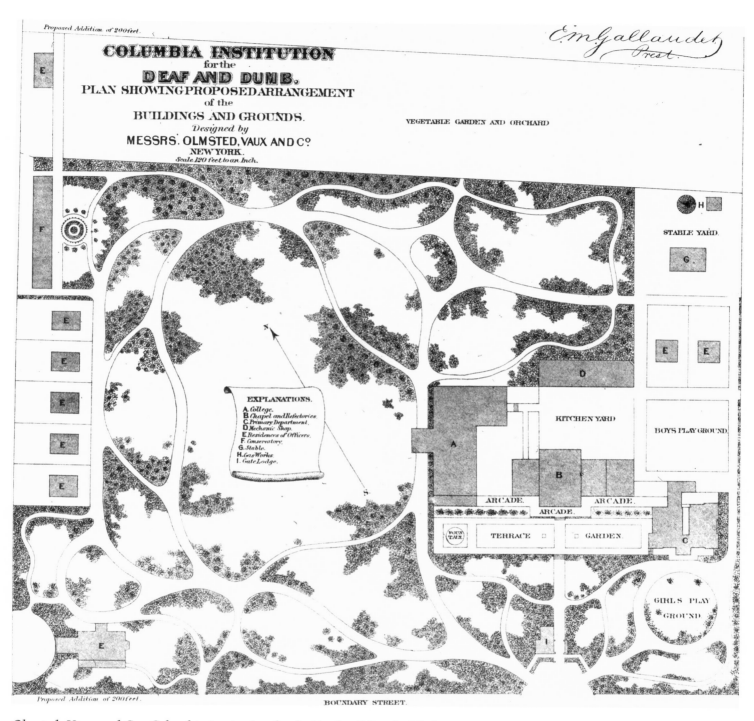

Olmsted, Vaux and Co., Columbia Institution for the Deaf and Dumb, Washington, D.C., 1866.

Olmsted's old friend Edward Gallaudet, patron of the Columbia Institution for the Deaf and Dumb, asked him to survey the Washington grounds with an eye toward their improvement. The result was the plan of 1866. Later that year, in regard to building plans, Vaux was in correspondence with the institution, proposing that

Frederick Withers visit the site for a "personal examination." The result was Chapel Hall, the main building of the campus and one of Withers' most successful designs. Further correspondence indicates that Vaux, if not involved, was cognizant of the building's progress in design and detailing.

Olmsted, Vaux and Co., General Plan for Laying Out South Park, Fall River, Massachusetts, 1871.

After visiting several areas in Fall River, Vaux wrote to the Committee on Park Improvement in June 1879 on the advantages of the South Park site, but recommended that it be part of a comprehensive park system. Of this early plan, just the Parade and Ball Ground, on the left side, were completed.

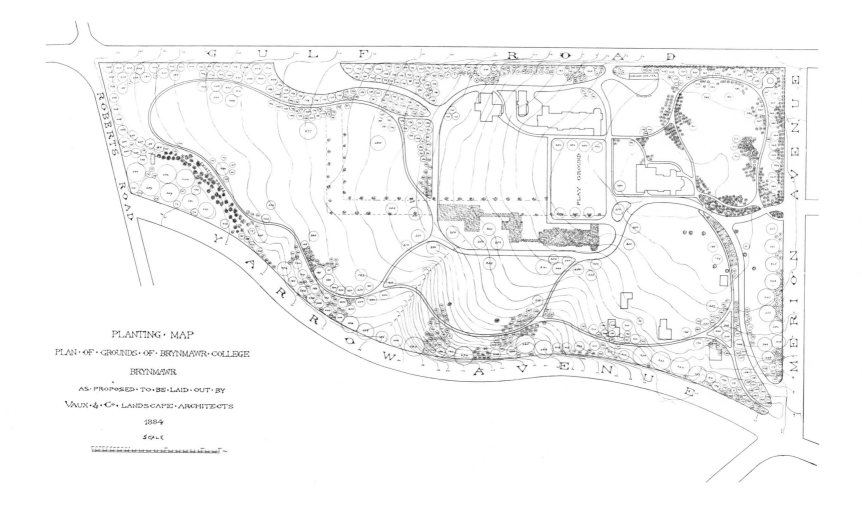

PLANTING · MAP
PLAN · OF · GROUNDS · OF · BRYNMAWR · COLLEGE
BRYNMAWR
AS · PROPOSED · TO · BE · LAID · OUT · BY
VAUX · & · C⁰ · LANDSCAPE · ARCHITECTS
1884
SCALE

Vaux and Co., Plan of Grounds of Bryn Mawr College, Bryn Mawr, Pennsylvania, 1884. Planting plan.

Vaux participated in several partnerships which were often tangential and overlapping. Partners, besides Olmsted, Withers and George K. Radford, the engineer, included Samuel Parsons, Jr., a horticulturist and plantsman, and Louis J. Leeds, a ventilation and heating engineer who was probably the best in the business. Parsons was Vaux's associate in Vaux and Co., which specialized in landscape architecture, while Vaux worked concurrently in building architecture and planning. Jacob Wrey Mould was an associate architect–designer, especially in the Central Park work.

Vaux and Co., Wilderstein, Rhinebeck, New York, 1890. Northwest view from the south lawn of the main house.

Planting Plan for Wilderstein, 1891.

In April 1890 Vaux brought a surveyor to Wilderstein to make a topographic map of the grounds preparatory to a landscape design for this Rhinebeck estate of New York businessman Robert B. Suckley. In November, Vaux, his son Downing and Samuel Parsons came up to "work up the planting" for the grounds, Parsons writing Suckley afterward to discourage his idea of having evergreens along the roads because of shade and soil conditions. The final result was a landscape with soft lawns and trees grouped in typical Hudson Valley picturesque tradition. Later, drawings were made for a lodge by Vaux and Radford, who also provided plans for and completed some interior changes in the house, which was occupied by Suckley's daughter Daisy until her death in 1991. She bequeathed the entire estate to Wilderstein Preservation, which is now engaged in its restoration.

*Frederick Law Olmsted and Calvert Vaux, Downing Park,
Newburgh, New York, 1887.* Panoramic view, ca. 1900.

In 1887, Olmsted and Vaux offered to design a park for the City of Newburgh
without charge if it were named in honor of their mentor, A. J. Downing. The city
accepted, and the park was completed in 1896.

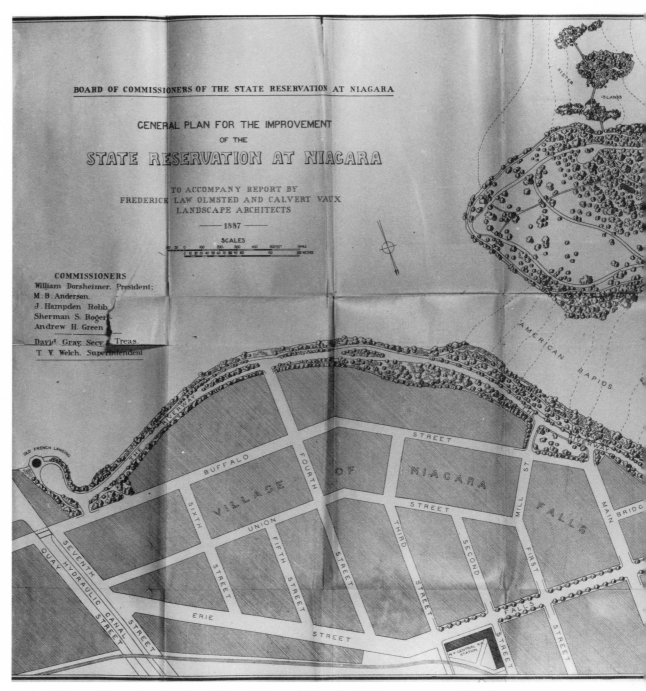

Frederick Law Olmsted and Calvert Vaux, "General Plan for the Improvement of the State Reservation at Niagara," New York, 1887.

It was only after extensive public and private campaigning over a 20-year period that the Niagara precinct evolved into a "protected" state reservation for public use and enjoyment. Frederic Church and Olmsted were early advocates of the idea. Many others, including an aware international community, joined to lend support, and by 1887 Olmsted and Vaux were commissioned to produce the report and general plan for its improvement. In this the two joined together 15 years after their formal separation. After together devising the comprehensive plan, Olmsted wrote the report, while the actual later implementation and supervision was left to Vaux, who again persevered in the face of changes and modifications directed by the officials then in charge. The work proceeded, Vaux's son Downing and George K. Radford assisting and Samuel Parsons, Jr., later doing landscaping work.

Grounds for Parliament Buildings, Ottawa, Canada, 1873.

In 1873 Vaux dispatched a design study to Canada: "Thomas S. Scott, Esq., Chief Architect, Department Public Works, Ottawa. Dear Sir, I send you herewith my study for the arrangement of the grounds and terrace walls in connection with the Government Building, the leading features of the design having been agreed upon prior to your departure from New York." Then, without payment of the full customary fee, the "study" was constructed, becoming a reality. It was not until 1882 and 1883 that Vaux was issued two payments, and only after he had published a "proof" booklet of official correspondence. Vaux's design solution to the change in level of terraces, staircases and curving ramps is elegantly reminiscent of his Central Park Terrace plan, with which it is roughly contemporary. Vaux was later called on to solve another change in level site access when later government buildings were built on either side of the main one, forming a U shape around the forecourt. "I introduced a connecting terrace, with steps, etc. that served to bring the base line of the upper building to the same level as the lower building, and thus did away with the apparent incongruity to the eye." The change in level was a considerable 20 feet.

Parliament Buildings Grounds.

Parliament Buildings Grounds. Forecourt.

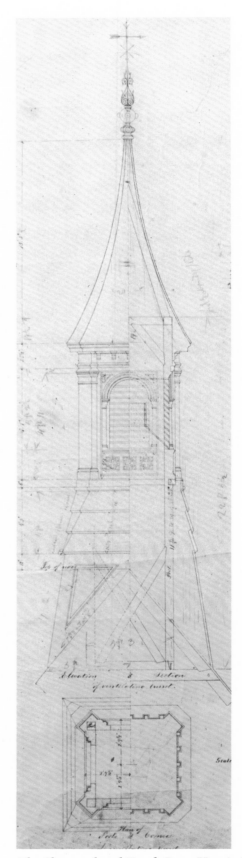

The Sheppard and Enoch Pratt Hospital.
Elevation, section and plan of ventilating turret.

Architecture for the Urban Scene:
Commercial, Institutional, Humanitarian

CALVERT VAUX reached the height of fame and success in the decade 1865 to 1875. After winning the Central Park competition with Olmsted, as partners they went on to do a series of park and planning projects until 1872, when the partnership ended, Olmsted going on to a growing and successful career in park design, Vaux looking forward to a highly promising future in architecture, while still continuing intermittently as landscape architect for New York City parks. Working again with associates and partners Withers, Mould and Radford, Vaux almost won the competition for the Philadelphia Centenary Exhibition Main Building, and was initially commissioned to design the two major cultural institutions of New York City, the Metropolitan Museum of Art and the American Museum of Natural History. Three major state or private mental institutions in Connecticut, Maryland and New York crossed the drawing boards at the 110 Broadway offices, while a variety of domestic architecture commissions arrived as well. The family Vaux lived in the Stuyvesant Apartments on East 18th Street and had a summer place in Rondout, up the Hudson.

Vaux also began to stand up to the major factors building up against him, especially the new stylistic movements of the day in architecture and the special interest groups trying to dismantle and abuse the parks of his responsibility. The Victorian Gothic to which he was so strongly committed was being superseded by eclectic classic forms, the new symbols in America of success, significance and pride. He chose not to compromise his beliefs, and as commissions waned, toward the end he was able to depend on those who valued his talents and honesty. Major later works in New York included the townhouse for Samuel Tilden, a suspension bridge across Broadway for the Trustees of Trinity Church, and the series of Children's Aid Society buildings for Charles Loring Brace, Olmsted's close friend.

In his two earliest commercial buildings Vaux demonstrated his special capability in construction techniques (to the dismay of many of the craftsmen working on his Hudson Valley houses) by requiring that the interior floor supporting joists rest on corbels built out from the brick or stone walls, not inserted directly into them as was commonly done. Otherwise, in case of a fire burning through the floors, he explains in *Villas and Cottages*, the unsupported joists collapse, acting as powerful levers, and heave over the walls into which they are fastened. If common sense is not convincing, he continues, biblical authority ought to be. He cites the construction of Solomon's temple: "In 1st Kings, C. vi., 6, we are told he made narrowed rests round about, that the beams should not be fastened in the walls of the house."

Vaux and Withers, Bank of New York, New York, 1856.

The original Bank of New York stood on the corner of William and Wall Streets, a prime location in lower Manhattan's financial district. Commenting on the solidity of the building and its special security devices, the *Builder* of February 2, 1858, noted, "All the works have been carried out under the superintendence of Mr. Calvert Vaux, architect, from plans approved previously to a dissolution of his partnership with Mr. Withers." The style is difficult to characterize but might be said to contain both French and Italian Renaissance elements. Withers scholars are content to give Vaux full design credit for the building. The officials of the bank were so pleased with their new building, which contained the very latest technological and communications advances, that they voted Vaux a substantial premium above his fee.

DESIGN FOR A PACKING-HOUSE.

"Design for a Packing-House," New York, 1856.

The Robins and Co. Packing House was constructed of brick, with brick joist projections on the interior. It was located in lower Manhattan's wholesale meat district on Washington Street. Vaux had earlier designed a house for Robins in Yonkers, New York.

The facades of Milton J. Stone's Commercial Block were of Quincy granite, with columnar granite piers separating the storefronts on the street level. Projecting stone corbels on the interior supported the floor joists. The building has recently been restored, preserving the original facades.

COMMERCIAL BLOCK, COMMERCIAL STREET.

Commercial Block, Commercial Wharf, Boston, 1854.

The Sheppard and Enoch Pratt Hospital, Baltimore, 1861–1895.

In 1860, Dr. D. T. Brown, superintendent of New York's Bloomingdale Asylum, was selected to provide the experience and direction for the establishment of Baltimore's Sheppard Asylum. Olmsted and Vaux, whose fame had spread and whose services were in demand, had previously worked on the layout of the Bloomingdale Asylum grounds, and Vaux was asked to submit a general plan for the Baltimore facility, in consultation with Brown. The wealthy

The Sheppard and Enoch Pratt Hospital. South elevation, rendering by Vaux.

Quaker businessman Moses Sheppard had willed a substantial sum for this purpose, charging his heirs to create "ample apartments . . . for exercise and employment of the patients in such occupations and amusements as may be conducive to their benefit." In 1861 Brown was sent on a professional visit to France and England to observe the latest such facilities, while in December of that year, Vaux was commissioned to provide full working drawings.

Construction proceeded slowly until about 1895, when another Baltimore philanthropist, Enoch Pratt, provided over $1.5 million to the institution with the proviso that the name be changed to The Sheppard and Enoch Pratt Hospital and that the trustees consider care for the "indigent insane at very low rates or absolutely free."

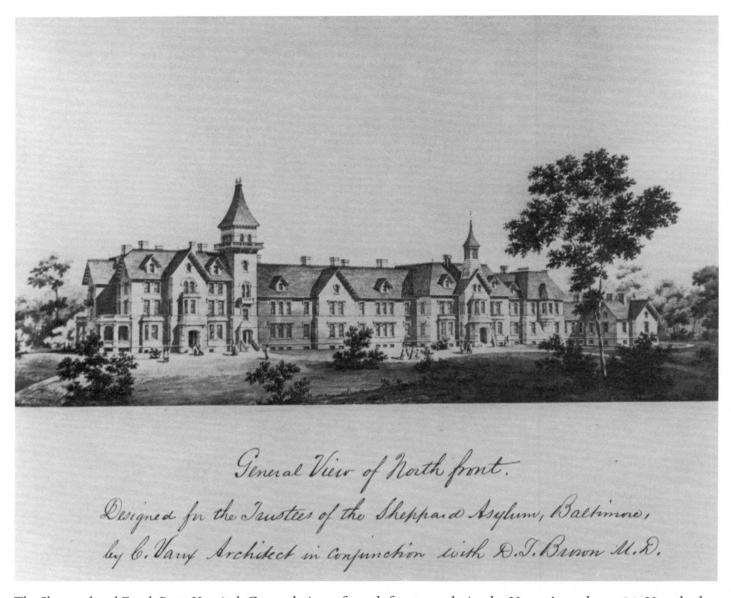

General View of North front.

Designed for the Trustees of the Sheppard Asylum, Baltimore,

by C. Vaux Architect in Conjunction with D. T. Brown M.D.

The Sheppard and Enoch Pratt Hospital. General view of north front, rendering by Vaux. As early as 1861 Vaux had completed plans for the north building. Dr. Brown sent Vaux's sketch to the Sheppard Asylum trustees in March of that year.

Sharing in the deep concern that developed in the 1850s and 1860s for the care of the mentally disabled on both moral and medical grounds, the Sheppard trustees determined that theirs be the best possible such asylum. Actual construction began in 1863, the trustee record stating: "Having obtained such a Design for the Hospital Buildings as they considered to be satisfactory, and as meeting the liberal and humane views of the founder. . . only decided upon after the most careful study, aided by the best professional architectural and medical skill and ability which they could employ. . ." Vaux made superintending visits to Baltimore as brick kilns were built on the grounds and a quarry was opened on the site to provide building stone. Ultimately there came into being the Western and Eastern Divisions, mirror images of each other for men and women, each 230 feet long with 100-foot perpendicular wings. They were complete, from underground water storage cisterns to 90-foot towers and the very latest Edison lighting plant. They were easily Vaux's largest single commission, created in a straightforward, functional, Victorian Gothic style.

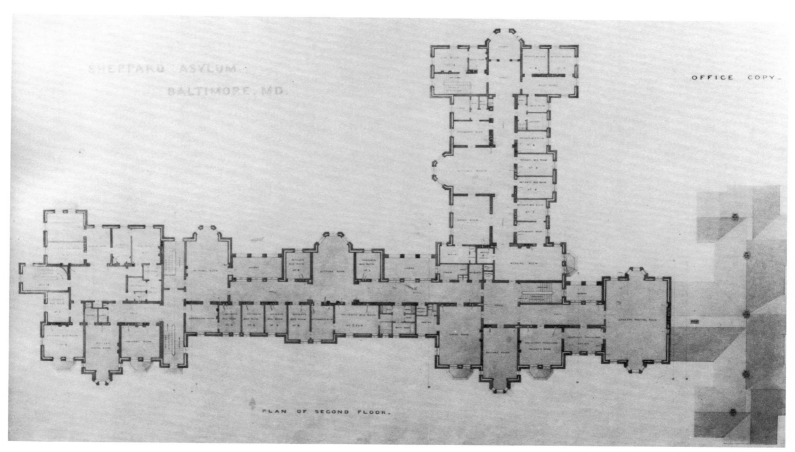

The Sheppard and Enoch Pratt Hospital.
Plan of second floor.

Vaux's two divisions are no longer separated;
the 100-foot space between them is now
occupied by the Central Building whose facades
are generally in accord with the original
structures. The Vaux buildings, which are
carefully preserved, have been designated a
National Historic Site.

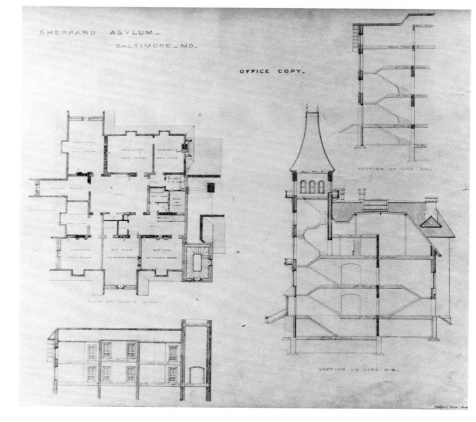

The Sheppard and Enoch Pratt Hospital.
Plan and sections.

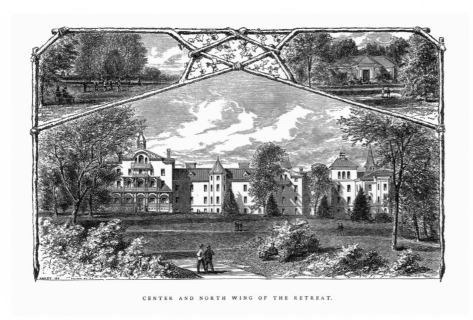

CENTER AND NORTH WING OF THE RETREAT.

Vaux, Withers and Co., Retreat for the Insane, Hartford, 1868. Center and north wing.

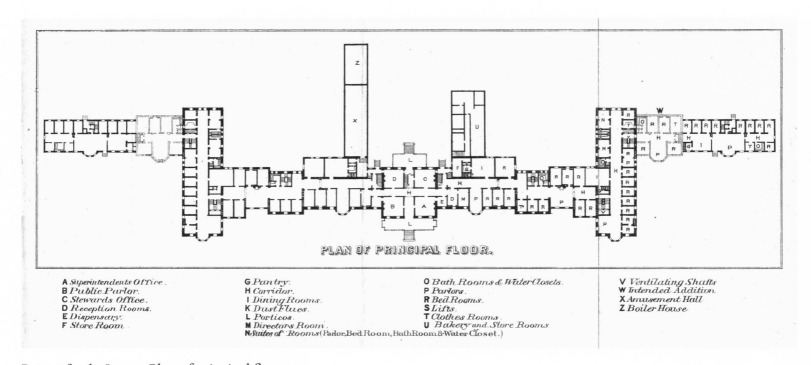

Retreat for the Insane. Plan of principal floor.

After the Civil War, Vaux and Withers, having re-formed their partnership in New York City, counted two major institutional projects among their commissions. Although done under the firm name, Vaux takes basic design credit for the Hartford Retreat, where Olmsted and Vaux were involved in the design of the grounds, while Withers is credited with the design of the Hudson River hospital. Both were doubtlessly involved in the work on each of these huge building complexes. Dr. John S. Butler, superintendent of the Hartford Retreat, had consulted with Olmsted on the

Retreat for the Insane. East view, north wing. The complex is now called The Institute for Living.

Vaux, Withers and Co., Hudson River State Hospital, Poughkeepsie, New York, 1867. The original building of what is now the Hudson Psychiatric Center was declared a National Landmark in 1989.

grounds and with Vaux on the new building work needed, and in a letter to Olmsted in 1872, expressing his gratitude, he wrote: "The influence on the patients has been marked, and I have often wished that I could have shown to you and Mr. Vaux some of the cumulative evidences of the good work you have accomplished." Butler may well have had the best talents in the country in landscape design and in institutional planning, given Vaux's earlier work on the Sheppard Asylum.

Adelbert College, Cleveland, ca. 1882.

A case for architectural detective work is presented by the Adelbert College building, now part of Case Western Reserve University. Vaux clearly lists "Adelbert College, Cleveland, Ohio," as one of his designs in a series of his buildings that were constructed. The listing is in the Calvert Vaux Papers at the New York Public Library. The university archives, however, contain a set of plans for the building by the architect Joseph Ireland, who had worked in both New York and Cleveland. The Ireland drawings are of interiors and show no exterior elevations. Records or correspondence beyond the above information have not been found. A frequent Vaux entrance theme, though, in both his domestic and especially in his institutional architecture, is comprised of an entry porch with balcony, sometimes supported by columns, a projecting bay above that and a tower, for emphasis, above all.

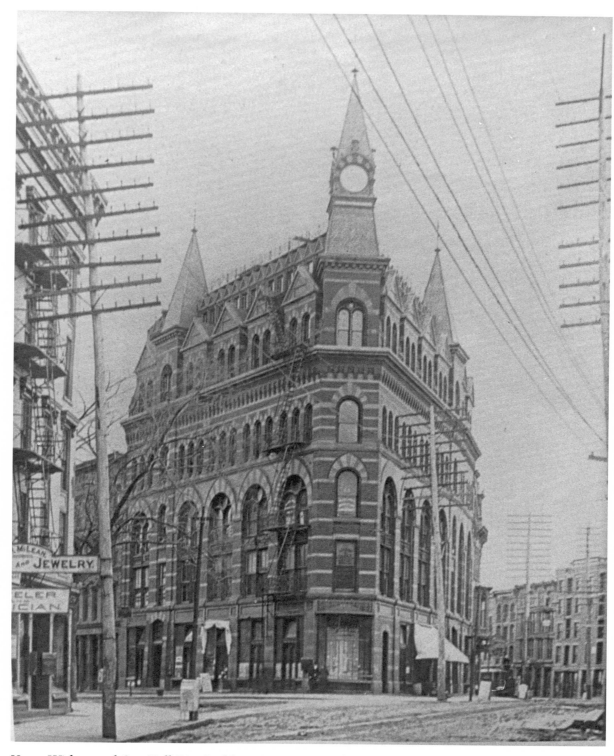

Vaux, Withers and Co., Hall-Rice Building, Troy, New York, 1871.

Lawyer, historian, poet and occasionally chamberlain of Troy, Benjamin Hall's
cultural interests clearly extended to architecture when he commissioned this
building from Vaux and Withers. Even with towers now removed, it is still
something of an all-out demonstration of High Victorian banded style.

"Messrs. C. Vaux and F. C. Withers, Architects, Study for City Prison and Courts, New York."

Two months apart in 1875, *The New-York Sketchbook of Architecture* published two different design proposals for the building known as the Jefferson Market Courthouse. In the April *Sketchbook* picture, Vaux's name is given first and the commentary concentrates on provision for the prisoners: "The cells in any prison building should be strong, secure, and entirely unattractive, but not dark or gloomy. The prisoner should certainly have as much sunlight and fresh air as possible: and in the present building, designed for a limited site in a crowded city, the simplest way to add to its light was to add to its height." Vaux's High Victorian design had not been to the taste of the municipal authorities, but this was already history in that the Withers design was under construction.

The June *Sketchbook* drawing gave the name Withers first and pictured the building as ultimately built.

Third Judicial Courthouse. Ground floor plan.

"Messrs. F. C. Withers and C. Vaux, Architects, Court House, Bell Tower and Prison, Third Judicial District, New York." Photograph, 1905.

Contemporary accounts agree to his authorship, which is easily confirmed by legal documentation of false accusations made against Withers by the stonework contractor. The building in fact came into being against the usual municipal background of political intrigue, cost overruns, accusations, lawsuits and so forth. The design comprised three elements, the courts, prison and fire-watch bell tower. The police court on the ground floor and the civil court above it were separated from the six-tiered jail structure by a courtyard "Entrance for the Black Maria," or prison van. The building is constructed of red brick and Ohio limestone and was declared number 5 on the list of America's ten best buildings in a poll of architects taken in 1895. It is now the Jefferson Market branch of the New York Public Library.

Suspension Bridge for Trinity Cemetery, New York, 1872.

Suspension Bridge for Trinity Cemetery. Looking south on Broadway.

Between 1872 and 1911 a suspension bridge linked the two halves of Trinity Cemetery on either side of Broadway at 155th Street in Manhattan. The vestrymen of Trinity Church on Wall Street had purchased this upper Manhattan farmland for their rural cemetery in 1842. In the decade of the 1870s and somewhat later, Vaux and three of his partners, Olmsted, Withers and Radford, were at various times involved in the work there, on grounds layout, boundary walls, gates and a keeper's lodge. Radford, a civil engineer from England capable in railway and bridge construction as well as in hydraulics and surveying, was employed by Vaux and Olmsted in their Buffalo and Chicago park work. Although printed contracts for Trinity work

name Vaux alone, or Olmsted and Vaux or Vaux and Withers, it seems probable that Radford, who had earlier observed the construction of Roebling's Cincinnati suspension bridge, may have provided technical advice, although he was working in Buffalo in 1871, when the Trinity bridge was designed.

Vaux's elegant span, with its fine Gothic piers, was demolished in 1911 when Trinity decided that the site for its largest chapel, the Church of the Intercession, and its rectory, vicarage, cloister and tower would occupy the southeast corner of Broadway and 155th Street, the eastern terminus of the bridge.

Vaux and Radford were one of ten finalists in the competition for the Main Building of the Philadelphia Centennial Exhibition of 1876. Of these ten, who were then given a second set of specifications to follow, four final prizewinners were chosen. Vaux and Radford were not among them, having decided not to rework their entry. The four winners had done so, but this, in the words of the competition committee after it was all over, "resulted in giving the awards to some designs that were radically different from the design which the Committee had, since the issue of the specifications, deemed it advisable to adopt, in view of some additional points of great interest that had presented themselves." This statement reflects the extraordinary series of decisions and compromises made at that time. Among these, at one point, was the decision of the executive committee that the Vaux-Radford design was the one to be built, and then they decided it was not to be built. Then portions of it were to be combined with portions of other designs, and so on. In the end all competition schemes were abandoned, and architects in the employ of the exhibition commission and some others chosen by them were simply assigned the design of specific buildings.

Main Building, Centennial Exhibition. Exterior.

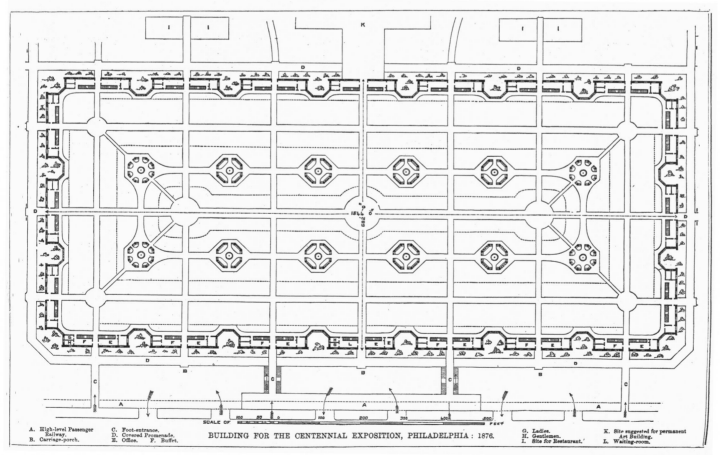

Main Building, Centennial Exhibition. Plan.

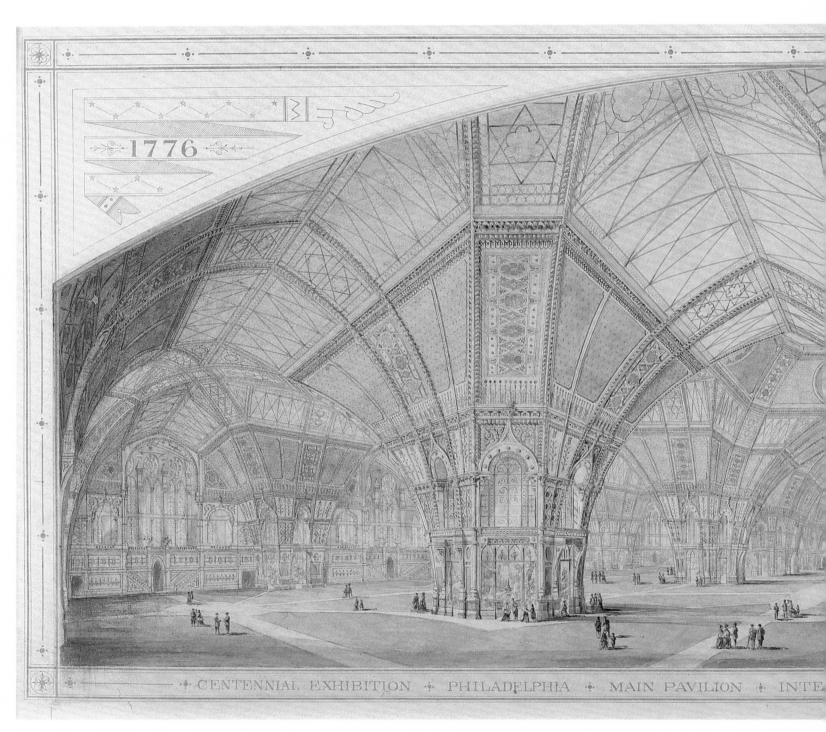

Calvert Vaux, Architect, George K. Radford, Engineer, Main Building, Centennial Exhibition, Philadelphia, 1872.

Vaux and Radford's tour de force surely exceeded all previous exhibition buildings in scale and ambition. If built, this stupendous amalgam of architecture, engineering and decoration would have made history, possibly even affecting the course of architecture in the United States, as the

Chicago World's Columbian Exposition later did. The design is explained by Vaux: "The various parts of the building are thus included in one grand whole; and the result becomes a spacious hall, adequate to emergencies of the occasion, with long vistas, central and intermediate

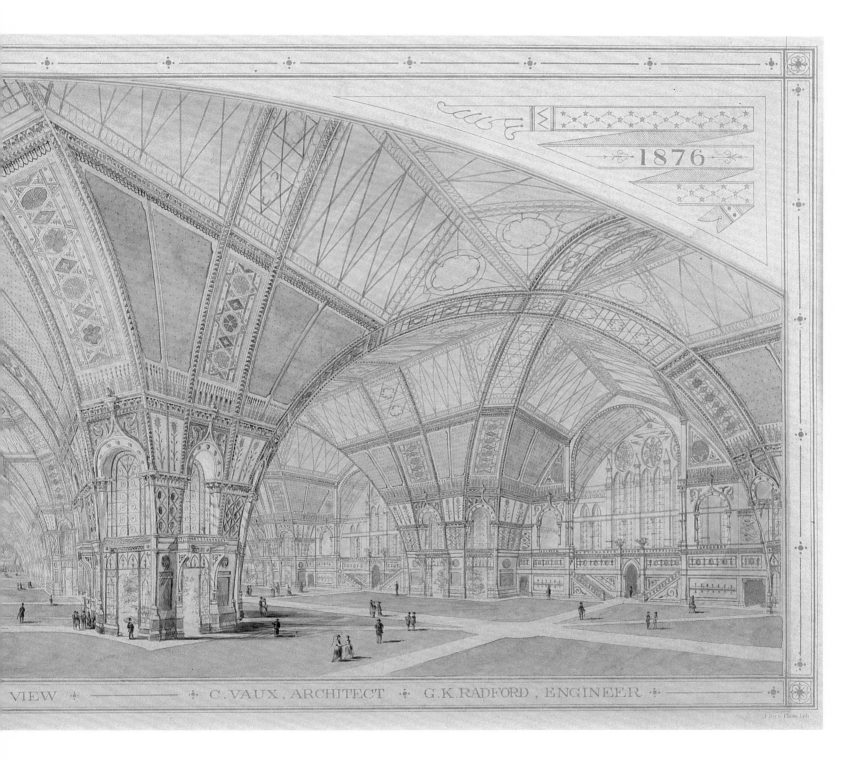

VIEW · ———— · C. VAUX, ARCHITECT · G.K. RADFORD, ENGINEER ·

points of emphasis, direct lines of transit throughout its length and breadth, diagonal lines of communication where really needed, and an entire relief from any appearance of contraction, anywhere." The designers provided for all facilities and exhibits to be serviced by three internal railroad tracks, necessary for an interior counted in today's terms as 5½ football fields long and 2½ wide. The drawing was made by Thomas Wisedell, an English architect who came to America to work in the Vaux office and was later employed by Olmsted in Washington on the drawings for the improvement of the Capitol grounds.

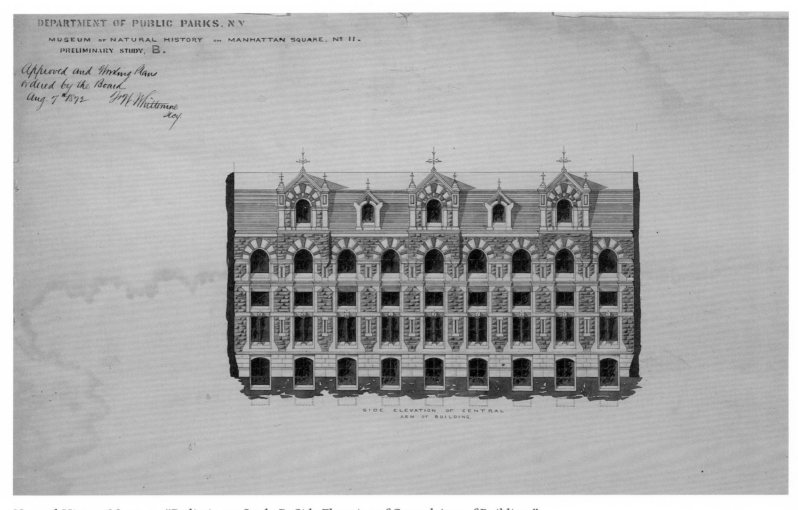

Natural History Museum, "Preliminary Study B, Side Elevation of Central Arm of Building."

If completed according to the ambitions of Professor Albert Smith Bickmore and the plans of Vaux and Mould, the American Museum of Natural History would have been the largest building on the North American continent. Ulysses S. Grant laid the cornerstone in 1874 for its first wing, and Rutherford B. Hayes spoke at its dedication in 1878. The building's site, known as Manhattan Square, was located just west of Central Park, to which it once belonged. Vaux and Mould, then "Architects of the Department of Public Parks," oriented the building north and south in accordance with the specifications of Bickmore, who wanted morning and afternoon sun to illuminate the galleries. The carefully detailed facades in Victorian High Gothic style were constructed of red brick and gray granite.

Calvert Vaux and Jacob Wrey Mould, Natural History Museum, New York, 1874–1878.

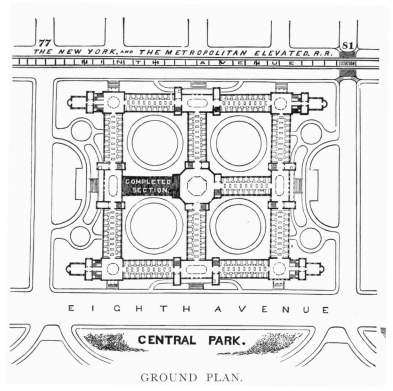

Natural History Museum. Ground plan.

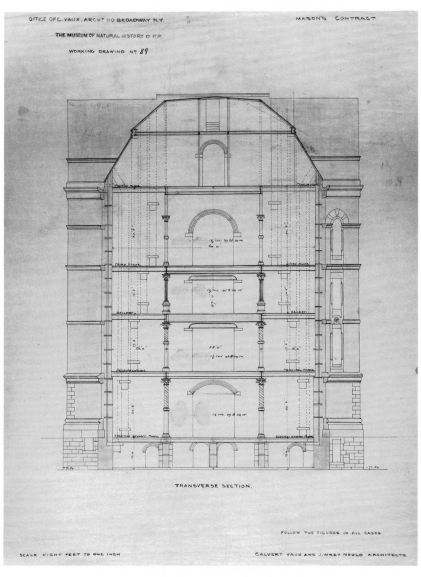

Natural History Museum.
Ethnology and Archaeology, gallery story.
President Hayes at opening ceremonies.

Natural History Museum. Working Drawing No. 89,
transverse section.

It soon became necessary to protect the galleries from the sun's rays, which were
fading and drying out the museum's valuable specimens. Vaux and Mould were not
destined to build anything else. Major additions by others have almost completely
surrounded their wing so that just one small upper-story segment of their original
exterior is visible from the park area at the western edge of old Manhattan Square.

Natural History Museum. Fossils Gallery.

Natural History Museum. Bird Hall, principal story.

Calvert Vaux and Jacob Wrey Mould, The Art Museum, Central Park, New York, 1874–1880. View looking west into Central Park from East 81st Street.

The idea of a major encroachment into Central Park would have been both troublesome and ironic for Calvert Vaux— troublesome in that he and Olmsted had been expending much effort in trying to prevent a variety of incursions into the park; ironic in that when the time came for the erection of the Art Museum, it was Vaux who was responsible for its design. The availability of mild, nature-related educational experiences to enhance a park visit had in fact been

encouraged by Olmsted and Vaux. An art museum had been spoken of in connection with the Arsenal Building, already on park ground. Other sites had also been discussed. But an act of the state legislature in 1868 had authorized a museum on Central Park grounds. Soon plans for a major art museum began to emerge from a committee of art patrons, wealthy businessmen, politicians, men of affairs and influential artists and architects. This was to replace the galleries on 14th Street

The Art Museum. Central Park entrance.

in the Douglas Mansion. The Central Park "Deer Park" was to be the site, just east of the reservoirs. The original building is now completely enveloped by later additions, but one small segment is still visible in an interior gallery, an instructive exhibit, as it were, of fine Victorian Gothic detailing in stone and brick.

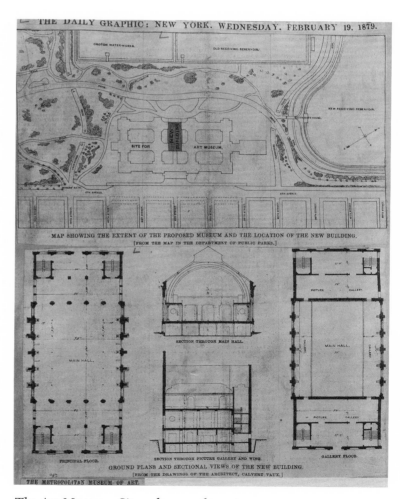

The Art Museum. Site, plans and sections.

The Art Museum. "Main Hall of the Building."

The leading player in the Art Museum process was Andrew Haswell Green, comptroller of Central Park. Green had previously had Vaux and Mould, official park architects, work out plans for what he hoped would be a Park Commission–sponsored museum. Vaux and Mould simply were to be the designers for a structure on park land, whatever the sponsorship. Vaux's first plans were rejected in a report of the "special committee of architects appointed by the Museum to super-intend the building," a less than ideal beginning of what was not to go at all well. The report was signed by Russell Sturgis, James Renwick and Richard Morris Hunt, whose proposal for sets of monumental classical gateways for Central Park had been successfully opposed by Vaux and others. The further process is explained by a museum historian: "When Mr. Vaux changed his plans, the shell of the building was constructed. Even then, the Trustees were compelled to ask for important changes in the interior. Their criticism was not against the building as such, but against its adaptability for the exhibition of their collections. Fortunately, both Mr. Vaux and the Park Commissioners were most cordial in their desire to conform to the wishes of the Trustees. But museum building was a new form of architectural work in America. Thus it was but natural that differences of opinion should occur, even with the heartiest good will of each person."

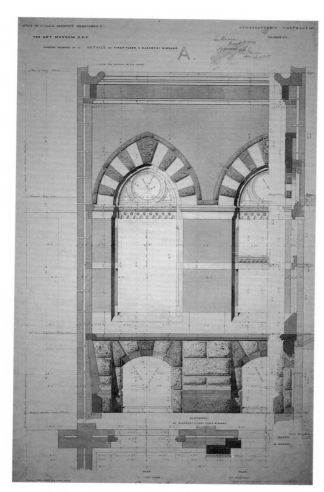

The Art Museum. First floor and basement window details.

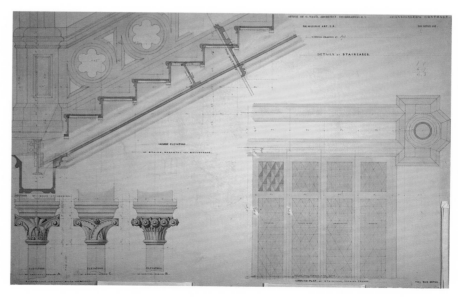

The Art Museum. Details of staircases.

GENERAL VIEW OF BUILDINGS — IN COURSE OF ERECTION ON 71ST & 72ND STS. & 1ST AVE. N.Y. — FOR THE IMPROVED DWELLINGS ASSOCIATION

Vaux and Radford, Buildings for the Improved Dwellings Association, New York, 1882.

In 1879 legislation was passed in New York calling for improved standards in tenement construction. One year later, several trustees of the Children's Aid Society were among a group that formed the Improved Dwellings Association to sponsor apartment buildings that they hoped would serve as an exemplar for decent tenement housing. Earlier charitable society attempts in housing betterment had been conducted in cities like Boston and Brooklyn. The association commissioned Vaux and Radford, already engaged in work for the Children's Aid Society, to provide the design. When completed it was publicized in pamphlets and pictures, in the hope that the standards it set would be followed.

Improved Dwellings Association. Buildings prepared for demolition, 1960.

Improved Dwellings Association. Courtyard in 1932. Photo by Berenice Abbott for the federal art series "Changing New York."

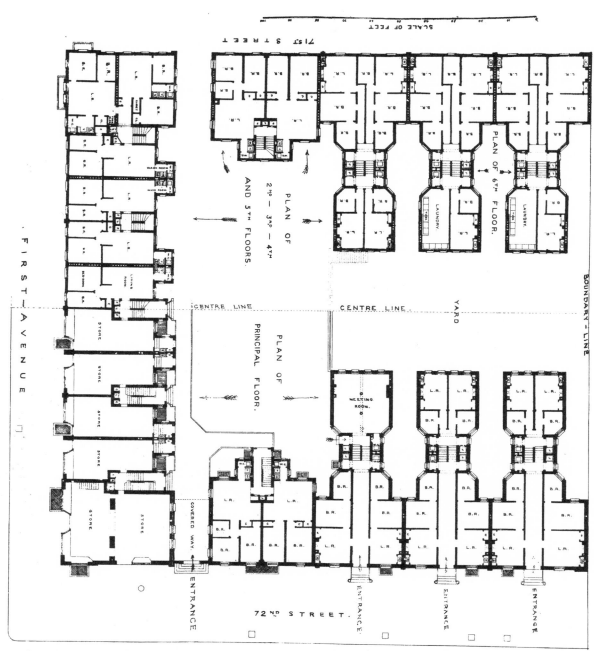

Improved Dwellings Association. Plan.

Vaux, in an intelligent departure from the norm, planned for the apartments to be entered from the interior court, accessed from the north and south side streets. Thus court access to the apartments fronting First Avenue avoided the usual mutual interference on a commercial street of both apartments and storefronts.

The Children's Aid Society was one aspect of a social reform movement of the day in which Olmsted and Vaux considered themselves participants. Their contribution involved the creation of uplifting and recreational opportunities for the pressured, hardworking lower classes of the city who could not go to the country for relaxation but who could obtain a small measure of relief in the public parks, in an environment of nature's scenery, freely and democratically available to all.

One of Olmsted's closest friends, Charles Loring Brace, helped found the Children's Aid Society to care for New York City's abused and abandoned children. Trained originally as a theologian, Brace was one of the outstanding social reformers of his day, finding his vocation in the exercise of morality and philanthropy combined. After some years of travel and writing, in 1852, at the age of 27, he became head of the society, the first organization in the United States to concern itself with childhood poverty and crime. Brace had previously performed welfare work among immigrants whose unrestricted influx over many years resulted in the crowded slums of New York City. To him, children appeared to experience the most suffering. He directed the society for the rest of his life.

Given the Brace-Olmsted-Vaux relationship, Vaux was chosen by Brace to create a series of shelters and schools for his young charges, and between 1879 and 1892, the firm of Vaux and Radford designed nine facilities for the society in Manhattan and one in Brooklyn, the latter a health home or sanitarium at the oceanside in West Coney Island. They also supervised the construction of several cottages at the society's summer home, in nearby Bath Beach, between 1886 and 1888.

Vaux and Radford, 44th Street Lodging House for Boys and Industrial School, New York, 1888.

The reason for the stepped gable theme in several such facades of the society's buildings seems to lie in the 44th Street Lodging House at Second Avenue, the one donated by banker-philanthropist Morris K. Jesup. The society's *46th Annual Report* of 1888 explains: "This house, designed by Mr. Vaux after an old Nuremburg house called the 'Petersen' building, is one of the most picturesque in the city. The high, sharp roof and red tiles, the steep gables, quaint dormer windows and lovely oriole [*sic*] towers, with a graceful clock-tower making a center above, form one of the most admirably effective specimens of architecture which can be seen in any American city. It does great credit to Mr. Vaux's genius, and is in harmony with the generous donor's well-known taste in artistic matters." Deference to a client's wishes may well be read here. Whether or not Vaux decided to continue this design theme on his own or because future clients liked the effect, the stepped gable facade was appropriately reminiscent of the city's Dutch heritage. The facade treatment of bay window–engaged shallow buttresses seems perfectly in accord with the stepped gable. The Second Avenue elevated rail line and the building are long gone.

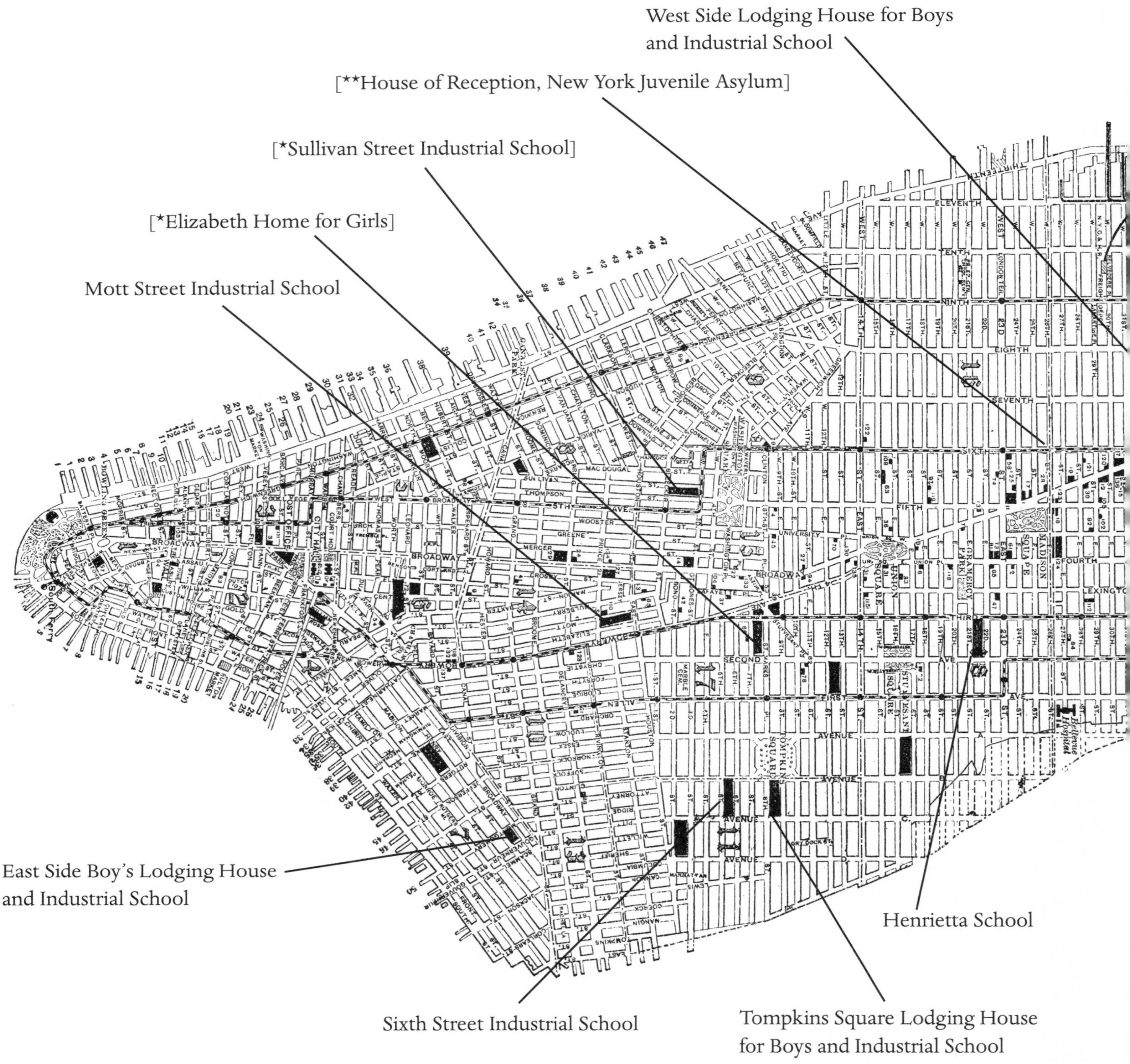

"Stations" of the CHILDREN'S AID SOCIETY in New York City.

West Side Lodging House for Boys
and Industrial School

[**House of Reception, New York Juvenile Asylum]

[*Sullivan Street Industrial School]

[*Elizabeth Home for Girls]

Mott Street Industrial School

East Side Boy's Lodging House
and Industrial School

Henrietta School

Sixth Street Industrial School

Tompkins Square Lodging House
for Boys and Industrial School

*The Elizabeth Home for Girls and the Sullivan Street Industrial School, both completed in 1892,
share the general design themes of the previous Children's Aid Society buildings, but are credited to
Nicholas Gillesheimer, a partner of Vaux's son Downing. The partnership was located at the same
address as Vaux and Radford, 76 Bible House, Astor Place, Manhattan.

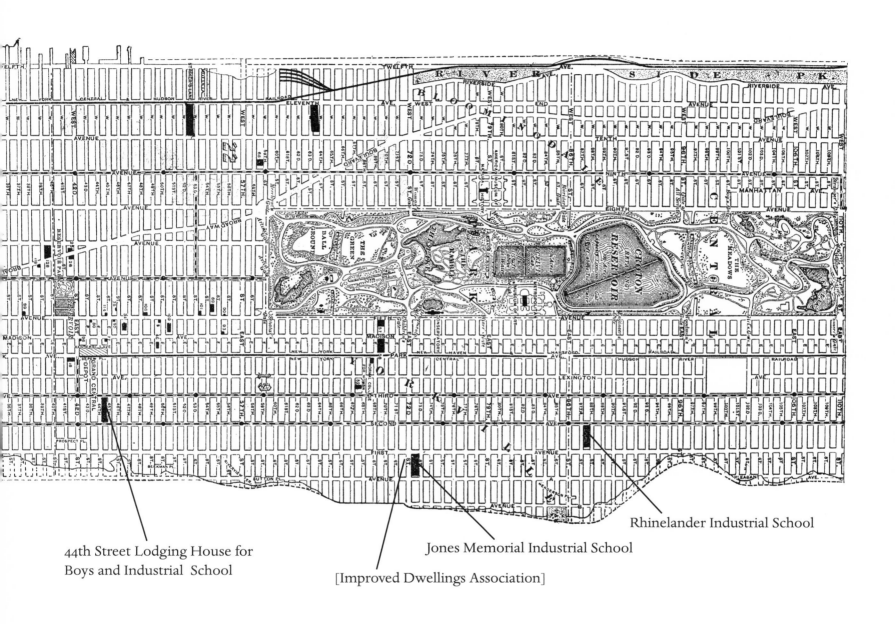

Rhinelander Industrial School

44th Street Lodging House for
Boys and Industrial School

Jones Memorial Industrial School

[Improved Dwellings Association]

**A second charitable organization for which Vaux and Radford did work was the New York Juvenile
Asylum. They remodeled temporary offices for the asylum on West 24th Street and then designed
the new House of Reception on West 27th Street (p. 228). The children dealt with there were subject
to correction.

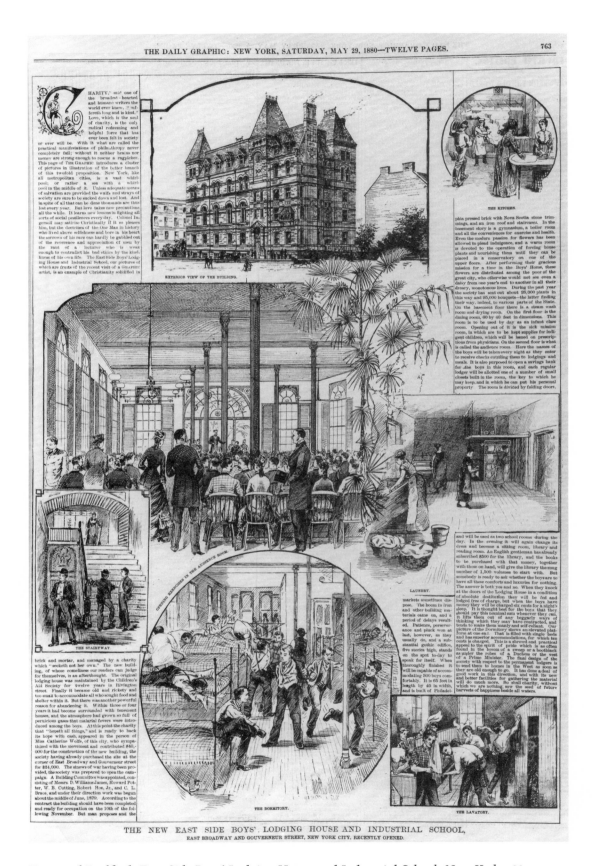

Vaux and Radford, East Side Boys' Lodging House and Industrial School, New York, 1880.

East Side Boys' Lodging House and Industrial School.

"The East Side Boys' Lodging House and Industrial School . . . is an example of Christianity solidified in brick and mortar, and managed by a charity which 'seeketh not her own,'" wrote *The Daily Graphic*. The society was pleased with Vaux. "He has given us an imposing and picturesque building, presenting a fine harmony of architectural effects from every point of view. In the interior arrangements he has shown much ingenuity and fertility of resources, combining beauty of design with utility and comfort in a very remarkable degree." In functional Gothic style, the building was built of Philadelphia pressed brick and Nova Scotia stone trimming. The fully equipped, five-story building contained a gymnasium, library and even a conservatory, and accommodated 300 boys. "But somebody is ready to ask (asked *The Daily Graphic*) whether the boys are to have all these comforts and luxuries for nothing. The answer is both yes and no. When they knock at the doors of the Lodging House in a condition of absolute destitution they will be fed and lodged free of charge. But when the boys have money they will be charged six cents for a night's sleep." The building was given by Catherine Lorillard Wolfe. Built on East Broadway near Gouverneur and Henry Streets, the building was used for a time as a public school before being demolished.

Vaux and Radford, West Side Lodging House for Boys and Industrial School, New York, 1882.

The West Side Lodging House, located on the corner of Seventh Avenue and West 32nd Street, was, the society felt, "one of the most commodious and picturesque buildings which the society has thus far possessed . . . the noble gift of Mr. J. J. Astor." Its Gothic-style facades were built of brick with sandstone trimming, "very beautiful in exterior." John Jacob Astor III appears to have been pleased as well with both the society and Vaux; he later donated another building. The site is now occupied by the Madison Square Garden–Pennsylvania Station complex.

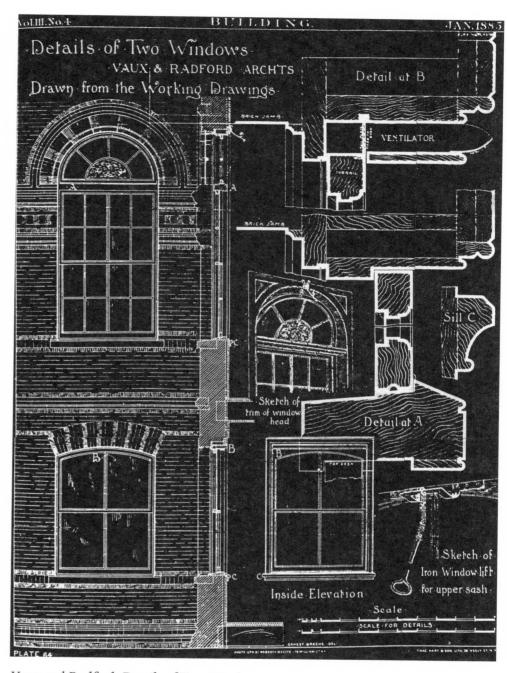

Vaux and Radford, Details of Two Windows.

The healthful and efficient functioning of his buildings was a paramount concern of Vaux's. The windows for the West Side building and for others of the society were of a special ventilating sort, devised to allow fresh air in at the top and forcing it far into the room, not allowing it to follow the usual down-draft path along the cold glass of the window's interior. Were a heater to be placed below the window, the column of rising hot air would be "thrown toward the centre of the room" rather than passing out through the open top of any ordinary window.

Vaux and Radford, Tompkins Square Lodging House for Boys and Industrial School, New York, 1886.

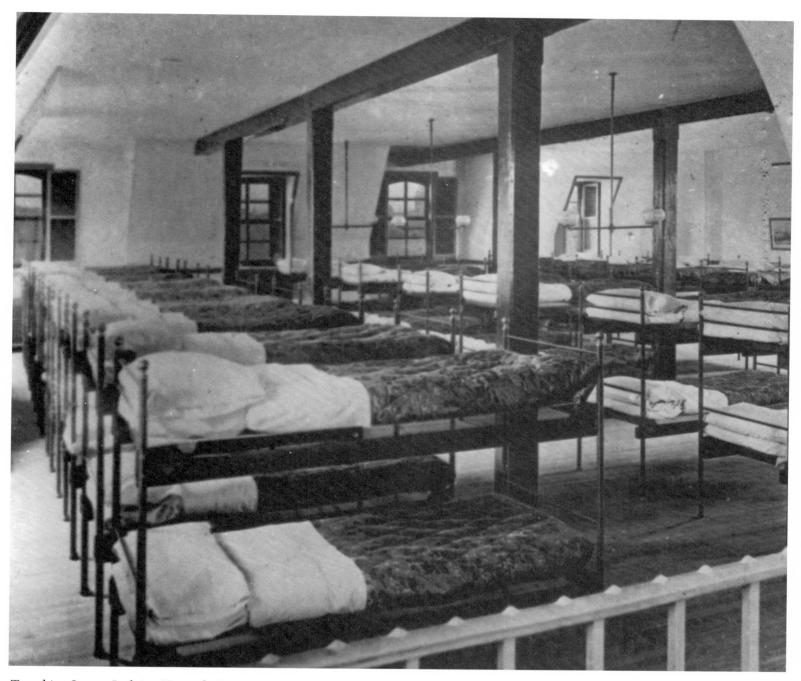

Tompkins Square Lodging House for Boys. Dormitory.

The Tompkins Square facility was opened on March 25, 1887, given as the result of the generosity of Mrs. Robert L. Stuart, who provided over $80,000 for its construction. Dormitory accommodations contained "first class beds" of iron with "wire woven mattresses." Besides the double bunks at six cents a night for boys who could pay, the Lodging Houses had single beds at ten cents for boys who had more money, an incentive toward betterment, the society felt. Currently used as residences, the building is located just east of Tompkins Square at East Eighth Street.

Vaux and Radford, Sixth Street Industrial School, New York, 1891.

The Sixth Street School was given by Mrs. William Douglas Sloane. It is located on
East Sixth Street between Avenues B and C and presently serves as a municipal social
service center.

Vaux and Radford, Rhinelander Industrial School, New York, 1890.

Rhinelander Industrial School. North elevation.

The Rhinelander School, with eight schoolrooms, was given by the Misses Rhinelander, who also provided for playground space on three sides of the building. They had been assisting the activities of the society for 20 years and continued their generous support well after the erection of the school. The original drawing of the front facade is just one of an existing series of 13 made by the architects; the firm's name can just be discerned at the lower right. The building is on East 88th Street between First and Second Avenues and now serves primarily as a youth center.

Vaux and Radford, Jones Memorial Industrial School, New York, 1890.

Jones Memorial Industrial School. Plans.

The Jones family were especially generous in that they provided not only a playground in connection with their building, but an endowment toward its continuing support. The school was built on East 73rd Street, east of First Avenue, not far from the Improved Dwellings Association apartments. It was demolished in 1965.

Vaux and Radford, Mott Street Industrial School,
New York, 1890.

Mott Street Industrial School. "Patriotic Election in Mott Street
Industrial School: 'One Flag.'" Photo by Jacob A. Riis.

The Mott Street, or 14th Ward, Industrial School, was the second building donated
by John Jacob Astor III, in memory of his wife, Charlotte. This was an Italian
immigrant neighborhood whose children, the society noted, would not eat the
oatmeal and milk prepared for their repast, preferring instead bread dipped in coffee.
Children here were taught sewing, drawing, kitchen gardening and probably lessons
in nutrition. The building now contains residences.

HOUSE OF RECEPTION OF THE NEW YORK JUVENILE ASYLUM 106 W 27TH ST N.Y. CITY.

House of Reception.

Vaux and Radford, House of Reception, New York Juvenile Asylum, New York, 1890.

"The new House of Reception . . . has been found, by actual experience, to be particularly well adapted to the purposes for which it has been erected—the reception of children and their temporary detention, as required by the Asylum Charter; the place from which they are finally returned to their friends, or from which they depart to Western homes; the place where the business meetings of the Board of Directors and its several committees are held." The *37th Annual Report of the New York Juvenile Asylum* in 1889 also noted the responsibilities of the board of directors toward their charges. The committee on buildings and repairs of the asylum was headed by Andrew H. Green, the former comptroller of Central Park and a law partner of Samuel J. Tilden. Built on West 27th Street, it has been demolished.

Vaux and Radford, Chapel, Tifereth Israel Cemetery, Cypress Hills, New York, 1885.

The one-room chapel of red brick with stone accents is located on Long Island in the cemetery of the Spanish and Portuguese Synagogue of New York City. Vaux also designed the entrance gate to the cemetery. The chapel was restored in 1962.

Vaux and Radford, Children's Aid Society, Health Home, Brooklyn, New York, 1884.

Arnot-Ogden Memorial Hospital. Front hall.

The Children's Aid Society's Health Home, or Sanitarium, was built on a prime seaside site of four and a quarter acres between Fort Hamilton and Coney Island donated by Mr. A. B. Stone. Mr. D. Willis James provided funds for the building, erected for the care of sick children and ailing infants who could come there with their mothers. The home's wide piazzas and porches were fully open to the sun and ocean breezes. It was closed in 1921 and later demolished.

Vaux and Radford, Arnot-Ogden Memorial Hospital, Elmira, New York, 1888.

The 25-bed hospital, funded by a contribution of $75,000 by Marianna Arnot Ogden in memory of her husband, opened on December 20, 1888. The first patient arrived four days later. Both men's and women's wards had sun rooms and piazzas attached. Five private patients' rooms were located on the upper floors. Drawing initially on Vaux and Radford's expertise in the field, the hospital, one of the first organized medical facilities in New York State's Southern Tier, has evolved into a major medical center, the original building having been replaced in 1951.

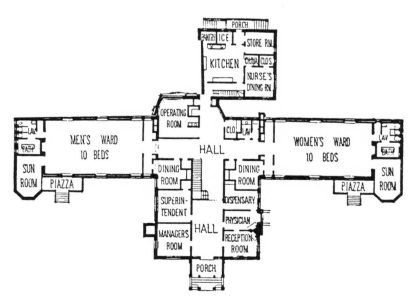

Arnot-Ogden Memorial Hospital. Plan.

Chronology

20 Dec. 1824	Born, London
1833–1838	Attends Merchant Taylors' School
1839	Apprenticed to architect Lewis Nockalls Cottingham
1847	On death of Cottingham, continues work with his son, Nockalls Johnson Cottingham
1850	Engaged by A. J. Downing as architectural assistant; arrives in United States
1851	Becomes Downing's partner, Newburgh, N. Y.
28 July 1852	Downing dies; undertakes completion of Downing-Vaux commissions
1853	Forms partnership in Newburgh with Frederick Clarke Withers of Downing's staff
4 May 1854	Marries Mary Swan McEntee (sons, Calvert Bowyer, b. 1855, Downing, b. 1856; daughters, Julia, b. 1858, Marian, b. 1864)
May 1856	Moves to New York; partnership with Withers dissolved
24 Oct. 1856	Becomes naturalized American citizen
1857	Publishes *Villas and Cottages, A Series of Designs for Execution in the United States*
1858	Wins Central Park design competition with "Greensward" plan, submitted with Frederick Law Olmsted. Olmsted appointed architect-in-chief; Vaux, consulting architect (see below for Central Park chronology)
1860–1861	Partnership with Withers in New York
1863	Travels to Europe on official parks survey
1863–1864	Partnership with Lewis W. Leeds, heating and ventilation engineer
1864	Publishes second edition of *Villas and Cottages*
1864–1865	Partnership with Withers
Jan. 1865	Develops initial design scheme for Prospect Park, Brooklyn, N.Y.
Nov. 1865	Persuades Olmsted to return from California to join him in final design and construction of Prospect Park; Olmsted, Vaux and Co. formed
1866–1871	Partnership with Withers
1868	Designs Riverside, Ill., town plan with Olmsted
1872	Partnership with Olmsted dissolved
1874	Partnership with George K. Radford; designs first building for [American] Museum of Natural History with Jacob Wrey Mould
1879	Designs first building for [Metropolitan] Museum of Art with Mould
1879–1892	Designs series of Children's Aid Society facilities, Vaux and Radford, architects
1880–1884	Vaux and Co. formed; Samuel Parsons, Jr., associate and 1887–1895 partner
19 Nov. 1895	Dies, Brooklyn, N.Y.

CENTRAL PARK CHRONOLOGY

30 Apr. 1857	First Board of Commissioners for Central Park appointed
11 Sept. 1857	Olmsted appointed superintendent of Central Park
28 Apr. 1858	Olmsted and Vaux's "Greensward" plan wins the Central Park design competition
17 May 1858	Board of Commissioners of the Central Park appoint Olmsted architect-in-chief of the park; Vaux appointed consulting architect
10 Apr. 1862	Olmsted and Vaux jointly appointed landscape architects to the board [of Central Park Commissioners]
14 May 1863	Olmsted and Vaux resign
Feb. 1866	Olmsted and Vaux reappointed landscape architects to the board
30 Nov. 1870	Olmsted and Vaux resign
23 Nov. 1871	Olmsted and Vaux appointed landscape architects advisory to the board
29 May 1872	Vaux appointed landscape architect and general superintendent; Olmsted appointed temporary board commissioner
24 Oct. 1872	Vaux appointed consulting landscape architect Olmsted appointed landscape architect
4 June 1873	Vaux resigns as consulting landscape architect
19 Nov. 1881– Jan. 1883	Vaux serves as landscape architect to the City of New York
Jan. 1888– 19 Nov. 1895	Vaux serves as landscape architect to the City of New York

Listing of Works

T HE FOLLOWING LIST combines the designs in both editions, 1857 and 1864, of *Villas and Cottages.* Vaux added seven new designs in the 1864 edition to make a total of 39 formal examples, but deleted the names of several of the clients mentioned in the first edition. The listing below combines the available information from both editions, including all names of clients, names of clients later discovered, and first names when initials only were given. When two design numbers are shown, as for example 26/31, the first refers to its sequence in the 1857 edition, the second to that of 1864. Besides the formal presentation of drawings, plans and descriptions of the numbered house designs, Vaux included dozens of additional drawings of houses, estate outbuildings such as coach houses and stables, numerous exterior and interior details, furniture designs and an occasional site plan. These are listed following the numbered designs, page numbers in 1857/1864 sequence. Collaborative works are noted by (D. & V.) for Downing and Vaux and (V. & W.) for Vaux and Withers. The listing under Architectural Designs includes all 39 formal designs in *Villas and Cottages;* those marked "study" were not built.

	Design No.
A Simple Suburban Cottage (study). (V. & W.) For Daniel Ryan.	1/1
A Suburban Cottage (study).	2/3
A Small Rural Double Cottage (study). For a farmer and coachman.	3/2
A Rural Cottage, Fishkill, N. Y. For Dr. de la Montagnie.	4/4
A Suburban House, Newburgh, N. Y. (V. & W.) For the Rev. Edward J. O'Reilly.	5/5
A Model Cottage (study).	6/6
A Cottage Residence, Goshen, N. Y. For Alexander Wright.	7/7
A Small Country House with Kitchen Wing, Newburgh, N. Y. For Robert L. Case.	8/8
An Irregular Brick Country House, Yonkers, N. Y. For M. J. Robins.	9/9
A Suburban House with Attics, Newburgh, N. Y. (V. & W.) For Halsey R. Stevens.	10/10
A Nearly Square Suburban House, Rondout, N. Y. For a Gentleman.	–/11
An Irregular House, without Kitchen Wing, Springfield, Mass. For a Client.	–/12
A Wooden Villa with Tower, and without Attics, Ravenswood, L. I., N. Y. For Charles H. Rogers.	11/13
A Symmetrical Country House, Newburgh, N. Y. (D. & V.) For William L. Findlay.	12/14
A Brick Villa with Tower and without Attics (study). (V. & W.) For Walker Fowler.	13/15
A Picturesque Symmetrical House, Newburgh, N. Y. For William E. Warren.	14/16
An Alteration of an Old House, Newburgh, N. Y. For Thomas Powell.	15/17
A Picturesque Square House, Newburgh, N. Y. (D. & V.) For David Moore.	16/18
A Suburban Villa, Georgetown, Dist. Col. (D. & V.) For Robert P. Dodge and Francis Dodge.	17/19
A Villa Residence with Curved Roof (study). (D. & V.) For Frederick J. Betts.	18/20
An Irregular Wooden Country House, Worcester, Mass. (V. & W.) For Henry H. Chamberlain.	19/21
A Suburban House with Curved Roof, Newburgh, N. Y. (D. & V.) For Dr. William A. M. Culbert.	20/22
A Simple Picturesque Country House, Moodna [Cornwall], N. Y. For N. P. Willis.	21/23

GIVEN THE RANGE AND VARIETY of Calvert Vaux's creative production, it was deemed best to form several categories of his work. Even so there are overlapping entries, as for a work comprising both a building and its grounds. Rather than separating the entry into architecture and landscape categories, architecture is given precedence, as for example, "Edwin Booth House and Grounds," and the work is listed under Architectural Designs. Overlapping is somewhat a concern where the sorting process is still to be undertaken, in that designs that are known to be Olmsted's alone, as for example the College of California at Berkeley plan, are credited to Olmsted, Vaux and Co. which entity in turn is credited with Vaux's house designs in their Riverside, Illinois, town plan and with Vaux building designs in their park work. However, major works by Withers that are very clearly his own are excluded, even though done under the Vaux, Withers partnership, although, interestingly, occasional drawings of Withers' work show lettering that appears to be in Vaux's hand. Design credit is further complicated by works such as the James Walker Fowler house, where the title block on the original drawings gives only the name of Vaux while the credit note in *Villas and Cottages* indicates the design is by Vaux and Withers. Because of the loss of the great bulk of Vaux's papers, including his professional correspondence as well as letterbooks which are known to have existed, these listings should not be considered complete. In this regard, except when specifically known, dates given are beginning dates for a work, although some elasticity must be assumed in various cases, especially in the earlier examples. Several unrecorded Vaux works have come to light during the preparation of this publication, and more are expected to emerge in the future. Occasional listings under Landscape Architecture Designs refer only to a preliminary survey and subsequent plan of work submitted in a formal report.

ARCHITECTURAL DESIGNS

1850	Springside, Matthew Vassar House (study), Poughkeepsie, N.Y. (with A.J. Downing)
1851	Algonac, Warren Delano House, Newburgh, N.Y. (with A.J. Downing)
1851	F.J. Betts House (study), Newburgh, N.Y. (with A.J. Downing)
1852	Francis Dodge House, Washington, D.C. (with A.J. Downing)
1852	Robert P. Dodge House, Washington, D.C. (with A.J. Downing)
1852	Dr. William A.M. Culbert House, Newburgh, N.Y. (with A.J. Downing)
1852	S.D. Dakin House (study), Hudson Valley location. (with A.J. Downing)
1852	William L. Findlay House, Newburgh, N.Y. (with A.J. Downing)
1852	E.S. Hall House (study), Millville, Mass.
1852	David Moore House, Newburgh, N.Y. (with A.J. Downing)
1852	Daniel Parish House, Newport, R.I. (with A.J. Downing)
1853	Monument for a Mr. Buchanan, Newburgh, N.Y. (with F.C. Withers)
1853	John W. Burt House (study), Mountain Park [Llewellyn Park], West Orange, N.J. (with F.C. Withers)
1853	Design for a Square House (study). (with F.C. Withers)
1853	Design for a Roomy Country House, Orange County, N.Y. (with F.C. Withers)
1853	Thomas Earle House (study), Worcester, Mass. (with F.C. Withers)
1853	The Point, Lydig M. Hoyt House, Staatsburg, N.Y.
1853	Leonard H. Lee House, Cornwall, N.Y. (with F.C. Withers)
1853	Rev. Edward J. O'Reilly House, Newburgh, N.Y. (with F.C. Withers)
1853	Nathan Reeve House (study), Newburgh, N.Y. (with F.C. Withers)
1853	Daniel Ryan House (study), Newburgh, N.Y.
1853	A Suburban House with a Curvilinear Roof (study), Worcester, Mass. (with F.C. Withers)
1853	Idlewild, Nathaniel P. Willis House, Cornwall, N.Y.
1854	R.L. Case House, Newburgh, N.Y.
1854	III Commercial Block, Commercial Wharf, Boston, Mass.
1854	Design for a Villa for Matthew Vassar (study), Poughkeepsie, N.Y.
1854	James Walker Fowler House (study), Newburgh, N.Y. (with F.C. Withers)
1854	C.H. Rogers House, Ravenswood, L.I., N.Y.
1854	Alexander Wright House, Goshen, N.Y.
1855	Halsey Stevens House, Newburgh, N.Y. (with F.C. Withers)
1855	Henry H. Chamberlain House, Worcester, Mass. (with F.C. Withers)
1855	Dr. de la Montagnie House, Fishkill Landing, N.Y.
1855	Jervis McEntee Studio, Rondout, N.Y.
1855	M.J. Robins House, Yonkers, N.Y.
1856	John W. Burt House, [Llewellyn Park], West Orange, N.J. (with F.C. Withers)
1856	Bank of New York, New York, N.Y. (with F.C. Withers)
1856	Federico L. Barreda House, Newport, R.I.
1856	John A.C. Gray House, New York, N.Y. (with F.C. Withers)
1856	Thomas Powell House Alteration, Newburgh, N.Y.
1856	Robins and Co. Packing House, New York, N.Y. (with F.C. Withers)
1857	William E. Warren House, Newburgh, N.Y.
1857	George E. Howard House, Springfield, Mass.
1857	Parisian Buildings for City Residents (study), New York, N.Y.

1858	Peter C. Brooks, Jr., House, West Medford, Mass.
1859	Levi P. Stone House, [Llewellyn Park], West Orange, N.J.
1860	Ammadelle, Thomas E. B. Pegues House, Oxford, Miss.
1860	Francis Tomes House, Greenwich, Conn.
1861	House for Anonymous Client, Fordham, Highbridge, N.Y.
1861–1895	Sheppard Asylum, Baltimore, Md.
1862	Ashcroft, Stephen H. Hammond House, Geneva, N.Y.
1863	A. T. McClintock House, Wilkes-Barre, Pa. (with F. C. Withers)
1865	Eugene A. Brewster House, Newburgh, N.Y. (with F. C. Withers)
1865	Charles Kimball Townhouse, Brooklyn, N.Y. (with F. C. Withers)
1865	Study for a Public Museum and Library. (with F. C. Withers)
1865	Richard Blachford House (study).
1866	Rev. Henry Field House, New York, N.Y. (with F. C. Withers)
1867	Hudson River State Hospital and Grounds, Poughkeepsie, N.Y. (with F. C. Withers and F. L. Olmsted)
1867	John James Monell House, Beacon, N.Y. (with F. C. Withers)
1867	Edwin L. Godkin House, New York, N.Y.
1868	Retreat for the Insane, Hartford, Conn. (with F.C. Withers)
1868–1870	J. Donald Cameron House, Harrisburg, Pa. (with F. C. Withers)
1869	Margaret H. Frothingham House, New York, N.Y. (with F. C. Withers)
1869	Clovercroft, Mrs. Fanny B. Godwin House, Roslyn, N.Y.
1869	George B. Grinnell House, New York, N.Y. (with F. C. Withers)
1870	George B. Grinnell House, Alterations, New York, N.Y.
1870	Olana, Frederic E. Church House, Hudson, N.Y. (with F. C. Withers)
1871	E. T. Wright House, Riverside, Ill. (with F. L. Olmsted)
1871	Geo. M. Kimbark House, Riverside, Ill. (with F. L. Olmsted)
1871	John C. Dore House, Riverside, Ill. (with F. L. Olmsted)
1871	Edward Gleason House, New York, N.Y. (with F. C. Withers)
1871	Hall-Rice Building, Troy, N.Y.
1872	Trinity Cemetery Suspension Bridge, New York, N.Y. (with F. C. Withers)
1872	David Bonner House, New York, N.Y. (with F. C. Withers)
1872	B. F. Joslin House, New York, N.Y. (with F. C. Withers)
1872–1878	[American] Museum of Natural History, New York, N.Y. (with J. W. Mould)
1873	Main Pavilion Design, Centennial Exhibition, Philadelphia, Pa. (with G. K. Radford)
1874	Jefferson Market Courthouse, New York, N.Y. (with F. C. Withers)
1874	Henry Baldwin Hyde House, Islip, L.I., N.Y.
1874	C. H. McCormick House (study), Chicago, Ill.
1874–1880	[Metropolitan] Museum of Art, New York, N.Y. (with J. W. Mould)
1876	Charles Irving Brace House, Dobbs Ferry, N.Y.
1876	George J. Bull House, Worcester, Mass.
1879	Thomas W. Whittredge House, Summit, N.J.
1880	James Morse House, Cotuit, Mass.
1880	Raphael Pumpelly House, Newport, R.I.
1880	Addition to the Bank of New York, New York, N.Y. (with G. K. Radford)
1880	East Side Children's Aid Society Boys' Lodging House and Industrial School, New York, N.Y. (with G. K. Radford)

1881   Samuel J. Tilden House, New York, N. Y. [now the National Arts Club]. (with
       G. K. Radford)

1881–1889   Trinity Cemetery Gatehouse and Grounds, New York, N. Y. (with G. K. Radford
       and S. Parsons, Jr.)

1882   Improved Dwelling Association Model Tenement, New York, N. Y.
       (with G. K. Radford)

1882   Adelbert College, Cleveland, Ohio.
       [now part of Case Western Reserve University]

1882   West Side Children's Aid Society Lodging House for Boys and Industrial School,
       New York, N. Y. (with G. K. Radford)

1882–1883   Edwin Booth House and Grounds, Middletown, R. I.

1884   Health Home, Children's Aid Society, Brooklyn, N. Y. (with G. K. Radford)

1885   R. S. Bowne House, Flushing, N. Y.

1885   Chapel, Tifereth Israel Cemetery, Cypress Hills, N. Y.

1886   Harlem River Bridge Design (study), New York, N. Y. (with G. K. Radford)

1886   Tompkins Square Children's Aid Society Lodging House for Boys and Industrial
       School, New York, N. Y. (with G. K. Radford)

1888   44th Street Children's Aid Society Lodging House for Boys and Industrial School,
       New York, N. Y. (with G. K. Radford)

1888   Arnot-Ogden Memorial Hospital, Elmira, N. Y. (with G. K. Radford)

1888   Jones Memorial Children's Aid Society Industrial School, New York, N. Y.
       (with G. K. Radford)

1890   Mott Street Children's Aid Society Industrial School, New York, N. Y.
       (with G. K. Radford)

1890   New York Juvenile Asylum, New York, N. Y. (with G. K. Radford)

1890   House of Reception, New York Juvenile Asylum, New York, N. Y.
       (with G. K. Radford)

1890   Rhinelander Children's Aid Society Industrial School, New York, N. Y.
       (with G. K. Radford)

1890   Henrietta Children's Aid Society Industrial School, New York, N. Y.
       (with G. K. Radford)

1890–1892   Samuel D. Coykendall House, Rondout, N. Y. (with G. K. Radford)

1891   Sixth Street Industrial School, New York, N. Y. (with G. K. Radford)

1894   Luna Island Bridge, State Reservation at Niagara, N. Y.

n.d.   G. T. Headly House, Hudson, N. Y.

LANDSCAPE ARCHITECTURE DESIGNS

1858–1876   Central Park, New York, N. Y. (with F. L. Olmsted)

1860   Hillside Cemetery, Middletown, N. Y. (with F. L. Olmsted)

1860   Edward K. Collins Estate, New Rochelle, N. Y. (with F. L. Olmsted)

1861   Bloomingdale Asylum Grounds, White Plains, N. Y. (with F. L. Olmsted)

1862   Retreat for the Insane, Hartford, Conn. [now Institute of Living]. (with F. L.
       Olmsted)

1866   Columbia Institution for the Deaf and Dumb, Washington, D. C. [now Gallaudet
       University]. (with F. L. Olmsted)

1866   College of California, Berkeley, Calif. [now University of California, Berkeley
       campus]. (with F. L. Olmsted)

1866	Free Institute of Industrial Science, Worcester, Mass. [now Polytechnic Institute]. (with F. L. Olmsted)
1866	Agricultural College, Orono, Maine [now University of Maine, Orono campus]. (with F. L. Olmsted)
1866–1873	Prospect Park, Brooklyn, N.Y. (with F. L. Olmsted)
1867	Parade Ground for Kings County, Brooklyn, N.Y. (with F. L. Olmsted)
1867	Fort Greene Park, Brooklyn, N.Y. (with F. L. Olmsted)
1867	Walnut Hill Park, New Britain, Conn. (with F. L. Olmsted)
1867	Seaside Park, Bridgeport, Conn. (with F. L. Olmsted)
1868	Eastern and Ocean Parkways, Brooklyn, N.Y. (with F. L. Olmsted)
1868–1876	Buffalo Park System: Delaware Park, The Parade and The Front, Buffalo, N.Y. (with F. L. Olmsted)
1871	Buffalo State Hospital Grounds, Buffalo, N.Y. (with F. L. Olmsted)
1871	Tompkins Park, Brooklyn, N.Y. (with F. L. Olmsted)
1871	South Park, Fall River, Mass. (with F. L. Olmsted)
1871–1873	South Park, Chicago, Ill. (with F. L. Olmsted)
1873, 1887	Morningside Park, New York, N.Y. (with F. L. Olmsted and S. Parsons, Jr.)
1873–1879	Parliament Buildings Grounds, Ottawa, Canada.
1877–1885	Riverside Park, New York, N.Y. (with F. L. Olmsted and S. Parsons, Jr.)
1879	Greystone, Samuel J. Tilden Estate, Yonkers, N.Y.
ca. 1880	Dr. G. P. Davis Grounds, Hartford, Conn.
1884	Bryn Mawr College Grounds, Bryn Mawr, Pa.
1885	Grant's Tomb Site, Riverside Park, New York, N.Y. (with S. Parsons, Jr.)
1886	Grace Church Grounds, New York, N.Y.
1887	Downing Park, Newburgh, N.Y. (with F. L. Olmsted)
1887–1895	State Reservation at Niagara Falls, N.Y. (with F. L. Olmsted)
1888	Riverside Cemetery, Trenton, N.J.
1888	Berkeley Oval, New York, N.Y.
1888	High Bridge Park, New York, N.Y. (with S. Parsons Jr.)
1888	Academy Avenue Park, Middletown, N.Y.
1889	The Clearing, Wisner Estate, Summit, N.J. [now Reeves-Reed Arboretum]
1890	Wilderstein, Rhinecliff, N.Y. (with D. Vaux and S. Parsons, Jr.)
1891	Isaac Gale Johnson Grounds, Bronx, N.Y.
1894	New York University Grounds, Bronx, N.Y.
1894	Corlears Hook Park, New York, N.Y. (with S. Parsons, Jr.)
1894	St. Johns Park, St. Johns, Newfoundland, Canada.
1895	New York Botanical Garden, Bronx, N.Y. (with S. Parsons, Jr.)
1895	Mulberry Bend Park, New York, N.Y. (with S. Parsons, Jr.)
n.d.	East River Park, New York, N.Y. (with S. Parsons, Jr.)
n.d.	Wesleyan Seminary Grounds, Macon, Ga.
n.d.	Cemetery, Macon, Ga.

TOWN PLANS

1868	Riverside, Ill. (with F. L. Olmsted)
1871	Tarrytown Heights, N.Y. (with F. L. Olmsted)

SELECTED PARK STRUCTURE DESIGNS

Central Park, New York, N.Y.

1858	Numerous masonry, iron and wood bridges
1858	Numerous rustic shelters, arbors and boat landings
1859–1860	Water [Bethesda] Terrace
1864	Casino
1867	Ball Players House
1867–1872	Belvedere
1868	Mineral Springs Pavilion
1869	Offices of Administration (with J. W. Mould)
1870	Dairy
1872–1876	Boathouse
1888	Greenhouses (with G. K. Radford)

Prospect Park, Brooklyn, N.Y.

1867	Swiss Thatched Cottage
1867	East Wood Arch
1867	Endale Arch
1868	Meadowport Arch
1868	Nethermead Arches
1869	Dairy
1870	Lullwood Bridge
1871	Cleft Ridge Span
1872	Concert Grove House
1874	Concert Grove Pavilion
1890	Terrace Bridge (with G. K. Radford)

Kings County Parade Ground, Brooklyn, N.Y.

1869	Lodge and Shelter

Fort Greene Park, Brooklyn, N.Y.

1870	Shelter

Delaware Park, Buffalo, N.Y.

1875	Boathouse
1875	Tower
1875	Boat Landing Seating

The Parade, Buffalo, N.Y.

1876	Refectory

Congress Park, Saratoga Springs, N.Y.

1876	Congress and Columbian Springs Pavilions

Bibliography

Note: The Calvert Vaux Papers at the New York Public Library consist of approximately 100 items, including correspondence with Olmsted, Central Park Comptroller Andrew Haswell Green and James S. T. Stranahan, an extended report to Green on Central Park plantings by Ignaz Pilat, business letters, a holograph copy of his Fort Green [*sic*] or Washington Park report, newspaper clippings, his listing of major works and positions held, four drawings and a portrait photograph. By far the greatest single body of original Vaux material is found in the Olmsted Papers collection at the Library of Congress. The exchange of correspondence between Vaux and Olmsted consists of many dozens of letters of professional and personal content beginning in the early 1860s and extending throughout their careers. There are also letters to each other's family members.

Formal reports on park design progress and other matters by the Olmsted and Vaux firm are contained in the annual reports and other official park documents of the Boards of Park Commissioners or Departments of Parks published by the cities of New Britain and Walnut Hill, Conn.; Chicago, Ill.; Fall River, Mass.; and Brooklyn, Buffalo, Newburgh and New York, N.Y. The firm itself occasionally printed reports for private clients.

CALVERT VAUX AS AUTHOR OR COAUTHOR

Vaux, Calvert. "American Architecture," *The Horticulturist,* viii (February, 1853) 168–172.

———. "Brooklyn Park, Report on the Boundaries," Brooklyn, 1865, mss. 1–17, Avery Library, Columbia University.

———. and Samuel Parsons, Jr. *Concerning Lawn Planting.* New York: Orange Judd Co., 1881.

———. et al. "The Fraternity Papers, 1869–1877," mss., 7 vols., New-York Historical Society.

———. *General Plan for the Improvement of Morningside Park.* New York: Evening Post Job Printing Office, 1887.

———, "Hints for Country House Builders," *Harper's New Monthly Magazine,* xi (November, 1855) 763–778.

———, "Landscape Gardening," *Encyclopaedia Americana, Supplement to the Encyclopedia Britannica,* 9th ed. New York: J. M. Stoddart, 1886, iii, 562–564.

———, et al. *Official Correspondence in Reference to the Plan for the Arrangement of Public Grounds in Front of the Parliament Buildings at Ottawa, Dominion of Canada, C. Vaux, Architect, 1873–79.* New York: G. P. Putnam's Sons, 1879.

———, Papers. Rare Books and Manuscripts Division, New York Public Library, Astor, Lenox and Tilden Foundations. [See also Olmsted correspondence, Papers of Frederick Law Olmsted, Manuscript Division, Library of Congress.]

———, "Parisian Buildings for City Residents," *Harper's Weekly,* i (December 19, 1857) 809–810.

———, "A Philosophical Emperor," *Popular Science Monthly,* xi (August, 1877) 461–469.

———, "Should a Republic Encourage the Arts?" *The Horticulturist,* vii (February, 1852) 73–77.

———, "Street Planning in Relation to Architectural Design," *Proceedings of the Architectural League from Organization to January,* 1889, (March 4, 1889) 135–146.

———. *Villas and Cottages: A Series of Designs Prepared for Execution in the United States.* New York: Harper and Brothers, 1857. Rev. ed. 1864, repr. 1867, 1874. Reviews in *The Horticulturist,* xii (March–April, 1857) 368; *Harper's New Monthly Magazine,* xiv (March, 1857) 554; *Crayon,* vi (March, 1857) 169. Repr. 1857 ed., New York: Da Capo Press, 1968; 1864 ed., New York: Dover Publications, 1970, 1991.

———, Letters to Fletcher Harper, January 24, 1855, Harper and Brothers, New York; January 29, 1855, Newburgh, N.Y., The Pierpont Morgan Library, New York.

———, ["Mr. Vaux's Part in It, The Central Park Plan," *New York Daily Tribune*, xxxvii (February 19, 1878) 5.]

———, [Godkin, E. L., "Mr. Godkin Replies to Mr. Vaux," *New York Daily Tribune*, xxxvii (February 20, 1878) 5.]

———, [Godkin, E. L., and Owen F. Olmsted, "The Central Park Plan, Mr. Vaux's Share in It Equal to Mr. Olmsted's," *New York Daily Tribune*, xxxvii (February 21, 1878) 5.]

———, ["Mr. Vaux Wishes to Withdraw His Letter about Mr. Godkin," *New York Daily Tribune*, xxxvii (February 22, 1878) 5].

———, "Grant's Tomb Memorial Site," *The New York Times*, xxxiv (August 10, 1885) 1.

CALVERT VAUX AS COAUTHOR WITH FREDERICK LAW OLMSTED

Olmsted, Frederick Law, and Calvert Vaux. *Description of a Map Accompanying a Model of Clay as a Plan for the Central Park in the City of New York.* New York: J. F. Baldwin, 1858.

———. *Description of a Plan for the Improvement of the Central Park "Greensward"* New York, 1858. Repr., New York: Sutton, Bowne and Co., 1868.

———. *General Plan for the Improvement of the Niagara Reservation.* Niagara Falls, N.Y.: Gazette Book and Job Office, 1887.

———. *Two Letters to the President on Recent Changes and Projected Changes in the Central Park.* [New York]: Printed by order of the Executive Committee [Board of Commissioners, Department of Public Parks, New York City], 1872.

Olmsted, Vaux and Company. *Preliminary Report to the Commissioners for Laying Out a Park in Brooklyn; Being a Consideration of Circumstances of Site and Other Conditions Affecting the Design of Public Pleasure Grounds.* Brooklyn, N.Y.: 1866.

———. *Preliminary Report upon the Proposed Suburban Village of Riverside, near Chicago.* New York: Sutton, Bowne and Co., 1868.

BOOKS, 19TH CENTURY

Annual Reports. New York: Children's Aid Society, 1879–1895.

Annual Reports. New York: Juvenile Asylum, New York: 1889–1892.

Bremer, Frederika. *The Homes of the New World.* Trans. Mary Howitt. 2 vols. New York: Harper and Brothers, 1854.

Bullock, John. *The Rudiments of Architecture and Building for the Use of Architects, Builders, Draughtsmen, Machinists, Engineers and Mechanics.* New York: Stringer and Townsend, 1855.

Catalogue of the Museum of Medieval Art Collected by the Late L. N. Cottingham, F.S.A. Architect. London: Henry Shaw, 1851.

Cook, Clarence. *A Description of the New York Central Park.* New York: F. J. Huntington and Co., 1869.

Cottingham, Lewis N. *Plans, Elevations, Sections, Details and Views with Mouldings, Full Size, of the Chapel of King Henry VII at Westminster Abbey.* 2 vols. London: Priestly and Weale, 1822.

———. *The Smith and Founder's Directory, Containing a Series of Designs and Patterns for Ornamental Iron and Brasswork.* London: 1824.

———. *Working Drawings for Gothic Ornament, selected and composed from the best examples, consisting of capitals, bases, cornices, &c., with a Design for a Gothic Mansion.* [London:] Priestly and Weale, [1830].

Description of the Designs for the Improvement of Central Park. New York: Board of Commissioners of Central Park, 1858.

Downing, Andrew Jackson. *The Architecture of Country Houses; Including Designs for Cottages, Farm Houses and Villas, with Remarks on Interiors, Furniture, and the Best Modes of Warming and Ventilating.* New York: D. Appleton and Co., 1850.

————. *Cottage Residences; or a Series of Designs for Rural Cottages and Cottage Villas, and their Gardens and Grounds Adapted to North America.* 2nd ed. New York and London: Wiley and Putnam, 1844.

————. *Rural Essays.* Ed. George William Curtis. New York: Leavitt and Allen, 1857.

————. *A Treatise on the Theory and Practice of Landscape Gardening Adapted to North America.* New York: C. M. Saxton and Co., 1841.

Lamb, Martha J., ed. *The Homes of America.* New York: D. Appleton and Co., 1879.

Lossing, Benson John. *The Hudson, from the Wilderness to the Sea.* New York: Virtue and Yorston, 1866.

————. *Vassar College and Its Founder.* New York: C. A. Alford, 1867.

Morse, James H. *Diary, 1866–1911.* New York: The New-York Historical Society. Mss.

Oakey, Alexander F. *Home Grounds.* New York: Appleton, 1881.

Olmsted, Frederick Law. *Walks and Talks of an American Farmer in England.* New York: George P. Putnam, 1852.

Olmsted, Frederick Law, Jr., and Theadora Kimball, eds. *Forty Years of Landscape Architecture, Being the Professional Papers of Frederick Law Olmsted, Senior.* 2 vols. New York and London: G. P. Putnam's Sons, 1922, 1928. Repr., Cambridge, Mass.: MIT Press, 1973.

Riverside in 1871, With a Description of Its Improvements. Chicago. The Riverside Improvement Company, 1871.

Robinson, Charles J., ed. *A Register of the Scholars Admitted into Merchant Taylors' School, from A.D. 1562 to 1874, Compiled from Authentic Sources and Edited with Biographical Notices.* 2 vols. Lewes: Farncombe and Co., 1882, 1883.

Silliman, B., Jr., and C. P. Goodrich, eds., *The World of Science, Art and Industry Illustrated from Examples in the New York Exhibition, 1853–54.* New York: Putnam, 1854.

Schuyler, Montgomery. *American Architecture Studies.* New York: Harper and Brothers, 1892. *American Architecture and Other Writings,* rev. ed. Ed. William H. Jordy and Ralph Coe. 2 vols. Cambridge, Mass: Belknap Press of Harvard University, 1961.

Staunton, Howard. *The Great Schools of England.* London: Sampson Low, Son, and Marston, 1865.

The Central Park: Photographed by W. H. Guild, Jr., with Description and a Historical Sketch, by Fred B. Perkins, New York: 1864.

Truefitt, George. *Architectural Sketches on the Continent.* London. J. Masters, 1847.

Weidenmann, Jacob. *Beautifying Country Homes.* New York: Orange Judd Co., 1870.

Wheeler, Gervase. *Rural Homes or Sketches of Houses Suited to American Country Life with Original Plans, Designs, etc.* New York: Charles Scribner, 1852.

Willis, Nathaniel P. *Out-doors at Idlewild; or, the Shaping of a Home on the Hudson.* New York: Charles Scribner, 1855.

Withers, Frederick Clarke. *Church Architecture.* New York: A. Bicknell, 1873.

PERIODICALS, 19TH CENTURY

"The American Museum of Natural History, New York," *American Architect and Building News,* i (August 12, 1876) 261.

"Belvedere," *Building,* iv (May 22, 1886) plate 21.

"Central Park," *Harper's Weekly,* i (September 5, 1857) 563.

"Central Park," *Harper's Weekly*, i (November 28, 1857) 576–577.

"Central Park, New York, Competition," *The Builder*, xvi (October 2, 1858) 660.

Colvin, A. M., "Sale of the Cottingham Museum," *The Builder*, ix (November 22, 1851) 742.

"Courthouse, Bell Tower, Prison," *American Architect and Building News*, iii (June 15, 1878) 209.

"Design for a Marine Villa," *The Horticulturalist*, viii (February, 1853) 190.

"Designs for the Proposed Centennial Exposition Building," *New-York Sketchbook of Architecture*, ix (September, 1874) 1–6.

"The Downing Monument," *The Horticulturalist*, xi (November, 1856) 286.

Elliot, Charles W., "About Barns," *Putnam's Monthly, a Magazine of American Literature, Science and Art*, v (June, 1855) 629–631.

"House at Worcester, Mass., Residence of Dr. Bull," *American Architect and Building News*, i (April 8, 1876) 117.

"House in Gramercy Park, New York," *American Architect and Building News*, xxxiii (September 5, 1891) 155.

Magonigle, H. Van Buren, "A Half Century of Architecture," *Pencil Points*, xiv (November, 1933) 474–479.

"New Boys Lodging House, New York," *American Architect and Building News*, xvi (November 29, 1884) 259.

"New Harlem River Bridge," *Building*, v (July 31, August 7, 1886) 49–51, 61.

Parsons, Samuel, Jr., "Interesting Facts in Regard to the Inception and Development of Central Park," *Transactions of the American Society of Landscape Architects*, (1899–1908) 105–110.

"Residence of R. S. Bowne, Esq., at Flushing, Long Island," *Building*, iv (February 13, 1886) 76.

Richards, Addison T., "Idlewild, The Home of N. P. Willis," *Harper's New Monthly Magazine*, xvi (January, 1858) 145–156.

Schuyler, Montgomery, "Concerning Queen Anne, Recent Building in New York," *Harper's Magazine*, lxvii (September, 1883) 557–578.

Vaux, Downing, "Historical Notes," *Transactions of the American Society of Landscape Architects*, (1899–1908) 81–83.

BOOKS, 20TH CENTURY

Adamson, John William. *English Education 1789–1902*. London and New York: Cambridge University Press, 1964.

Barlow, Elizabeth. *Frederick Law Olmsted's New York*. Illustrative portfolio, William Alex. New York: Praeger Publishers in association with the Whitney Museum of American Art, 1972.

Beveridge, Charles E., and David Schuyler, eds. *Creating Central Park, 1857–1861*. Baltimore: Johns Hopkins University Press, 1983.

Braceland, F. J. *The Institute of Living, 1822–1872*. Hartford: Connecticut Printers. 1972.

Bullock, Orin M., Jr. *The Restoration Manual*. Norwalk, Conn.: Silvermine Publishers, 1966.

Burchard, John, and Albert Bush-Brown. *The Architecture of America: A Social and Cultural History*. Boston: Little, Brown and Co., 1961.

Burnham, Alan, ed. *New York Landmarks: A Study and Index of Architecturally Notable Structures in Greater New York*. Middletown, Conn.: Wesleyan University Press, 1963.

Chadwick, George F. *The Park and the Town: Public Landscape in the 19th and 20th Centuries*. New York: Frederick A. Praeger, 1966.

Clark, Kenneth. *The Gothic Revival, an Essay in the History of Taste*. 3rd ed. [Printed in Great Britain by Butler and Tanner Ltd., Frome and London:] John Murray, 1962.

Clarke, M. L. *Classical Education in Britain, 1500–1900*. Cambridge: Cambridge University Press, 1959.

Condit, Carl W. *American Building Art: The Twentieth Century*. New York: Oxford University Press, 1961.

————. *The Chicago School of Architecture*. Chicago: University of Chicago Press, 1964.

Corbitt, Kevin D., ed., "The Letters of Vaux, Withers and Company, Architects, Calvert Vaux and Frederick Clarke Withers to Edward Miner Gallaudet, President of the Columbia Institution for the Deaf (now Gallaudet University), 1866–1880." Unpublished ms., Gallaudet University, 1989.

Cromley, Elizabeth C. *Alone Together: A History of New York's Early Apartments*. Ithaca, N. Y.: Cornell University Press, 1990.

Downing, Antoinette F. and Vincent J. Scully, Jr. *The Architectural Heritage of Newport, Rhode Island, 1640–1915*. 2nd rev. ed. New York: Clarkson N. Potter, 1965.

Draper, F. W. M., *Four Centuries of Merchant Taylors' School, 1561–1961*. London: Oxford University Press, 1962.

Fein, Albert. "The American City: The Ideal and the Real," in Edgar Kaufman, Jr., ed., *The Rise of an American Architecture*. New York: Metropolitan Museum of Art, 1970.

————. ed. *Landscape into Cityscape*. Ithaca, N. Y.: Cornell University Press, 1967.

Forbush, B. *The Sheppard and Enoch Pratt Hospital, 1853–1970*. Philadelphia: J. B. Lippincott Co., 1970.

Frederickson, George M. *The Inner Civil War, Northern Intellectuals and the Crisis of the Union*. New York: Harper and Row, 1965.

Gifford, Don, ed. *The Literature of Architecture, The Evolution of Architectural Theory and Practice in Nineteenth-Century America*. New York: E. P. Dutton and Co., 1966.

Graff, M. M. *Central Park–Prospect Park, A New Perspective*. New York: Greensward Foundation, Inc., 1985.

Hitchcock, Henry Russell. *Architecture of the Nineteenth and Twentieth Centuries*. Baltimore: Penguin Books, 1958.

————. *Early Victorian Architecture in Britain*. 2 vols. New Haven: Yale University Press, 1954.

Howe, Winifred E. *A History of the Metropolitan Museum of Art*. New York: Metropolitan Museum of Art [printed at the Gilliss Press], 1913–1946.

Kleeman, Rita Halle. *Gracious Lady, the Life of Sara Delano Roosevelt*. New York and London: D. Appleton–Century Co., 1935.

Kouwenhoven, John. *The Columbia Historical Portrait of New York*. Garden City, N.Y.: Doubleday and Co., 1953.

Kowsky, Francis R. *The Architecture of Frederick Clarke Withers and the Progress of the Gothic Revival in America after 1850*. Middletown, Conn.: Wesleyan University Press, 1980.

Lancaster, Clay. *Prospect Park Handbook*. New York: Greensward Foundation, Inc., Long Island University Press, 1972.

Loth, Calder, and Julius Trousdale Sadler. *The Only Proper Style, Gothic Architecture in America*. Boston: New York Graphic Society, 1975.

Maas, John. *The Gingerbread Age, A View of Victorian America*. New York: Rinehart and Co., 1957.

Matzdorf, David W. "Calvert Vaux: 1824–1895." Unpublished thesis, Architectural Association, London, 1977.

Mumford, Lewis. *The Brown Decades, A Study of the Arts in America, 1865–1895*. New York: Harcourt, Brace and Company, 1932. 2nd rev. ed., New York: Dover Publications, 1955.

————, ed. *Roots of Contemporary American Architecture.* New York: Reinhold Publishing Corp., 1952.

Myles, Janet. "L. N. Cottingham, 1787–1847. Architect, His Place in Gothic Revival." Unpublished dissertation, Leicester Polytechnic, 1989.

Parsons, Mabel, ed. *Memories of Samuel Parsons.* New York: G. P. Putnam's Sons, 1926.

Pumpelly, Raphael. *My Reminiscences.* 2 vols. New York: Henry Holt and Co., 1918.

Reed, Henry Hope, and Sophia Duckworth. *Central Park, A History and a Guide.* New York: Clarkson N. Potter, 1967.

Reps, John William. *The Making of Urban America: A History of City Planning in the United States.* Princeton, N. J.: Princeton University Press, 1965.

Roberts, Howard. *Survey of London; Southbank and Vauxhall.* Vol 23. London: London County Council and London Survey Commission, 1951.

Roper, Laura Wood. *FLO—A Biography of Frederick Law Olmsted.* Baltimore: Johns Hopkins University Press, 1974.

Rossiter, Henry P., ed. *M. and M. Karalik Collection of American Water Colors and Drawings.* Boston: Museum of Fine Arts, 1962.

Schuyler, David, and Jane Turner Censer, eds. *The Years of Olmsted, Vaux & Company.* Baltimore: Johns Hopkins University Press, 1992.

Scully, Vincent J., Jr. *The Shingle Style: Architectural Theory and Design from Richardson to the Origins of Wright.* New Haven: Yale University Press; London: Geoffrey Cumberlege, Oxford University Press, 1955.

Sherman, Frederick Barreda. *From the Guadalquivir to the Golden Gate.* Mill Valley, Calif.: Hall and Smith Co., 1977.

Sigle, John David. "Calvert Vaux, An American Architect." Unpublished thesis, University of Virginia, 1967.

————, *Papers, American Association of Architectural Biographers.* Vol. 5, *Bibliography of the Life and Works of Calvert Vaux.* Charlottesville: Press of the University of Virginia, 1968.

Stevenson, Elisabeth. *Park Maker: A Life of Frederick Law Olmsted.* New York: Macmillan, 1977.

Tatum, George Bishop. "Andrew Jackson Downing, Arbiter of American Taste, 1815–1852." Unpublished dissertation, Princeton University, 1950.

————, and Elisabeth Blair MacDougall, eds. *Prophet with Honor: The Career of Andrew Jackson Downing, 1815–1852.* Washington, D. C.: Dumbarton Oaks Colloquium on the History of Architecture, xi, 1987.

Upjohn, Everard M. *Richard Upjohn, Architect and Churchman.* New York: Columbia University Press, 1939.

White, Norval, and Elliot Willensky, eds. *AIA Guide to New York City.* New York: New York AIA Chapter, 1967. Rev. eds., 1978, 1988.

PERIODICALS, 20TH CENTURY

Schuyler, David, "Belated Honor to a Prophet: Newburgh's Downing Park," *Landscape,* 31, no. 1 (Spring, 1991) 10–17.

"Calvert Vaux, Designer of Parks," *The Park International* (September, 1920), 138–143.

"Central Park's Bethesda Terrace and Its Restoration," *Antiques,* cxxxiii, no. 4 (April, 1988) 888–899.

Craig, James, "Beginning of Central Park," *New York Telegram and Evening Mail* (November 10, 1924) 4.

"Curators for Future Restorers: Applying the Approach to a Central Park Monument," *Architecture: The AIA Journal,* 77, no. 11 (November, 1988) 134–135.

Downs, Arthur C., "Downing's Newburgh Villa," *Association for Preservation Technology Bulletin,* iv, nos. 3–4 (1972) 1–113.

Dunning, Brian, "Pioneer of the Weekend Cottage," *Country Life,* cxxxiv (October 10, 1963) 894–897.

"Exhibit Marks Centennial of Landscape Architects: Works of Frederick Law Olmsted," *Architectural Record,* cxxxvii (March, 1965) 332.

Fein, Albert, "Parks in a Democratic Society," *Landscape Architecture,* lv (October 1964) 24–31.

"A Green Room at the Heart of the City," *Architectural Digest,* 48, no. 12 (November, 1991) 26–32.

Hubbard, Theodora Kimball, "Riverside, Illinois, A Residential Neighborhood Designed over Sixty Years Ago, Selected from the Papers of Frederick Law Olmsted, Sr.," *Landscape Architecture,* xxi (July, 1931) 256–291.

Israels, Charles H., "New York Apartment Houses," *Architectural Record,* ii (July, 1911), 476–508.

Kowsky, Francis R, "Municipal Parks and City Planning: Frederick Law Olmsted's Buffalo Park and Parkway System," *Society of Architectural Historians Journal,* xlvi (March, 1987) 49–64.

Lancaster, Clay, "Central Park, 1851–1961," with an introduction by James Thrall Soby, "Vernal Mood," *Magazine of Art,* xliv (April, 1951) 122–128.

Landmark Preservation Commission of the City of New York, Scenic Landmark Designations: *Central Park, Prospect Park, Riverside Park and Drive, Eastern Parkway, Ocean Parkway.*

Leech, Robert W., "The First Dilemma," *Landscape Architecture,* 77, no. 11 (January–February, 1987) 62–65.

Menhinick, Howard K., "Riverside Sixty Years Later," *Landscape Architecture,* xxii (January, 1932) 109–117.

"New Life for a Historic Tile Ceiling?," *Architectural Record* 180, no. 1 (January, 1992) 38–39.

"Olana," *The Society of Architectural Historians Newsletter,* x (November, 1966) 3.

Pattee, Sarah Lewis, "Andrew Jackson Downing and His Influence on Landscape Architecture in America," *Landscape Architecture,* xix (January, 1929) 79–83.

Proctor, John Clagett, " The Tragic Death of Andrew Jackson Downing and the Monument to His Memory," *Columbia Historical Society Records,* xxvii (1925) 248–261.

"Reassessing the Art of Landscape Design," *Architectural Record,* 174, no. 10 (September, 1984) 69–75.

"The Rehabilitation of Bethesda Terrace: The Terrace Bridge and Landscape, Central Park, New York," *Association for the Preservation of Technology Bulletin,* xviii, no. 3 (1986) 24–39.

"Return to Splendor: Oriental Pavilion, Prospect Park, Brooklyn, New York," *Architectural Record,* 77, no. 8 (July, 1989) 10–13.

"Samuel Parsons, A Minute of Life and Service," *Transactions of the American Society of Landscape Architects,* 1922–1926, 92–94.

"Saving Sandstone: Bethesda Terrace Restoration, Central Park, New York City," *Architectural Record,* 174, no. 6 (May, 1986) 130–137.

Scully, Vincent J., Jr. "American Villas, Inventiveness in the American Suburb from Downing to Wright," *The Architectural Review,* cxv (March, 1954) 163–179.

———, "Palace of the Past: Frederick Church's Olana at Hudson, New York," *Progressive Architecture,* xlvi (May, 1965) 184–189.

Steese, Edward, "*Villas and Cottages* by Calvert Vaux," *Society of Architectural Historians Journal,* vi (January–June, 1947) 1–12.

Stewart, John J., "Notes on Calvert Vaux's 1873 Design for the Public Grounds of the Parliament Buildings in Ottawa," *Association for the Preservation of Technology Bulletin,* viii, no. 1

(1976) 1–27. [Dennis Steadman Francis, "Further Notes on Calvert Vaux," ibid., no. 3 (1976) 81–82.]

Tishler, William H. "Frederick Law Olmsted, Prophet of Environmental Design," *American Institute of Architects Journal*, xliv (December, 1965) 31–35.

Van Ingen, W. B., "Central Park—As It Was in the Beginning," *New York Times Magazine*, (December 24, 1922) 14.

"Vaux Redux: Exhibition Review," *Metropolis*, 8, no. 10 (November, 1989) 27.

"Who They Were: Calvert Vaux," *Old House Journal*, xix, no. 6 (November–December) 18–20.

BIOGRAPHICAL NOTICES AND OBITUARIES

"Calvert Vaux," *American Architect and Building News*, 1 (November 1895) 23.

"Calvert Vaux (Vawks)," in James Grant Wilson and John Fiske, eds., *Appleton's Cyclopedia of American Biography*. New York: D. Appleton and Co., vi (1889) 269.

"Calvert Vaux," *Harper's Weekly*, xxxix (November 30, 1895) 1130.

"Calvert Vaux," *The National Cyclopedia of American Biography*. New York: James T. White and Co., ix (1899) 332.

"Calvert Vaux," *New York Herald Tribune* (November 22, 1895), 1.

"Calvert Vaux," *Scientific American*, lxxiii (November 30, 1895) 339.

"Calvert Vaux (1824–1895)," in Daniel Cott Gilman, Harry Thurston Peck, and Frank Moore Colby, eds. *The New International Encyclopedia*. New York: Dodd Mead and Co., xx (1904) 30. Reprinted in *Society of Architectural Historians Journal*, vi (January, 1947) 1.

"Calvert Vaux Missing," *The New York Times*, xlv (November 22, 1895) 1.

"Calvert Vaux Was Drowned," *The New York Times*, xlv (November 22, 1895) 1.

Cust, Lionel Henry. "Lewis Nockalls Cottingham," *Dictionary of National Biography*. London: Oxford University Press, 1950.

"George Truefitt Retires," *Building News* (August 1, 1890) 167.

Hamlin, Talbot Faulkner, "Frederick Clarke Withers," *Dictionary of American Biography*. New York: Charles Scribner's Sons, xx (1938) 435.

Howland, Henry E., "Calvert Vaux," *Reports, Constitution, By Laws and List of Members of the Century Association for the Year 1895*. New York: The Century Association, 1896, 18–19.

Hubbard, Theodora Kimball, "Frederick Law Olmsted," *Dictionary of American Biography*. New York: Charles Scribner's Sons, xiv (1934) 24–28.

Keller, Herbert Anthony, "Andrew Jackson Downing," *Dictionary of American Biography*. New York: Charles Scribner's Sons, v (1930) 417–418.

"The Late George Truefitt, Retired Fellow," *Royal Institute of British Architects Journal* (August 30, 1902) 461.

McNamara, Katherine, "Calvert Vaux," *Dictionary of American Biography*. New York: Charles Scribner's Sons, xix (1936) 237–239.

Miller, Wilhelm, "Calvert Vaux," *Standard Cyclopedia of Horticulture*. New York: Macmillan, iii (1915) 1601.

"Mr. and Mrs. Calvert Vaux," *New York Social Register* (November, 1889). New York: Social Register Association, 1890.

Murray, John, "Lewis Nockalls Cottingham," *A Biographical Dictionary of English Architects, 1660–1840*. London: 1954, 153–154.

Withey, Henry F., and Elsie Rathburn Withey, "Calvert Vaux," *Biographical Dictionary of American Architects (Deceased)*. Los Angeles: New Age Publishing Co., 1956.

Appendix

PARISIAN BUILDINGS FOR THE CITY RESIDENTS BY CALVERT VAUX, *Harper's Weekly,* December 19, 1857, pp. 809–810.

AT A MEETING of the Institute of American Architects, held some time since, the idea of erecting in New York buildings for city residents on the European plan, was brought forward for discussion, and a paper, illustrated by a design, was read by Mr. Vaux, one of the members.

The subject seems to be one of marked popular interest, and we therefore give this week an outline of the paper read at the meeting, and several engravings that will enable our readers to comprehend the leading features of the particular plan submitted for examination.

In all the large American cities at the present time, and in New York especially, there is a constantly increasing demand in the way of house accommodation, for a more liberal supply of convenience and comfort than has been considered necessary by most persons till within the last few years. This desire seems to progress even faster than the extraordinary prosperity of the people. The mechanic nowadays shares with the millionaire his taste for the luxuries of privacy, fresh air, water, and light; and the wish to occupy, together with the capacity to appreciate, a commodious residence, is widely spread among all classes.

It is certainly well that this desire should exist, and it ought, doubtless, to be responded to by professional architects as far as possible, inasmuch as it is the duty of science and art to popularize as well as to discover, and to assist in developing, in an economical form, all those refinements of convenience that education teaches us are healthful and agreeable. The present position of matters—at any rate in New York—does not seem to be entirely satisfactory. The area of the city is limited, and the population, for many reasons, growing larger and larger every year, the available building sites have continued increasing in value, till the mere interest on the purchase money of an ordinary city lot, without any house on it, would in any European city be considered an exorbitant rent for the house and lot together.

If buildings could be erected at an extremely reasonable cost, this would in a measure compensate for the high price to be paid for the land they occupy; but this, we are all aware, is not the case. Wages are high, and the outlay necessary for building and fitting up even a small house renders a high rental necessary, if the investment is to be at all remunerative. This matter of burdensome rent is a growing evil in New York, and is well known to be so. Strenuous efforts have, indeed, been made to economize space by reducing the width of the lots, and it is not uncommon now to see two houses built on a space of twenty-five feet—thus making each residence to consist of long rooms that are very thin, narrow passages that are very dark, and crowded stairways that are very uncomfortable; still the rent is materially reduced by this process, and such houses readily find occupants, who are willing to pay a high price and live, as it were, on a ladder, rather than give up the advantages of a convenient situation. This whole difficulty can, of course, be avoided by taking a house at some considerable distance from the city; and the facilities for suburban residences are fortunately always on the increase; still, although many may live agreeably in this way, the great majority of those who have to work for their living in a large city will naturally seek for accommodations within an easy distance of the scene of their labors.

There are, we know, several other methods of obtaining a residence in a city like New York. Thus, a family may live at a hotel or in a boarding-house, but the ceaseless publicity that ensues, the constant change, and the entire absence of all individuality in the everyday domestic arrangements, will always render this method of living distasteful, as a permanent thing, to the heads of families who have any taste for genuine home comforts, whether they happen to belong to this continent or the other. In some cases, two or more parties make arrangements to hire a house together, and this is a tolerably satisfactory plan, if the residents are suited to each other; but it seems to offer no advantages that might not be more completely obtained if the suites of apartments were entirely separated and complete in themselves.

In Europe, extensive buildings several stories high are frequently arranged with all the rooms required for a family grouped together on one level, or nearly so, and approached through one hall door from a public staircase; and this *Continental plan*, as it is called, seems to possess so many advantages, that it deserves more attention than has hitherto been accorded to it in America. As yet it is little more than its title indicates, a *Continental plan*, so far as New York is concerned; for it has hardly taken any root here, except in the inadequate shape of what are known as tenement houses, and this limited development of its capabilities is naturally calculated to deter rather than induce property owners to invest their capital in this style of building.

In the Scotch cities the advantages obtained by having separate suites of rooms under the same roof were recognized and acted on many years ago, and numbers of such buildings were carried up eight or ten stories high; but there seems a practical disadvantage in this extreme loftiness of the building, that would render it unadvisable to try any experiment of the sort in New York. Two or three flights of easy stairs may be readily surmounted, and the freedom from dust and noise obtained by those who might live in the third or fourth stories, would be found to compensate, in a great measure, for the trouble of traversing an extra flight or two of stairs; and thus people of about the same standing in society could, in all probability, be readily induced to occupy comfortable apartments as high as the fourth floor, but beyond this, the extra labor would soon be considered excessive, and the much cheaper rooms would attract a lower class of tenants than those likely to occupy floors nearer the level of the street: this would, in all probability be thought very disagreeable in an American city, although accepted as a matter of course in Edinburgh. The same objection holds good in many of the French and German buildings arranged on this plan, and although they offer models for imitation in most respects, this difficulty will, in all probability have to be avoided if the idea is to be successfully developed here.

It is not uncommon to find the larger and more elegant European establishments built round an open court. They are thus made to occupy, for the most part, ground at a considerable distance behind the most valuable frontage that faces on the main street; but such a plan does not seem practicable here, not only on account of the peculiar plan of the city, but because every family that owns or rents a house wishes to have the principal parlor command a view of the street; and American ladies, who are in the habit of spending the greater part of their time in their own apartments, think it far more lively and cheerful to look out on a busy thoroughfare than on a monotonous quadrangle, however elegantly it may be decorated. The suites facing the court would not, therefore, be so readily rented, and it consequently seems desirable in New York to abandon this feature if possible.

It is not at all uncommon in the European buildings on this plan to find the public staircase in the middle of the house, and although ample in dimensions, somewhat restricted in its supply of light and air. Indeed, as a general rule, the public approaches are allowed to be of secondary importance, and the agreeable effect of the rooms themselves, when arrived at, is possibly enhanced thereby; but a different plan must be adopted if the idea is to be suited to New York needs, the public staircase, which is the unusual feature to which we have to be accustomed, must be made light, airy, and elegant; and if possible, lighter, airier, and more elegant than any other part of the house, or a prejudice will be likely to be excited on entering the premises against the whole effect, and this it is all-important to avoid.

In London the subject has attracted a good deal of attention, and some very handsome buildings have been put up; but the price of ground is so comparatively moderate, even in very eligible situations, that a frontage on the main avenue of fifty or sixty feet is given to each suite of apartments without the rental being exorbitant.

A large frontage is of course desirable, and for extensive and costly suites of rooms absolutely necessary. It is not thought advisable, however, in the study submitted, to show what may be done with a fine open site, but rather to take the ordinary dimensions of two 25 x 100 feet city lots, and exhibit a method of arranging suites of rooms for families on these restricted dimensions, so that each suite of apartments may have its parlor facing on the street, and also a sufficient number of rooms for the accommodation of a family of moderate size.

On one side of the basement which would be partially above ground, but of which no plan is shown, a set of rooms, consisting of parlor and bedroom, with bath-room, etc, is provided; these would be adapted to the wants of a single gentleman, needing only such attendance as could be furnished by the housekeeper who would occupy the rooms on the other side of the basement, and who, it is proposed, should take general charge of the building, keep the stairways clean, receive messages, etc.; the rear of the basement would be occupied by cellarage for the tenants. Each one having a roomy, well-lighted cellar, for coal, etc.; convenient of access to these cellars, a lift, communicating with the kitchens of each set of rooms, is provided, this lift being also intended to take baskets of clothes to and from the different stories and a large drying room that is planned over the kitchen-block, immediately under the roof.

Above the basement the suites of apartments correspond in all respects one with the other; the public staircase is planned in the centre of the block, facing the street, and lighted with large windows every story. The hall of each tenant opens from a landing on this staircase, and is furnished with a glazed inner and a solid outer door. From this hall is an entrance to the parlor, one to the dining-room, and one to the kitchen wing and bedrooms.

Behind the dining-room is an open well for light. By arranging the plan of bedrooms on a somewhat higher level than the parlors several advantages are obtained; for the bedroom passage and the kitchen being nine feet high, while the parlors and bedrooms are twelve feet high, the additional three feet can, by a difference of level, be so placed that it may be arranged for closet room, at a convenient height for use both from the bedroom and kitchen floor, and it also allows of a passage to the bedrooms that does not pass the kitchen door at all, which is desirable for the sake of privacy; the pantry is proposed to be about six feet six inches in height, and thus a housekeeper's pantry of available dimensions can be planned over it without encroaching on the next floor.

A dust shaft is introduced, that may be used both from the bedroom and kitchen level, on each suite. A well-house for light and ventilation is arranged where it will be of the most advantage to the passage to bedrooms and to the bath-rooms; the bedroom passage is purposely diverted from a straight line, so as to avoid the uninviting appearance of a long, narrow corridor, and three bedrooms are grouped at the extreme end of the lot, where they will get the best light and be most quiet and retired. The dining-room pantry has closets and a sink, and the kitchen is provided with range, sink, boiler, wash trays; kitchen closets, storeroom, coal closet, and servants' bedroom up a few steps from the kitchen level, and this completes the accommodation offered.

The rooms are of moderate size, and it is conceived that a set of apartments of this sort would be found all-sufficient for a large number of families living in New York, and paying higher rents than these suites would command for small, ill-planned, and disagreeably situated houses, that are found very uncomfortable to live in. It is proposed that the staircase should be fire-proof, and it is thought that the situation chosen and style of finish used ought to be such that the rents might average about $450 for a set of rooms on the principal floor, $400 for the second story, $350 for the third, $300 for the fourth, and $200 for the basement. It is conceived that if the plan were carried out on this scale in an agreeable situation, not too far up town, it would at once become a highly remunerative investment for the outlay incurred.

THE CENTRAL PARK EXHIBITION OF THE UNSUCCESSFUL PLANS
FOR CENTRAL PARK, *The New-York Daily Times,* May 13, 1858, p. 10.

ALL THE PLANS RECEIVED by the Commissioners for the Central Park are now on exhibition at No. 637 Broadway. They ought to attract general attention,—not only on account of their intrinsic interest, but because the admission fund is to be distributed among the unsuccessful competitors and forms the only compensation for their labor.

The index to the printed matter sent in with the plan for competition, mentions thirty-three plans. One of these proves not to be a plan for the Park, and two of those sent in (Nos. 8 and 18) are colored, so that the competitors are reduced to thirty. Two other plans have been sent in, not for competition (Nos. 34 and 35), of which the last deserves attention. The inception and execution of a park of large dimensions is in this country an undertaking involving many difficulties and much labor. It was not known to the Commissioners or to the public what talent or skill or cultivation existed in this country for the proper designing and carrying out of the work, and it was very desirable that the work should be undertaken, if possible, by some of our own countrymen, who would of course understand our needs and capacities better than any outsider. The leading idea in the mind of almost any European would be to provide ample drives and rides for the upper classes, while here, on the contrary, it should be to provide not only for them, but more amply for the recreation and amusement of the laboring masses, who could not easily get beyond the heated brick walls and the hard contact of the pavement.

The Commissioners issued proposals with specific requirements in August, fixing the time for receiving the plans as the 1st of January, 1858, this was afterward extended to March 1, and then to April 1. On the 2d of February, the Board required from designers estimates for the cost of each item of work, the curious result of which we shall show in a comparative table, at the close of our article.

The designers have had every difficulty to contend with; the topographical surveys were not performed by the Commission in time to be of much use; they were difficult of access; the photographic map furnished was worthless; the Winter season was unfavorable for out-of-door work; the time allowed was too limited for thorough study and elaboration. Yet, with all disadvantages, a high degree of taste, skill and knowledge has been brought into activity by the competition, which will be felt throughout the country.

Ten at least of these designs, however, inadequate they may appear upon a flat piece of paper, would make Central Park a beautiful and creditable work, and any one of them would improve greatly in its execution. We believe, however, that the Commissioners will fail lamentably if they attempt to combine the leading features of the plans they have selected. Minor details may be incorporated into any one of them, but the great features of each cannot be carved and pieced without injury. Of the designs chose, Nos. 33 and 26 are the most marked and positive in ideas and treatment. In both we find that unity or central character, so essential to any good design and a high degree of skill and bold dealing with the subject. However grand the straight main avenue of No. 26, terminated by the hall or theater, might be upon another field, we cannot see that is in harmony with the character of the grounds of the Central Park. These grounds are exceedingly broken and picturesque and require a decided and picturesque, though to some degree an artificial treatment. This is found in No. 33. The sweeping lines of the grand drive fall in naturally into their places, the lakes are in harmony with the surface lines, while the art required is shown in the charming promenades near the central and along the eastern side of the reservoirs, and in the ride around the wall of the new reservoir. The public should bear it in mind that these reservoirs cannot be made into lakes, however crooked the walls may be built. A high wall, crowned with a fence, elevates the surface of the water above all the surrounding lands, and hides the water from view and it is only by some contrivance like this ride, that it can be seen at all, except at one or two points. It is a serious question whether an artificial work like this reservoir is not marred by the attempt to make it a natural piece of water, but it is too late to change it, and the disaffected must therefore growl in silence. We may be allowed to indulge a hope that the Commissioners will agree to proceed with the work at once, for they will be able to get no better plan in its leading features than No. 33. With regard to two other plans selected, we do not find in them the decided merit discovered by the Board; they lack individuality, and while they include many things and many ornaments, we see little to select from them which will combine with No. 33. Had we been of the Commission we should have selected better, of course, we should have seem some value in No. 32 and No. 17 and No. 12 and No. 14 and No. 22 and No. 28 and No. 25 and No. 16 and No. 29. We also ask especial attention to the small and beautifully worked plan No. 35 which unfortunately was not prepared for competition.

Nearly all of the designers have yielded to the imperative demands of the ground, for we find in most of the plans one main tour or drive around the whole park; various degrees of skill and perception being shown in laying it down. We find in three cases a strait [sic] avenue projected along the whole extent of the Fifth Avenue, and on a level with it; in two of the plans a strait [sic] central avenue; in six of them the drives winding about in great agony; in a large number a collection and confusion of desirable and undesirable structures and ornaments. In more than half the designs the parade ground is laid down between the present reservoir and the Fifth Avenue, while in very few of the designs is there shown that masterly use of trees and woods which must make the charm and riches of the Park. We do find this conspicuous in a few, as in Nos. 17, 33, 15, and 16. In No. 17 particularly, is displayed much knowledge and fine feeling. Evergreens, as the most skillful designers have at once perceived, are in harmony with the rough and rocky nature of the ground, and will serve to heighten these natural effects, and to give a peculiar and striking character to the Park. The artists of Nos. 17 and 33 have both struck upon a happy thought—an evergreen Winter drive along the low grounds west of the reservoirs, and nearly all the best artists agree upon laying the woods along the western border, and on their high grounds. America is rich in beautiful trees, and we should not be sorry to see some portion of the Park devoted to them where they could be shown both massed and singly. Still, we must ask for the best park effects however they are to be had, and in producing these, the two leading features must be wood and lawn. Some fine open spaces and glades may be preserved, and the parade ground whether used as such or not, should be secured as a broad lawn. We are doubtful about the supply of water for the lakes, as projected, in our hot, dry Summer but shall hope everything; but we are sure the water, wood and lawn should be the chief attractions of this Park, and we trust the Commissioners and the employees will neglect all structures and fancy works for a long while to come and devote their energies and their money to the production of these, making them accessible, of course, by means of a few drives and walks. To produce any of these in perfection, drainage (which ought to have been vigorously carried out during the Winter) and trenching are the first requisites, and should be proceeded with at once. The memoir accompanying No. 29 is very full and thorough on these, and will be valued by the Board. Road making is to become a serious business in the Park work, and is a point which requires much inquiry and consideration. The cost of macadamizing fifty foot roads (as projected on No. 9) is estimated by the designers to be $1,400,000. As the entire fund is but $100,000 over this the commissioners ask, "What are we to do!" in view of the fact that most of the designs contemplate drives from sixty to one-hundred feet wide. We are aware of our temerity, but we respectfully suggest that while an avenue of that width is a fine thing a picturesque and rural drive, winding among rocks and trees and over suspension bridges, 60 to 100 feet wide, is rather preposterous. But as we take it for granted that this thing is now decided upon at whatever cost, we can only pray that the hearts of the Commissioners may be softened. Few of the designers have contemplated the possible future, when that long stretch of two and a half miles must be compassed by butchers' carts and milkmen, when pork and timber even must cross it on drays; what then is to happen at the crossings of the main drives, and along those meandering lanes projected by most. The designers of Nos. 12 and 33 seem to have had the difficulty before their eyes, and to to have attempted to resolve it one by fencing in the cross streets, the other by sinking them below the level of the park. The latter plan is the most thorough, if it can be accomplished in a sightly and comfortable manner. Let us see one done in that way as early as may be to test the question.

Now that we have borne our testimony and relieved our minds, Gentlemen of the Commission our only desire is that you will reduce your numbers (either by "death or resignation" as your Charter contemplates) to five, and proceed with the work of making the Central Park.

As it was impossible without surveys and measurements to compute the cost of the work, the following table will serve to show some of the Commissioners the value of the guesses which the unfortunate designers felt bound to make in accordance with the resolutions of Feb. 2:

DESIGNERS' ESTIMATES OF ITEMS OF COST

No.	Draining	Roads and Walks	Trees and Planting
33	$30,000	$246,454	$219,000
32	80,000	600,000	300,000
31	52,000	286,000	60,000
30	37,500	415,000	300,000
29	18,075 for the tile.	—	—
28	59,175	436,724	100,000
27	60,000	304,714	200,000
25	21,900	500,000	250,000
23	90,000	158,000	200,000
22	145,000	265,000	250,000

No.	Draining	Roads and Walks	Trees and Planting
21	30,000	207,065	180,000
19	13,725	742,649	18,500
18	500	316,800	600
17	28,500	701,750	130,000
16	—	220,000	135,000
15	16,760	432,830	26,200
14	25,000	84,000	147,200
10	—	389,439	—
9	11,000	315,000	12,000
7	—	100,250	—
6	3,600	192,540	16,000
3	—	—	65,000
1	—	—	75,000

Draining Highest	$145,000	lowest	$ 500
Roads and Walks	742,649	lowest	84,000
Trees and Planting	300,000	lowest	600

THE CENTRAL PARK, *The New-York Daily Times,* May 29, 1858, p.4

EVERYBODY EXPECTED that as soon as the Commissioners of the Central Park had decided upon the plan they intended to carry out, they would set to work and carry it into effect at once. We do not hear of their doing so. They selected Messrs. Olmsted and Vaux's design, and the last thing we have heard of it is a string of proposed modifications in it, which will, if adopted, possibly make a good plan, but certainly not Design No. 33, which got the prize, and very probably an *olla podrida,* without unity or harmony, or any other good quality except variety, will be the result. We have never been admirers of patchwork, and admire patchwork parks as little as any patchwork we know of. We cannot, for the life of us, see why a design for a park should be modified to death any more than a design for a building. If enthusiastic admirers of Egyptian or Gothic architecture were allowed to introduce their modifications into a design for a Greek building, the result would be curious perhaps but not beautiful. However, we are content to leave these matters in the hands of the Commissioners. We only ask to have them settled at once. It is impossible for the architect to go on with the work, unless he has the whole scheme in his mind from first to last, so as to make all details and all stages of it subservient to the final effect. If he is liable to be stopped short every week by fresh changes suggested by the Board of Commissioners, it would be just as well to parcel it out in lots amongst the thirty-three candidates and let each follow his own fancy in his little division. The thing is just now in that stage in which it is the easiest thing in the world to botch it, and nothing is so well adapted to bring about this result as the intervention of numerous cooks.

There has been some fuss made in one of two quarters about the fact that Mr. Olmsted, who is not an engineer, has been substituted in the general supervision of the whole work for Mr. Viele, who is an engineer. In the first place, this contention about whether a man can write engineer after his name or not, is the silliest of trifling. The comparative merit of the plans is the proper test of his fitness, and not the place in which he graduated. Mr. Olmsted's plan has received the approval of the Commissioners as well as of the public, in addition to which his career as Superintendent has been successful. He has long been a practical farmer.

He has traveled over Europe, and paid close attention to the parks and gardens of the Old World. Mr. Viele has, we believe, never seen a park in his life, and has devoted no special attention to the subject.

In the next place, the idea that a military or civil engineer is the proper person to lay out a park is the climax of absurdity. No park was ever laid out by any man simply because he was an engineer, and none of the best parks were laid out by engineers at all. Versailles was designed by an architect, and Crystal Palace Gardens in London, which rank next them in beauty, were laid out by Sir Joseph Paxton, a gardener. It is no part of an engineer's business to perform the duties of a landscape gardener, and his education, to a great degree, unfits him for it. He has been taught to study naked use; the landscape gardener's aim is to produce beauty. The notion that Brunel or General Sir John Burgoyne would be the fittest men to lay our ornamental grounds, would excite great laughter in Europe; and even here, where there has been less experience on the subject, nobody is ass enough to suppose such a thing except the *Herald*. There is just one job on the Central Park for which Mr. Viele's services will be required, and that is the tunneling of the transverse roads, and this we hope he will get. That he could construct a good redoubt, or canal or railroad, we don't in the least doubt, and wish him every success in the practice of his profession.

List of Illustrations and Sources

Index

A. J. Downing memorial, The Mall, Washington, D. C.